미래 관찰자의
살아 있는 아이디어

일러두기

● 미래 세대 토론회는 서울대학교 국가미래전략원과 한국고등교육재단이 공동 주관하였고, SBS 문화재단이 후원하였습니다.

● 본 토론회의 진행을 위해 이준환 교수(서울대학교 언론정보학부), 박상욱 교수(서울대학교 과학학과), 이종수 교수(서울대학교 공학전문대학원), 김성국 교수(연세대학교 IT융합공학과)가 함께 참여하였습니다. 또한 김지용 박사 과정을 비롯한 많은 학생 연구원들이 함께하였습니다.

● 인공지능을 포함한 디지털 기술의 현황과 발전 전망 등 최신의 동향을 파악하기 위해 미래 세대 토론회 참석자들을 대상으로 한 전문가 포럼을 별도로 진행하였습니다. 이 포럼에 이지현 교수(서울대학교 언론정보학과), 윤성로 교수(서울대학교 전기정보공학부), 최홍섭 대표(맨드언맨드), 박노성 교수(연세대학교 인공지능학과), 김재인 교수(경희대학교 비교문화연구소), 신기정 교수(KAIST AI 대학원), 장병탁 교수(서울대학교 컴퓨터공학과), 강민준 대표(플로웍스)가 참여하여 인사이트를 공유하였습니다.

미래 관찰자의 살아 있는 아이디어

서울대학교 국가미래전략원 편저

서울대학교 국가미래전략원 미래 세대의 질문

10

포르체

디지털 미래, 어떻게 대비할 것인가

디지털 세상이 전면적으로 펼쳐지고 있다는 이야기는 적게 잡아도 한 세대도 더 전에 시작되었다. 70년대에 개인용 컴퓨터가 등장하고, 80년대 인터넷, 2000년대 이후 스마트폰과 최근의 챗GPT에 이르기까지 시대를 구분할 만한 기술들이 차곡차곡 쌓이면서 지금의 디지털 시대를 열어왔다. 그러나 그 진면목은 아직 펼쳐지지 않았다. 하나의 구분되는 시대가 형성된다는 것은 단지 새로운 기술이 등장했다는 것이 아니라 인간 행위의 거의 모든 부분을 새로운 규칙으로 지배하는 패러다임이 등장한다는 의미다. 따라서 디지털 세상이 본격적으로 펼쳐진다는 것은 생산양식의 변화나, 소비와 소통의 방식에서뿐만 아니라 심지어 인간에 대한 개념 자체마저도 다시 생각하게 된다는 것을 뜻한다.

최근의 챗GPT 열풍을 맞이하여 디지털 기술로 인한 변화가 인간과 세계가 맺는 관계 자체를 바꾸어 놓을지도 모른다는 주장이 더 이상 낯설지 않게 되었다. 이 변화는 더 급속해지고, 광범위하게 영향을 미칠 것이다. 앞으로 10년 후 디지털 세계가 전면적으로 우리 삶 속에 녹아들어 올 때 우리는 어떤 삶을 살게 될까? 질문은 크고 중요하지만, 그 해답을 아는 사람이 있을 리 없다. 그 이유는 디지털 세계의 미래에 대한 예측이 자기 충족적이기 때문이다. 즉, 디지털 세상이 어떻게 될지는 그 세상을 살아갈 사람들이 상상하고 소망하는 대로 형성될 가능성이 가장 크다는 뜻이다. 미래는 예측하는 것이 아니라 만들어 가는 것이란 표현도 같은 의미다.

서울대학교 국가미래전략원의 '과학과 기술의 미래' 클러스터는 디지털 기술의 확산이 가져올 미래 사회와 인간의 변화를 살펴보기 위해 트렌드 조사나 서베이 등 종래의 방법과는 다른 접근법을 찾고자 하였다. 그 결과가 미래 세대 토론회다. 미래 세대 토론회는 미래 세상의 주인공으로서 혁신적인 기술을 만들기도 하고, 다른 한편 규칙을 정해 나가기도 할 미래 세대의 목소리를 담아내는 데 목적이 있다. 단순히 수동적인 예측이 아니라 어떤 소망스러운 세상이 가능할지에 대한 비전도 그려내고자 했다. 미래 세대의 전망, 걱정과 기대, 그리고 의지만큼 디지털 세상이 모습을 갖추어 갈 것이기 때문이다.

2022년과 2023년의 두 차례에 걸쳐 학부, 대학원생을 대상으로 미래 세대 토론회를 개최하였다. 토론회가 던지는 질문은 미래 디지털 세상의 모습은 어떻게 될지, 또 어떻게 되어야 할지에 관한 것이다. 이 질문에 답하기 위해 매년 20명의 패널 토론자를 선발하였다. 이들은 5개 조씩으로 나뉘어 2박 3일 동안 합숙을 하며 토론을 이어 나갔다. 새벽까지 불을 밝히고, 생각을 드러내고, 논박하고, 합의에 이르렀다가, 또다시 뒤집기를 거듭하면서 키워드를 만들어 갔다. 그룹별 토의를 진행하고, 그 결과를 다 같이 모여 서로 발표하고, 다시 그룹별 토의를 진행하는 과정을 거듭하면서 생각을 다듬었다. 미래 세대 토론회의 전 과정 동안 거리낌 없이 주장하고, 경청하지만 다른 의견을 숨기지 않는 모습을 보면서 세대가 바뀌고 있다는 점을 절감했다. 다른 한편으로 한국 사회의 장래가 어둡지만은 않다는 희망을 보았다.

2022년 미래 세대 토론회의 결과 토출된 키워드는 다음의 다섯 가지다.

주의 소유권
비인간관계
디지털 휴이넘(digital houyhnhnm)
호모 바니타스(homo vanitas)
디미그레이션(dimmigration)

2023년 미래 세대 토론회의 결과 도출된 키워드는 다음의 다섯 가지다.

도구적 지능과 비효율의 미덕
권위의 붕괴, 본능의 부활
AI 인테그리터(integritor)
유퀘스트(OùQuest)
AI와 일의 변신

각 키워드들은 미래 디지털 세계의 조금씩 다른 측면을 부각해 보여 주고 있다. 그럼에도 불구하고 이들을 관통하는 공통된 메시지도 읽을 수 있다. 무엇보다 디지털 기술이 가져다 줄 긍정적 혜택에 대해 부정하지는 않지만, 인간 혹은 사회에 미칠 부정적 영향에 대해 앞선 세대보다 훨씬 더 민감하게 느끼는 점이 눈에 띈다. 이런 관점은 '비효율의 미덕'이나 '호모 바니타스' 등의 키워드에서 주장되고 있다. 또한 '비인간관계'나 '디지털 휴이넘' 등에서 주장하듯 인간과 디지털 기술의 관계에 대해 훨씬 열린 태도를 보인다는 점 또한 특징이다. 그뿐만 아니라 '주의 소유권'이나 '권위의 붕괴, 본능의 부활' 등에서 보이듯 앞으로의 디지털 세상에 인간적 측면이 더 부각되어야 함을 주장하는 키워드들도 있다.

또한 고립, 정체성 혼란, 일자리 불안 등의 이슈가 저변에 짙게 깔린 공통점을 발견할 수 있다. 이는 현재의 한국 사회를 살아가는 미래 세대의 고민이 디지털 세상을 전망할 때도 그대로 투영되고 있다는 의미다. 그 이외에도 이들이 만들어 낸 키워드에서 여러 관점의 다양한 시사점을 살펴볼 수 있다.

미래 세대 토론회에 참석한 소수의 20대는 동시대를 살아가고 있는 미래 세대 전체를 평균적으로 대표하는 표본이 아니다. 그럼에도 불구하고, 이 키워드들은 그 세대의 한 그룹이 미래로부터 보내온 편지 제목들임에 틀림없다. 이 편지에는 단순한 미래 전망을 넘어 지금 우리가 해야 할 일에 대한 단초도 포함되어 있다. 우리 사회는 이 키워드의 요청을 귀담아듣고, 소망하는 디지털 사회가 되기 위해 지금부터 할 수 있는 일을 해야 할 책무가 있다. 이 책이 우리의 현재와 미래를 잇는 다리 역할을 할 수 있기를 기대한다.

2023년 11월

이정동 교수

✿ 목차 ✿

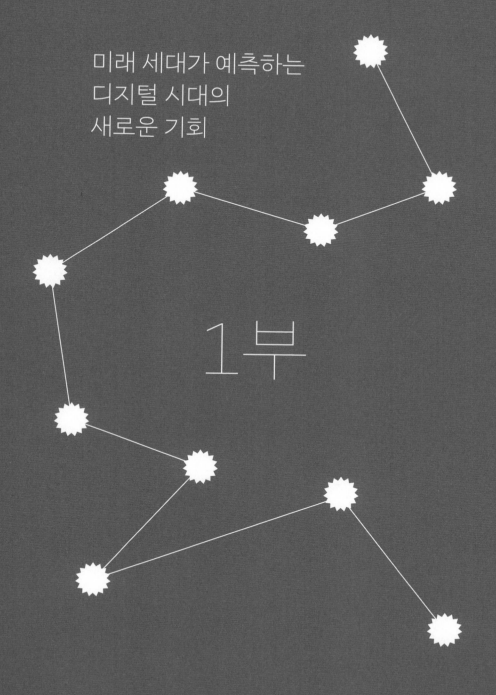

미래 세대가 예측하는
디지털 시대의
새로운 기회

1부

1장

주의 소유권

타의로 인한 자극에서 벗어나기

디지털 사회에는 우리가 쉽게 주의를 뺏길 만한 자극과 요소가 많다. 그 양상은 미래에 더 심화될 것이다. 주의 소유권(attention ownership)은 이러한 주의력에 관한 권리를 뜻한다.

도둑맞은 주의력은 어떻게 이용되는가

주의 소유권(attention ownership)은 내가 어떤 자극을 받을 것인지 숙고하고 결정할 수 있는 권리다. 현대인들은 플랫폼 기업의 주의 소진 전략으로 인해 본래 잠시 머물러야 하는 플랫폼에서 길을 잃고 헤매고 있다. 그 전략은 너무 교묘해 스스로 인지하지 못한다. 강한 중독을 일으키는 플랫폼 기업의 주의 소진 전략은 지금까지 너무 당연시되어 왔다. 사람들은 자신이 인지하지 못하는 사이 플랫폼에게 빼앗기고 있는 것이 무엇인지에 대해 생각해 보아야 한다. 주의 소유권이 앞으로 10년 뒤 더 교묘해지고 치밀해질 플랫폼 기업의 전략에 대응할 수 있는 최소한의 권리가 되길 바란다. 주의 소유권을 쉽게 이해할 수 있도록 예를 들어 보자.

여기 '한심이'라는 사람이 있다. 한심이는 자기 자신을 한심하다고 생각한다. 알람을 10분 간격으로 5개를 맞추고 잤는데도 제때 일어나지 못해 지각을 해 버렸기 때문이다. 한심이는 어쩌다 지각을 하게 된 것일까? 밤 12시 즈음, 한심이는 침대에 누웠다. 습관적으로 인스타그램 스토리를 모두 확인하고 심심해진 한심이는 유튜브 앱을 띄웠다. 그런데 맙소사, '최애' 아이돌 '투앤온리(2&ONLY)'의 컴백 무대 영상이 올라왔다! 이걸 못 보고 잔다는 것은 팬의 자존심을 건드리는 문제였다. 그렇게 한심이는 황홀한 5분을 보낸 다음, 만족스러운 얼굴로 다시 잠을 자기 위해 이불을 덮었다.

그런데 뭔가 부족했다. 영상을 하나만 보고 자려니 아쉬운 느낌이 든다. 결국 좀비가 무덤에서 나오듯 다시 일어나 스마트폰을 잡았다. 투앤온리가 출연한 예능 클립을 틀었다. 그 영상은 이미 보았고 전만큼 재미있지는 않았지만, 어쨌든 다시 켰다. 그렇게 손이 가는 대로 예능, 라이브, 음악 방송 영상을 시청하다 보니 결국 새벽 2시가 되고야 말았다. 내일을 생각하며 이제 자야 한다고 생각했지만 손은 여전히 핸드폰을 쥐고 있었다. 끝내 핸드폰을 내려놓았을 때, 충혈된 눈으로 바라본 시계는 4시를 가리키고 있었다. 한심이는 자괴감이 들었으나 멍해진 정신에 그것도 오래 가지 않았다. 현실의 모든 것이 흐릿했다. 그렇게 잠이 들었다.

여기서 잠깐 생각해 보자. 이런 이유로 지각을 하게 된 것은 정말 한심이만의 잘못일까? 한심이는 정말 한심한가? 그가 진정

게으르고 방만해서 일이 이렇게 된 것일까? 사실 한심이는 인간으로 태어난 것 말고는 잘못이 없다. 교묘하고 영악하게 설계된 공간, 인간이라면 걸려들 수밖에 없는 덫이 문제다. 디지털 플랫폼에서 우리에게 자유는 없다.

기업이 우리의 주의를 소진시키는 이유

인간의 주의(主意)는 특정 규칙을 따라 작동한다. 따라서 그 규칙들을 이해한다면, 한 개인의 주의를 원하는 방향으로 유도하는 것이 가능하다. 이는 실제로 많은 기업에 의해 이루어지고 있다. 그들은 소비자에게 그들이 원하는 정보를 최대한 많이, 효과적으로 노출하기 위해 노력하며, 이를 통해 소비자의 주의와 관심이라는 희소한 자원을 얻고자 한다. 특히 플랫폼 기업의 경우, 고객이 플랫폼에서 체류하는 시간을 늘리는 것이 중요하다. 이 목적을 달성하기 위해 그들은 우리의 주의를 소진시킨다.

주의 소진(attentive exhausion)은 크게 주의 마비와 주의 강탈로 구분된다. 주의 마비란, 기업이 소비자들의 정상적인 사고 기능을 무너뜨려 신중하고 이성적인 판단을 흐리는 행위를 말한다. 쉽게 말해, 우리를 멍하게 만드는 것이다. 멍한 의식은 절제와 행동력을 상실하게 한다. 우리는 생각하고 깨어 있지만 불합리한 판단을 하게 되며, 무언가 잘못됐다는 것을 깨달아도 이를 고치지 못한다. 김병규 교수는 그의 저서 《호모 아딕투스》에서 이것이 도박꾼들의 심리와 일치한다고 지적한다.[1] 슬롯머신이 멈춘 그 순간 도박꾼들은 현실을 인식한다. 하지만 손쉽게 다시 시작되는 게임에 불편한 현실은 쉽게 외면된다. 5초 후 자동 재생되는 추천 영상, 화면을 당기기만 하면 제공되는 새로운 즐거움. 디지털 플랫폼은 실로 도박장과 크게 다르지 않다. 주의 마비와 함께 우리는 나날이 도박꾼의 얼굴을 닮아 가고 있는 셈이다.

주의 강탈은 말 그대로 소비자들의 주의를 빼앗는 것을 말한다. 즉, 기업이 사용자들의 의지와 무관하게 자신이 원하는 메시지를 전달하고 주입하는 행위를 주의 강탈이라 한다. 우리가 매일 같이 마주하는 수많은 광고가 모두 주의 강탈의 좋은 예이다. 본인이 광고 기획자가 아닌 이상, 광고를 원해서 본 일은 정말 드물 것이다. 원치 않는 광고들은 무엇보다도 짜증을 유발하지만, 그보다 더 심각한 문제가 있다. 주의에 대한 지식이 축적됨에 따라 교묘하게 설계된 디지털 광고들은 단순 짜증을 넘어 우리에게 실제적인 영향력을 행사한다. 우리는 주의를 뺏기는 동시에 새로운 생각이나 욕망에 젖어 들게 되는 것이다. 특히, 이러한 주의 강탈은 주의 마비와 결합해 더욱 효과적으로 작동한다. 절제력이 떨어진 순간에 들어오는 자극들은 더 큰 영향력을 행사할 수 있기 때문이다.

10년 뒤, 우리는 디지털 공간에서 지금보다 더 오래, 더 완전하게 머무를 것이다. 오늘날의 디지털 플랫폼은 시청각 매체

---

1   김병규, 《호모 아딕투스》, 다산북스, 2022

에 한정된 형태로 제공되지만, 미래에는 미각, 촉각, 후각을 포함하여 오감을 완벽하게 구현할지도 모른다. 그러나 여전히 디지털 공간에서 공짜는 없을 것이다. 디지털 플랫폼은 더 풍부한 콘텐츠를 제공하는 대가로, 오감에 대한 완벽한 통제권을 얻어 우리의 주의력을 빠짐없이 가져올 것이다. 오감을 동시에 자극하는 광고는 사방에서 침투하여 우리의 생각과 욕망을 더욱 잡다하게 만든다. 이 순간부터 주의력은 더 이상 우리의 소유가 아니다. 어쩌면 우리의 행동마저 더는 스스로의 소유가 아닐지 모른다. 이 모든 것은 디지털 플랫폼의 공동 소유이며, 우리는 기업의 이윤을 창출하는 하나의 도구로 전락한다.

주의 소유권의 필요성

점차 심각해지는 주의 소진 현상은 플랫폼 사용자와 제공자 사이의 힘의 불균형에서 비롯된다. 플랫폼 제공자는 '맞춤형 서비스'라는 명목으로 사용자의 데이터를 광범위하게 수집하며, 체류 시간을 극대화하기 위해 다양한 장치를 개발한다. 이로써 그들은 사용자의 주의를 효과적으로 빼앗고 행동을 설계할 수 있는 힘을 확보할 수 있다. 반면 사용자에게는 주의 소진을 막을 수 있는 방법이 마땅치 않다. 물론 사용자는 플랫폼 서비스의 사용 여부를 자율적으로 결정할 수 있고, 플랫폼 내에서 원하는 서비스를 선택하여 이용할 수 있다. 문제는 사용자의 입장에서 거대 플랫폼을 대신할 마땅한 대체재가 없다는 것이다. 또한 서비스를 어떻게 이용할지에 대해서는 사용자에게 아주 적은 선택권만이 주어진다. 원하는 정보를 선택할 수는 있어도 그것의 유통 방식을 결정할 수는 없다.

자극의 홍수, 그것도 아주 교묘하게 계획된 홍수는 사용자의 선택권을 무력화한다. 우리는 그 속을 허우적대며, 미리 설계된 물살의 방향대로 흘러간다. 유감스럽게도 우리 스스로도 아주 책임이 없지는 않다. 따지고 보면 그 플랫폼들을 이용하기로 선택한 것은 바로 우리 자신이기 때문이다. 하지만 생각해 보자. 우리가 그 서비스를 원하고, 그것을 이용하기로 선택한 것은 맞지만 꼭 그러한 방식으로 서비스를 이용하기를 원한 것은 아니다. 우리는 플랫폼 이용료로 우리의 주의를 지급하는 방식을 선택하지 않았다. 또, 그들이 체류 시간을 늘리기 위해 교묘하게 주의력을 마비시키는 것을 원하지도, 제대로 인지하지도 못했다. 주의 마비와 강탈의 문제가 심각해진 오늘날, 주의와 서비스를 맞바꾸는 거래 방식이 불공정한 거래는 아닐까. 나아가 애초에 그 거래가 우리의 인격과 인간다운 삶을 훼손하는 것은 아닐지 생각해 보아야 한다. 요컨대 우리의 주의력을 마비시키고 강탈함으로써 수익을 창출하는 비즈니스 모델의 타당성을 원점에서 재고해야 한다.

그래서 우리는 주의 소유권을 주장한다. 우리는 주의의 소유자가 되어 주의 또는 주의력의 관리, 사용, 처분을 신중한 의사에 따라 자유롭게 할 수 있어야 한다. 이는 우리가 사유 재산에 대해 갖는 권리와 대체로 유사하다. 그러나 '신중한 의사'라는 지점이 두 권리의 중요한 차이다. 사유 재산과 주의 모두 강탈될 수 있지만, 마비되어 신중한 의사를 저해하게 되는 것은 주의뿐이기 때문이다. 사유 재산을 소유하는 것과 주의를 소유하는 것은 의미가 다르다. 사유 재산의 소유는 행위보다는 상태에 가깝다. 그러나 우리는 주의의 소유를 능동적인 행위로서 정의한다. 주의를 소유한다는 것은 단순히 어떠한 자극에도 반응하지 않는다는 것을 의미하지 않는다. 자유롭고 신중한 의사에 따라 주의를 사용할 때, 그리고 오직 그런 경우에만 우리는 주의의 소유자가 된다. 이는 외부 자극 및 자기 자신에 대한 적절한 통제력이 전제되었을 때만 가능하다.

따라서 주의 소유권은 내가 어떤 영향과 자극을 받을 것인지 숙고하고, 결정할 수 있는 권리다. 오늘날 우리는 수많은 영향과 자극에 대해 주도권을 가지고 있지 않음이 분명하고, 이 경향은 점차 심화되고 있다. 오직 적절한 통제력을 갖고 외부 자극을 비판적으로 수용할 때, 비로소 우리는 힘의 불균형을 극복하고 자유로운 삶을 회복할 수 있을 것이다. 사유 재산권이 대단히 중요한 권리인 시대에 주의 소유권이 보장받지 못하는 것은 아이러니다. 물건, 토지, 채권보다 더 진정한 의미에서 '나의 것'이라 할 수 있는 주의는 정작 조금도 보호받지 못하기 때문이다. 사유 재산권이 자본주의 사회에서 자유를 위한 기초적 권리라면, 주의 소유권은 더 광범위한 디지털 사회에서 자유를 위한 기초적 권리다. 치밀하게 설계된 외부 자극에서 벗어나 온전한 나로부터 나의 행동을 낳는 것, 이것이 바로 자유(自由)이기 때문이다. 이런 점에서 주의 소유권은 또 다른 의미의 자유권이다.

앞서 말했듯, 주의 소유권의 요청은 개인의 주의를 성역화하자는 주장과는 거리가 멀다. 비단 디지털 공간뿐만 아니라 많은 곳에서 우리는 다양한 영향과 자극에 우리의 주의를 할애한다. 여전히 우리는 유튜브 알고리즘을 선호할 수 있으며, SNS의 중독적 메커니즘을 수용하고자 할 수 있다. 다만 그것이 무분별한 주의력의 소진으로 이어져 인간다운 삶을 방해하는 수준까지 가서는 안 된다는 것이다. 오늘날 디지털 플랫폼 기업의 수익 구조는 주의 소유권을 심각하게 침해하는 방향으로 구성되어 있다. 주의 마비는 숙고를 방해하고, 주의 강탈은 결정권을 침해한다. 그렇다고 우리가 각종 플랫폼이 제공하는 서비스를 모두 거부할 필요는 없다. 우리가 진정 원하는 것은 인간다운 삶이 보장되는 한에서 그들의 서비스를 이용할 수 있도록 적절한 조치가 실현되는 것이다. 그리고 이는 자극 제공자와 수용자 간의 힘의 불균형을 해소하는 주의 소유권의 보호를 통해 이루어질 수 있다.

왜 새로운 권리가 필요할까

근대 사회의 흐름에서 가장 주목할 점은 다양한 권리의 발견과 창조였다. 헌법에서 보장하는 기본권인 자유권, 생명권, 평등권 등도 당연하지 않던 시기가 있었으며 우리는 이름 모를 사람들이 싸워 얻은 결과물을 당연하게 받아들이며 살고 있다.

매 시대마다 그 시대를 드러내는 권리가 존재한다. 각 시점과 환경 속에서 특징지어지는 불평등의 구조가 다르고, 공유하는 시대적 감각이 다르기 때문이다. 새로운 불평등을 인식하고, 공동의 시대 감각이 싹트기 시작하는 지금 우리는 민주 사회의 구성원으로서 새로운 권리에 대한 고민을 시작해야 한다. 사람들이 오늘날 당연하게 받아들이는 '프라이버시' 역시 이러한 과정을 거쳐 탄생했다. 작은 문제의식이 점점 공감대를 얻어 현대인의 삶에서 아주 중요한 역할을 꿰차게 된 것이다. 우리의 작업과 그 결과물로서 주장하는 주의 소유권도 이와 같은 맥락에서 이해되어야 하고, 앞으로 더 많은 사람들에 의해 다듬어지고 발전되기를 희망한다.

우리는 주의 소진의 주범으로 플랫폼 기업을 지목하고, 그 이면에 있는 힘의 구조적 불균형의 개선을 요구했다. 그러나 이를 '모든 기업은 악마다'라는 순진한 생각으로 여기지는 않기를 바란다. 기업은 본래 이윤을 추구하는 존재이며, 그것은 당연할 뿐만 아니라 사회적으로 필요할 수도 있다. 다만 기업의 이윤 추구는 다른 사회적·인륜적 가치와의 조화 속에서 이루어져야 하며, 이러한 사회적 노력이 미비함을 지적한 것이다. 플랫폼은 원래 기차를 타기 전 잠시 머무르는 장소다. 디지털 플랫폼도 그런 시절이 있었다. 하지만 오늘날 쏟아지는 자극 속에서 사람들은 길을 잃고 원래 타려 했던 인생의 기차에 탑승하지 못한 채 플랫폼에서 망연히 서성이고 있다. 이에 우리는 주의 소유권에 대한 논의가 이들에게 경종을 울리고, 새로운 시대적 문제를 수면 위로 드러내어, 더 풍요로운 디지털 사회로 나아가는 디딤돌이 되기를 기대한다.

생각을 조종하는
알고리즘에서 벗어나라

● 　　　　통신 기술이 완성되면서 구글과 페이스북을 비롯한 플랫폼 기업들이 등장했다. 구글은 전 세계에 펼쳐진 정보를 손끝 앞으로 데려오는 기술을 만들었고, 페이스북은 사람과 사람을 연결하는 기술을 세상에 선보였다. 그러나 수익 창출이라는 명목 아래 그들의 철학은 무너졌고, 플랫폼 기업들은 더 이상 진정한 연결을 추구하지 않았다. 플랫폼 기업들은 사용자들이 현실 세계를 벗어나 자신들의 플랫폼 안에 들어와 있기만 하면 수익이 저절로 창출된다는 것을 깨달았다. 연결을 혁신할 동기를 잃어버린 것이다.

플랫폼 기업은 사용자를 플랫폼에 중독되게 한 다음, 광고주가 원하는 행동을 설계하는 것에 집중한다. 지금부터 플랫폼 기업들의 교묘한 주의 소진 전략을 낱낱이 분석해 보자.

SNS 플랫폼 기업의 중독 전략: 변동비율 강화 계획

　지금은 '메타'로 불리는 페이스북은 좋아요, 태깅, 뉴스피드를 내걸고 사업을 시작했다. 그들은 사용자들이 인터넷 공간 속에서 '좋아요' 기능을 통해 긍정적인 감정을 공유하고, 태깅을 통해 친구들과 상호 작용하며, 뉴스피드를 통해 서로의 근황을 알릴 수 있음을 강조했다. 문제는 그들이 기업 성장을 빌미로 주의 소유권의 침해를 당연하게 여겼다는 점이다. 구체적으로, 그들은 변동비율 강화 계획을 통해 사용자들의 강박을 의도적으로 유발했다. 페이스북이 사용한 핵심 전략인 좋아요, 태깅, 뉴스피드에는 두 가지 공통점이 있다. 한 가지는 자극에 반응할 시 보상 또는 처벌이 주어진다(강화성)는 것이고, 또 다른 하나는 보상 또는 처벌은 확률적으로 이루어진다(변동성)는 것이다.

　보상과 처벌이라는 말이 다소 거북하게 느껴질 수도 있겠지만 간단히 이야기해서 보상은 긍정적 자극이고, 처벌은 부정적 자극이다. 예를 들어, 페이스북에 처음 올린 글에 좋아요가 달리는 것은 일반적으로 긍정적이기 때문에 보상에 해당한다. 하지만 기대보다 좋아요 개수가 적었고, 이로 인해 기분 나쁜 느낌을 경험한다면 좋아요 기능을 통해 처벌을 경험할 수도 있다. 보상과 처벌로 특정 행동을 유도하는 것을 행동주의 심리학에서는 "강화"[2]라고 부른다.

2　Reinforcement, Merriam-Webster dictionary, n.d., https://www.merriam-webster.com/dictionary/reinforcement

　● 장예준 서울대학교 전기정보공학 전공, 분자시뮬레이션 복수 전공

하버드의 심리학과 교수였던 스키너는 실험 쥐의 사육 상자 안쪽에 생쥐가 누를 수 있는 레버를 설치하고, 생쥐가 레버를 누를 때마다 먹이를 주도록 기계를 만들었다. 며칠을 굶은 생쥐는 우연히 레버를 누르게 되고, 얼마 지나지 않아 레버를 눌러 먹이를 얻는 방법을 터득한다. 특정 행동으로 보상을 획득한 셈이다. 스키너 박사는 심심해졌는지 이 실험의 먹이 시스템에 약간의 장난을 쳤다. 레버를 누를 때마다 먹이가 나오는 것이 아니라, 불확실성을 부여하여 레버를 여러 차례 눌렀을 때 그중 일부 경우에서만 먹이가 나오도록 실험 설계를 변경한 것이다. 보상에 불확실성을 가미한 결과는 놀라웠다. 무작위적인 보상을 경험한 생쥐는 레버를 누르는 행동에 대해 심한 강박 증세를 보였다.[3] 심지어는 보상이 완전히 사라져도 결과에 무관하게 레버를 눌렀다. 이는 보상을 제거하자 학습된 행동도 함께 소멸했던 이전의 생쥐들과는 매우 다른 양상이었다.

스키너의 실험에서와 같이, 보상에 불확실성을 부여하여 학습을 유도하는 강화 계획을 "변동비율 강화 계획"[4]이라고 부른다. 스키너의 실험에서 얻은 핵심 결과는 변동비율 강화 계획이 "보상과 처벌이 제거된 이후에도 오랜 기간 소멸되지 않는 행동

---

[3] Kendra Cherry, MSEd, How Schedules of Reinforcement Work, Verywellmind, 2022.05.06, https://www.verywellmind.com/what-is-a-schedule-of-reinforcement-2794864

[4] 사실 정확한 정의에서 조금 벗어나는 것은 사실이다. 정확한 정의가 궁금하다면 고정간격, 고정비율, 변동간격, 변동비율의 개념을 비교해서 공부해 보기를 권한다.

을 학습시킨다."[5]라는 것이다.

불확실한 보상에 중독되는 쥐의 심리는 어떻게 설명할 수 있을까? 레버를 눌렀음에도 먹이가 나오지 않는 경우에 집중해 보자. 해당 상황에서 쥐는 잠깐이지만 생존 위기에 처한다. 만일 지금처럼 먹이가 나오지 않는 상황이 지속될 경우 굶주림을 다시 경험해야 할 것이기 때문이다. 레버를 다시 눌러 보상 여부를 확인하기 전까지 불안은 지속된다. 결국 다시 먹이가 나올 때마다 레버를 누르는 행동은 강화되고, 쥐는 강박 증세를 경험하기에 이른다.

우리가 소셜 미디어를 습관적으로 확인하는 이유 역시 그 행동이 변동비율 강화의 특성을 가지기 때문이다. 인간의 본능은 같은 포유류인 쥐의 것과 별반 다르지 않은데, 차이점이 있다면 사회적 행동으로부터 더 강한 보상과 처벌을 경험한다는 것이다. SNS에서 자신의 글에 더 많은 좋아요가 달리기를 바라는 마음도 있지만, 사실은 다른 사람들이 자신의 글을 좋아하지 않을까 봐 불안한 마음에 자꾸 들여다보게 되지는 않았는가?

스마트폰을 확인한다고 해서 반드시 긍정적인 인간 관계를 유지할 수 있는 것도 아니다. 우리 모두는 SNS 플랫폼에 머무는 대부분의 시간이 생산적이거나 인간 관계 발전에 도움이 되지 않는다는 사실을 이미 알고 있다. 하지만 그중 좋아하는 사람이 내 게시물에 댓글을 달아 주는 상황처럼 달콤한 보상도 분명

---

5   Ferster, C. B., & Skinner, B. F., 《Schedules of reinforcement》, B. F. Skinner Foundation, 1957

존재한다. 갯수를 알려 주는 좋아요, 언제 언급될지 모르는 태그, 무한 스크롤이 가능한 뉴스피드, 그리고 이 모든 것을 시작하는 단 한 번의 알림. 페이스북을 비롯한 SNS 플랫폼의 수익 구조는 모두 주의 소진 전략에 기반해 있다.

유튜브와 현대 숏폼 비디오 플랫폼의 중독 전략: 추천 시스템

지금까지는 SNS 플랫폼의 문제를 지적했다. 주된 내용은 알림 기능을 필두로 한 변동비율 강화 계획의 중독적 메커니즘이었다. 놀랍게도, 오늘날 알림은 중독 전략으로서 이미 퇴색된 지 오래다. 사람들은 시도 때도 없이 날아오는 알림이 얼마나 귀찮은지 인지하기 시작했고, 얼마 지나지 않아 안드로이드와 iOS 모두 앱에서 알림을 차단할 수 있는 기능을 선보였다. 이제는 중요한 알림만 선별해서 보내 주기 위해 플랫폼 기업에서 발 벗고 나섰다.

하지만 과연 그럴까? 플랫폼 기업들이 더 이상 알림을 보내는 데 신경 쓰지 않는 이유는 사람들이 알림을 보내지 않아도 알아서, 제 발로 플랫폼에 찾아 들어오기 시작한 까닭이다. 2020년 8월 유튜브가 구독한 영상에 대한 이메일 알림 기능을 제거한 근거는 "실험 결과 이메일 알림 전송이 시청 시간에 아무런 영향도 미치지 않는다는 것을 확인했기 때문이다."[6] 현대 플랫폼 기업의 목표는 사용자 수를 최대화하는 것이 아니라 플랫폼에 습관적으로 들어온 사용자를 최대한 오랫동안 머무르게 하는 것이다.

사람들은 유튜브에서 새로운 영상들을 추천하는 구글의 자동화 시스템을 줄여서 '알고리즘'이라고 부르기 시작했다. 어느 순간부터 유튜브 영상 중 가장 많은 조회수를 기록하는 영상을 알고리즘이 제어하는 시대가 되었다. 심지어 사람들은 이제 자신의 영상이 대박이 나기를 알고리즘에게 빌기 시작했다.

신격화된 유튜브 알고리즘의 정체는 '추천 시스템'이다. 사용자들의 주의를 좋아할 만한 콘텐츠의 고리들로 묶어 놓는 역할을 한다. 추천 시스템이 동작하는 원리는 우리가 샤워를 하기 전 최적의 물 온도를 찾는 것과도 비슷하다. 수도꼭지의 손잡이를 위아래로 조절하면 수압(x)을 맞출 수 있고, 양옆으로 조절하면 온도(y)를 맞출 수 있다. 사람은 수도꼭지의 손잡이를 돌려 가면서 (x, y)를 조절하고, 결과적으로 가장 '행복한' 샤워 셋업을 만든다. 수도꼭지 손잡이를 돌리듯, 추천 시스템도 플랫폼 내에서의 사용자 경험을 조절할 수 있는 수많은 변수를 제어할 수 있다. 이를테면 첫 화면에 뜨는 동영상의 목록, 검색 시 가장 먼저 뜨는 동영상, 심지어는 댓글 창에서 먼저 보이는 댓글도 모두 유

6　Sarah, Changes to emails you receive for new video uploads from your subscriptions, Google Help, 2020.08.06, https://support.google.com/youtube/thread/63269933?hl=en

튜브 알고리즘이 사용자 맞춤형으로 보여 주는 결과들이다.[7] 물 온도를 바꾸면 사람의 행복감이 늘어나고 줄어들듯이, 플랫폼의 여러 변수를 바꾸면 사용자들의 행동 양상이 변화한다.

사람은 샤워 손잡이를 돌릴 때 자신의 만족도를 최대화한 다. 그렇다면 유튜브 알고리즘은 사용자 만족도를 최대화하기 위 해 설계되었을까? 안타깝지만, 광고로 수익을 내는 구글에게 가 장 중요한 것은 사용자 만족도가 아닌 시청 시간이다. 이 사실 은 유튜브 알고리즘의 효과를 보고하는 구글 엔지니어들의 자체 논문을 살펴보면 확인할 수 있다[8]. 해당 논문에서는 새로 제시된 기계 학습 알고리즘을 적용했을 때 "사용자의 시청 시간이 드라 마틱하게 길어지는 것을 확인했다."라고 언급한다. 과연 그 성능 개선의 비법은 무엇이었을까?

현대의 추천 시스템은 다음 원리로 사용자의 시청 시간을 최대화한다. 첫째, 사용자 임베딩 과정에서 사용자의 유튜브 시 청 성향이 함축적인 기계어의 형태로 표현된다. 이 과정에서 유 튜브 시청 기록과 검색 기록만이 아니라, 위치, 성별, 나이, 로그 인 데이터를 아우르는 거의 모든 정보가 활용된다. 둘째, 사용자 가 영상을 클릭할 확률, 그리고 클릭했을 시의 기대 시청 시간을

---

7 The Social Dilemma | Rhodes, L. (Producer), & Orlowski, J. (Director), 2020.09.09., https://www.netflix.com/ti-tle/81254224

8 Covington et al, Deep neural networks for YouTube recom-mender system, Association for Computing Machinery, pp. 191-198, 2016

모델링을 통해 예측한다. 마지막으로, 추천 시스템은 클릭 확률과 시청 시간을 최대화하는 동영상을 추천 목록의 최상단에 위치시킨다. 유튜브에서 시간을 허비하는 인간의 새로운 모습은 나약한 개인의 문제가 아니다. 이는 최신 기계 학습 기술로 무장한 추천 시스템을 통해 구현된 결과다.

앞서 스키너 실험의 결과 변동비율 강화 계획이 단순히 보상에 무작위성을 가미한 것만으로도 강박을 일으킬 수 있다는 것을 확인했다. 우리는 추천 시스템이 그것보다 훨씬 교묘한 방식으로 사용자들의 행동 양상을 조작하고 있다는 사실을 인정해야 한다. 스키너는 무작위적으로 보상을 주고 뺏는 것만으로도 사람의 행동을 수정할 수 있다는 것을 입증했다. 보상의 강도와 종류를 자유자재로 변경할 수 있는 인공지능이라는 새로운 스키너 상자에서는 "자유로운 인간"의 존립이 위기에 처한다. 쉽게 말하면, 추천 시스템은 시청 시간을 최대화하는 조련사다.

플랫폼 기업이 주의 소진 전략을 포기할 수 없는 이유

누군가는 뜨거운 샤워를 좋아해서 항상 수도꼭지 손잡이를 왼쪽으로 돌린다. 그렇다고 해서 수도 업체에서 뜨거운 물을 100°C로 공급한다면, 그는 반발할 것이다. 샤워를 하면서 행복해지기를 바랐지, 무조건 물 온도가 뜨겁기를 바란 것은 아니기 때문이다. 사용자들의 시청 시간을 최대화하려는 기업과 이에 반발하는 사회도 같은 구도에 놓여 있다. 추천 시스템은 인간의 설계에 의해서 만들어지고, 그 목표도 인간이 설정한다. 이를테면 사용자의 만족도를 최대화하는 추천 시스템을 만드는 것도 충분히 가능하지만, 광고가 주 수입원인 플랫폼 기업의 입장에서는 그렇게 할 동기가 없다. 그러니 이 현상은 기술적인 문제가 아닌 플랫폼 기업의 욕망이 사회의 편익과 충돌하는 것으로 해석되어야 한다.

　우리가 비물질적인 서비스에 대해서 지불하는 금전적 비용이 주의 소유권을 간접적으로 보호하는 측면도 일정 부분 있을 수 있다. OTT 플랫폼 기업 넷플릭스는 사용자들로부터 구독료를 받았기 때문에 사용자 만족도에 기반한 추천 시스템을 개발하고 적용할 수 있었다.[9] 또한 '광고 없는' 플랫폼 사업을 꿈꿀 수 있었고, 양질의 콘텐츠 제작을 지원하는 것이 가능했다. 그러나 넷플릭스는 최근 구독자 수 감소로 인한 주가 폭락 이후 광고 없음 전략으로부터 적극적으로 탈피하고 있다. 넷플릭스 오리지널 콘텐츠를 광고에 활용하지 않는다는 원칙을 깨고 〈브리저튼〉[10]과 〈기묘한 이야기〉[11]를 삼성전자 광고에 내보냈으며, 스냅챗 출신 광고 전문가 2명을 영입하고 '광고 보면 반값' 서비스의 출시를

9　넷플릭스의 추천 콘텐츠 시스템 작동 방법, Netflix 고객센터, n.d., https://help.netflix.com/ko/node/100639

10　Unveiling Galaxy S22 | S22+ with Bridgerton & Netflix | Samsung, 2022.02.09., https://www.youtube.com/watch?v=Vy5LxyMjjRU

11　Samsung Electronics Debuts 'Stranger Things' Inspired Short Film with Galaxy S22 Ultra, Samsung Newsroom U.S., 2022.06.22., https://news.samsung.com/us/samsung-stranger-things-galaxy-s22-ultra-short-film

계획하고 있다.[12]

그렇다면 역으로 주의 소진의 문제는 사실 아무 대가도 치르지 않고 서비스를 이용하고자 했던 소비자들의 잘못 때문이라고 반문할 수 있다. 그러나 모든 사용자들이 서비스 비용에 상응하는 금액을 각 플랫폼 기업에 지불하더라도 기업에서 주의 소진 전략을 폐기할 이유가 사라지지 않는다면 어떻게 될까? 소비자들은 주의와 돈을 모두 뺏긴 일방적인 피해자로 전락하고 말 것이다.

'광고 없음'을 지지해 줄 만한 기반이 자생적으로 만들어지는 것은 맞춤형 기술의 발전에 따라 광고의 수익성이 가파르게 증가하고 있는 디지털 사회에서는 불가능에 가깝다. 또한, 소비자들이 금액을 지불하더라도 관심을 받지 못하는 서비스는 시장에서 도태되기 때문에 플랫폼에 머물도록 유도하기 위한 주의 소진 전략은 기업 입장에서 여전히 매력적일 수밖에 없다. 결과적으로, 플랫폼 기업이 스스로 주의 소진 전략을 포기하는 일은 일어나지 않을 것이다. 지금까지 주의 소진 전략을 포기하지 않고 있는 구글, 메타 등의 거대 플랫폼 기업과 광고 없음 전략을 결국 폐기하고 주의 소진 전략을 수용한 넷플릭스의 사례는 이를 뒷받침한다.

---

12 Oliver Eklund, Ads are coming to Netflix soon - here's what we can expect and what that means for the streaming industry, The Conversation, 2022.09.12., https://theconversation.com/ads-are-coming-to-netflix-soon-heres-what-we-can-expect-and-what-that-means-for-the-streaming-industry-190236

이는 주의 소유권을 보장하기 위한 사회적 규제의 정당성을 부여한다. 기업의 수익 구조가 무엇이든 간에, 수억 명에 달하는 사용자들이 플랫폼 기업의 서비스를 이용하고 있다면 기업들은 걸맞는 책임 의식을 가지고 사용자의 의견을 적극적으로 반영하여 자정해 나가는 것이 도덕적으로 바람직하다. 절대적으로 유리한 현재의 수익 구조를 포기해 가면서 기업 스스로가 변화할 가능성은 적어 보인다. 이러한 이유로 기업에게 실질적인 자정 능력이 없을 것으로 판단되는 이상, 사회적 합의에 의한 규제는 적용되어야만 한다. 그러나 여기서 말하는 규제는 주의 소유권을 내세운, 기업에 대한 일방적인 탄압을 의미하지 않는다. 소비자들 역시도 기업에 돈을 지불하지 않고서 무한한 혜택을 누리는 것이 불가능하다는 것을 인정하고, 서비스에 대한 정당한 대가를 지불하는 방향으로 나아가야 한다. 궁극적으로는, 사회 구성원 모두가 주의 소유권을 적극적으로 주장함으로써 문제를 공론화하고, 합의 가능한 제도적 장치를 정치계와 기업이 의논해야 할 것이다.

우리는 정체성에 위기를 겪고 있다

● 　　　　최근 사람들을 만날 때마다 주의 소유권에 대해 어떻게 생각하는지 물어보았다. 표현의 방식은 달랐으나, 대부분 우리가 주의 소진이라 부른 문제에 공감하였다. 그러나 문제의식을 공유하는 것과는 별개로, 정확히 무엇이 문제인지 그리고 그것을 어떻게 해결해야 하는지에 대해서는 생각이 분분하다. 특히 주의 또는 주의력에 대한 모종의 권리를 주장하려는 생각은 어떤 사람들에게는 공감하기 힘든 의견일 수도 있다. 여기에는 새로운 권리 주장이 주는 생경한 느낌, 기술 발전과 기업 활동에 무리한 족쇄를 거는 듯한 느낌, 괜히 너무 유난 떠는 느낌이 든다는 이유 등이 있다.

　　　　그럼에도 불구하고, 주의 소유권은 여전히 필요하다. 무엇보다도 오늘날 인간의 주의 또는 주의력은 보호를 필요로 하는

　　　● 이용우 서울대학교 자유전공학부(철학, 물리학 전공)

상황이기 때문이다. 그리고 이는 단순히 인지 기능의 저하 때문만이 아니다. 집중 시간의 감소, 결정을 못하는 햄릿 증후군 등은 이미 해묵은 문제이지만, 이러한 인지 능력의 범사회적 저하 때문에 주의 소유권이라는 새로운 권리의 개념을 주장하는 것도 아니다. 오히려 이 인지 기능의 저하 이면에서, 실제 우리 삶에 무슨 일이 일어나고 있는지 알아차리는 것이 중요하다. 온종일 SNS나 유튜브를 본 사람들은 멍해지는 걸 넘어 '현타'가 온다고 한다. 즉, 그들은 어떤 공허함, 의미의 결여를 체험하고 있는 것이다. 그런 점에서 주의 소진은 인지적 관점이 아닌 삶 전반을 포괄하는, 넓은 의미의 윤리적 관점에서 논의되어야 하는 문제이고, 바로 이러한 맥락에서 주의 소진의 문제점에 대해 논하고자 한다. 다시 말해, 이 공허함의 실체가 무엇이고 그것의 잠재적인 위험성은 무엇인지를 생각해 볼 것이다. 그리고 이러한 문제의식이 적확하다면, 우리는 스스로를 지키기 위해 새로운 권리를 주장할 수 있을 것이다.

결정할 수는 없어도 통제할 수는 있다

'주의 소유권'이라는 아이디어의 최초 형태는 '광고를 보지 않을 권리'였다. 아무런 예고 없이 들이닥치는 광고들이 불쾌했고, 또 한편으로 두려웠기 때문이다. 사람들은 자신이 광고에 대해 대체로 합리적인 판단을 내린다고 생각한다. 하지만 만일 정말 그렇다면 기업들이 '효과적인' 광고를 위해 천문학적인 액수를 지불할 이유가 없다. 지금도 기업들은 어떻게 하면 그들의 상품을 더 매력적으로 보이게 할지, 어떻게 하면 원하는 브랜드 이미지를 사람들의 머릿속에 심을 수 있을지를 심각하게 고민한다. 그래서 연예인을 모델로 쓰고, 아무 관련 없어 보이는 영상의 끝에 브랜드 로고를 노출하는 엉뚱한 광고를 연출하기도 한다. 이를 통해 우리는 모르는 사이에 어떤 의도된 생각이나 욕망을 갖게 되는 것이다.

사실이 이러하다면 오늘날의 수많은 광고는 그에 비례하여 수많은 욕망을 창출하고 있는 셈이다. 광고만 그런 것이 아니다. 오늘날 우리의 주의를 강탈하는 수많은 것들, 우리가 '홍수'라 부르는 디지털 공간의 불필요한 자극들 역시 같은 일을 하고 있다. 흔히 우리는 이러한 자극을 어떻게 받아들일지 결정할 수 있고, 우리에게 주도권이 있다고 생각한다. 하지만 정말 그러한가? 무언가를 좋아하거나 싫어하게 되는 상황을 생각해 보자. 돌이켜보면, 내가 무엇을 좋아하고 싫어하는지는 나의 선택으로 결정되지 않았다. 무언가를 좋아하기로 결심해서 좋아하는 게 아니라, 그냥 어쩌다 보니 좋아지는 경우가 대부분이지 않은가? 오히려 좋고 싫음을 결심에 의해 결정한다면, 그것은 진짜 좋아하거나 싫어하는 게 아니라고 우리는 생각한다. 그래서 사랑은 '빠지는 것'이고, 누군가를 '이유 없이' 싫어할 수도 있는 것이다. '결정할 수 없음'이 좋고 싫음의 본질이다.

무언가를 좋아하거나 싫어하는 것의 힘은 크다. 좋고 싫음은 욕망과 바람, 행동으로 이어져 인생의 항로를 결정하기 때문이다. 동시에 좋고 싫음은 우리가 겪는 여러 문제와도 밀접한 관계에 있다. 좋은 것들이 서로 상충할 때, 좋아하는 것을 포기해야 하거나 싫어하는 것을 해야만 할 때, 또는 내가 무엇을 좋아하고 싫어하는지 모를 때 우리는 고민에 부딪히고 괴로워한다. 만약 이처럼 중요한 문제가 그 본질상 우리의 자의로 결정할 수 있는 것이 아니라면, 우리는 실로 외부 자극에 취약한 존재일 것이다. 물론 실상이 꼭 그렇지는 않다. 좋고 싫음의 형성이 비록 우리의 결정에 의한 것은 아니지만 동시에 우연적이지도 않기 때문이다. 내가 무언가를 좋아하고 싫어하게 되는 것은 내가 어떠한 사람인지와 밀접한 관련이 있다. 환경 보호에 대한 신념이 강한 사람이 어느 날 갑자기 일회용품 사용을 권장하게 되지는 않는 것처럼, 좋고 싫음을 결정할 수는 없더라도 개인의 정체성이 이를 통제할 수는 있다. 그러나 문제가 바로 여기에 있다. 주의 소진이 오늘날 정체성의 위기를 촉발하고 있기 때문이다.

정체성의 위기[13]

중요한 것일수록 시간이 필요하다. 인생이 걸린 결정을 하룻밤에 할 수는 없는 노릇이고, 신념과 가치관은 오랜 숙성 없이는 불가능하다. 그러나 세상은 점점 빨라지기만 한다. 철학자 한병

---

13 정체성의 위기와 관련해서는 철학자 한병철의 사회비평이 좋은 참조가 된다. 특히 《투명사회》에서 제시된 그의 문제의식은 본 논의의 전개에 큰 장향을 제시하고 있다.

철은 디지털 사회의 새로운 이상이 "개성 없는 인간"이라고 말한다.[14] 모든 것들이 빠르게 유통되고 변화하는 디지털 사회에 적합한 주체는 개성 없는 군중이어야 한다는 것이다. 우리가 누군가를 '개성적'이라고 말할 때, 우리는 그가 어떤 측면에서 견고하고 일관된 사람임을 뜻한다. 디지털 공간의 홍수는 바로 이러한 견고함과 대립한다. 해일처럼 밀려드는 자극에 발맞춰 우리는 시시각각 새로운 욕망을 형성하고 있기 때문이다. 누군가의 게시물과 '좋아요', 동영상 플랫폼에 올라오는 브이로그는 매일매일 새롭게 쏟아지면서 시대의 욕망을 설계한다. 광고들은 이러한 시대 욕망에 빌붙어 모든 욕망의 실현을 소비로 끌어온다. 이상적인 디지털 주체는 이 모든 흐름에 그저 몸을 맡길 뿐이다. 흐름에 저항하고 버틸 수 있는 견고함이 그에게는 없다. 물에는 고정된 본성이 없다는 옛말처럼, 유체가 된 주체에게는 개성이 없다.

몰개성한 것과 욕망이 다양한 것은 다르다. 다양한 욕망에 대해 어떤 일관된 태도가 부재하는 것이 몰개성한 것이다. 다양한 것들을 좋아하는 것과 아무거나 좋아하는 것은 결코 같지 않다. 문제는 이러한 일관된 태도, 즉 우리가 정체성이라 부를 수 있는 어떤 견고함이 점점 위협받고 있다는 것이다. 자극의 홍수는 견고함을 형성할 여유를 허용하지 않는다. 어떤 욕망에 대해 생각해 보기도 전에, 무너진 주의력 사이로 새로운 욕망이 들이닥치기 때문이다. 이들은 점점 더 교묘해지는 방식으로 우리의

---

14 한병철, 《아름다움의 구원》, 이재영 역, 문학과 지성사, 2016

마음을 사로잡은 뒤, 다시 새로운 욕망에게 자리를 내준다. 그렇기 때문에 우리에게는 단단해질 시간이 없다.

〈와이어드(Wired)〉의 편집장이자 미래 기술 전문가인 케빈 켈리는 바로 이 유체성(liquidity)이 "현재와 미래를 관통하는 핵심"이라고 말한다.[15] 즉, 오늘날 많은 것들이 유연하고 빠르게 변화하고 있으며, 이 흐름은 앞으로 더 가속화될 것이라는 주장이다. 그러나 통제되지 않은 유체는 생산적이기보다 파괴적이다. 그것들은 우리를 압도하고, 깎아내며, 무질서하게 떠민다. 우리는 이미 그 무질서를 체감하고 있다. 신념, 가치관, 생활 양식은 그저 철마다 바뀌는 패션이 됐다. 무언가를 뽐내는 사람은 많지만, 우직하게 밀고 나가는 사람은 드물다. 개인은 그저 무질서하고 파편화된 욕망의 다발이 되어 점점 자신이 누구인지 말하는 데에 어려움을 겪고 있다.

정체성의 위기는 좋고 싫음의 문제에 대해 점점 우리가 통제력을 잃어 간다는 것을 시사한다. '나'라는 개념이 모호해짐에 따라, 좋고 싫음의 형성이 '나'와 맺는 관계도 빈약해지는 것이다. 이 공백을 꿰차고 들어서는 것이 바로 쾌락이다. 쾌락은 그것이 중요해서라기보다, 쾌락이라는 이유만으로 우리 마음에 든다. 즉, 쾌락은 어떠한 정당화나 의미 없이도 높은 우선순위를 부여받을 수 있다. 바로 그러한 속성 때문에 쾌락은 쉽게 사그라

---

15 The Next 30 Digital Years | Kevin Kelly, Long Now Foundation, 2020.04.14., https://www.youtube.com/watch?v=XhduPAy-2bxo

지고, 끊임없이 새로운 쾌락에 의해 대체되어야 한다. 그러나 오늘날 디지털 공간의 홍수는 바로 이러한 쾌락의 한계를 완벽하게 보완하고 있다. 끊임없이 새로운 쾌락을 제공함으로써 쾌락의 통치에 안정적인 기반을 만들어 주며, 소진된 주의력은 이 과정을 더 용이하게 한다. 쾌락의 지휘 아래, 좋고 싫음의 유통기한은 점점 짧아지고 있다. 무언가를 좋아하다가 질리고, 새로운 것을 좋아하게 되는 일이 반복되지만 이들 사이에는 아무런 의미 연관도 없다. 마치 '숏폼 콘텐츠'와 같이, 즐기고, 넘기면 그만인 것이다. 여기에는 어떠한 개성도, 정체성도 없고, 그저 짧고 자극적인 쾌락만이 있을 뿐이다. 쾌락이 사그라짐에 따라 내가 누구인지에 대한 생각도 함께 사라져 버린다. 쾌락의 덧없음이 우리를 공허하게 만든다.

새로운 시대, 새로운 감각

앞서 주의 소진이 정체성의 위기를 촉발했다고 말한 바 있다. 그러나 언뜻 보면 오늘날 정체성의 위기를 촉발한 것은 주의 소진보다 더 근본적인 무언가처럼 보인다. 효율성의 극대화와 소비주의 같은 경제 논리의 확산, 그리고 그 배경에 있는 신자유주의 패러다임이야말로 이 모든 것의 원인이 아닐까? 이 지적은 분명 타당하나, 여전히 주의 소진은 핵심적인 문제이다. 정체성의 문제가 거대한 경제 시스템과 개인 간의 전쟁에서 비롯된다면, 주의 소진은 그 최전선에서 개인이 입는 피해이기 때문이다.

이 모든 것은 우리의 주의라는 방어선을 무너뜨리면서 시작된다. 오늘날 대다수의 디지털 공간은 상업 공간이고, 점점 많은 상업 공간이 디지털화되고 있다. 따라서 디지털 공간의 확장은 곧 상업 공간의 확장을 의미하고, 우리는 이곳에서 주의 소진의 문제를 결코 피할 수 없다. 심지어 미래의 디지털 공간은 더 확실하게 우리의 주의를 소진시킬 것으로 예상되며, 경제 논리는 개인의 더 내밀한 영역까지 점령해 나갈 것이다.

전세를 뒤집고 싶다면 우리는 가장 치열하게 전투가 벌어지는 곳에 병력을 지원해야 한다. 우리가 주의 소유권에 기대하는 역할이 바로 이런 것이다. 개인의 신중한 의사 판단과 주의력을 보호하여 본인의 삶을 자유롭게 이끌 수 있기를 바라는 것이다. 서양에서 넘어온 'liberty'의 의미가 아닌, 자유(自由) 개념의 본래 의미는 '스스로에게서 말미암음'이다. 어떤 바깥의 대상이 아닌 내가 나의 행동과 심적 상태의 원인이 될 때, 우리는 전통적인 의미에서 자유롭다. 같은 맥락에서 견고한 정체성 또는 개성은 자유의 필요 조건이다. 좋고 싫음의 형성이 정체성에 의해 적절히 통제될 때만 우리는 스스로 좋고 싫음의 원인일 수 있기 때문이다. 따라서 주의 소유권을 주장하는 것은 결코 새로운 권리를 요청하는 것이 아니다. 변화된 시대 상황에 맞춰 기존의 자유권을 새롭게 해석하기를 요구하는 것이다. 이 해석에 공감하는 누구든 주의 소유권을 주장하고, 보호할 수 있다. 작은 문제의식이 모여 새로운 시대 감각이 되고, 새로운 시대 감각은 미래의 삶을 새롭게 정초할 것이다. 여기에 주의 소유권이 있기를 우리는 소망한다.

미래의 공간, 주의 소유권을 꿈꾸다

●　　　　　인간은 오랜 시간 하나의 공간 안에서 살아 왔다. 하지만 20세기 이후 컴퓨터의 발명과 인터넷의 개발로 완전히 새로운 디지털 공간이 열렸다. 기술의 발전으로 최근에는 디지털 공간의 발전된 형태인 메타버스에 관한 담론이 쏟아지고, 메타버스를 준비하는 기업에는 많은 돈이 투자되고 있다. 현재 시점에서 메타버스는 무한한 가능성으로 열려 있다. 그만큼 메타버스의 앞길은 우리의 선택과 행동에 달려있고, 진정 우리가 바라는 미래로 가기 위해선 끝없는 상상이 필요하다. 이 글은 그러한 상상을 위한 기초 작업으로서 공간에 대한 분석을 시도한다. 자연 공간, 디지털 공간, 메타버스, 또 새롭게 제시할 가상 공간 등 우리가 현재 마주하고 있는 공간을 여러 층위에서 나누어 분석한다. 이후 '플랫포니아'라는 개념을 통해 방황하는 인간들의

　　●　김준태 연세대학교 경제학부

거주지로 자리 잡는 가상 공간의 한 디스토피아적 형태에 대해 알아본다.

우리가 꿈꾸는 메타버스

공간에 대한 정의부터 시작하자. 최대한 폭넓게 정의하면 공간은 가능성을 보장하는 형식이다. 하지만 당연하게도 우리가 일상 생활에서 마주하는 공간은 이보다 훨씬 많은 내용을 가지고 있다. 매 순간 공간 속에서 생활하는 우리들의 경험에서 봤을 때, 공간이란 인간에게 보고, 먹고, 자고, 이야기하고, 움직이는 등의 생활 가능성을 보장하는 곳이다. 따라서 분해해서 이해하면 공간이란, 감각적 경험이 가능한 1차 공간, 타인과 소통할 수 있는 2차 공간, 육체를 움직일 수 있는 3차 공간이 존재한다. 앞으로 이 세 가지 공간이 동시에 충족되는 경우를 '완전 공간'이라고 부르자. 같은 맥락에서 물질적 차원에서 이루어진 완전 공간을 '자연 공간'이라고 부를 수 있다. 추가적으로 우리는 분해된 각각의 공간들을 독립적으로 상상해 볼 수도 있다. 예를 들어 영화 속의 공간은 우리가 시청각적 감각을 통해 느낄 수 있지만 그 공간의 사람과 소통할 수 없고 내가 직접 활동할 수도 없는 공간이기에 1차 공간이다. 메신저에서의 타인과의 소통은 의사소통만 가능하다는 점에서 독립된 2차 공간이다. 마지막으로 VR기기를 이용해 어떤 공간 속에서 나의 움직임을 만들어 낼 수 있다면 3차 공간이 될 수도 있다.

메타버스는 디지털 완전 공간이다. 디지털 공간은 말 그대로 디지털이라는 형식 하에서 발생되는 공간이다. 디지털 공간은 컴퓨터라는 물질에서 발생되지만 오직 논리적 규칙 속에서 나오기 때문에 내재적으로 물질의 규칙을 받지 않는다. 바로 이런 디지털 공간 위에 완전 공간이 들어선 형식이 메타버스다. 사실 초보적인 형태의 메타버스를 우린 이미 경험할 수 있다. 바로 온라인 게임을 통해서이다. 온라인 게임은 시청각적으로 게임 내 세상을 감각하게 하며(1차 공간) 텍스트 메시지 또는 음성 메시지 기능을 이용하여 다른 이용자와의 소통을 가능하게 한다(2차 공간). 마지막으로 나의 캐릭터는 키보드 방향키 움직임에 따라 활동성을 부여받는다(3차 공간). 하지만 우리가 꿈꾸는 메타버스는 지금 수준의 온라인 게임에서 끝나는 것이 아니다. 현재 온라인 게임에서 구현되는 각각의 분해 공간들은 극히 초보적인 형태에 머물러 있다. 우리 머릿속에 어렴풋이 존재하는 이상적인 메타버스는 이 분해 공간들의 역량을 끌어올리는 과정의 극한에 놓여 있다. 만약 디지털 공간에서의 1차 공간이 완전한 오감을 전달하고, 2차 공간은 지연 없는 안정적인 소통을 보장하며, 동시에 3차 공간이 나의 신체적 활동성을 온전히 가능하게 한다면 그것이 바로 이상적인 메타버스다. 그리고 인류는 멀지 않은 미래에 이 단계에 가깝게 도달할 것으로 믿는다.

자연 공간과 디지털 공간

메타버스는 디지털 공간 위에서 발생하기 때문에 디지털 공간의 특성들을 그대로 지니고 있다. 따라서 메타버스에 대한 깊은 이해는 디지털 공간에 대한 이해에 바탕을 두며, 그에 따라 이 절에서는 디지털 공간의 고유한 몇 가지 특성들을 제시하고자 한다. 다만 먼저 자연 공간을 기준으로 특성들을 제시하고 디지털 공간은 그것의 반대 특성을 가지는 것으로 설명하고자 한다. 자연 공간의 주요한 세 가지 특성은 잠재성, 물질성, 휘발성이다.

먼저 자연 공간의 잠재성을 우연성 개념과 비교하여 이해해 보자. 잘 섞인 트럼프 카드에서 한 장을 뽑았을 때 스페이드 에이스가 나오는 것은 '우연성'의 영역이다. 하지만 지구에 존재하는지도 몰랐던 새로운 나무 종을 발견하는 것은 '잠재성'의 영역이다. 좀 더 형식적으로 설명하면 우연성은 확률론을 통해 수학의 언어로 표현될 수 있다. 즉, 우연성은 통계적 의미에서 표본 공간과 각각의 사건들에 부여되는 확률 개념으로 완전히 설명된다. 하지만 확률론적 접근의 큰 맹점은 우리가 마주하는 현실 세계는 표본 공간이 완전하지 않다는 점이다. 여기서 우연성과 대비되는 잠재성 개념이 등장하는데, 바로 인간이 궁극적으로 파악할 수 없는 표본 공간의 불완전성이 잠재성이다. 우연성은 확률적 기교를 통해 쉽게 프로그래밍될 수 있으며 자연스럽게 디지털 공간에서도 활용될 수 있다. 하지만 잠재성은 원천적으로 컴퓨터 내에서 불가능한 개념이며 따라서 디지털 공간에서는 표본 공간이 정해진 우연적 사건들은 존재하지만, 잠재적 사건들은 발생할 수 없다.

　두 번째 자연 공간의 특성은 물질성이다. 자연 공간은 물질로 구성되어 있고 자연 과학은 이러한 물질들의 특성과 규칙들을 밝혀낸다. 물질 세계의 규칙들이 결과적으로 유한한지 또 인간의 능력으로 모든 규칙들을 밝혀낼 수 있는지도 아직은 알 수 없지만, 적어도 현재까지 밝혀진 여러 이론들이 물질계를 강력히 지배하고 있다는 것은 알 수 있다. 이런 물질계의 규칙들은 우리를 구속하지만 동시에 신비로움을 간직하며 인간에게 끝없는 지적 도전을 요구한다. 반대로 디지털 공간은 선천적으로 비-물질적이다. 위에서도 말했지만, 디지털 공간을 지탱해 주는 컴퓨터는 물질이다. 하지만 디지털 공간은 순전히 컴퓨터 내의 논리적 규칙들로 이루어진 비-물질적 공간이다. 물론 의도적으로 현실적인 물리 엔진을 적용시킨다면 물질 세계를 최대한 모사할 수는 있겠지만 그것이 디지털 공간의 물질성을 의미하는 것은 전혀 아니다. 쉽게 말하면 한마디로 비-물질적인 디지털 공간에서는 마법이 가능하다. 마법이란 물질 세계에서는 실현 불가능한 대상들 사이의 상호 작용이다. 이상적인 메타버스에 몇 가지 기능을 추가해서 '해리 포터'와 같은 세계를 만드는 것은 어려운 일이 아니다. 이렇듯 현실에서 불가능한 일들을 경험할 수 있다는 것은 분명 엄청난 일이고 디지털 공간이 가지고 있는 가장 큰 힘이다.

　마지막으로 자연 공간은 강한 휘발성을 가진다. 자연 공간에서 발생하는 순간들의 대부분은 저장할 수 없다. 물론 사진이나 동영상 또는 글을 통해 일부 영역들을 기록하여 저장할 수도 있겠지만 이는 담아낼 수 있는 정보량이나 내용의 객관성 측면에서 매우 불완전한 저장이다. 왜냐하면 인간은 항상 관점을 가지고 기록을 하고 이 과정에서 편향과 왜곡이 수반되기 때문이다. 하지만 디지털 기술은 '정보의 완전한 복제와 저장'을 가능하게 하며 원한다면 디지털 공간에서 발생하는 모든 사건을 그 모습 그대로 저장시킬 수 있다. 저장의 이유는 결국 활용에 있다. 완전한 저장은 그만큼 해당 정보의 활용 가능성을 높이는 일이며, 개인의 행동 예측 등 여러 분석을 위한 풍성한 자원이 될 것이다.

인공 공간과 플랫포니아

인공 공간은 인간이 설계하고 만들어 낸 공간이다. 하지만 자연 공간에 반대되는 개념은 아니며, 이 공간은 자연 공간 일부와 디지털 공간 전부를 포함하고 있다. 예를 들면 자연 공간에 존재하는 건물이나 넓게는 계획도시 같은 경우도 인공 공간으로 생각할 수 있다. 인공 공간 개념을 제시하는 이유는 바로 이 개념 위에서 비로소 공간에 대한 인간적 해석이 가능하기 때문이다. 인간적 해석은 사회문화적, 윤리적, 경제적, 법적인 해석을 모두 포함한다. 이와 같은 해석은 인공 공간이 설계되는 과정에서 인간의 의도가 반영되기 때문에 가능하다. 예를 들어 인간의 행동을 편리하게 하기 위해 또는 주변 자연과의 조화를 위해 설계 과정에서 의도가 들어간다. 그러나 순전히 기업 이윤의 극대화 관점에서 공간이 설계되는 경우도 많다. 대형 마트의 구조와 물건들의 배치가 어떻게 우리들의 주의를 빼앗고 더 오랜 시간을 공간에 머물게 하려는지 알고 있다면 쉽게 이해할 수 있다.

드디어 플랫포니아를 설명할 수 있는 단계에 이르렀다. 플랫포니아는 '도시가 된 승강장'의 이미지를 담아내기 위해 새로 고안한 단어로, 플랫폼 기업들이 디지털 공간에서 만들어 낼 수 있는 한 종류의 디스토피아다. 원래 승강장은 일시적이며 목적이 뚜렷한 공간이다. 일반적으로 우리는 전단지나 매점이 눈길을 사로잡아도 주의를 놓치지 않고 기차에 올라탈 수 있다. 반대로 도시는 거주가 가능한 장기적 공간이며 목적도 다양하고 불분명하다. 따라서 '도시가 된 승강장'은 일시적이고 목적이 뚜렷해야 하는 공간에서 사람들이 의미 없는 장기 체류를 하면서 삶의 방향성을 찾지 못하는 상황을 그린다.

사실 자연 공간과 디지털 공간 모두 플랫포니아의 발생 가능성이 존재한다. 가령 '스타필드'나 '더현대'의 모습에서 자연 공간에서 발생할 수 있는 플랫포니아의 씨앗을 발견할 수 있다. 사람들은 보통 목적을 가지고 해당 공간을 방문한다. 맛집 방문이나 영화 관람 등이 본래의 목적이 될 수 있다. 하지만 그 거대한 공간을 걷다 보면 순전히 우리가 원했던 목적을 달성하는 것에서 끝나지 않는다. 우리의 눈길을 사로잡는 가게들이 늘어서 있고 공간의 구조는 한눈에 들어오지 않는다. 원래의 목적을 잃은 채 계속 구경하며 건물을 돌아다니다 보면 시간은 이미 한참 지나 있다. 그럼에도 불구하고 자연 공간 내에 진정한 플랫포니아가 등장하기에는 어려울 것이다. 왜냐하면 자연 공간은 물질적 한계 안에 있고 따라서 크고 복잡한 건물과 그 안의 가게들도 언젠가는 본인에게 익숙해지기 때문이다. 그렇기에 자연 공간에서 플랫포니아를 심각하게 다루어야 할 필요성은 크지 않다.

디지털 공간에서 플랫포니아의 발생 가능성은 훨씬 크고 중요하게 다뤄져야 한다. 그 이유를 자연 공간과 대비되는 디지털 공간의 특성에서 찾아보자. 먼저 디지털 공간은 비-잠재적이지만 쉽게 우연성을 만들어 낼 수 있는 공간이다. 그런데 이 비-잠재적인 우연성은 카지노와 같은 도박 시스템의 핵심적인 요소이다. 사람들은 존재하는지도 모르는 대상을 찾기 보다는 확실히 존재하지만 소수의 사람만 얻을 수 있는 것들에 열광한다. 이러한 심리를 이용해 디지털 공간은 이용자들을 중독시킨다. 다음으로 디지털 공간의 비-물질성은 현실에서 경험할 수 없는 새롭고 자극적인 이미지를 생산하여 인간의 감각을 자극하며 자신도 모르게 계속 디지털 공간을 배회하게 만든다. 마지막으로 비-휘발적인, 즉 중요한 정보들이 모두 저장될 수 있는 디지털 공간은 모든 상업적 전략을 각각의 개인에게 특화시킬 수 있다. 이미 우리가 만들어 내는 디지털 흔적들은 최적화된 광고를 위해 매 순간 활용되면서 개인의 주의력을 뺏고 있다. 정리하자면 플랫폼 기업들이 이윤을 극대화하는 과정에서 디지털 공간의 특성들을 최대로 활용하며 플랫포니아가 세워진다.

인스타그램 같은 경우는 위에서 말한 상황을 매우 정확하게 보여 주며 해당 플랫폼 위에서 확실히 플랫포니아가 건설되어 가고 있음을 느낀다. 인스타그램에서 우리가 자주 하는 행동은 아래로 끌어당겨서 피드나 탐색창을 새로고침하는 일이다. 바로 이 과정에서 우연성 메커니즘이 적극 활용되고 있다. 어떤 새로운 탐색창이 나오고 내가 관심 있는 내용이 나올지 궁금해하면서 사실상 목적 없는 당기기를 반복한다. 우리의 탐색창과 피드는 화려한 이미지들로 가득 차 있다. 이런 화려한 이미지와 감각적인 사진, 영상은 우리의 시각을 자극하고 시선을 빼앗는다.

마지막으로 인스타그램에서 가장 중요한 기능은 나의 정보를 활용해 나에게 유용한 듯한 광고를 끊임없이 제공한다는 점이다. 본인은 쉽게 무시할 수 있다고 생각하지만, 어느 순간 쇼핑몰 사이트에 들어와 있는 자신을 발견한다. 이와 같은 상황들을 종합했을 때 우리는 너무 쉽게 목적 없이 해당 공간에 오랫동안 갇혀서 방황하게 된다. "세계의 순간들을 포착하고 공유하자(Capture and share the world's moments)." 인스타그램의 초창기 모토다. 전 세계의 사람들과 사진을 공유하며 다른 사람들의 삶을 간접 체험하는 것이 본래 목적이었다. 하지만 이제 그들은 우리가 순간을 포착할 시간마저 주지 않는다. 대부분의 사람들에게 인스타그램은 기존의 목적을 잃었으며 그저 정처 없이 방황하는 공간이 되어 버렸다.

디지털 완전 공간인 메타버스에서 상황은 더 복잡하고 심각해진다. 이미 위에서 온라인 게임이 메타버스의 초보적인 형태라고 언급했다. 우리는 온라인 게임이 강한 중독성을 만들어 내는 동시에 이를 즐기는 사람들로부터 수익을 만들어 내는 사업이라는 점을 인지해야 한다. 기존의 온라인 게임은 플랫폼의 형식은 아니었다. 하지만 앞으로 이상적인 메타버스에 다가갈수록 기업들은 닫혀 있는 게임의 형식이 아닌 플랫폼의 형식이지만 게임의 요소가 가미되어 있는 형태로 메타버스를 구성할 것이다. 위에서 계속 언급한 디지털 공간의 비-잠재성, 비-물질성, 비-휘발성이 이상적인 메타버스에서의 완벽한 감각, 완전한 소통, 직접적인 활동성과 결합하여 얼마나 교묘한 형태로 개인의 주의력을 무너뜨리며 방황하게 만들지 우리 각자는 계속해서 상상하며 대비해야 한다.

주의 소유권, 다가올 미래

앞서 말했지만 플랫포니아의 발전은 메타버스를 앞두고 있는 우리가 더욱 경계해야 하는 대상이다. 그렇기에 우리는 그에 대한 주요한 대비책으로 앞서 주의 소유권을 주장했다. 주의 소유권이 잘 정립된 미래라면 메타버스가 꼭 우울한 미래를 가져올 것이라고 생각하지 않는다. 오히려 메타버스와 자연 공간은 서로에게 훌륭한 보완재로 자리매김할 것이다. 자연 공간에서는 절대 일어날 수 없는 판타지와 마법 같은 경험을 메타버스에서는 현실처럼 즐길 수 있다. 또 물리적인 경계를 벗어나 언제 어디서나 자유로운 소통을 가능하게 한다는 점에서 우리의 생활 환경을 뒤바꿀 것이다. 반대쪽에서 바라봤을 때 메타버스는 자연 공간의 신비로움을 선명하게 드러낼 것이다. 화려하지만 비-잠재적인 메타버스에서 인간은 온전히 새로운 것을 찾기란 불가능하며 그렇기에 결국 메타버스는 텅 비어 있는 공간이라는 점을 깨달을 수밖에 없다. 그 과정에서 물질이 가진 독특한 특성이 더 뚜렷해지며, 우리의 육체가 숨쉬고 있는 자연 공간은 메타버스에서는 절대 꿈꿀 수 없는 잠재성으로 가득 찬 놀라운 공간으로 다시 다가올 것이다.

주의 소유권, 과연 꼭 필요한가?

과연 플랫폼 기업의 문제일까?

● 　　　　　현대 사회와 기술의 발전은 긍정적인 효과를 많이 만들어 왔다. 플랫폼 기업의 알고리즘과 맞춤형 광고는 이런 기술의 발현이라고 볼 수 있다. 시사에 관심이 있는 사람들은 이제 방 안에 앉아, 검색 없이도 알고리즘의 추천을 받아 홍콩 시위, 상하이 봉쇄 현장과 우크라이나 전쟁 상황을 볼 수 있다. 멋지지 않은가? 맞춤형 광고의 효과는 더욱 놀랍다. 단순히 컴퓨터를 검색했을 뿐인데, 평소 알지도 못했던 휴대용 컴퓨터 받침대나, 휴대용 키보드를 추천받을 수 있다. 불과 20년 전만 하더라도 직접 현장에 가서 발품을 팔아야 겨우 찾을 수 있던 것이므로, 이런 플랫폼 서비스를 통해 우리 시간을 더 값어치 있게 쓸

수 있게 되었다.

주의 소유권(내가 어떤 자극을 받을 것인지 숙고하고 결정할 수 있는 권리)은 플랫폼 기업이 우리의 주의를 소진한다는 문제의식을 전제로 한다. 또, 앞으로 오감을 동원할 수 있는 메타버스의 시대에는 이런 문제가 더욱 심화될 것이라고 전망한다. 그러나 이에 대해 모든 사람이 동감하고 있다고 말하기는 어렵다. 대표적으로 두 가지 극단적인 예를 들어보자.

오프라인 활동 자체가 확률이 낮다고는 하지만, 현실에서 일어나는 각종 사건 사고들을 감안해 보면 오프라인 공간은 잠재적 위험을 수반한다. 메타버스를 통해 이런 외부의 위험으로부터 자유롭게, 동시에 물리적, 공간적 제약으로부터도 해방되어 오프라인 공간에서보다 훨씬 더 넓고 다양한 경험을 제공함으로서 인간의 선택지가 넓어진다고도 볼 수 있지 않을까.

또 다른 예는 인간이 탄생한 이래 단 한번도 온전히 주의를 소유한 적이 없다는 것이다. 관련된 사례는 차고 넘친다. 과거 교통과 통신이 발달하지 않았던 중세 시대에는 마을의 여론과 종교적 메세지가 사람들의 주의를 지배해 왔다. 굳이 중세까지 가지 않더라도 상황은 크게 다르지 않다. 오늘날 한국 사회에 태어난 사람들은 부모, 사회, 그리고 국가의 교육에 의해 '한국인'이 되어 간다. 이런 주어진 환경은 DNA 혹은 의지와 별개로, 우리의 '주의'를 원하는 방향대로 이끌어 간다.

주의력 소진 현상과 플랫폼 기술의 관계에 대해서도 생각해 볼 여지가 있다. 이것이 플랫폼 기업만의 문제라고 볼 수 있을까? 주의력 소진 문제는 스마트폰의 보급, SNS 플랫폼 기업 등

● 강연준 서울대학교 사회과학대학 외교학과

장 이전에도 존재해 왔다. 지금도 길거리에는 옥외 광고와 팸플릿이, 텔레비전에는 방송사들과 기업들의 광고가 눈과 귀를 사로잡고 있다. 스마트폰과 SNS의 등장은 공간의 변화를 의미할 뿐이다. 따라서 플랫폼 기업이 제공하는 서비스가 모든 일의 원흉인 양 탓하는 것은 타당하지 않다.

나만의 나침반

앞서 플랫폼 기업이 주의력 소진의 원흉이라고 말하는 것은 타당하지 않으며, 오히려 더 많은 가능성의 영역을 가져다 줄 수 있다는 점을 이야기했다. 그러나, 누구나 플랫폼 기업을 잘 활용할 수 있는 것은 아니다. 현명한 플랫폼 사용자가 되기 위해서는 '나만의 나침반'이 필요하다. 나만의 나침반이란 인간이 살아가는 데 추구하는 방향성을 의미하며, 다음의 세 가지 특징을 갖는다. 첫째, 나만의 나침반은 외부에서 주입된 것이 아닌 엄청난 노력으로 스스로 만들어 낸 것이어야 한다. 둘째, 미래 지향적이며 명확한 선호 체계에 근거해야 한다. 셋째, 이 나침반은 플랫폼 기업의 알고리즘과 주의 소진 전략으로부터 스스로를 보호할 수 있는 도구가 되어야 한다.

나만의 나침반이 있는 사람과 없는 사람의 차이는 플랫폼 기업의 알고리즘을 거부할 수 있느냐 없느냐로 나눌 수 있다. 누구나 잠들기 전 우연한 클릭으로 밤을 세워 본 적이 있을 것이다. 처음 한두 시간은 정말 행복하고, 새벽이 되면 슬슬 다음날 걱정에 초조해졌을 것이다. 이 같은 상황에 가끔 노출되는 정도라면, 그 사람은 나만의 나침반이 있다고 볼 수 있다. 반면 플랫폼 기업의 알고리즘에서 벗어나지 못하고, 자신의 삶의 완전한 일부가 되거나, 심지어 이 같은 사실조차 인지하지 못한다면 그 사람은 나만의 나침반이 없는 사람이라 볼 수 있다. '나만의 나침반'에 대해 조금 더 자세히 알아보기 위해 가상의 K군의 예를 들어 보자.

90년대에 태어난 K군은 평소 플랫폼 기업을 잘 활용해 정보를 습득한다. 그는 플랫폼 채널을 활용해 수익을 창출하기도 하고, 과제에 활용하기도 한다. 때로는 플랫폼을 통해 알게 된 새로운 사람들과의 네트워킹으로 혼자서는 이루지 못할 일들도 한다. 그에게 플랫폼 기업은 새로운 기회의 창이었다. 하지만 그도 가끔 알고리즘과 함께 하는 새벽을 보냈다. 늘 그렇듯 알고리즘과 함께하는 새벽은 우연한 클릭으로 시작되었다. 막장 예능의 자극적인 썸네일을 지나치지 못했기 때문이었다. 포근한 침대 위에서 막장 예능을 보고 있으면 실제로 보거나 경험한 적이 없었음에도, 이런 일들이 쉽게 일어나는 것 같은 느낌이 들곤 했다. 알고리즘은 때로 화려한 삶을 살고 있는 사람들의 브이로그를 보여 주기도 했다. 멋진 풍경과 화려한 조명, 맛있는 음식들을 보고 있으면 불확실한 미래를 향해 하루하루 견디며 살아가는 삶이 보잘것없이 느껴지기도 하고, 알고리즘이 보여 주는 것처럼 살아가고 싶은 유혹도 들었다. K군이 이러한 유혹에 빠지지 않았던 이유는 스스로 주의 마비에 빠지고 있다는 것을 인지하는 즉시 채널 추천 거부 기능을 사용했기 때문이었다. 이는 K군에게 나만의 나침반이 있었기에 가능했다.

K군의 나침반은 그냥 만들어진 것이 아니었다. 무엇보다 환경이 중요했다. 90년대생인 K군은 스마트폰이나 플랫폼 기업이 생기기 전에 태어났다. 애초에 이런 환경에서 태어나지 않았기 때문에 스스로 고민하고 성찰하기에 조금 더 유리한 입장이었다. K군의 상황은 90년대생 중에서도 조금 더 특이했다. 2000년대 초반 '바보 상자' 붐이 불 때 부모가 텔레비전을 없앴고, 컴퓨터 사용은 주말에 2시간만 하도록 제한했다. 이렇게 시대와 가족이 만들어 준 환경 속에서, 그는 텔레비전 광고와 정보로부터 떨어져 스스로 사색할 시간을 보장받았다. 그리고 아주 훌륭하지는 않았지만, 그래도 그럭저럭 기능하는 나침반을 만들어 내는 데 성공했다.

현대에서 나만의 나침반을 만들기 어려운 이유

가상의 K군 사례를 제시한 것은 나만의 나침반을 만들 최소한의 시간 보장이 중요하다는 점을 강조하기 위해서다. 이는 주의 소유권이 필요한 첫 번째 이유이기도 하다. 좋은 플랫폼 사용자가 되기 위해서라도 주의 소유권을 확보할 수 있는 성찰의 기회는 꼭 필요하다. 주지해야 하는 사실은 내가 추구하는 가치를 담아내는 나만의 나침반은 그 자체로도 의미가 있다는 것이다. 치열하게 고민한 끝에 얻어 낸 답을 통해 살아가는 삶은, 사회나 매체가 말하는 대로 살아가는 삶과는 질적으로 다르다. 똑같은 목표를 추구하더라도 전자의 무게감이 후자의 무게감보다 클 것이다. 주의 소유권의 도입은 최소한의 성찰 시간에 대해 사회가 다시 주목하는 첫 걸음이 될 것이다.

두 번째로 주의 소유권이 필요한 이유는 10년 뒤, 어쩌면 그 후의 세상은 지금까지와는 차원이 다른 오감을 자극하는 시대일 수도 있기 때문이다. 20년 전만 하더라도 대다수의 사람은 정보의 홍수와 노이즈로부터 어느 정도 자유로웠다. 텔레비전은 집안에만 존재했을 뿐, 가지고 다닐 수 없어 물리적으로 분리된 상태였다. 또한 텔레비전에서 방영하던 프로그램 역시 사람 하나하나의 취향과 기호에 맞춰 큐레이팅이 되는 형식이기보다, 전 연령대가 같이 볼 수 있는 프로그램으로 제작되었기에 중독성 역시 높지 않았다.

이런 상황은 이미 바뀐 지 오래다. 스티브 잡스의 발명품인 스마트폰의 보급 이후 우리는 아침에 눈을 뜨는 순간부터 잠이 드는 순간까지 정보에 지속해서 노출되고 있다. 뿐만 아니라 정보의 홍수 속에 처음 노출되는 연령 역시 낮아졌다. 이는 나만의 나침반을 만들기가 갈수록 어려워질 수 있음을 의미한다. 과연 10년 뒤에는 어떨까? 앞서 오감을 자극하는 새로운 콘텐츠, 오감을 자극하는 광고를 통해 얻는 효용 등에 대해 다소 낙관적으로 앞으로의 상황을 예측하기도 했었다. 실제로 확고하고 정교한 나침반을 가진 사람들은 이런 시대에 더 큰 효용을 얻을 수 있을지도 모른다. 하지만 냉정하게 말해 스스로를 지킬 최소한의 권리나 도구 없이, 10년 동안 더 많은 데이터를 통해 정교화된 알고리즘과 메타버스 플랫폼 기업들의 영향으로부터 자유로운 사람은 그리 많지 않을 수 있다. 알고리즘이 추천하는 영상을 '해당 채널 추천 금지'와 같은 기능으로 막을 수 있는 이전과는 다르다. 후각과 촉각이 합쳐진, 어떤 미래의 기능이 해당 영상을 끝까지 시청하게 만든다면 이를 거부하기는 더 어려워질 것이다. 이와 같은 지적이 극단적이면서 비관적인 생각이라고 비판할 수도 있다. 하지만 인류의 지난 역사를 보면 불가능한 것도 아니다. 문명과 질서, 평화 등 인간에 의해 만들어진 아름다운 것도 있었지만, 동시에 핵무기, 마약, 전쟁 등 해로운 것 역시 인간의 손에서 탄생했다. 인간이 만들고도 인간이 통제하지 못한 것들 또한 많지 않았던가.

2장

비인간관계

관계의
새로운 지평을 열다

디지털 사회에서 사람들은 다양한
존재와 유의미한 관계를 맺는다.
이러한 비인간관계는 예측되는
미래 사회의 양상 중 하나다. 종래의
인간관계가 아니라는 부정의 의미에서
非인간관계이며, 또한 인간과 인간이
아닌 존재와의 관계라는 점에서
非人間관계이다.

디지털 사회 속의 새로운 관계

        디지털 사회는 이미 시작되었고, 미래 사회의 발전 속도는 예측 불가능하다. 사회가 '급변'한다는 것에 집중하여 앞으로 어떠한 양상들이 생겨날지 상상해 볼 수도 있지만, 결국 현재를 돌아보며 '급변'하는 사회 속 '불변'하는 가치들로 초점을 두는 것이 더 중요하다.

    기술은 목표를 이루기 위한 수단이다. 고로 기술 발전의 방향성 또한 사회가 지향하는 목표를 바라보고 있는 것이 바람직하다. 그렇다면 과거에도, 지금도, 그리고 앞으로도 계속해서 사람들이 얻어 내고자 하는 가치는 무엇일까. 우리는 타인과의 관계로부터 많은 행복과 동시에 아픔을 겪고 있다. 그러한 지점에서 '진정성 있는 관계'라는 키워드의 필요성이 대두된다.

    요즘 세대에게 디지털은 일상 그 자체다. 특히 타인과의 관계 형성에 있어서 디지털은 불가분의 관계에 위치해 있다. 예를 들어, '안다고' 말할 수 있는 사람들은 모두 핸드폰 속에 데이터로 저장되어 있고, 언제든지 그들에게 닿을 수 있다. 그러나 수백 명을 웃도는 인스타그램 팔로워 수에 비해 정작 핸드폰 최근 통화 목록에 등장하는 사람들의 수는 열 손가락 안에 불과한 것이 사실이다.

디지털 기술은 개인이 가질 수 있는 관계의 범위를 거의 무한대로 확장시킨 것처럼 보인다. 그러나 마치 무리하게 늘어난 풍선껌처럼 표면적인 관계들이 모여 결국 공허함을 만들고 있다. 언제든지 끊어 낼 수 있는 인스타그램 팔로우 관계처럼 디지털 사회에서의 관계들은 가소성이 매우 높다. 검은 바탕에 등장한 '관계의 가소성'이라는 현대 사회의 양상 그 이면에는 '진정성 있는 관계'가 우리를 간절하게 기다리고 있다.

뭉뚱그려서 '디지털 사회 속의 관계'라는 카테고리를 만든 후 사회 전반으로 눈을 돌려 생각해 보면 몇 년 동안 방 밖으로 나오지 않은 채 온라인상의 사람들과 교류하며 지내는 히키코모리에 대한 기사가 떠오른다. 기사는 히키코모리를 심각한 사회 문제로 지적하고 있고, 그들이 현실로부터 단절된 회피성 삶을 살아간다고 비판한다. 그러나 이 문제 역시 다른 시선으로 생각해 볼 필요가 있지 않을까? 디지털 사회에서는 물리적인 제한으로 과거에는 형성되지 못했던 관계들이 인터넷을 통해 생겨나고 있다. 도발적으로 생각해 본다면, 히키코모리들은 이 인터넷의 강점을 최대한으로 활용하여 그 속에서 적극적으로 본인에게 우호적이고 행복감을 가져다 주는 관계들을 형성하고 있다고도 볼 수 있지 않을까?

이들이 평범한 사회 구성원이 되는 사회를 상상하기 위해선 결국 유의미한 관계가 다양한 형태로, 다양한 존재들과 형성될 수 있다는 전제가 받아들여지지 않으면 안 된다. 온라인에 존재하는 이름 모를 누군가가 매일 마주치는 학교 친구보다 친밀할 수도 있고, 비록 말을 하진 못하지만 눈빛으로 사랑을 표현하는 반려동물이 데면데면한 자식보다 따뜻한 위로를 제공해 줄 수 있는 것이다.

따라서 본 장에서는 예측되는 미래 사회의 양상 중 하나로서 '비인간관계'라는 개념을 제시하고자 한다. '비인간관계'라는 단어는 두 가지의 함의를 내포한다. 먼저 종래의 인간관계가 아니라는 부정의 의미에서 '非'인간관계이며, 인간과 인간이 아닌 존재와의 관계라는 점에서 '非人間'관계이다. 본 '비인간'을 인간과 상호적인 정서적 교류를 할 수 있을 정도로 인간과 기능적으로 유사한 기계적 존재라고 규정한다.

관계의 진정성을 이루는 요소

사람이 아닌 것과 교감을 하는 사람들을 '비정상적'이라고 사회적 낙인을 찍는 행위의 기저에는 바로 인간 대 인간의 관계만이 진정성 있다는 믿음이 깔려 있다. 그러나 인간 대 인간의 관계만이 진정성을 가질 수 있다는 믿음에서 벗어난다면, 개인이 '체감하는 진정성'을 기준으로 우리는 진정성 있는 관계의 범위를 넓힐 수 있을 것이다.

개인이 관계에서 진정성을 느끼도록 하는 요소는 세 가지다. 첫 번째로 상대방의 반응에서 오는 정서적 만족감이 있다. 두 번째로는 관계가 지속될 것이라는 믿음, 세 번째로는 상대를 존중하는 마음이다.

우선 첫 번째 요소를 살펴 보자. 우리가 특정한 말과 행동을 했을 때, 상대방이 어떤 반응을 보이는지에 따라 관계의 만족도가 달라진다. 예를 들어, 고민을 털어놓았을 때 상대방은 이에 부담을 느끼며 회피할 수도 있고, 경청하며 같이 고민해 줄 수도 있다. 이 두 가지 경우를 비교해 보았을 때, 경청하고 같이 고민해 주는 사람과의 관계가 분명히 더 만족감을 주기에 이 관계를 이어 갈 가능성이 높다. 그리고 이 관계 속에서 진정성을 느낄 수 있다. 그렇기에 그 사람의 반응은 개인이 체감하는 관계의 진정성에 큰 영향을 미친다.

인간의 말과 행동에 반응하여 나오는 로봇의 행동은 그저 인간의 행동을 모방하는 것이기 때문에 로봇의 행동과 그에 따른 인간과의 상호 작용은 진정성이 없다는 주장도 있다. 하지만 잘 생각해 보면 인간 또한 학습한 사회적 규범에 맞추어 행동한다. 때문에 로봇이 사회적 규범에 알맞고 배려심 있다고 판단되는 행동을 학습해 이를 지속적으로 모방할 수 있다면 로봇의 반응에서 느끼는 감정에 진정성이 없다고 말할 근거는 약하다.

두 번째 요소인 관계의 '지속성'에 대해서도 이야기해 보자. 관계는 지속 그 자체보다는 지속될 것이라는 믿음이 중요하다. 현재 이어지고 있는 만남의 빈도와는 상관없이 당장은 바빠서 오랜 기간 만나지 못하고 연락이 닿지 않더라도, 시간만 맞는 다면 언제든지 만날 수 있다는 믿음이 있다면 그 관계는 계속 이어지게 된다. 이러한 믿음은 일방적인 것이 아니라 상호적이어야 한다. 상대방도 나와 같은 마음이기에 시간적, 물리적 여유가 된다면 언제든지 다시 만날 수 있게 된다는 믿음, 이것이 관계의 진정성에서 중요한 요소이다.

이러한 믿음은 인간과 인간 사이 관계보다는 사실 로봇과 인간 사이 관계에서 이뤄지기 쉽다. 왜냐하면 로봇은 사람이 어떤 잘못을 해도 관계를 단절하는 선택을 하지 못하게끔 설정할 수 있기 때문이다. 로봇과의 관계에서 지속성 역시 의심하기 어렵다.

세 번째 요소는 상대를 배려하는 마음이다. 지금까지는 내가 느끼는 감정과 믿음을 중요한 요소로 언급하였다. 하지만 이 바탕에 상대를 배려하는 마음이 없으면 이 관계를 당연하게 생각하고 잘못된 방식으로 관계를 이끌어 나갈 수 있다. 따라서 정서적 만족감을 주는 관계에 감사함을 느끼고 그 관계를 소중히 여기는 것이 관계의 진정성에 있어서 매우 중요하다. 바로 이 세 번째 요소가 로봇과의 관계가 진정성이 있는지에 대해 많은 고민을 안겨 준다.

기계-인간의 존중과 배려

가령 기계가 인간과 같은 반응을 보일 수 있는 단계까지 진화했다고 가정하자. 하지만, 인간이 기계를 존중하고 배려할 수 있는 상대로 대하지 않는다면 비인간관계는 성립할 수 없다.

여기서 잠시 '배려'란 무엇일지 생각해 보자. 배려는 남의 욕구를 나의 욕구보다 우선시해 행동하는 것이다. 일반적으로 인간은 이기적이기 때문에 자신의 욕구를 만족시키기 위해 살아간다. 그러나 의미 있는 관계 속에 있다면 관계의 상대방을 고려해 행동하고, 때로는 그의 욕구를 내 것보다 우선시해 행동할 수 있게 된다. 곧 상대의 입장에서 생각하고 행동하는 것이 배려다.

물론 이러한 배려를 하기 위해서는 상대방의 욕구를 살필 수 있어야 하고, 상대방을 나만큼이나 소중한 존재로 여기는 태도가 필요하다. 이러한 태도를 '존중'이라 부른다. 지금까지 존중은 인간에게만 적용되어 왔다. 하지만 역사를 살펴보면 존중의 범위는 점점 넓혀져 왔다. 로봇이 일상화된 미래 사회에서 로봇 역시 이러한 배려와 존중의 대상으로서 인정받을 수 있을까?

현재 '인간관계'에 적용되는 기준을 '비인간관계'에도 적용한다면, 진정한 의미의 비인간관계가 성립하기 위해서는 상호 존중을 기반으로 한 배려가 필요하다. 분명 인간이 로봇을 배려하지 않아도 함께 살아가는 것은 가능할 것이다. 그리고 친구인 것처럼, 관계를 맺는 것처럼 보일 수도 있다. 하지만 진정한 의미의 관계를 맺기 위해서는 대상을 존중하는 마음을 가져야 한다. 대상을 나보다 하찮은 존재로 여기는데 관계를 맺을 수는 없다. 그

리고 대상을 나만큼이나 중요하게 여긴다면 배려는 당연히 따라
나온다.

인간이 로봇에게 실제로 이러한 배려의 행동을 할 수 있을
지는 여전히 의문이 남는다. 어쩌면 로봇이 인간과 같은 반응을
보이도록 설계하는 것보다 인간이 로봇에게 배려의 마음을 갖게
되는 것이 더 어려운 일일지도 모른다. 그렇지만 비인간관계가
일반화되는 사회를 생각할 수 있으려면 로봇과의 관계에서 배려
와 존중이라는 극히 인간적인 개념이 적용될 수 있을지에 대해
깊이 고민하지 않으면 안 된다.

비인간관계 속의 인간관계

●   비인간관계가 일반화된 사회를 가정했을 때 그 속에서 인간들 사이의 관계는 어떻게 변화할까? 여러 시나리오가 있겠지만, 그중 다소 암울해 보이는 미래가 도래하리라 예측해 볼 수 있다. 비인간관계가 일반화되었을 때 인간관계가 대체되어 결국 사라질 것이라 예측할 수 있는 이유는 무엇일까.

진화의 흐름에 따르면 생명체는 항상 편안함과 안정성을 추구한다. 과학이 발전하면서 인간의 삶이 편리해지는 과정은 훨씬 가속화되었다. 그런데 고대부터 현재까지 그다지 개선되지 않은 채 사람들을 꾸준히 괴롭히는 불편함이 있다. 바로 인간관계에서 오는 불편함이다. 소외, 답답함, 후회, 배신감 등 인간은 관계에서 여러 가지 상처를 받는다. 어떨 때는 모든 인간관계에서 도피하고 싶을 정도다. 하지만 그렇게 하지 않는 이유는 인간의 사회적 본성 때문이다.

　인간 두뇌가 다른 영장류에 비해 커진 이유는 오로지 사회적 관계를 처리하기 위함이라는 이론이 있을 정도로 인간은 관계에 민감하고, 또 상처받을지 알면서도 끊임없이 갈구한다. 거친 환경 속에서 나약한 인간 혼자서는 생존할 수 없었기 때문이다. 다른 사람과 관계를 맺지 않고 사는 것이 불가능할 뿐더러, 인간관계에서 얻을 수 있는 희열은 인간관계가 주는 불편함 만큼이나 매우 강력하다.

　그러나 현대 사회 속에서 이 사회적 본성은 때로는 피곤하게 다가오기도 한다. '던바의 수'라는 것이 있다. 이는 개인이 사회적 관계를 안정적으로 유지할 수 있는 사람의 수를 말한다. 연구에 의하면 인간 두뇌가 감당할 수 있는 최대 관계의 수는 약 150명에 그친다. 하지만 초연결사회에서 이미 맺고 있는 관계의 수는 150명을 훌쩍 넘는다. 이들의 감정을 고려하고, 그들이 나에 대해 어떻게 생각할까 고민하고, 심지어 그 자리에 없는 다른 사람들의 반응까지 계산하다 보면 아무리 사회적 두뇌라고 해도 할 일을 다 수행하기 어렵다.

　이러한 관계의 양적 폭발은 질적 퇴보로 이어지며 현대 사회의 많은 문제를 야기한다. 관계에 피로하고 상처받지만 외로워하는 것이 현대인의 주요 특징 중 하나다. 최근 들어 반려동물을 키우는 사람들이 많아지는 것도 이러한 관점에서 해석할 수 있다. 인간과의 관계에서 받은 상처, 또는 채우지 못한 만족을 강아지나 고양이를 통해 해소하려는 것이다. 실제로 "어떨 때는 사람들과 있는 것보다 내 말을 다 들어 주는 강아지와 있는 것이

　● 김주형 서울대학교 공과대학 산업공학과

더 편하다.", "고양이와 함께 있는 것이 더 위로가 많이 된다." 등의 이야기를 하는 사람들도 있다. 하지만 아직까지 동물과의 관계로 인간관계를 대체할 수 있다고 말하는 사람은 보지 못했다. 동물과는 깊은 대화를 나눌 수 없고, 함께 영화를 보며 토론할 수도 없고, 농담을 던졌을 때 웃는 반응을 보며 즐거워할 수도 없기 때문이다.

그런데 만약 이러한 활동을 함께할 수 있는 존재가 나타난다면 어떨까? 즐거운 일을 함께하고, 어려운 일이 있을 때 공감해 주고, 함께 울고 웃는 존재. 당신이 던지는 말에 전부 호응하고, 당신의 취향과 너무나 똑같아서 당신과 그 사이에 갈등이라고는 있을 수 없는 존재. 당신이 배려하지 않아도 전부 받아 주지만, 당신의 모든 것을 맞춰 주는 그러한 존재. 마치 당신을 위해 맞춤형으로 만들어진 것 같은 존재. 그러한 존재가 있다면 인간관계를 대체할 수 있다고 할 수 있지 않을까? 다른 사람들과 함께 있는데 시간을 쏟기보다 이 존재와 함께 있는 시간이 훨씬 행복하다고 느끼지 않을까?

현재의 기술 발전 속도를 감안한다면, 또 기업들의 치열한 이윤 동기와 그에 따른 기술 개발 노력을 감안한다면 멀지 않은 시점에 이런 기계가 곧 우리 앞에 다가오리라는 점은 쉽게 예상할 수 있다. 지금도 이미 인공지능 알고리즘이 나보다 나의 취향을 더 정확하게 파악하고, 어떻게 하면 나의 흥미를 자극할 수 있을지 너무나 잘 알고 있다. 최첨단 기술을 사용하면 거의 인간의 대화와 유사하게 말하는 인공지능도 구현할 수 있다. 또한 로봇 기술도 나날이 발전하며 인간의 행동을 모사하는 로봇들을 생산할 날도 머지 않았다. 기술의 발전 속도를 고려하면 10년 안에도 위에서 묘사한 것과 같은 존재, 즉 인간과 구별할 수 없이 비슷하게 생겼고, 상대방의 취향을 모두 고려해 가장 적합하면서도 자연스럽게 대화할 수 있는 로봇이 등장하리라고 기대하는 것이 허황된 꿈이라고는 할 수 없다.

이런 로봇들은 영화 〈블레이드 러너〉에 나오는 안드로이드처럼, 겉으로 살펴보거나 잠깐 이야기를 나눠 보아서는 인간과 잘 구분하기 어려울 수도 있다. 이러한 로봇들이 일반적으로 사용될 수 있도록 널리 퍼지고 사람들에게 받아들여지는 것은 더 오래 걸리겠지만, 그리 멀지 않은 미래에 모든 사람이 집에 로봇 친구 하나쯤은 있는 사회가 펼쳐질 것이다.

미래 사회의 인간관계 변화

이런 '친구 로봇'들이 상용화되면 인간관계는 어떻게 변화할까? 이전까지는 없었던 강력한 경쟁자가 나타난 셈이다. 이제 사람들은 두 가지 옵션 중에 선택할 수 있다. 한쪽에는 인간-인간 관계가 있다. 상대방이 나에 대해 어떻게 느낄까 걱정하며 상당한 에너지를 들여 생각하고 행동해야 하는 등 큰 노력이 필요하다. 반면 노력에 비해 모든 인간관계가 즐겁지는 않다. 친구들 사이에서도 갈등이 존재하고, 어색할 때도 있고, 상대방과 나의 취향이 너무 다를 때도 있다. 그런데 두 번째 옵션인 로봇-인간 관계, 즉 본문에서 '비인간관계'라 칭한 종류의 관계가 있다. 상대방의 입장은 고려하지 않아도 된다. 내가 그를 배려하지 않아도 로봇은 항상 나를 기쁘게 해 준다. 나와 너무나 잘 맞는 로봇, 시간 가는 줄 모르고 나의 취향과 나의 관심사에 대해서만 이야기해도 로봇이 다 받아 준다. 갈등은 상상도 할 수 없다. 이 로봇은 오직 당신을 즐겁게 해 주기 위해서 만들어졌기 때문이다. 물론 사회에 도입되면 처음에는 거부감이 들 수 있지만, 익숙해진다면 어느새 로봇-인간 관계를 선호하는 방향으로 흐르는 것이 당연할 것이다.

점점 사람들은 다른 사람과 굳이 피곤하게 관계를 맺지 않고 자신의 전용 친구 로봇과만 관계를 맺으려 할 것이다. 만약에 다수의 그룹 속에 있는 것을 좋아하는 성격이라면 로봇 여러 대를 장만하면 된다. 당연히 로봇들 사이에서 소외될 걱정은 하지 않아도 된다. 로봇들 사이에서 당신은 소위 '인싸', 관계의 주인공이다. 만약에 말을 하는 것보다 듣는 것을 좋아하는 성격이라면 설정을 조금만 바꾸면 된다. 로봇이 자신이 요즘 느끼는 감정들이나 새로 시작한 취미, 자신이 아는 다른 로봇에 대해 수다를 늘어놓을 것이다. 로봇과의 연애도 전혀 문제될 것이 없다. 당신이 가장 좋아할 스타일에 따라 로봇이 적절히 밀당을 하거나 화끈한 고백을 할 것이다. 인간관계에서만 얻을 수 있는 것은 갈등, 소외감, 배신감 등 부정적인 감정뿐이다. 관계를 위해 전혀 노력하지 않아도 당신과 함께하는 로봇들이 있는데, 굳이 애써서 사람들과의 관계를 찾을 이들이 몇이나 될까?

비인간관계가 일반화되는 순간 이러한 변화는 막을 수 없을 것이다. 앞서 말했듯이 인간을 포함한 모든 생명은 본능적으로 편안함을 추구한다. 인간관계에서 불편할 수 있는 모든 요소는 모두 제거해 놓은 비인간관계는 당연히 인간관계에 비해 편하게 느껴질 수 밖에 없다. 사람이 아니라 로봇과 친구를 하고 있다는 심리적인 불편함은 곧 사라진다.

비인간관계가 활성화된 사회

그런데 이러한 현상은 되먹임 순환을 가진다. 인간과의 관계를 기피하고 비인간관계로만 자신을 둘러싼 사람은 어떻게 될까? 상대방을 배려하고 존중하는 힘은 퇴화할 것이다. 이에 비해 자신의 이기심을 표출하는 능력은 꽃을 피울 것이다. 사회적 경험이 많지 않은 아이들의 경우가 보통 이러한 상태다. 원하는 것을 당장 주지 않으면 적절치 못한 행동을 하며 떼를 쓴다. 그렇지만 삶을 살아가면서 다른 사람들과 부딪히며 사회화되고, 자신의 욕구를 절제할 수 있는 방법을 어느 정도 익히게 된다.

다만 앞으로 비인간관계가 일반화되며 펼쳐질 사회는 성인들도 다른 사람들과 부대끼며 자기 이기심을 절제하는 것을 배우지 못한 사회다. 로봇이 다 내가 원하는 대로 해 주는데, 절제할 필요가 없지 않겠는가? 남을 배려한다는 것은 상상도 할 수 없는 일이다. 배려하지 않아도 나와 친밀한 관계를 누리는데, 왜 로봇을 배려할까? 이러한 사회에서는 인간-인간 관계를 맺기란 극도로 어려워진다. 자석의 같은 극이 밀어내는 것처럼, 모두 상대방이 내가 원하는 대로 행동하리라 기대할 것이기 때문이다.

인간-인간 관계에서는 이전보다 더욱 상처와 다툼이 깊어질 것이다. 결국은 인간관계를 맺고 싶어도 맺을 수조차 없는 상황이 올 것이다.

SF의 거장 아이작 아시모프가 쓴《로봇 2: 벌거벗은 태양》[1]에서는 인구 밀도가 극히 낮은 행성, '솔라리아'에 대한 이야기가 나온다. 행성 하나에 단지 2만 명만 거주하는데, 한 사람당 수천 개의 로봇을 거느리며 살아간다. 한 사람이 하나의 수 제곱킬로미터에 이르는 영지를 다스리고, 절대 다른 사람의 영지를 침범하지 않는다. 솔라리아인들은 다른 인간과 접촉하는 것을 가장 두려워하고 심지어 역겹다고 생각해서, 다른 사람과 대화를 해야 할 때는 오직 화상으로만 대화한다. 로봇들에 둘러싸인 삶만을 편하다고 느낀다.

솔라리아인들의 대인기피증은 얼마나 심했는지, 소설 속에서 유난히 사람을 싫어했던 솔라리아인은 어떠한 사람이 자신의 집을 직접 방문한다고 하자 공포스러운 나머지 음독 자살한다. 물론 작가가 과장을 섞어 표현한 것이지만, 비인간관계가 일반화된다는 가정하에 아예 억지스러운 설정이라고 할 수는 없을 것이다. 이러한 솔라리아 사회에서 진정한 인간관계를 원하는 한 여자가 있다. 그러나 자기 남편과도 수백 km 떨어져 사는 그녀에게 솔라리아에서 인간관계를 찾을 희망은 보이지 않는다. 이미 사회가 인간관계를 거부하고 있기 때문이다.

---

[1] 아이작 아시모프, 《로봇 2: 벌거벗은 태양》, 정철호 역, 현대정보문화사, 1992

인간관계가 사라진 사회는 과연 어떤 모습일까? 아예 관계 자체가 사라진 세상이 아닐까? 내가 예측하는 미래에서, 인간과 로봇 사이의 관계는 사실 관계라고 할 수 없다. 인간이 과연 친구 로봇을 자신과 동등한 존재로 인정하는 것일까? 만약 그렇다면 로봇에 대한 존중과 배려가 따라 나오게 되어 있다. 그렇지만 로봇에 대한 존중과 배려를 할 정도의 사람이라면 애초에 인간관계 대신 친구 로봇이 필요하지도 않다. 이미 인간관계에서도 상대방을 존중하고 배려함으로써 행복한 관계를 맺고 있기 때문이다. 인간-로봇 관계가 일반화된다면 이는 배려하는 것에 지친 인간을 위한 것이다. 당연히 상대방을 배려하는 것에 지쳐 로봇에게 온 인간이 로봇에게도 배려를 할 정도로 마음의 여유를 가지고 있지는 않을 것이다.

　　인간은 사회적 동물이다. 진정한 관계를 맺지 않는다면 인간성의 중요한 부분을 잃어버리는 것이다. 하지만 비자발적인 로봇들에게 둘러싸인 인간, 상대방의 입장에서 생각하고 배려하는 법을 잊어버린 인간, 사랑할 줄을 모르게 된 인간이 진정한 관계를 맺고 있다 할 수 있을까? 어쩌면 비인간관계의 확산은 인간성의 상실로 이어지는 길의 첫걸음일지도 모른다.

발전하는 기술이 만들어 내는 단절

쉽게 끊어지는 관계에 대한 두려움

● 　　　흔히 디지털 사회를 정의하는 요소 중 하나로 관계성의 증가, 즉 물리적 한계를 넘어서는 새로운 관계의 가능성을 이야기한다. 잊고 지내던 초등학교 친구가 페이스북 추천 친구로 떠오르고, 평소 동경하던 외국 작가에게 메일을 보내 연락할 수도 있다. 이처럼 우리는 과거에는 닿지 못했을 인연들을 매일 생성하며 관계의 망이 넓어지는 경험을 하고 있다. 그러나 동시에 한정된 시간과 주의력이 지나치게 많은 관계로 분산되어 피로함을 호소하는 사람들도 쉽게 볼 수 있다.

　　최근 떠오른 소셜 미디어의 기능을 보면 내 일상의 매 순간을 생중계할 수 있는 기능들이 많은 인기를 끌고 있다. 대표적인 예가 인스타그램의 '스토리' 기능이다. 스토리 기능을 통해 올린 사진이나 영상은 24시간 동안 타인에게 노출된다. 이는 기존의 게시글과는 달리, 경험이 진행되는 순간을 공유한다는 특징을 잘 담고 있는 기능이다. 그러나 이처럼 공유를 통해 나의 일상의 사소한 순간들에도 불특정 다수의 타인이 침투할 수 있다는 것은 극심한 정신적 피로의 원인이 되기도 한다. 또한 새로운 장소에 가고 새로운 사람을 만났을 때 그 순간에 집중하는 것이 아닌, 그 순간을 공유하고 기록하고자 하는 욕구에 매몰되기도 한다.

이렇게 정신적으로 피로한 기능들이 왜 주목받는 것일까? 그 이유는 관계의 가소성에서 찾아볼 수 있다. 관계의 가소성이란 새로운 관계를 만드는 것이 쉬워진 만큼 기존의 관계를 버리는 것의 기회비용이 줄어드는 현상을 말한다. 과거에 타인을 내 인생에서 완전히 차단하는 것은 거의 불가능에 가까웠다. 어색한 친척, 불편한 이웃, 껄끄러운 친구 등을 회피하기 어려웠다. 그러나 지금의 많은 관계는 차단 버튼 하나로 마감될 수 있다. 이러한 변화는 결국 소외의 가능성에 대한 두려움을 증폭시키는 데에 기여한다. 새로이 생성되는 관계가 많아지는 만큼, 수면 아래 소원해지고 끊어지는 관계의 수도 그만큼 많은 것이다.

보편적으로 소셜 미디어 중독은 타인에게 관심을 받았을 때 느껴지는 즐거움에서 기인한다. 그러나 중독자들은 소셜 미디어를 통해 얻는 행복감보다 활동이 뜸해졌을 때 주변 사람들의 반응이 줄어드는 것을 극도로 두려워하기 때문에 소셜 미디어를 끊지 못한다고 고백한다. 현대 인간관계에서 가장 중요한 역할을 하는 소셜 미디어의 목적이 개인적인 충만감을 위한 것이 아닌 주변 관계로부터 소외 받지 않으려는, 단절되지 않으려는 발버둥으로 전락하는 경우가 빈번한 이유다. 이러한 현상을 앤드류 프지빌스키는 2013년 '망각 두려움(FOMO, Fear Of Missing Out)'으로 정의하며 병리적인 현상으로 규정하기도 했다. 이와 유사한 개념을 보다 확장하여 '발전하는 기술이 만들어 내는 단절'에 초점을 맞추고, 현대인들의 일상에 뿌리내리고 있는 이에 대한 두려움을 좀 더 면밀하게 살펴봐야 한다.

연결되어 있지만 공허한 관계

특정 인물과의 관계를 과시하고 관계의 돈독함을 수치화하여 시각적으로 나타내는 소셜 미디어 기능들이 보편화되고 있다. 대표적인 예시로 스냅챗의 '스트리크' 기능이 있다. 이 기능은 특정 상대와 주고받은 메시지, 사진, 음성 녹음 등 여러 교류를 종합적으로 평가하여 교류가 지속적으로 이루어질 경우 그 관계의 친밀도를 수치화하여 나타낸다. 스냅챗 이용자들끼리 특정 친구와의 '100 스트리크 달성' 등을 축하하는 메시지들을 종종 찾아볼 수 있는데, 이처럼 스트리크는 관계의 깊이를 가장 직관적으로 과시할 수 있는 좋은 소재가 된다.

보다 폭넓은 연령층이 사용하는 페이스북, 트위터, 인스타그램도 마찬가지로 교류의 빈도수를 측정하는 다양한 지표들이 내재되어 있다. 공유 횟수, 좋아요, 리태그 등의 기능들을 통해 특정 인물과의 관계가 공개적으로 드러난다. 그러나 이러한 지표들이 과연 그 관계의 진정성을 배양하는 데에 효과적일까? 소셜 미디어를 통한 위로나 공감이 실제 대인 관계에서 경험하는 정서적 안정감이나 만족감에 비해 그 효과가 저조하다는 연구 결과들은 기술 발전이 진정성 있는 관계의 발전으로 이어지지 못하고 있음을 뒷받침한다.

역설적으로 현대 기술이 초월적인 연결을 제공함에도 불구하고 과거 사회를 선망하는 향수적인 테마를 바탕으로 제작되는 드라마, 영화, 플랫폼 등이 크게 흥행하고 있다. 드라마 〈응답하라〉 시리즈를 비롯해서 '싸이월드'의 부활은 과거 사회 속에 현대인들이 갈망하는 무언가가 있음을 의미한다. 1980~90년대가 배경인 드라마를 보며 자신의 과거를 떠올리는 4~50대 시청자들과 달리, MZ 세대는 전해 들었던 이야기들만을 바탕으로 당대의 사회를 상상함으로써 그에 공감한다. 이처럼 반추할 개인적인 경험이 없음에도 불구하고 〈응답하라〉 시리즈가 MZ 세대를 비롯한 전국민적인 사랑을 받을 수 있었던 이유는 시대 배경과 상관없이 인물 간의 진정성을 그려 냈기 때문이다. 드라마 속 주인공들은 작은 골목 동네에 붙어살며 많은 갈등을 겪는다. 그들은 긴밀해서 다소 불편하고 일상적인 관계를 살아가지만, 시청자들은 그 속에서 피어나는 따뜻한 정을 포착한다.

초월적인 힘을 가진 인터넷과 디지털 사회의 많은 기술들은 다소 놀랍게도 관계의 공허함을 초월하지 못하고 있다. 오히려 이러한 기술이 상용화되지 않았던 과거의 불가피한 관계들의 소중함과 자연스러운 우연의 아름다움이 재조명받고 있다.

단절의 극복

기술의 미래는 현재를 살아가는 사람들의 욕구와 이상에 기반한다. 우리가 원하는 삶을 끊임없이 꿈꾸고 실현시키기 위한 도전이 바람직한 기술 발전으로 이어진다. 디지털 사회 속에서 단절에 대한 두려움이 증폭되는 현상을 바라보며 이를 기술로서 극복할 수 있는가, 그리고 과연 그것이 옳은 접근인가에 대한 의문이 생겨난다. 기술을 통해 관계 형성이 용이해진 것은 분명 긍정적인 발전이다. 그러나 그 속에서 '진정성'이라는 본연적인 가치를 찾는 것은 기술 발전과는 별개로 끊임없이 제기되는 근본적인 과제다.

소셜 미디어 상의 관계를 통해 단순히 더 잦은 연락, 생생한 영상, 좋은 음질의 통화가 관계의 진정성에 기여하는 바는 극히 한정적이다. 메타버스를 통해 마치 한 공간에 있는 듯한 기술이 실현된다 하더라도, 과연 진정성을 어떻게 구현할 것인가에 대한 질문은 끊이지 않을 것이다. 한 걸음 더 상상의 폭을 넓혀보면 기술의 발전을 통해 관계의 대상이 인간이 아닌 비인간 존재가 되는 것을 상상하는 것은 어렵지 않다. 인공지능 혹은 동물과의 교감 등을 통해 교류의 대상이 보다 다양해질 것이고, 그 과정에서 가치 있는 관계에 대한 우리의 이해 또한 변화할 필요가 있다. '진정성'이라는 가치는 스냅챗의 스트리크 수치로, 혹은 인스타그램의 좋아요 개수를 통해 정량화할 수 없다. 즉, 관계의 진정성은 그 관계 속에 있는 대상자들만이 체감할 수 있는 것이다. 그렇다면 어떠한 대상과의 관계가 진정성 있는 관계로 다가오는

지 또한 개인마다 모두 상이할 것이다. 이처럼 관계의 다양성을 고려했을 때 어찌보면 바로 비인간관계를 통해 기존의 관계에서는 찾지 못했던 만족감을 경험하는 것일지도 모른다.

영화 〈Her〉 속의 주인공 테오도르는 인공지능 사만다와의 관계를 통해 진정한 사랑을 경험한다. 그러나 그의 주변 인물들은 허황된 관계에 몰입하지 말라며 그를 나무란다. 테오도르와 사만다의 관계를 멸시하는 시선에 내재되어 있는 것은 바로 '인간 대 인간의 관계가 더 진정성 있고 우월한 관계'라는 믿음이다. 이처럼 일각에서는 비인간관계를 통해 충만함을 경험하는 것 자체를 인간 대 인간의 가장 원초적이고 자연적인 관계를 비안간과 인간의 관계로 대체하는 시도로 바라보며 부정적인 견해를 내비칠 수도 있다. 그러나 인공지능의 발전으로 진정성 있는 관계가 인간에게만 국한되어 있지 않다면, 사회적 통념보다 개인이 '체감하는 진정성'이 기준이 될 수 있을 것이다. 관계에서의 행복을 외부의 시선을 기준으로 평가하는 것이 아닌 개인의 관점에서 바라본다면, 비인간과의 관계를 포용하는 것이야말로 기술을 통해 인생의 만족감을 증진시키는 선택지로 해석할 수 있다. 단, 이때 인공지능과 같은 관계는 지금과 같이 피상적으로 정량화되는 관계가 아니라 주관적으로 체감하는 진정성이 구현되는 기술 수준에서 가능한 이야기일 수 있다.

비인간관계로 인한
사회적 변화

●   비인간관계가 현실화될 때 나타날 수 있는
사회적 변화는 어떤 양상을 보일까? 기술의 급격한 발전에 따라
비인간관계의 '상상'이 구체화될 가능성이 나날이 커져 가는 지
금, 비인간관계의 현실화에 대해 예상 가능한 사회적 변화를 다
각적으로 다뤄 보는 것이 필요하다. 논의를 시작하기에 앞서 비
인간관계가 인간 사회를 구성하는 데 있어 필수적인 요소가 되
어 인간과의 관계 재정립 및 인간과의 동등한 지위 부여가 중요
한 논제인 사회를 논의의 시작점으로 삼을 것이다.

　서두에서 제시된 '비인간관계'의 정의를 생각할 때, 비인간
의 두 가지 특징인 '불멸성'과 '생산 가능성'을 고려할 필요가 있
다. 먼저 '비인간의 불멸성'은 태생적으로 유한한 존재인 인간과
달리, 인공물인 비인간은 시간적 유한성을 가지지 않는 존재라는

것을 의미한다. 하이데거가 말했듯이 인간의 자각은 '시간'과 결부되지 않을 수 없기에, 인간은 일정한 시간 속에서 일회적 삶을 산다는 것을 인식함으로써 비로소 '존재'를 느끼는 현존재(dasein)이다. 나아가 인간은 유한성 속에서 존재를 자각하기에 불멸을 희구하며, 유한성으로 인한 한계를 제도로 극복하고자 한다.

그러나 비인간은 생명체처럼 본능적으로 죽음이라는 것을 인지할 수는 없다. 설령 비인간을 물리적으로 파괴하더라도 새로운 하드웨어에 백업된 데이터를 불러온다면 이는 죽음이 아니라 단순한 시간의 공백이 되고 만다. 이러한 특성은 비인간이 인간의 유한성을 당연히 전제하고 만들어진 인간 사회 및 제도와 시간적 흐름의 불일치를 겪을 수밖에 없다는 것을 의미한다. 비인간이 가진 불멸성으로 인한 사회 변화는 종교와 사법 체계 영역에서 구체적으로 논의할 것이다.

두 번째 특징인 '비인간의 생산 가능성'은 인간과 달리 기계인 비인간은 생산을 위한 제반 시설과 부품이 충분하다면 제작자의 의도에 맞춰 원하는 대로 무한에 가깝게 양산할 수 있다. 다시 말해 비인간은 누군가가 그 개체 수를 임의로 조정할 수 있으며, 그 과정에서 소요되는 시간 역시 인간의 임신 기간과 비교할 때 매우 짧다고 할 수 있다. 만약 비인간이 인간과 관계를 맺으며 사회에 편입된다면, '인간과 동등한 자격과 권리를 누릴 가능성이 상당한 존재'를 '기존과 같이 물건을 생산하는 것처럼 취급해도 되는가'라는 의문이 제기될 수밖에 없다. 이는 19세기 서구 사회에 노예 해방 운동이 본격화될 당시 '노예를 동등한 인간으로서 취급할 수 있는가?'라는 역사적 논의와 유사한 사회적 맥

　　　● 서인후 고려대학교 정치외교학과

락을 지닌다고 할 수 있다. 나아가 비인간이 공동체의 의사 결정에 참여할 수 있다고 한다면, 그러한 권리 또는 가능성을 지닌 존재를 '생산'하는 권리를 누구에게, 어떻게 귀속시킬 것인지도 논의해야 한다. 비인간이 가진 생산 가능성은 정치 영역에서 구체적으로 논의할 것이다.

정치 영역

정치 영역에서 비인간에 대해 가장 먼저 고려해야 할 사항은 '과연 비인간에게 시민의 지위를 인정할 것인가'라는 물음이다. 우선 권리는 인간에게 주어지는 것이기에, 해당 물음은 자연스럽게 근본적으로 '비인간을 인간과 동등하게 취급할 것인가?'라는 물음과 연결된다. 이와 관련해서 기존의 논의들이 어느 정도 이뤄진 상태이기에, 본 장에서는 비인간이 인간과 유사하게 고등한 사고가 가능한 존재이므로 권리를 누릴 가능성이 있는 '이성적 존재'에 부합한다는 정도로 가정하고자 한다.

현대 민주 사회에서 '시민'이란 사회의 구성원으로서 인간이 누릴 수 있는 권리를 향유하며 의무를 부담하는 주체를 의미한다. 그 단위로서의 시민이 가지는 주요한 권리는 참정권과 공무담임권이다. 이를 통해 시민은 공동체의 정치적 결정 과정에 참가하는 주권의 행사자이자, 국가조직체의 일원으로서 공무를 담당하는 주권의 수탁자가 될 수 있다.

비인간을 시민으로 인정한다는 것은 단순히 비인간을 우리 사회의 일원으로 포섭하는 것을 넘어, '인간'인 시민들이 공동으로 소유하고 있는 주권을 비인간과도 공유한다는 것을 의미한다. 비인간에게 주권을 공유할 수 있는 지위를 인정할 때 발생 가능한 논제는 '기계를 생산하여 부릴 수 있는 특정 집단의 정치적 영향력 증대에 대해 어떻게 대처할 것인가'이다. 이와 관련한 역사적 사례로 미국 독립 전쟁 이후 각 주가 가지는 하원의석수를 확정하는 과정에서 노예를 소유하는 남부와 소유하지 않는 북부 간에 있었던 '노예 인구를 유권자 수에 어떻게 반영할 것인가'라는 논쟁을 떠올릴 수 있다.

미국의 각 주들이 하원 의석을 할당받는 방식은 인구 비례에 따른 의석 분배이다. 당시 남부 주들은 연방 정부 차원에서 자신들의 영향력을 증대하기 위해 노예를 1명의 유권자로 산입해야 한다는 주장을 내세웠고, 이에 대항하는 입장이었던 북부 주에서는 노예가 시민으로서의 대우를 누리지 못하기 때문에 유권자로 계산해서는 안 된다는 입장을 고수했다. 결국 당시 북부 주가 원했던 연방 정부의 대외 무역 감독을 인정하는 대가로, 노예는 유권자의 5분의 3을 차지한다는 합의를 만들게 되었다.[2] 비인간이 유권자로서의 지위를 인정받는다면 비인간을 많이 보유한 지역 및 이익 집단의 대표성이 크게 늘어날 것이고, 이에 따라 비인간의 특성인 '생산 가능성'이 정치적 지형에 미치는 영향

---

2 John O. McGinnis, What Did the Three-Fifths Clause Really Mean?, Law & Liberty, 2021.05.27, https://lawliberty.org/what-did-the-three-fifths-clause-really-mean/

을 줄이기 위해서 비인간의 '생산'에 관한 규제가 도입될 공산이 크다.

　상상을 더해 간다면 비인간을 위한 정당의 등장도 예상해 볼 수 있는 사안이다. 정당은 정치적 영향력의 표출을 목적으로 조직된 자발적 결사체인 만큼, 만일 비인간이 인간처럼 정치적 권리를 가질 수 있다면 비인간 자신들의 권익을 위한 비인간-정당이 등장할 수도 있다. 비인간을 위한 정당의 등장은 현실의 동물당에 대입하여 생각해 볼 수 있다. 동물당이 동물의 권익을 보호하고 동물권에 대한 사람들의 인식 재고를 위해 등장했던 사례를 고려한다면, 인간과 비인간의 평등하고 호혜적인 교류와 기계 친화적 가치의 재고를 위한 비인간-정당이 등장할 가능성 역시 배제할 수 없다.

　앞의 두 논의가 인간 사회 내에서의 가상적 상황을 전제하는 것이라면, 비인간만의 국가 공동체 등장은 비인간이 공동체적 차원에서 인간 공동체와 교류하게 되는 경우라고 할 수 있다. 비인간이 비인간을 위한 사회 공동체를 건설하는 것은 현재 기존 국가를 대체하려는 시도인 '비트네이션(bitnation)'과 '시스테딩 인스티튜트(The seasteading institute)'와 유사한 맥락에서 이해할 수 있다. 두 사례 모두 기존의 국가가 가진 한계(늘어난 인구를 효율적으로 대표하기 어려운 중앙 집권적, 수직적 형태를 가진 현대 정부의 한계, 출생만으로 부여되어 사람들에게 강력한 구속력을 발휘하는 국적의 한계 등)를 극복할 수 있는 사회적 실험으로, 개인이 느끼는 필요를 바탕으로 발전된 기술을 활용해 새로운 양상의 국가 공동체를 건설할 수 있다는 가능성을 시사한다. 이처럼 국가가 고정적이고 시민은 태생적으로 국가에 소속된다는 국가 중심적 사유가 도전 받는 현실을 고려한다면, 미래에 보다 발전된 기술을 이용하여 비인간만의 국가를 창조하겠다는 발상 역시 근거가 없다고 볼 수는 없다.

비인간 정치 참여와 비슷한 맥락을 가지면서 미래 사회에 또 다른 파문을 일으킬 수 있는 논제는 사이보그의 정치 참여이다. 사이보그가 언급된 이유는, 인간과 기능적으로 매우 유사한 비인간을 창조할 수 있을 정도로 발달된 기술력이 존재한다면 자연히 인간의 육신을 기계로 대체하는 기술 역시 등장했을 가능성이 크다는 논리적 추측에서 비롯된 것이다. 신체의 일부 또는 상당 부분이 기계로 대체된 사이보그 역시 종래의 인간관에서 벗어난 존재이며, 정신적으로는 인간이지만 육체적으로는 기계적 요소가 있다는 점을 감안한다면 인간과 비인간의 중간 지대에 놓인 존재라고 간주할 수 있다. 비록 비인간보다는 인간과 유사하지만, 사이보그 역시 '순수한 인간'과는 다른 환경, 다른 이해관계에 놓일 공산이 크기 때문에 사이보그가 하나의 정치적 세력으로 부상하는 것은 비인간의 정치 참여와 일정 정도 비슷한 양상을 띨 것으로 예측된다. 따라서 만일 한 사회에 사이보그의 정치 참여가 성공적으로 이뤄졌다면, 비인간의 정치 참여 과정 역시 사이보그의 정치 참여를 경험하지 않은 경우보다 수월할 것으로 추측된다.

종교 영역

비인간의 등장은 '죽음'의 극복과 '지향점'의 상실이라는 두 측면에서 종교에 거대한 변혁의 물결을 몰고 올 수 있다. 종교가 탄생한 이래로 현대에 이르기까지, 종교의 주된 기능 중 하나는 인간의 필멸성으로부터 비롯되는 사후 세계에 대한 본능적인 공포를 해소하는 것이었다. 과학이 발전하기 이전 세상을 이해하는 방식으로서 시작된 종교는 인간이라면 누구나 마주할 수밖에 없는 죽음이라는 현상에 대해 교리에 입각한 설명 체계를 제시하여 죽음에 대한 공포를 해소하면서, 종교가 추구하는 윤리적 체계에 순응하며 현세를 살아가야 하는 당위성(내세에서의 심판 또는 보상 등)을 제시해 왔다. 상기한 종교의 기능은 종교의 권위가 약화된 현대 사회에서도 유효하게 작동한다. 종교는 유한한 인간의 삶 속에서 정신적인 지지대의 역할을 하는 종교적 지향점을 제시함으로써 현세의 행복과 내세의 구원을 추구하도록 도우며, 이를 통해 인간이 후회 없는 삶을 영위하고 죽음을 편안히 수용할 수 있도록 조력한다.

그러나 비인간의 등장은 '죽음'이라는 근본적인 명제를 다시 생각하게 함으로써 '유한성 속에서 의미 있는 삶을 살아가도록 돕는' 종교의 기능에 변화를 강요할 수 있다. 이는 비인간이 인간과 비인간관계를 구축하면서, 이로부터 비롯되는 비인간에 대한 친숙함이 비인간이 가진 기계 육신에 대한 적응으로 이어져 육신의 기계화에 대한 부정적인 인식을 낮출 수 있기 때문이다. 마치 다문화 사회로의 진입 및 이주민과의 교류 증가가 외국인에 대한 심리적 장벽을 낮춰 그들의 '낯섦'에 대한 거부감이 줄어들듯이, 비인간이 인간 사회에 편입될수록 비인간이 가지는 인간과는 다른 특성들이 관용될 가능성이 증가할 것이다.

이 과정에서 비인간이 가지는 대표적인 특징인 '기계로 이뤄진 신체'에 대한 사회적인 수용도 이뤄질 것이라고 짐작할 수 있다. 인류 역사상 외래 요소의 유입과 정착이 사회문화적으로 변화를 일으켜 왔던 것처럼, 비인간의 기계 육신에 대한 적응은 인간들의 육신에 대한 인식을 친기계적, 즉 단순히 의수나 의족 등 인체의 손실된 부분을 인공적 보장구로 보완하는 것을 넘어 육체를 완전히 기계로 대체하는 수준까지 변화시킬 수 있다. 상기한 변화는 '불로불사'에 대한 인간의 오래된 열망과 '순수한' 육체에 대한 인간의 인식을 중심으로 설명할 수 있다. 진시황이 찾으려 했다는 '불로초'나 스페인의 콩키스타도르가 찾았다는 '젊음의 샘'과 같은 이야기를 통해 알 수 있듯이, 인간은 죽음을 수용하는 것을 넘어 이를 극복하는 것을 희망해 왔다. 따라서 기계로 신체를 재구성해 불로불사를 누리는 것은 죽음을 넘어선다는 인간의 욕구를 충족시킬 수 있는 하나의 방법임이 틀림없다. 그러나 동시에 인간은 자신의 육체에 대하여 특별한 가치를 부여해 온 정신적 유산, 유가(儒家)의 "신체발부수지부모(부모에게서 물려받은 네 몸을 소중히 여겨야 한다)"나, "인간의 육신은 신의 모습을 닮은 것이다."라는 크리스트교의 가르침 등을 보유하고 있다. 상기한 정신적 전통을 미뤄 봤을 때, 의도적으로 자신의 신체를 기계로 대체하는 것은 동서고금을 막론하고 인간이 가져왔던 전통적 신체관과 정면으로 충돌하는 것이다. 그러나 비인간은 죽음의 공포로부터 벗어나면서 인간과 동등한 의식적 기능을 가짐으로써 종래 인간의 특성으로 간주된 '이성'을 보존하며 육신의 노쇠함에서 비롯된 질병이나 죽음이 극복 가능하다는 것을 간접적으로 증명해 준다. 비인간관계의 구축 및 사회적 확산은 '육체의 비인간화'를 통한 불로불사의 실현 가능성을 실제적으로 보여주면서도, 비인간에 대한 친숙함을 통해 기계 육신에 대한 거부감을 낮춰 전통적인 신체관을 약화시킬 수 있다.

비인간관계의 확산과 수용은 〈은하철도 999〉에서 묘사되는 '기계화'와 개념적으로 비슷한 '육체의 비인간화'를 촉진하는 '티핑 포인트(tipping point)'로 작동할 수 있다.

상기한 변화가 실제로 일어난다면, 종교의 '죽음에 대한 공포'를 극복하는 기능은 더 이상 효과적으로 기능하기 어렵다. 이는 이미 '세상을 설명하는 원리'로서의 가치를 상실한 종교에게 있어 자신의 존립 근거를 위태롭게 만드는 또 다른 변화의 물결이라고 할 수 있다. 따라서 종교는 자신의 생존을 위해서, '육체의 비인간화'로 인해 변화하는 시대가 요구하는 새로운 가치 문제에 대한 해답을 제시해야 한다. 기계 육신이 확산되는 세상에서 대두되는 가치 문제로 '육신의 변화로 획득한 불멸성을 어떻게 소비해야 하는가' 혹은 '어떻게 불멸을 소비할 것인가'라는 물음을 예상할 수 있다. 필멸성이 인간에게 '어떻게 하면 한정된 시간을 소중히 사용할 수 있는가'라는 고민을 안겨 주었다면, 육체의 비인간화로 얻게 될 불멸성은 우리에게 '어떻게 하면 무한히 지나가게 될 시간의 흐름을 버틸 수 있는가' 내지 '불멸이라는 가능성 속에서 어떻게 삶을 개척할 것인가'라는 전대미문의 문제를 고민하도록 만들 것이다. 때문에 새롭게 등장할 종교는 필멸과 유한, 초조함에 대한 고민에서 벗어나 불멸이 주는 무한한 시간으로 인한 권태로움을 극복할 수 있는 정신적 해답을 도출해야 할 것이다. 한편으로 신흥 종교가 사회의 열망을 반영하여 등장해 왔다는 점을 고려한다면, 미래에는 기계의 불멸성에 대한 사회의 열망이 종교의 형태로 표출될 수도 있으리라고 생각한다.

법률 영역

사법 체계 역시 비인간의 등장으로 인해 영향을 받게 될 영역이라고 할 수 있다. 비인간의 행위 능력에 관해서는, 앞서 언급했던 '비인간은 인간과 동등한 수준의 의식적 기능을 가진다'라는 가정 하에 비인간이 인간과 동일한 행위 능력을 지닌다는 것을 유추할 수 있다. 특히 형사 체계가 그러한데, 이는 형벌이 종교와 함께 인간이 유한성에 대해 가지는 공포—유한하기에 생명과 자유, 재산을 '박탈'당하는 것에 대한 생리적 거부감—에 기반하는 체계이기 때문이다. 민사법 체계의 경우, 형법과 같이 엄격한 형식론을 고수하기보다는 거래계의 안정성에 초점을 두고 있는 법 체계이기 때문에[3] 비인간이 인간과 같이 종래의 시장 및 민사법 질서에 녹아들 수 있다면 채권 및 물권과 관련된 변동은

---

3   명순구, 《민법학원론》, 고려대학교 출판문화원, pp. 5-6, 2020

적을 것이라고 예상할 수 있다. 상속법과 친족법의 경우, 비인간이 종래 인간의 생식 및 사망과는 상이한 양태를 보인다는 것을 고려하더라도 근본적인 변화 없이 비인간의 '생산'을 출산으로, 비인간의 '영구 작동 중지'를 사망으로 치환한다면 충분히 기존의 법 체계를 활용할 수 있을 것이라고 생각한다.

　유한성에 대한 공포는 무법 상태에 대한 공포와 처벌에 대한 공포로 나뉠 수 있다. 무법 상태에 대한 공포는, 토마스 홉스가 《리바이어던》에서 설명했듯이, "규칙이 존재하지 않는 '자연 상태(The state of nature)'에서는 인간의 생명과 재산을 비롯한 이익 전반이 제대로 보호받지 못하는 '만인의 만인에 대한 투쟁' 상태에 대한 두려움이다."[4] 인간은 무질서로부터 오는 혼란이 자신의 이익을 침해할까 두려워하기에, 생명과 소유물에 대해 보호받는 것을 대가로 사회가 합의한 규칙에 순응한다. 처벌에 대한 공포는 응보와 예방의 실현을 위한 도구로, 사회의 규칙을 어기고 타인에게 피해를 준 것에 대하여 가해의 정도와 상응하는 처벌을 내림으로써 부정의한 상태로부터 벗어나게 하면서(응보), 사회구성원에게 범법 행위가 처벌을 수반한다는 경고를 전달함으로써 잠재적 범죄를 예방하는 기능을 수행한다. 상기한 두 가지 유형의 공포 모두 자신이 가진 것을 박탈당한다는 공포를 바탕으로 사회 질서에 순응해야 하는 당위성을 부여한다.

　그러나 비인간이 등장할 경우, '공포에 기반한 순응'이라는

4　토마스 홉스, 《리바이어던 1 - 교회국가 및 시민국가의 자료와 형태 및 권력》, 진석용 역, 나남, 2018, pp. 168-175

명제는 수정될 수밖에 없다. 앞서 논의했듯이, 형벌은 박탈당하는 것에 대한 두려움을 불러일으킴으로써 사람들을 규율하는 체계이다. 그렇다면 우리는 비인간으로부터 무엇을 박탈할 수 있는지에 대해 논의해야 한다. 비인간이 인간과는 달리 유한성에 구애받지 않고 (조건이 충족된다면) 무한한 삶과 결함 없는 신체를 보유할 수 있다는 것을 고려한다면, 형벌에서 상당한 비중을 차지하는 자유형과 생명형은 무력화될 수밖에 없다. 예를 들자면, 시간의 흐름에 영향을 받지 않는 비인간에게 있어 자유롭게 행위할 수 있는 일정한 시간을 박탈하는 자유형은 비인간의 행위를 제재하는 데 있어 별다른 억제력을 발휘할 수 없을 것이다. 따라서 비인간에게 형벌이 의미 있게 작동되기 위해서는 비인간에게 '박탈'의 감각을 느끼게 하기 위한 다양한 수단들, 예를 들어 생명형과 비슷하게 기록 말살형을 본딴 데이터 말소형 등이 필요할 수 있다.

사라지고 있는 기계와 인간의 경계

우리 사회는 기계를 인간처럼 좀 더 고도한 단계로 진화시키기 위해 많은 돈과 시간을 투입하고 있다. 기계 진화의 최종 단계는 사회적 규범에 알맞게 행동하는 로봇이다. 여기서 사회적 규범이라는 것은 매우 모호한 기준이 될 수 있다. 특히 한국과 같은 고맥락 사회에서는 이를 정확히 말로 표현하기 어렵고 기준이 실제로 모호하여 의견이 다양하다. 심지어 일부 사람들은 몇 가지 사회적 규범을 알아채지 못하고 지키지 못하는 경우도 있다. 이를 로봇이 잘 지켜낼 수 있다면 고도로 진화한 기계일 것이고 사람이 유대감을 느낄 가능성이 더 높다.

이와 동시에 인간 또한 기계로 진화하고 있다. 꼭 기계 의수와 같은 것을 착용하지 않더라도 우리는 모두 스마트폰이라는 기계를 들고 다닌다. 외부 메모리 역할을 해 주는 스마트폰 없이 현대 사회에서 요구하는 한 사람의 몫을 온전히 해낼 수 있는가? 그러니 이미 몸의 일부를 기계화하여 살아가고 있다고 말할 수 있다. '기계 인간'으로의 진화다. 인간은 신체 능력을 기술로 계속 보강하며 진화하고 기계는 인간의 외양과 행동을 모방하는 방향으로 진화하여 기계 인간이라는 중간 지점에서 만날 가능성이 높다.

기계 인간 사회, 대한민국

인간의 기계화 같은 물리적인 변화 말고도 흥미로운 점이 있다. 바로 사회적 기준의 변화다. 기계를 평가할 때 '얼마나 사람 같은가' 또는 '사람보다 얼마나 뛰어난가'와 같은 기준으로 평가하곤 한다. 이런 기준이 우리에게 돌아와 사람을 '얼마나 기계 같은지' 또는 '기계보다 얼마나 뛰어난지'와 같은 기준으로 평가하게 되었다. 기계가 인간과 겉모습이 같아지더라도 절대 해선 안 되는 것이 무엇일까? 바로 실수다. 의도적으로 오류 생성을 코드에 집어넣어야 하는 것이 아닌 이상, 즉 실수가 기계의 업무가 아닌 이상 주어진 업무에 있어서 실수를 하는 기계는 쓸모없다. 인간과 기계의 차이가 점점 없어지고 둘을 구별할 수 없어질 때, 인간이 누릴 수 있는 특권 중 하나는 '실수'가 될 것이다.

하지만 지금의 사회는 우리가 가야 할 방향에서 크게 벗어나 있다. 특히 한국 사회는 '실수'에 굉장히 예민하다. 업무에서 실수를 하는 것은 오래전부터 있을 수 없는 일이었고, 이제는 이

● 조명지 서울대학교 공과대학 협동과정 기술경영경제정책 전공

를 넘어 삶의 전반에 걸쳐서 마치 기계처럼 단 하나의 도덕적 실수마저 해선 안 되는 것 같은 사회 분위기가 조성되고 있다. 이런 사회적 기준의 변화에 의해 한국 사회의 피로감이 고조되고 있다. 이는 관계의 단절과도 깊은 연관이 있다. 관계를 이어 나갈 때 서로 생각하고 배려해야 하는 부분이 많아졌기 때문이다. 기술의 발전으로 인해 언제든지 연락이 닿을 수 있고, 더욱 쉽고 빠르게 만날 수 있지만 사람을 만나면 으레 그들이 가지고 있을 높은 도덕적 잣대, 사회적 기준에 맞추어야 한다는 부담감이 커졌다.

사회적 피로 해소

지금까지 보였던 양상과는 다르게 앞으로는 기술의 발전과 함께 육체적 피로뿐만 아니라 정서적 피로감마저 극적으로 줄어들 것이다. 다만 아직 적절한 방법을 찾고 도입하지 못했을 뿐이다. 단순히 생계를 위한 노동은 기계가 대신하고 인간은 본인이 의미 있다고 생각하는 활동만 할 수 있는 시대가 도래했다고 상상해 보자. 모든 일이 항상 의도했던 대로 풀리는 것은 아니기에 여전히 삶의 모든 곳에서 만족할 수는 없겠지만, 그동안 먹고 살기 위해 어쩔 수 없이 했던 노동에서 받았던 스트레스를 확연히 줄일 수 있다. 이렇게 아낀 정신적 여유를 내가 사랑하는 사람들을 위해서 쓸 수 있다. 당장 해결 불가능할 것 같은 일들도 잠깐의 낮잠 또는 산책 이후에 마법같이 해결이 되는 경험을 모두 한번쯤 해 본 적 있지 않은가. 우리는 개인 차원에서도 사회 차원에서도 자정 능력이 있다. 단지 이를 위한 여유가 필요할 뿐이다. 기술이 많은 일을 대체해 주고 있는데 왜 여전히 사람들의 삶은 이토록 피로한가? 앞으로도 계속 이렇게 피로하게 살아야 하는가? 이런 질문들을 품고 우리 사회가 나아가야 할 방향을 생각해 볼 시점이 되었다.

사회적 부담을 줄이고 여유를 더 가질 수 있으려면 기계와의 관계에서 정서적 만족감을 채우는 것을 포용하는 새로운 사회가 되어야 한다. 이는 관계를 인간과 인간 사이의 관계에서 기계와 인간 사이의 관계로 이동하자는 것이 아니라, 정서적 만족을 위해서 인간 대 인간의 관계가 채 메꾸지 못한 곳에 인간 대 비인간의 관계를 채워 넣는 것을 포용하자는 뜻이다. 기술의 발전 속도가 너무 빨라 사회가 가진 인식이 기술의 발전을 따라가지 못할 때가 있다. 지금이 바로 그런 시기의 시작이다. 인간과 똑같이 생겼고 비슷하게 행동하는 로봇이 나타나고 이들과 상호작용을 하기 시작하면서 분명히 깊은 유대감을 느끼는 사람들 또한 생겨날 것이다. 이들이 느끼는 유대감을 당연히 느낄 수 있는 감정으로 받아들이는 수용적인 사회가 되어야 비인간과의 관계로부터 오는 스트레스를 줄일 수 있다. 또한 사회적 기준이 아니라 자신이 느끼는 감정에 따라서 내 삶을 이루는 관계를 구성해 나가는 그런 자유를 가질 수 있다면 더 많은 사람들이 행복하게 살 수 있고 따라서 현재 존재하고 있는 많은 사회적 문제도 자연스럽게 해결될 수 있을 것이다.

포용하는 사회에서의 비인간관계의 긍정적 효과

로봇은 배려하지 않아도 우리를 떠나지 않기 때문에, 상대를 배려하지 않아도 되는 관계에 익숙해져 사람들이 점점 더 배려 없는 태도를 가지게 될 것이라는 견해도 있었다. 이는 상대를 배려하지 않는 인간관계는 지속될 수 없을 것이라는 믿음, 상대를 배려하지 않아도 비인간관계는 지속될 것이라는 믿음에 기반한다. 이 두 가지 믿음에 대해 하나씩 따져볼 필요가 있다. 첫째, 물론 매번 배려하지 않는 인간관계는 유지되기 힘들다. 하지만 어쩌다 상대방을 배려하지 못해도 괜찮고, 서로를 더 이해하고 용서하는 사회라면 어떨까. 실수를 한다고 해도 매몰차게 굴지 않거나, 실수를 했다고 해서 완전히 소외될 것을 두려워하지 않아도 되는 그런 사회 말이다. 이런 실수가 용서되고 실수하는 사람이 포용된다면, 사람들의 삶을 이루는 관계가 꼭 비인간관계에만 치우치지는 않을 것이다.

둘째, 로봇은 꼭 인간의 만족도를 높이기 위해 반응할 필요가 없다. 이미 고도로 발달된 로봇이라면, 사회적 규범에 맞추어 인간의 행동이 잘못되었다고 판단될 때 적절한 거부, 회피, 화 등의 반응을 하도록 로봇을 설정할 수 있을 것이다. 오히려 인간이 잘 설정된 합리적인 로봇과 상호 작용하며 관계에서 만족감을 느끼기 위해 자신의 행동을 수정할 것이다. 설정만 잘한다면 로봇이 인간을 잘 교육하는 존재가 될 수 있다. 그렇게 된다면 사람들은 비인간관계를 통해 다른 사람들에게 상처를 주거나 자신의 평판을 망치는 실수를 하지 않고도 사회적 규범을 배울 수 있다. 사회적 규범을 넘어 로봇에게서 상대방을 배려하고 실수를 해도 용서하는 방법을 배울 수도 있다. 인간이 가진 정신적 에너지는 한정적이기에, 하루에 가능한 용서와 이해의 횟수는 당연히 로봇이 더 많을 것이다. 우리는 비인간관계를 포용함으로써 더욱 많은 용서와 이해를 경험하고 따라서 더욱 많은 정서적 안정감을 얻을 수 있을 것이다.

우리가 로봇에게 얻을 수 있는 것은 용서와 이해뿐만이 아니다. 이미 지금의 기계들이 그러듯 삶의 많은 부분에서 로봇이 우리의 노동을 대체해 주어 편의가 늘 것이며, 놀이 로봇과 같은 로봇이 더 다양해진다면 즐거움과 같은 긍정적인 감정까지 줄 수 있다. 이런 정서적 만족을 비인간관계에서 채우는 것을 포용하면 사회적으로 좋은 영향이 있을 것이라고 믿는다.

상대방을 존중하는 마음

관계의 진정성을 이루는 세 가지 중에서 상대방을 존중하는 마음이 그 무엇보다 중요한 요소임은 두말할 필요도 없다. 어떤 관계로 큰 만족감을 얻는다 해도, 상대방을 존중하는 마음이 없다면 그 관계는 진정성 있는 관계라고 말하기 어렵다. 타인을 정서적으로 또는 물리적으로 학대하면서 만족감을 얻는 것은 진정성 있는 관계라고 보기 어려운 것과 마찬가지다. 관계가 지속될 것이라는 믿음에도 상대방을 존중하는 마음이 중요하게 작용한다. 관계는 일방적으로 내가 만족했다고 해서 지속되는 것이 아니기 때문에, 타인이 어떻게 느꼈는지를 떠나서 내가 상대를 어떤 마음으로 대했는지가 이런 믿음이 형성되는 데 중요하게 작용한다. 따라서 이미 내 삶에 깊숙이 들어 온 존재를 존중할 줄 아는 것은 비인간관계가 더욱 보편화될 우리 사회에서 인간이 가장 먼저 갖춰야 할 소양이다. 비인간관계의 진정성에 집중하여 상상해 보았지만, 현재 존재하는 그리고 미래 사회에 존재할 모든 관계의 진정성에 적용할 수 있는 기본적인 이야기다.

기술은 계속해서 발전할 것이다. 생산성이 기하급수적으로 늘어나 물질적 풍요는 이미 충분히 누리고 있다. 그렇다면 정신적인 풍요는 어디서, 어떻게 얻을 것인가? 우리 사회가 기술의 발전으로 물질적 풍요뿐만 아니라 정신적 풍요까지 누릴 수 있는 방향으로 나아갔으면 한다. 이를 위해 다시 기본으로 돌아가 우리 사회가 서로를 배려하고 용서하고 품어 주어야 한다.

3장

디지털 휴이넘

디지털 휴이넘랜드의
도래와 탈(脫)인간중심주의

'휴이넘(houyhnhnms)'이란 소설
《걸리버 여행기》에 등장하는 말(馬)을
닮은 종족이다. 인간을 닮은 종족인
'야후'는 이들을 섬긴다. 현재와 같은
디지털 기술의 발전이 이어진다고
가정했을 때, 인간을 지배할 새로운
디지털 휴이넘(digital houyhnhnms)이
출현할 가능성은 적지 않다.

누가 인간을 지배할 것인가

디지털 휴이넘에 관해 이야기하려면 우선 결정에 관해 살펴보아야 한다. '결정'은 그 자체로 누구에게나 참으로 부담스러운 행위가 아닐 수 없다. 우리는 결정의 마지막 순간까지도 수많은 선택과 판단을 거쳐야 하지만, 그러한 선택과 판단은 대부분 우리가 원하는 것만큼 간결하지 않은 데다가 예측하기 어렵기까지 하기 때문이다. 그럼에도 불구하고 우리가 머리를 싸매고 가장 좋은 결정을 내리기 위해 고심하는 이유는, 결국 스스로의 주인은 자기 자신이라는 믿음 때문일 것이다. 다시 말해, 무언가를 결정함은 주체성을 전제하는 일이다.

그러나 디지털 사회에 들어서면서, 개인들은 그 주체성을 스스럼없이 '위임'하기 시작했다. 어쩌면 '헌납'이라는 표현이 더 어울릴지도 모르겠다. 동영상 플랫폼에서는 나의 취향을 나보다 더 잘 아는 인공지능 기반 추천 서비스가 다음에 볼 영상을 대신 결정해 준다. 마찬가지로 온라인 쇼핑몰은 나의 필요를 나보다 더 잘 아는 듯하고, 배달 애플리케이션도 나의 기호를 나보다 더 잘 아는 듯하다. 이처럼 우리 생활의 많은 부분은 이미 '인공지능'이라고 불리는 혁신적인 기술에 의해 잠식되었으며, 나아가 그러한 인공지능이 나의 취향·필요·기호를 생성하고 통제하는 지경에 이르렀다.

혹자는 인공지능의 도움을 받는 것 또한 개인의 주체적인 결정이며, 오히려 여러 가지 미미한 결정들을 인공지능이 대신하게 하는 것은 효율을 추구함에 있어 지극히 상식적인 방식이라고 주장할 수도 있다. 물론 미래 시대 인공지능의 영향력이 과연 개인 차원에서 제어 가능한 수준에 머무를 것인지에 관해서는 의구심이 드는 것이 사실이나, 그러한 주장에도 일리는 있다. 하지만 이 장에서의 관심은 개인 차원보다 훨씬 광범위한 단위의 문제에 쏠려 있다. 즉, 종(species) 차원에서 인간과 기계의 대립을 조명하고자 하는 것이다. 이를테면 '나'의 일을 내가 아닌 인공지능의 결정에 맡기는 것처럼, 앞으로 '인류'의 일을 인류가 아닌 인공지능의 결정에 맡기게 된다면 인류는 그것을 납득할 수 있을 것인가?

아마도 다음에 볼 동영상에 대한 결정을 기계가 대신하도록 두었을 때만큼 선뜻 결정권을 내어 주지는 못할 것이다. 결정권을 박탈당한 채 주체성을 잃어버린 인류를 상상하노라면 무엇보다도 섬찟한 기분이 먼저 들 것이기 때문이다. 놀랍게도, 상당히 비슷한 상상을 했던 사람이 약 300년 전에도 있었다.

누명을 쓴 《걸리버 여행기》

1726년에 출판된 풍자 소설 《걸리버 여행기》는 많은 사람에게 동화로 더 익숙할 듯하다. 조나단 스위프트가 쓴 이 도발적인 풍자 소설은 출판 당시 거의 금서 취급을 당했는데, 그 때문에 '안전한' 아동 문학으로 둔갑하게 되었다는 자못 억울한 유래가 있다. 하지만 이렇게 세상이 《걸리버 여행기》를 가벼운 이야기책 정도로 치부하는 동안, 근대 이후로 우리의 인식적 틀을 가두었던 '인간중심주의'의 이면을 다루는 주제 의식은 자연스럽게 은폐되었다. 이러한 주제 의식은 특히 마지막 장 "휘이넘랜드"에서 잘 드러난다.

휘이넘랜드는 '휘이넘'이라고 불리는 말(馬)들이 지배하는 나라이다. 이 휘이넘들은 나름의 고도화된 언어와 문화를 갖추고 있으며 무척이나 예의 바르고 평화로운 종족이다. 휘이넘들을 섬기는 종족은 그들과 대비되는 야만적인 '야후'들인데, 묘사를 읽다 보면 이 야후들은 인간을 빗댄 존재임을 쉽게 알 수 있다. 즉, 휘이넘랜드에서는 일반적인 세상에서의 인간과 가축의 관계가 전도된 셈이다.

당연하게도, 당시 영국 사회는 인간이 아닌 말이 지배종으로 등장하는 세계관을 인간 존엄성의 심각한 훼손으로 규정하며 분개했다. 다만 이 지점에서 우리가 던져야 할, 보다 근본적인 질문은 다음과 같다. 도대체 그것은 왜 우리에게 그토록 불쾌한가?

디지털 휴이넘랜드의 도래

인공지능의 등장으로 인간 고유의 영역이라고 생각했던 것이 하나씩 정복되어 감을 우리는 매 순간 목도하고 있다. 심지어 인공지능이 곧 모든 방면에서 인간을 뛰어넘을 수도 있다는 연구도 경쟁적으로 쏟아지는 상황이다. 인간을 닮았으나 실질적으로 인간보다 더욱 출중한 능력을 갖춘 기계에 대한 이야기는, 오늘날 자극적인 SF 영화보다도 권위 있는 학술 논문에 등장하는 편이 더 그럴듯하다. 그러므로 이러한 소식에 압도되어 무력감이나 두려움을 느끼는 이들을 과학에 무지한 사람들이라고 매도할 수만은 없을 것이며, 오히려 이들의 반응은 어느 정도 자연스러워 보이기까지 한다.

그렇다면 현재와 같은 디지털 기술의 발전이 이어진다고 가정했을 때, 새로운 휴이넘랜드가 출현할 가능성을 검토해 보는 것도 아예 허무맹랑한 일은 아닐 테다. 가령 인간은 더 이상 지배종으로서 군림하지 못하고, 가장 유력하게는 인공지능과 같은 기술이 그 자리를 대신하는 것이다. 역사적으로, 기계는 본래 인간의 편의를 위해서 개발되었다. 그러나 《걸리버 여행기》에서 인간과 (문명의 시작부터 인간에게 편의를 제공해 온) 가축의 관계가 뒤바뀌었던 것과 마찬가지로, 인간-기계의 위치가 전복된 사회도 충분히 상상해 볼 수 있다는 의미이다. 이러한 가상적 세계관에 '디지털 휴이넘랜드'라는 이름을 붙이기로 한다.

디지털 휴이넘랜드는 앞서 말한 무력감과 두려움을 넘어 강력한 반발심마저 일으킬 법하다. 사실 기계에 의한 인간의 몰락이라는 테마는 다수의 디스토피아적 문학에서도 숱하게 제시된 바, 가히 생리적이라고까지 부를 수 있는 이러한 부정적 반응의 근저가 새삼 궁금해진다. 진단하자면 그것은 뿌리 깊은, 그러므로 떨쳐내기 무척이나 어려운 '인간중심주의'에 기인한다. 인간중심주의적 사고가 내재되어 있기 때문에, 우리는 인간이 중심으로부터 밀려나는 내러티브를 본능적으로 거부하는 것이다.

인간중심주의라는 신화

인간중심주의적 관점에서, 첫째로 인간은 모든 여타의 종과는 다른 고유한 능력을 가지고 있다고 믿어져 왔다. 이러한 믿음의 진위 여부와는 무관하게, 적어도 통념은 그러하다. 둘째로, 그러한 능력 덕분에 인간은 여타의 종을 지배할 수 있었다. 즉, 만물의 영장이라는 지위는 우리가 스스로 부여한 이름임에도 불구하고 그것을 부끄러움 없이 받아들일 수 있을 정도로 충분한 근거가 있는 것으로 합의했던 것이다. 그야말로 인간들은 지구의 '중심'에 있는 종이었다. 하지만 기계의 등장, 특히 오늘날의 고도화된 기계들은 인간중심주의의 가장 핵심적인 두 근거를 정면으로 반박한다. 기계는 인간의 능력을 모방하는 것을 넘어 압도하고, 인간들을 보조하는 것을 넘어 통제한다.

인간중심주의적 질서가 디지털 사회에 와서 붕괴될지도 모른다는 담대한 선포는 인류사적으로도 큰 무게를 지닌다. 기계를 탄생시킨 주체가 바로 인간임을 그 누구도 부정할 수 없기 때문이다. 기계 탄생 최초의 순간부터, 인류의 어깨에는 무거운 십자가가 놓였던 것이다. 기계는 태초부터 인간을 대체하기 위한 모조품의 성격을 지닌 존재였으므로, 기계가 언젠가는 반드시 인간과 경쟁하는 때가 올 것임도 예상할 수 있었다.

'인간 대 기계' 대립의 역사에서 가장 중요한 사례로 꼽히는 러다이트 운동의 전개를 보면, 그러한 기제가 더욱 명확히 드러난다. 당시 기계에 대한 반발의 기치가 빠르게 확산된 것은 결국 노동이라는 무척이나 인간적 가치와 함의를 지닌 것을 기계가 대신하게 되었기 때문이었다. 다만 19세기의 러다이트 운동이 경제적 차원에 국한된 위협이었다면, 근래의 '인간화된' 기계들은 훨씬 실존적 차원에서 인류의 독보적 지위를 위협한다.

이처럼 기술 발전에 대한 우리의 두려움은 인류가 이토록 오래 지켜왔던 (또는 애초에 가지고 있다고 여겨왔던) 중심종으로서의 위치를 박탈당할 수 있다는 데에서 비롯된다. 기계에 대한 경쟁적인 의식은 기술 발전의 출발점에서부터 인간들에게 내재되어 있던 것이다. 그리고 21세기 들어 전례 없던 초고도의 기술 발전을 목격하면서, 그 의식의 씨앗은 비로소 폭발적인 성장을 통해 자라나고 있다. 걷잡을 수 없는 상황 속에서 인간들의 디스토피아적 상상력은 더욱 강하게 자극되고, 그들이 생각하는 파멸은 '인간이 부수적인 동물 중 하나로 전락'하거나 '기계가 인간을 지배하는' 것과 같은 장면으로 굳어진다. 물론 인간중심주의적 관점에서는 다분히 파멸적인 상상이 맞다. 그간 인류가 무비판적으로 고수해 온 신념의 근간을 흔들기 때문이다.

더 이상 인류가 중심이 아닐 수도 있다는 가능성

그렇기 때문에 디지털 휴이넘랜드라는 시나리오를 받아들이게 하는 것은, 마치 독실한 신자에게 무신론을 설파하는 일에 비견될 수 있을 것이다. 이는 인간중심주의적 세계관으로부터 의식적인 탈피를 요한다. 다시 말해, 인류가 더 이상 중심이 아니라 주변적인 종으로 존재할 수 있다는 일말의 가능성만큼은 고려해 볼 수 있어야 한다. 단정적인 전망은 아닐지라도, 가까운 미래에 인류종의 지위적 변모가 불가피해진다면 적어도 열린 마음을 갖추고 있어야 적절한 준비라도 취할 수 있을 테니 말이다.

미래를 '주변적 인류종'의 시대라고 불러 보자. 결국 휴이넘랜드도 이러한 주변적 인류종 개념을 내세운 세계관이지 않은가. 이는 생태사적 맥락에서도 전혀 부자연스럽지 않다. 지배종의 교체는 생물의 역사에서 거스를 수 없는 순리에 가깝기 때문이다. 반드시 기계가 그 역할을 대행하지는 않게 되더라도, 미래 어느 시점에서 인간이 지배종의 왕좌에서 내려오리라는 것은 인류를 논함에 있어 모두가 동의할 수 있을 만한 거의 유일한 진리이다. 단지 그것이 인간이 직접 만들어 낸 기계라는 존재에 의해 촉발되었다는 점이 아이러니할 뿐이다.

여기에서 우리는 '즉위'와 '퇴위'의 내러티브를 발견한다. 다만 왕좌에서 내려오게 되는 그 퇴위의 과정을 논함에 있어, 반드시 그에 앞서야만 하는 명제는 인류의 즉위에 대한 설명일 것이다. 제아무리 지배종이라도 이렇게까지 다른 생물들에 크나큰 영향력을 가졌던 종은 인류가 유일하다는 것만은 분명하다. 이와 같은 무소불위의 권력을 행사하는 것은, 말하자면 즉위한 자의 특권이었다. 그러나 인류에게 그 특권을 부여한 주체 역시 인류였다는 사실을 기억해야 한다. 어쩌면 인류는 있지도 않던 왕좌를 짓고 스스로 그 자리에 앉은 것이었다. 아무도 우리를 추대하지 않았다면, 인류가 아닌 다른 종이 새롭게 왕좌를 차지하는 것에서 우리가 반대할 명분은 도대체 어디에 있단 말인가?

퇴위는 곧 해방이다

디지털 휴이넘랜드에 대한 이야기는 결코 비관적인 미래를 그리기 위함이 아니다. 이 장에서 방점을 찍고 싶은 부분은 오히려 관점의 전환이다. 위에서 언급한 것처럼, '주변적 인류종'의 개념을 거부할 수 있는 객관적인 근거는 존재하지 않는다. 교체와 변화는 그 자체로 가치중립적이기 때문이다. 쉽게 말해, 우리는 디스토피아를 지레 떠올리며 두려워할 필요가 없다.

인류의 퇴위는 중심종으로서의 권리와 책임을 동시에 포기함을 의미한다. 아주 단순한 예로, 국제회의장에서 국제 대사들이 아니라 인공지능이 80억 인구를 위한 결정을 대신한다고 생각해 보자. 그게 어떤 결론이 되었든, 만약에 인류가 그대로 따르기로 한다면, 모든 결정과 그 결정의 결과들은 더 이상 인간 책임의 몫이 아니다. 결정권을 위한 갈등의 영역과 책임 소재에 대한 다툼의 영역에서 인류가 비로소 자유로워지는 것이다. 이러한 맥락에 비추어 본다면, 디지털 휴이넘랜드는 이 세상을 살아가는 인류의 존재 의의를 새롭게 고찰할 수 있는 기회가 될 수 있다. 또한 다른 종들과의 관계를 맺는 데 있어서도 이전보다 훨씬 다양한 모델을 떠올릴 수 있게끔 할 것이다. 결정권이 우리에게 없다면, 우리는 미래 시대에 무엇을 하며 지낼 것인가? 지구의 주변적인 (또는 주변화된) 존재로서 종의 앞날을 어떻게 구축해 나갈 것인가?

가장 처음의 논의로 돌아가서, 우리는 이미 동영상과 물건과 음식에 대한 결정을 그들에게 맡기고 있다. 한편 우리 스스로를 변호하기를, 그러한 작은 결정들에 쏟을 힘을 아껴—창조적이거나 의미 있는—다른 활동들을 하는 데에 매진할 수도 있다는 것이다. 기계와의 협력을 통한 효율의 메커니즘은 이미 사람들 사이에서 습관화될 정도로 무의식 속에 침투했다. 그러므로 이러한 효율에 대한 기대가 인류 전체로까지 확장되지 못할 이유도 없다. 디지털 휴이넘랜드는, 지난 몇천 년간 자처했던 '결정하는 존재'로서의 역할에서 벗어나 '무엇이든 할 수 있는 존재'로 거듭날 수 있는 세상이기도 하다. 정작 그러한 세상이 아주 가까운 미래에 찾아오지는 않는다고 해도, 이러한 역설적이고도 새로운 주체성을 인식하는 것은 정녕 생산적인 대화의 밑바탕이 될 것이다.

우리를 위해 대신 결정하는 기계의 모습이 전혀 낯설게 느껴지지 않는다. 기계가 인간을 지배하는 사회가 아직 도래하지 않았다고 자신 있게 말하기에도 이제는 어려워 보인다.

디지털 휴이넘랜드, 우리는 무엇을 준비해야 하는가

●   디지털 휴이넘랜드를 읽으며 모종의 내적 긴장을 느끼지 않은 사람이 과연 있을까? 나는 인간의 자유(혹은 자율성)를 최대한으로 확장하고 불가침한 것으로서 신성시하는 것이 인간 존엄의 필요조건이라고 배워왔다. 그것은 학교나 군대와 같이 폭력이 조직적으로 허용되는 환경에서 살아온, 그리고 자유를 지키기 위한 전쟁과 시민 저항을 경험해 온 한국인에겐 더욱이 중요하게 느껴질 것이다.

    사실 이러한 경험과 의식은 한국인의 전유물이라 보기 힘들다. 유럽과 미국의 국민들이 향유하는 시민적 자유 또한 전제적 권력에 맞서는 '목숨을 건 투쟁'의 산물이었으니 말이다. 따라서 현대인은 지배종으로서의 위상과 '자유'라는 왕관을 내려놓고 세계사의 관객으로 비켜서라는 주장을 담담히 곱씹어 볼 준비가 아직 되지 않았다. 대중 매체에서도 그것은 디스토피아의 조건으로밖에 상상되지 않는다. 따라서 우리가 오늘날 감지하는 어떤 불편함은 충분히 합리적이다. 우리는 아직 미래의 여러 가능성을 상상하는 데에 익숙하지 않다.

'꿈'을 꾸고 대안적인 무엇을 '상상'한다는 것은 인간이 주체적 삶을 살고 변화를 예측하고 대비하는 데에 있어 필수적인 역능이다. 철학자 임마누엘 칸트가 《판단력 비판》에서 말하였듯, 상상력은 실제 세계에 대한 합리적 인식을 토대로 당위적 이상을 구현한다. 요컨대 상상력은 인식과 실천의 매개물이다. 이 프로젝트의 목표는 '가능한 미래'에 대한 윤리적·관성적 반감을 해소하여 상상력이라는 인간의 역능이 발휘되게 함으로써 전략적이고 기능적 사고를 예비하는 것이었다. 나는 '디지털 휴이넘랜드'가 그러한 기능을 조금이나마 실현하였기를 희망한다. 만약 그러하였다면, 상상 가능한 미래에 대한 우리의 과제는 무엇일까? 디지털 휴이넘에 다다른 인간은 무엇을 준비해야 하는가?

자유와 전략적 사고

기술 발전에 관한 사회적 논의에서 자주 간과되는 것 중 하나는 기술 발전의 조건이자 결과로서 인간의 인식과 제도다. 과학 기술학(STS, Science and Techonology Studies) 연구는 과학 기술이 결코 가치중립적이지 않으며, 그 발전의 조건과 결과 또한 가치의 문제로부터 자유로울 수 없다는 점을 잘 보여 준다. 단적으로

● 공민우 서울대학교 인문대학 서양사학과

코로나-19 백신은 명민한 과학자들과 실험실에서의 노고만으로 만들어진 것이 아니었다. 그것은 미국의 대기업들, 연방 정부의 지원과 제도적 승인, 과학 기술계의 인센티브 체계, 그리고 화이자와 모더나를 발굴해낸 벤처 캐피탈(venture capital)이 있다. 이러한 '비-과학적' 조건들 없이 위대한 기술 발전이라는 것은 불가능하다. 뒤집어 보면, 기술 발전은 필히 '비-과학적' 변화를 초래한다. 인문학 연구자로서 기술 발전이 가져올 미래 사회의 상에 대한 우리의 고민에서 새로운 사상과 가치에 대한 구상이 여전히 미진하며, 더욱 촉진되어야 한다고 생각한다.

이러한 문제의식에서 생각해 볼 만한 과제는 '인간의 주변화'를 예비하며 새로운 의미의 '자유'를 고민해 보는 것이다. 이 주장을 쉽게 받아들일 이는 많지 않을 것이다. 하지만 '자유'가 절대적이고 초월적인 개념이 결코 아니라는 점을 강조하고 싶다. 오히려 그것은 역사적 구성물이다. 오랫동안 자유라는 개념의 역사성은 현실 정치의 위광에 가려져 충분히 인식되지 못하였다. 그러나 20세기 후반의 지성사(intellectual history) 연구는 우리에게 당연시되는 '자유'가 장기간의 지난한 논쟁의 산물임을 밝혀냈다. 예컨대, 나치와 일제의 패망이 확실시되고 전후 새로운 현대적 질서가 모색되던 1944년, 미국의 대통령 프랭클린 루즈벨트는 미 연방 의회 연설에서 자유와 자연적 권리라는 것이 재창조되어야 함을 주장한 바 있다. 이 연설은 1929년 대공황 이후 서구 사회가 이른바 '후기 근대(late modernity)'로 접어드는 과정에서 고전적인 자유관(개인의 자유에 대한 절대적 보장)이 대폭 수정되었음을 잘 보여 준다. 개인의 자유에 대한 절대적 보장이라는 자유

방임주의적 공리가 실용적이지 못하기에, 그것은 수정되어야만 하는 것으로 인식되었다. 이렇듯 개념은 시대를 반영하며 시대를 뒤쫓는다. 선진국과 서구적 근대를 뒤쫓는 역사를 살아온 한국인에게 개념들이 지닌 역사성, 그리고 그것을 실용성이라는 제1의 목표에 맞추어 조정하거나 창안해 낸다는 전략적 의식은 생경한 것일지 모른다. 그러나 후발 선진국으로서 한국은 이제 저 전략적 사고를 감행할 위상에 이르렀다. 그렇게 할 때만이 인구 위기와 신냉전의 사회경제적 축소 속에서도 한국이 디지털 기술 기반의 우위를 유지할 수 있을 것이다.

붉은 얼굴의 인간과 디지털 휴이넘랜드

디지털 휴이넘랜드는 결국 자유에 대한 마니페스토(manifesto)다. 글에서는 디지털 휴이넘랜드에서 '진보'의 사회적 마찰로부터 해방되어 안락하게 살아가는 인간의 모습을 제시하였다. 필자는 인간 사회가, 혹은 인간과 비인간의 관계가 결코 그렇게 매끄럽게 이행되지 않을 것이라고 예견한다. 1945년 이래 세계사의 전개는 경제적 풍요가 권력 의지의 문제를 결코 해소하지 못한다는 사실을 잘 보여 준다.

베를린 장벽이 무너진 1989년, 미국의 정치학자 프랜시스 후쿠야마는 소련 붕괴를 내다보듯 '역사의 종언(The end of history)'을 선언하였다. 이때의 역사란 체제 경쟁으로 대표되는 '세계사'를 말한다. 후쿠야마는 역사의 종언을 통해 더 이상의 체제 경쟁

없이 이제는 세계인이 평화롭게 경제 활동에 전념하여 살아갈 것이라고 예견한 것이다. 그는 인간이 이제 혈기 오른 "붉은 얼굴"을 뒤로한 채 "최후의 인간"으로서 소박하지만 풍요롭게 살아갈 것으로 예견하였다.

　중동의 혼란과 테러에도 불구하고, 적어도 2010년대 초까지 미국이 주도하는 신자유주의적 세계 질서는 "붉은 얼굴의 인간"이 소멸해 가는 양상을 보여 주었다. 냉전 해소 이후 유럽의 국가들은 대규모 군축을 감행하며 생긴 재정적 여유를 사회 복지에 지출하였으며, 그 결과 유럽의 시민들은 어느 때보다도 문화적으로나 경제적으로 여유로운 시기를 보내게 되었다. 일본인들은 전쟁 수행 능력이 거세된 자신들의 '평화헌법'을 세계사의 한 기점으로까지 찬탄하며 안정된 자신들의 현 상황에 만족하였다. 제3세계 또한 마찬가지였다. 20세기 후반 점증되는 세계적 불평등에도 불구하고, 라틴아메리카·아시아·동유럽·아프리카는 중국 경제의 거대한 수요에 힘입어 주목할 만한 국내 총생산(GDP)을 성취하였다. 신자유주의적 세계화의 지배적 흐름은 국제적 갈등의 해소와 번영과 안정화였다.

　2010년대 중반부터 시작된 미·중 경쟁, 그리고 2022년 현재 러시아·우크라이나 전쟁은 풍요가 인간을 "최후의 인간"으로 만들지 못했음을 잘 보여 준다. 중국과 러시아는 '반미' 내지 '반서방'이라는 이념 하에 하나의 진영을 만들어 가고 있다. 중국과 러시아가 신자유주의적 세계 질서 속에 경제적 착취의 대상이었던 것도 아니다. 중국은 차치하거니와, 러시아는 2010년대 내내 화석 연료와 농산물을 수출하며 상당 수준의 성장을 경험하였다.

뇌관은 경제가 아닌 영토와 안보에 있다. 중국은 미국 주도의 세계 질서가 홍콩과 대만이라는 '하나의 중국' 문제와 갈등을 빚기에, 러시아는 시장 경제의 확산과 동유럽의 서구화가 자신의 안보에 해롭다고 판단하기에 저 1990년대 이후의 체제에 불만을 품게 된 것이다. 이렇듯 중국과 러시아, 미국과 그 동맹국들을 상대로 꾸려가는 '신냉전'의 중심에는 무엇보다도 권력과 자율성의 문제가 자리한다.

그런 인간이 비인간 앞에 자신의 자율성을 포기하고 모든 종류의 투쟁으로부터 해방될 수 있을까? 인간 사회 내에서 기계 영향력의 확대는 지금까지 인간이 경험해 보지 못한 규모의 '소외'에 대한 저항과 갈등을 초래할 공산이 크다. 위기는 생산 구조에서부터 발생한다. 기술 발전에 비했을 때 인적 자본의 고도화는 지극히 더디다. 디지털 산업에서 만성적인 인력난은 한국의 경우 노동 시장의 수요 측에 상당한 문제가 있어 보이기도 하지만, 무엇보다도 인적 자본 개발의 지체 현상이 잘 드러난 결과다.

요컨대, 제레미 리프킨이 말하는 "노동의 종말(The end of labor)"은 생각보다 가까운 미래에 인간 사회를 엄습할 가능성이 크다. 생산자로서의 기능이 박탈된 인간은 기계가 제공하는 생산력에 힘입어 연금 생활자로 전락할 것이다. 천부적 역능인 이성을 활용하여 자연을 개발하고 규범적 정의를 제도로 실현해 내는 근대적 '시민적 자유'의 근간이 흔들릴 수 있다. 이때 지금까지의 근대적 자유 관념을 보존하려는 정신은 필히 '휴이넘'적 지위로부터의 퇴보에 대한 원한 감정(ressentiment)으로 귀결될 것이다. 인간 정신의 '연착륙'을 모색해야 한다.

디지털 사회의 화합을 향하여

● 　　　　인간의 근대사를 이끌어 온 단선적 진보관은 앞으로의 진행만을 함축한다. 근대 인간에게 남겨진 끊임없는 상승의 이미지는 결코 현재에도 깨어지지 않았다. 모두가 잘 알듯이, 과학 혁명과 산업혁명 이전에는 서양과 동양의 생활 수준, 기술 수준, 생산량은 크게 차이가 나지 않았다. 그러나 전술한 두 사건을 계기로 전자와 후자의 격차는 매우 크게 벌어지게 된다. 그러한 계기가 된 과학 혁명과 산업혁명의 배경에 서양의 단선적 진보관이, 어느 시점에서의 몰락의 배경에는 동양의 순환적 세계관이 있음은 결코 우연이 아닐 것이라 생각한다.

　　그러나 이러한 단선적 진보관이 만들어 온 세계는 점차 한계에 도달했다. 우리가 직면한 환경 위기, 양극화, '과시' 사회와 같은 문제들은 점차 사소한 것들을 넘어 시대를 정의하는 사회의 질병이 되어 가고 있다. 일례로 잦은 태풍과 유럽, 북아메리카 지역의 가뭄은 환경 위기가 일시적이고 감내 가능한 것에서 인간의 실존 자체를 위협할 수 있음을 보여 주었다. 이러한 단선적 진보관이 끝까지 관철될 경우, 사회가 어떻게 변화할지에 대해 관하여 생각해야 한다. 그 결과 도출된 것이 디지털 휴이넘랜드다.

휴이넘의 말들은 교양이 있고 품격이 있다. 흔히 대중 소설에서의 중산층 신사와 같이 말이다. 당시 《걸리버 여행기》가 금서로 지정된 이유는 이에 멀리 떨어져 있지 않다. 다윈의 진화론이 논쟁을 일으키기 한참 전의 영국 사회에서 말 따위가 인간과 동일하거나 혹은 우월한 존재로 나타나는 것을 받아들일 수 있겠는가?

우리의 디지털 휴이넘랜드는 다른 주체를 이성과 주인의 왕좌에 올려놓는다. 그것은 바로 인간이 자신의 손으로 직접 만든 기계다. 인간이 자신이 만든 객체에 의해 주변부로 밀려나다니 얼마나 역설적인가? 이러한 역설을 역설로만 남겨두는 것도 독자들에게 충분한 의의가 있을 것 같다. 다만, 추가적으로 설명해야 할 혹은 소개해야 할 부분이 있다고 여겨 살펴보고자 한다.

디지털 휴이넘랜드 그리고 생태 사상

한동안 환경 논의에 있어 빠지지 않던 단어가 있다. '인류세'가 그것이다. 인류세란 유진 스토머가 처음 제안하고 과학자인

● 김정훈 서울대학교 경제학부

폴 크루첸이 다듬어 전파한 것으로, 지질의 상태와 변화 과정에 있어 인간 존재가 명백하게 영향을 주었음을 제시하는 개념이다.[1] 이 개념이 궁극적으로 함의하는 것은 인류의 운명과 지구의 운명이 일치되었다는 것이다. 인류세에 관해 전술한 부분은(그 개념을 받아들인다면) 이견이 없어 보인다. 그러나 이러한 사태에 대해 우리가 취해야 할 윤리적 태도의 노선에 대해서는 여러 의견이 있다. 누군가는 인류의 책임을 확장한 '신인간중심주의'를 주장하기도 하고 또 다른 누군가는 윤리적 고려 대상의 확장을 주장하며 탈인간중심주의를 제시하기도 한다.

사실 우리가 제시한 개념은 윤리적 혹은 사회정의적 가치를 염두에 둔 것이 아니다. 디지털 휴이넘은 결국 하나의 미래에 대한 가설일 뿐이다. 사실과 윤리는 분명히 구분되어야 한다. 그러나 그러한 사실에 어느 정도의 윤리적 윤곽이 불가피하다면 진술을 거부할 수는 없다. 기계의 주인화에 따른 변화, 즉 우리가 '믿어 왔던' 인간적 능력의 쇠퇴는 생태중심주의가 제시하는 바와 크게 멀지 않다. 다시 말해, 인간의 주변화는 공통적으로 도달하는 지점인 것이다. 그러나 자세히 살펴보면 큰 차이가 있다. 디지털 휴이넘랜드에서 인간의 주변화는 기술의 진보에 따른 수동성의 강화에 의해 비자발적인 것인 반면, 탈인간중심주의에서의 윤리적 고려는 어디까지나 인간의 의지에 따른 것이다. 정리하자면 양 자는 인간의 의지에 대해 분명한 차이가 있다.

---

1 이인건, 인류세 담론은 누구에게 열려있는가? 지구적 위험과 인식론의 갈등, 과학 기술학연구 19(1), 한국과학 기술학회, pp. 183, 2019

이러한 논의를 확장해 본다면, 디지털 휴이넘랜드에서 우리는 기존에 갖고 있던 주체-객체, 권리-의무와 같은 기본적인 사고 구조에 의문을 표하게 될 것이다. 즉, 우리가 가진 사고, 윤리 등의 프레임이 완전히 와해되는 것이다. 가령 모든 주체성과 의지가 없는 인간종을 상상해 본 적이 있는가? 혹자는 공장에서의 기계처럼 일하는 인간을 말할 것이다. 그러나 그 인간에게도 생을 스스로 마감할 수 있는 주체성은 있다. 우리가 말하고자 하는 것은 극단적으로 그러한 주체성에 대해서도 괄호치기가 행해질 수 있다는 것이다.

새로운 가능성: 과학 기술의 치료 가능성

디지털 휴이넘랜드에서 인간은 '회복된' 인간일지도 모른다. 아마도 원시의 생기를, '아곤'의 강력함을 되찾은, 그런 인간일지도 모른다. 이번 논의를 위해 12세기의 사상가를 소개하고자 한다. 그는 위그 드 생빅토르이다. 그는 철학, 예술, 신학 등과 관련하여 다양한 저술과 생각들을 남겼다. 이런 그의 사유 흐름 중에 과학에 대한 (비록 근대 과학이 등장하기 전일지언정) 흥미로운 생각이 있다. 물론 그 전에 그의 생각 중 몇 가지 지점을 살펴볼 필요가 있다. 우선 그는 신이 만물을 본래의 아름다운 모습을 따라 만들었다고 보았다. 또한 인간은 선악과를 먹음으로 인한 원초적 죄를 지었다는 전통적인 기독교적 생각을 가지고 있었다. 이러한 위그의 입장에서 중요한 것은 자연을 통제하고 개조하는 것이 아닌 자연을 통해 인간의 부족함을 메꾸는 것이었다.

위그에게 인간이 과학을 만들고 그것에 끌리는 것은 분명한 이유가 있는 것이었다. 인간은 자신이 훼손한 환경을 과학을 통해 복구하려고 했다. 즉, 자신이 만든 실존적 위기를 극복하고자 한 그 수단이 과학이었던 셈이다. 이런 지점에서 볼 때 그가 과학을 평가할 때 중요시하는 것은 연구가 과학자의 지혜를 높이는 데 어떤 기여를 하고 있는지와 결부될 뿐 아니라 궁극적으로는 인간 본연의 결함을 어떻게 치유하는가와 연관이 있다.[2] 이러한 휘그의 관점은 근대 과학에서 강조해 온 단선적 진보관과 대비된다. 그것에서 우리는 뒤를 돌아보지 않는다. 과학의 발전은 회복이 아니라 진보이다. 인간은 그 자체로 훼손된 존재가 아니라 그 길을 달리던 존재였던 것이다.

필자는 우리가 제시한 디지털 휴이넘랜드가 휘그의 생각과 맞닿는 지점이 있지 않을까 생각한다. 지금 현재 우리의 관점으로 디지털 휴이넘랜드가 제시한 영향, 즉 우리가 인간의 주변화와 그 결과로 제시한 것은 분명한 퇴보이다. 그러나, 위그의 관점에서 그것은 회복일 수 있다. 수동성의 증가는 우리가 세상의 질서를 인정하고 그것에 순종하는 것이요, 자신이 만들어 낸 것에 대한 영향만을 확인하는 것일 수 있다. 또한 발전이 멈춘다는 사실은 인간이 단선적 진보관을 폐기하고 자신이 야기한 다른 부문에서의 폐해를 수습하는 것이라고 결론지을 수도 있다. 더

---

2 이반 일리치, 《그림자 노동》, 노승영 역, 사월의 책, 2015, pp. 145-159

불어 휘그의 관점을 받아들이는 것과 디지털 휴이넘랜드 개념을 양립 가능하게 하는 것은 단선적 진보관에 대한 우리의 반성과 한편으로는 환경 문제에 대한 실마리를 제공하지 않을까 한다.

물론 이러한 시선은 순진한 것일 수 있다. 특히 휘그의 관점이 사실상 13세기 근대 과학의 태동 이전에 있었던 자연 철학이며 현재로서는 사상된 것이라는 것을 고려할 때 더욱 그렇다. 그러나 그의 주장이 사상된 것이 근대적 사고관과 현실을 바라보는 우리의 프레임으로부터 비롯되었다면, 그리고 그러한 사고관과 프레임의 수정을 요구하는 시점이 지금이라면 충분한 대안적 사고를 제공할 수 있다. 더욱이 우리가 직면한 2040년까지의 탄소 중립을 고려한다면 사고관의 전환 및 수정은 그 자체로 불가피하다.

정리하자면 디지털 휴이넘랜드가 만들어 낸다고 제시한 개념들은 우리가 잃어버린 원래의 인간 모습을 되찾을 수도 있다는 가능성을 보여 준다. 여기서 "멋진 신세계"의 가능성을 부정하는 것은 아니다. 다만, 다른 가능성으로 오히려 단선적 진보관과 지나친 이성 중심 사고관이라는 '선악과'를 먹은 인간이 기계에 의해 회복된 에덴의 인간으로 상상한다면, 그것도 나름 긍정적이라고 볼 수 있지 않을까? 휘그의 관점과 디지털 휴이넘랜드의 결합은 우리에게 충분한 대안적 상상력을 제공할 것이다.

기술 vs 인간? 인간 vs 인간?

우리는 소비를 할 때, 상품의 가치만을 소비하는 것이 아니라 그 상품에 새겨진 맥락을 소비하기도 한다. 또한 소비의 대상이 점차 상품을 넘어 인간관계 및 공동체 가치까지 확장된다고 했을 때, 사실상 우리의 사회적 생활 자체에서 어떤 대상과의 맞부딪힘은 곧 그 맥락, 이해 당사자들과의 만남이라고 말할 수 있을 것이다.

기계 혹은 어떤 기술적 시스템의 발전은 인간의 단선적 진보관에 의한 것이다. 비록 어떤 시스템이 만들어진 후 인간과의 상호 작용을 고려하더라도 그 자체적으로 진화하는 특징을 가지는 경우가 있지만, 그 원시적 시초에 인간의 손이 있었음은 부정할 수 없다. 이런 점은 우리가 제시한 디지털 휴이넘랜드에도 똑같이 적용될 수 있다. 디지털 휴이넘의 생장은 그 자체로 이루어지겠지만, 그 시초, 정확히 그 기술적 세계의 시초에는 인간이 있을 것이다. 그렇다면 우리가 디지털 휴이넘랜드에서 그것의 세계와 마주했을 때 우리는 무엇 혹은 누구를 마주하는 것인가? 우리는 더욱이 그 세계성을 무엇으로 규정할 것인가?

아렌트는 《인간의 조건》에서 "호모 파베르"라는 개념을 끌어온다. 이러한 호모 파베르의 개념에서 인상적인 것은 작업에 의한 생산물들이 이 세계를 구성한다는 것이다. 즉, 세계성을 갖고 인간에게 영향을 준다. 이러한 작업물에 의해 만들어지는 세계성과 작업에 의해 파괴되는 환경이 결합되어 인간 실존의 한 부분으로 다가오게 된다. 즉 호모 파베르는 자신의 손에 의해 구속성을 갖는다.

주목해야 할 것이 바로 이 지점이다. 구속성과 인간 즉, 단선적 진보관을 통해 인간이 만들어 온 자체적인 구속성을 우리는 어떻게 받아들일 것인가? 그에 대한 답으로서 네오-러다이트 운동이 제시될 수 있다. 그러나, 단언컨대 그것은 답이 될 수 없다. 디지털과 기계 시대의 산물들이 아무리 자신에게 부정적인 영향을 미치더라도 그것에 의해 형성된 시스템과 구조, 그리고 이미 활발한 주변의 사용이 그 가능성을 억제할 것이다. 그렇다면 그것의 전적인 거부가 불가능하다면 결국 수용하는 형태에서 결정이 이루어져야 할 것이다. 다시 말해 우리는 우리가 만든, 어쩌면 《프랑켄슈타인》[3]에 등장하는 창조물과 같을지도 모를 '그것들'과 마주해야만 한다.

개인적으로 우리의 디지털 휴이넘랜드가 결국 독자들에게 촉구하는 바는 기술 수용에 대한 태도의 고려다. 《프랑켄슈타인》에서 크리쳐를 악랄하게 만든 것은 누구인가? 그것은 태초부터 그러했는가? 역설적이게도 그것을 악랄하게 만든 책임은 그것의 창조자인 프랑켄슈타인 박사에게 있었으며, 그가 크리쳐를 대하는 태도에 문제가 있었다. 프랑켄슈타인 박사가 만약에 자기 자신의 손으로 만든, 그러나 자신을 구속시키던 크리쳐를 마주하는 것이 결국 자신을 마주하는 것과 같다는 것을 지각했다면 소설의 결말이 다를 수도 있었을 것이다. 크리쳐 너머에 있는 자신을

---

3   메리 셸리, 《프랑켄슈타인》, 오숙은 역, 미래사, 2002

발견하고 그 속에서 '인간'을 발견했다면 모든 것이 달라졌을 수 있다.

프랑켄슈타인의 이러한 이야기가 우리에게 암시하는 바는 분명히 새겨볼 필요가 있다. 디지털 휴이넘이, 기계와 디지털 산물이 인간을 압도하는 사회가 필연이라고 생각하지는 않는다. 다만, 그것은 충분한 가능성이 높은 '가능 미래'일 뿐 '지향 미래'와는 큰 거리가 있다. 미래는 정해져 있거나 필연적이지 않다. 그것은 현재를 기준으로 방사선으로 뻗어있는 가능한 것들의 집합이다. 따라서 우리가 할 수 있는 것은 그것들 속에서 가장 가능성이 높은 것들이 무엇이고, 그것을 우리가 원하는 가치와 사회상에 적합하게 바꿀 수 있는지 생각해 보는 것이다.

디지털 휴이넘랜드가 다루고 있는 것은 단순히 인간과 기계와의 관계가 아니다. 그것은 인간과 그 자신의 손에서 탄생한 것 간의 구속성을 다루고 있으나, 더 넘어서는 한 시대의 인간과 그 자신의 자화상 간의 관계 및 구속을 다루고 있다. 어떤 의미에서는 그 속에 담긴 인간 사회를 마주하는 것이기도 하다. 디지털 휴이넘랜드에서 우리가 읽어야 할 것은 그 기계 사회에 담긴 우리 자신들의 과거, 현재, 그리고 어쩌면 미래일지도 모르는 모습이어야만 한다.

인간과 기계의 미래 관계를 전망하는 세 가지 갈래

'즉위'와 '퇴위'의 내러티브를 되짚어 보다

●   '디지털 휴이넘랜드'라는 세계관을 통해 인간중심주의를 조명함에 있어, 인간종의 '즉위'와 '퇴위'라는 표현은 제법 적절한 비유를 제시하는 것 같다. 이 내러티브를 따른다면, 인간과 기계의 관계를 양위, 옹립, 폐출, 반역 따위의 더욱 다양하고도 구체적인 은유적 키워드로 확장하여 설명할 수 있을 것이다. 하지만 이러한 확장성은 반대로 받아들이는 사람에 따라 상이한 이해와 해석의 여지가 있다는 것을 의미하기도 한다. 즉, 인간과 기계의 미래를 그리는 데에 아주 명확한 이미지를 제공하지는 못한다는 것이다. 이는 근원적으로 탈인간중심주의 개념에 내재된 도발성, 그리고 한편으로는 막연함 때문에 발생하는

    ● 김태윤 서울대학교 인류학과

문제다.

그러므로 디지털 휴이넘랜드를 둘러싼 잠재적 오해와 의문을 최소화하기 위하여, 이 세계관의 핵심적인 내러티브를 구성하는 세부 조건들을 면밀히 분석하고자 한다. 이렇게 논의를 보충함으로써 앞으로 나아갈 방향을 고민하는 동시에 새로운 담론들의 가능성을 여는 것이다. 미리 밝혀두지만, 내가 디지털 휴이넘랜드를 이야기하는 것은 탈인간중심주의를 옹호하기 위함이 아니라, 복잡다단한 미래 사회를 설계할 때 앞으로는 탈인간중심주의적 관점에도 주목할 필요가 있다고 강조하기 위함이다. 다시말해, 이 논의의 목표는 디지털 시대를 살아가는 인류에게 닥칠 수 있는 여러 가지 가상적 시나리오들을 다방면으로 검토하며, 그러한 시나리오들에 가장 널리 적용될 수 있을 만한 유효 지침을 마련하는 것이다.

인간과 기계의 미래 관계를 전망하는 세 가지 갈래

인간과 기계의 미래 관계를 전망하는 세 가지 갈래를 도출하기 위해서는 두 단계의 가설 모델이 필요하다. 먼저 인류종이 계속해서 스스로의 주체성을 보전할 수 있다는 것, 그리고 사람들이 인공지능 기술에 대해 무조건적인 신뢰를 보인다는 것이다. 이 두 가지를 통해 앞선 내용의 주요 논지를 재구성하며, 다음과 같은 세 갈래의 전망을 상상해 볼 수 있다.

(1) '인류종의 주체성을 유지'한다.

(2) '인류종의 주체성을 유지'하지 못하는 대신, '인공지능 기술에 대한 무조건적인 신뢰'를 긍정한다.

(3) '인류종의 주체성을 유지'하지는 못하더라도, '인공지능 기술에 대한 무조건적인 신뢰'는 부정한다.

물론 오로지 세 가지 결과만으로 미래에 대한 전망을 개괄하기에는 충분치 않다. 그러므로 이것이 결코 유일하거나 절대적인 논리 전개는 아닐 터이다. 다만 인간 차원의 행위성과 기계 차원의 행위성에 각각 부여되는 가치를 차례로 헤아린다는 점에서 나름의 정합을 찾을 수 있다. 이제 세 가지 전망의 의의와 한계를 확인해 보자.

첫 번째: '인류종의 주체성을 유지'한다면

디지털 사회에서 인류가 자신의 주체성을 계속해서 보전할 수 있다는 것을 확신한다면, 사실 이 모든 논의는 무의미해질 수도 있다. 기술의 발전과는 무관히, 인간사를 인간들이 결정한다는 원칙이 견고하게 유지될 것이기 때문이다. 그러나 (전망이라는 명칭이 무색하게도) 이 첫 번째 전망이 실현될 가능성은 상당히 희박하다. 어쩌면 우리가 느끼는 이 어렴풋한 위기감은 이미 우리의 주체성이 서서히 침식되고 있음을 자각한 결과일지도 모르겠다.

근대부터 인간의 주체성은 가장 고귀한 것으로 여겨졌음에도 불구하고, 우리는 현대에 들어 과거의 주체적 행동 강령에 반(反)하는 모순을 드러내고 있다. 따라서 기술에 대한 의존은 디지털 사회로 전환되면서 편의성과 효율성이 새로운 가치 규범으로 득세하고 그 자리를 차지한 탓으로 볼 수 있겠다. 편의성과 효율성이 기준이 된 이상, 지극히 인간적인 방식을 추구하는 것은 더 이상 양립 불가능하다.

오늘날 우리에게는 어떠한 결정을 내리기 위해 고심하며 시간을 낭비하는 것보다 인공지능이 내려 주는 합리적인 판단을 따르는 편이 더 효율적이라고 인식되는 것이다. 즉, 기계가 제공할 수 있는 최대치의 편의를 인류가 누리는 것이 디지털 시대 인간-기계 관계의 사명이 되어 버렸다. 이러한 흐름 속에서, 기계들의 상대적 우월성을 내면화하는 사람들의 비율이 높아질수록 인공지능의 행위성 역시 강화될 것으로 예측할 수 있다. 이처럼 인류적 주체성이 기계적 주체성으로 대체되는 과정 자체를 거스르기 어렵다고 가정했을 때, 과연 인류가 어떻게 대응할 수 있을지 아래 두 가지 대안적 전망을 통해 살펴보도록 한다.

**두 번째: '인류종의 주체성을 유지'하지 못하는 대신,
'인공지능 기술에 대한 무조건적인 신뢰'를 긍정한다면**

두 번째 전망은 앞의 조건을 부정하고, 뒤의 조건을 긍정한다. 앞서 다루었던 디지털 휴이넘랜드의 모습은 사실상 이 두 번째 전망을 전제한 것으로 볼 수 있는데, 지배종의 교체에 빗댈

수 있을 정도로 극단적인 시나리오이기도 하다. 인공지능에게 주어지는 권리와 책임이 사회적 합의 하에 극도로 비대화되어, 인류의 일을 인류가 아닌 인공지능이 대신하게 되는 것이다.

인류가 저항 없이 기계의 통제에 순응하게 되리라는 상상이 그다지 쉽게 수긍되지는 않지만, 첫 번째 전망에서 언급한 것처럼 기계에 대한 신뢰가 이전 시대에 비해 크게 확산되고 있으므로 만약 미래 어느 시점에 그러한 신뢰가 보편적인 정도에 도달하게 된다면 두 번째 전망과 같은 시나리오도 생각해 볼 수 있다. 그러나 두 번째 전망 역시 현실적인 차원에서는 납득하기 어려운 구석이 있으며, 무엇보다도 별로 매력적이지 않다. 결국 기계가 내리는 결정을 무조건 수용해야 한다는 것은, 인류 전체에게 손해가 되는 결정조차도 받아들여야 함을 의미하기 때문이다.

이는 그 자체로 모순성을 띠는데, 애초에 두 번째 전망은 탈인간중심주의를 기초로 하는 전망이면서도 실상 인류종의 이익을 따지는 방향으로 회귀할 수밖에 없기에 그러하다. 인류가 손해를 감수하면서까지 인공지능을 따를 유인이 없다는 것이다.

생태적으로도, 종(種)은 자신의 이익을 보호하기 위해 행동한다. 그 이익을 위협하는 체제를 굳이 유지하고 싶어하지는 않는 것이 자연스럽다. 그러므로 인공지능 기술에 대한 무조건적인 신뢰를 보냈다가도, 인류에게 절대적으로 불리한 결정에는 즉각 반발하며 그 신뢰를 철회할 수 있는 것이다. 이러한 종 차원의 대응이 인간중심주의적이라는 비난을 보낼 수 있는가?

우리는 이 지점에서, 사실 인공지능의 우월성을 적극적으로 인정하려는 사람들조차 인공지능에 정말로 기대하는 것은 '객관

적이고 독립적인 주체가 인류에게 최선인 결정을 찾아 주는 것'
이지, '인류종 전체의 운명을 쥐는 것'이 아님을 발견한다. 이것
이 우리가 인공지능에 대해 가지고 있는 이른바 '신뢰'의 기반이
자 정체(正體)이다. 설령 인공지능의 결정이 인류종에게는 손해
를 끼칠지언정 자연계 전체에는 득이 된다 한들, 그 결정이 내려
지는 순간 신뢰는 더 이상 사라지고 없을 것이다. 더구나 기계의
태생적 목적이 인류에 대한 봉사에 있었으므로, '믿는 도끼에 발
등 찍히다'는 식의 불쾌함은 한층 깊이 각인된다. 막상 기계는,
적어도 아직까지는, 인류의 결정권을 탈취하고자 하는 의도를 가
진 적이 없음에도 말이다.

결론적으로 두 번째 전망이 모순성을 안고 있다는 것은, 그
만큼 두 번째 조건을 긍정하는 데에도 사람들 간의 커다란 견해
차를 예견할 수 있다는 것이다. 이는 필연적으로 사회 내부적 갈
등이라는 또 하나의 문제를 야기하며, 인공지능을 통한 손쉬운
결정으로 얻는 이득보다 사회 내 충돌로 인한 비용이 더 크리라
는 짐작도 해 볼 수 있다.

앞선 내용에서 인류종의 해방을 가져올 수 있다는 측면을
관념적으로 조명하기도 했는데, 해당 내용이 끌고 오는 논지들의
방대한 부피를 생각해 보았을 때 이 글에서 추가적으로 소화하
기에는 지면의 제약이 있다. 아쉽지만 '해방'에 관하여 본문에 덧
붙여 의견을 펼치는 것은 독자 여러분의 몫으로 남긴 채, 세 번
째 전망에 대한 이야기를 이어 가려고 한다.

세 번째: '인류종의 주체성을 유지'하지는 못하더라도, '인공지능 기술에 대한 무조건적인 신뢰'는 부정한다면

감히 말하건대, 세 가지 갈래 중 가장 현실적인 동시에 이상적인 시나리오처럼 느껴진다. 인간과 기계 사이에서 주도권을 적절히 분배하여, 흔히 주종 관계로 묘사되어 왔던 인간-기계의 위치를 전복시키는 대신 수평적인 공존 방식을 택하는 것이다. 즉, 인공지능 기술에 대한 조건적이고 제한적인 수용을 뜻한다. 기계에 의해 잠식되어 가는 인류 주체성의 현주소를 직시하면서도, 그것에 대한 완전한 극복을 주장하는 것보다는 균형을 되찾기 위해 노력하는 새로운 접근이다. 다만 그러한 접근을 위해서는, 우리의 주체성을 유지하는 것이 중요하다는 것을 계속해서 일깨움과 동시에 인공지능 기술의 적절한 활용에 대한 사회적 토론이 활발히 오갈 수 있어야 한다.

이는 인공지능 기술의 영향력을 인류의 제어권 하에 편입하려는 시도로 요약될 수 있다. 예를 들어, 인공지능이 결정권을 행사할 수 있는 영역 자체를—환경, 스포츠, 문화 등—특정하게 국한시키는 식이다. 혹은 인공지능에게 전적으로 결정을 맡기되, 최종 승인 여부는 인간이 결정하는 제도적 방안을 생각해 볼 수도 있겠다. 무엇이 되었든, 이 세 번째 전망에서 인류는 일종의 협의체로서 위치를 재조정하며, 기계와 교섭하고 협력한다. 여전히 인류의 편리를 도모하며 인공지능 기술을 활용하지만, 인공지능의 행위성을 인정함으로써 독단적인 인간중심주의와는 결별을 선언하는 것이다.

인류가 오랜 기간 앉아 있던 왕좌는 원래 공석이었다. 왕좌는 처음에 인류가 그것을 세운 이래, 그로부터 나오는 특별한 권리를 취하면서 허구적으로 유지된 것이다. 그러나 세 번째 전망은 그 왕좌의 존재가 지워진 세계관을 시사한다. 꼭 누군가 왕좌에 앉아야만 하는 것은 아니다. 그 자리에 누가 앉을지 의식하기보다는, 오히려 그것의 제거로 말미암아 더욱 다양한 공존의 가능성을 누릴 수 있다. 우리는 디지털 사회에서 인류의 주체성이 위기에 처한 상황을 엄연한 현상이자 새로운 당면 과제로 인식해야 한다. 그러므로 세 번째 전망은 '앞으로 인류는 어떠한 형태의 주도권을 달성할 수 있을 것인가'라는 뜻깊은 고민으로 향하는 길목에 놓여 있다.

디지털 휴이넘랜드의 공격성에 대한 변론

디지털 휴이넘랜드에 대한 우리의 생각은 'Why not?', 그러니까 '인간이 중심이 아니라면 어떠한가?'라는 도발적인 질문에서 출발했다. 하지만 인간중심주의로부터 탈피하자는 메시지는 반드시 인류가 다른 존재에 의해 대체되고 말 것이라는 관점을 시사하지는 않는다. 인류적 행위에 대한 성찰을 곁들인 당위적 주제에 머무르지만도 않는다. 그저 인간중심주의적 관점에서 탈피해야만 보이는 것들이 있고, 새롭게 제시될 수 있는 가설들이 있을 뿐이다. 두 번째 전망을 중심으로 3장을 구성한 것 역시 유사한 맥락에서, 가장 어렵고 공격적인 상상을 시도함으로써 논의의 폭을 최대한 넓히고 싶었기 때문이다.

　　디지털 휴이넘랜드라는 발상이 인간과 기계의 미래 관계 담론에서 더 많은 이야기를 이끌어 낼 수 있는 밑바탕을 이루기를 바란다. 이 글에서 내놓은 가설 모델을 실마리 삼아, 훨씬 섬세하고 참신한 전망들도 등장할 수 있을 것이라고 믿는 바이다. 디지털 기술의 발전 속에서, 우리가 던지는 질문이 어떠한 답안으로 결말나지 않고 또 다른 질문으로 이어진다면 실로 더할 나위 없을 것이다.

디지털 시대에 인간이 주도권을 잃지 않는 것이 과연 최선인가

흔히 기술 발전이 지속적으로 이뤄져 기계가 인간을 능가하는 수준이 되었을 때, 인간이 주도권을 잃어서는 안 된다고 말한다. 다시 말해, 기계가 인간을 지배하고 인간이 기계의 명령에 복종해야 하는 상황은 곧 인류 문명의 종말과도 같다는 것이다. 그러나 과연 그런가? 인간에게 어떠한 상황에서도 자유 의지를 최대한 보장하는 것이 바람직한 것이며, 항상 최종 결정권은 인간이 가지고 있는 것이 바람직한 미래 디지털 사회라고 할 수 있는가?

디지털 휴이넘랜드의 개념은 이 질문에 대해 "NO"라고 답하면서, 인간이 주도권을 잃는 것이 반드시 나쁘지 않을 수 있음을 의미한다. 필자는 이를 입증하고자 애초에 기계가 주도권을 쥐고 인류를 이끌어 나가는 사회보다 인류가 주도권을 가지고 스스로 꾸려나가는 사회에서 인류가 더 행복한 삶을 영위할 수 있을 것이라는 보장이 없음을 밝히고자 한다. 한 마디로, "인간 사회는 왜 실패하는가(Why human societies fail)?"라는 보다 근본적인 질문에 대한 나름의 답을 제시하려는 것이다. 이것이 디지털 시대의 주도권을 인간이 아닌 기계가 쥐는 것이 오히려 더 나은 사회를 만들 수도 있다는 가능성이라고 믿는다.

실패의 개인적 차원: 인간의 이기적 본성

인간 사회가 실패하는 근본적 이유는 바로 인간이 이기적 본성을 가지고 있기 때문이다. 인간은 타인이 극심한 고통보다도 자신의 편의를 우선시할 수 있을 정도로 이해타산적인 존재다. 상당한 인기를 누렸던 드라마 〈이상한 변호사 우영우〉를 본 시청자들은 지적 장애를 가진 주인공 우영우의 모습에 감동하며 장애인 인권 중시의 필요성에 큰 공감을 표했다. 이는 그보다 조금 앞서 발생한 전국 장애인 차별 철폐 연대(전장연)의 장애인 이동권 보장을 위한 시위로 인해 출근 시간에 서울 지하철 운영에 차질이 생기자 다수의 사람들이 상당한 원망과 분노를 표시했던 사건과 매우 대조적이다.

변호사 우영우는 법조인으로서 훌륭한 능력을 갖추고 감동적인 드라마 스토리를 통해 시청자들에게 큰 즐거움을 주는 존재였다. 반면 전장연 시위에 참여한 장애인들은 바쁘고 피곤한 출근 시간에 수많은 시민들에게 불편을 주는 존재였다. 때문에

● 박정훈 서울대학교 공과대학 협동과정 인공지능 전공 경제학부

둘 모두 장애인 인권을 주장하고 있음에도, 다수 대중에게 이익을 제공한 전자는 지지를 받은 반면, 손해를 끼친 후자는 비난을 받은 것이다. 이러한 상반된 반응에 대해 모종의 도덕적 판단을 하고자 하는 것이 아니라 인간이 이처럼 언뜻 일관되어 보이지 않는 행동을 한다는 점을 지적하고자 하는 것이다. 그것이 인간의 본성 그 자체에 기인한 것일 수 있다.

　이러한 사람들의 행태는 근현대 자본주의 사회에서 이익을 인권보다 중시하는 풍조가 만연하기 때문이지 인간의 본성 때문은 아니라 반박할 수도 있다. 그러나 이해타산적인 인간의 행태는 고대와 중세 사회에서도 쉽게 찾아볼 수 있던 것이다. 일찍이 한비자가 이르기를, 수레를 만드는 장인은 사람들이 부유해지기를 원하고 관을 만드는 장인은 사람들이 죽기를 원하지만, 이는 전자가 선하고 후자가 악하기 때문이 아니라 둘 모두 수레와 관이 많이 팔려 이익을 얻고 싶어하기 때문이다. 중세 십자군이 당시 이교도도 아니고 같은 기독교 신자였던 중세 유럽인들을 약탈하고 학살한 것이나, 스페인과 포르투갈 정복자들이 아즈텍, 잉카 문명을 철저히 파괴한 뒤 금은보화를 약탈한 것, 영국인들이 청나라에 마약을 팔아 이득을 얻기 위해 아편 전쟁을 일으킨 것 등은 잘 알려진 역사적 사실들이다.

　또한 이익은 단순히 물질적 이익만이 아니라 정신적 만족이나 불만을 포함하는 개념이기도 하다. 즉, 물질적 이익을 주지 않더라도 최신 영화 감상이나 여행과 같이 스스로에게 정신적 만족을 줄 수 있는 행위 역시 이해타산에서 비롯된 이기적 행위들이다. 참고로 이타적 행위와 이기적 행위를 구분하면 다음과 같다. 이타심과 이타적 행위는 '그것이 자신의 복리에 미칠 영향은 전혀 고려하지 않은 상태에서 타인의 실질적인 복리를 증진시키기 위해 상당한 관심을 기울이고, 타인이 스스로의 욕망과 신념을 충족시킬 수 있도록 충분한 도움을 제공하는 것'이라 정의한다.

　반면 이기심과 이기적 행위는 '타인보다는 자신의 실질적 복리증진, 욕망 및 신념의 충족에 집중하는 태도'이다. 그런데 우리가 흔히 '이타적'이라 생각하는 태도와 행위들이 얼마나 위의 개념 정의에 부합하는가? 예컨대 익명으로 기부를 하는 행위나 아무런 보상 없이 자발적으로 봉사활동을 하는 것은 흔히 이타적 행위로 여겨진다. 그러나 그러한 이타적인 행위의 이면에도 결국 옳은 일을 했다는 자부심의 만족이 있는 것을 부정하기는 어렵지 않은가? 물론 자신의 영달이나 만족을 충분히 얻지 못하는 경우에 대해서도 순전히 타인의 복리를 위해 자신의 이익을 기꺼이 희생하는 경우도 있다. 그러나 이러한 이타적 행위는 이기적 행위와는 달리 대다수의 사람들이 장기간에 걸쳐 하기는 어려운 것이다.

　Fehr and Camerer(2007)[4]과 Lee(2008)[5]은 사회적이고 도덕적

---

4 Fehr, E., & Camerer, C. F., Social Neuroeconomics: The Neural Circuitry of Social Preferences. Trends in Cognitive Sciences, 11(10), Elsevier, pp. 419-427, 2007

5 Lee, D., Game Theory and Neural Basis of Social Decision Making. Nature Neuroscience, 11(4), Nature Publishing Group, pp. 404-409, 2008

인 관념을 따르는 것이 개개인에게 직접적인 물질적 이익을 주지 못하더라도 사회적 차원에서 상당한 정신적 보상을 제공한다는 점에서 쾌락주의적 이타주의의 뇌과학적 근거를 제시하였다. 특히 Fehr & Camerer의 연구는 칸트의 정언 명령처럼 순수한 이타적 동기를 토대로 기부를 하는 것보다 기부를 통해 자기 자신이 정신적 만족을 느끼는 경우에 더 많은 기부를 한다는 사실을 보였다. 이를 토대로 인간의 뇌는 아무런 물질적, 정신적 보상이 없더라도 그 자체만으로 옳은 행위를 하기 어려움을 알 수 있다.

실제로 Omoto and Snyder(1995)[6]의 연구에서도 자원봉사자들이 타인을 돕고 그들의 이익과 안녕을 증진시킨다는 이타적 동기보다는 자기 수양과 자신의 가치관을 실천한다는 이기적 동기를 가진 경우에 봉사 활동을 더 오래 지속함을 밝힌 바 있다. 이것은 앞서 지적한 바와 같이, 순수하게 타인의 실질적 복리 증진과 타인의 욕망 및 신념 충족을 위한 행위는 보편적이고 장기적으로 이뤄지기 어렵지만, 그와 반대로, 자신의 욕망 및 신념 충족을 더 중시하는 이기적 태도는 훨씬 보편적이고 장기적으로 이뤄질 수 있음을 보여 준다.

물론 인간이 항상 이기적인 모습을 보이는 것은 아니며, 철

---

6 Omoto, A. M., & Snyder, M. Sustained Helping without Obligation: Motivation, Longevity of Service, and Perceived Attitude Change among Aids Volunteers. Journal of Personality and Social Psychology, 68(4), The American Psychological Association, pp. 671, 1995

학자들이 지적하였듯 인간은 누구나 태어날 때부터 선천적으로 양심과 선한 의지, 곧 "도덕 감정"을 가지고 있으며, 이를 잘 계발하면 자신의 이익만을 추구하며 남에게 해악을 끼치는 이기적인 행동을 막을 수 있다고 주장할 수도 있다. 그러나 과연 인간의 도덕 감정은 신뢰할 수 있는 것인가? 인간의 도덕 감정은 각자의 주관적인 신념에 따라 동일한 사안에 대해서도 상이한 도덕적 판단을 내리도록 만든다. Alger and Weibull(2013)[7]은 게임 이론을 통해 인간은 진화의 과정에서 완전한 이기주의와 완전한 도덕주의 사이의 다양한 스펙트럼에 존재하게 되며, 이때 자신이 상호 작용하는 타인들이 자신과 얼마나 동질적인 특성을 가지고 있는지에 따라 그 사람이 보이는 도덕성의 정도가 결정된다고 분석했다. 이는 칸트가 주장한 윤리적 관념에 따라 사는 사람들은 진화의 과정에서 도태되며, 현실 속에서는 어느 정도의 이기심과 이타심을 동시에 지닌 사람들이 남게 됨을 보여 준다. 더불어 이때의 '어느 정도의 이타심'은 자신의 욕망이나 신념과는 전혀 무관하게 정언 명령에 따라 타인의 복리 증진을 추구하는 행위가 아니다. 해당 연구는 현실의 인간들이 정언 명령과 같은 하나의 보편적인 윤리적 기준이 아니라, 자신이 상호 작용하는 집단의 구성원들이 자신과 얼마나 동질적인 특성을 가지고 있는지에 따라 달라지는 상대적이고 주관적인 도덕적 기준을 근거로

---

7 Alger, I., & Weibull, J. W. , Homo Moralis—Preference Evolution under Incomplete Information and Assortative Matching, Econometrica, 81(6), WILEY-BLACKWELL PUBLISHING, INC, pp. 2269-2302, 2013

행동함을 밝히고 있다.

이처럼 인간이 이중 잣대에 따라 위선적인 태도를 보인다는 사실, 다시 말해 '내가 하면 로맨스, 남이 하면 불륜'이라는 내로남불의 행태를 보인다는 사실은 인지신경과학 연구들을 통해서도 알 수 있다. 인간은 본인과 같은 집단에 속한 구성원들을 속하지 않은 사람들보다 더 편애하는 인지적 편견인 내부자 편향을 가지고 있다.

내부자 편향은 아주 어릴 때부터는 모든 인간들에게서 공통적으로 나타나며 사회 구성원들과의 다양한 상호 작용에 항상 영향을 미칠 수 있는 인지적 편향인 만큼, 특정 인종, 젠더, 국적, 종교 집단에 대한 혐오 및 차별과 관련 있을 뿐만 아니라, 심각한 정치적 결과를 야기할 수 있다. 사람들이 외부자 집단의 구성원들보다 내부자 집단의 구성원들에게 더 유리한 방향으로 정보를 왜곡하며, 동일한 잘못에 대해서도 외부자 집단보다 내부자 집단에게 더 관대하다는 사실은 사람들이 확증 편향(confirmation bias)에 빠지기 쉽다는 것을 의미한다. 최근 한 연구는 자신이 기존에 가지고 있던 믿음과 상반된 정보의 가치를 과소평가하는 확증 편향과 내부자 편향이 공통된 신경적 매커니즘에 의해 발생할 수 있다는 근거를 제시한 바 있다.

확증 편향은 자신들의 관점을 무조건적으로 신봉하는 극단주의를 야기할 수 있다. 자신이 기존에 가지고 있던 정보나 믿음이 잘못된 것일지라도 자신과 비슷한 생각을 가진 내부자 집단 구성원들과 반복적인 의견 교환을 통해 그 잘못된 관점이 계속 강화될 경우, 극단적 사고방식에 빠져 헤어 나오지 못하게 되는 것이다. 실제로 극단적인 관점을 가지고 반사회적인 행동을 계속하는 사람들은 비슷한 사고방식을 가진 인적 네트워크에 매몰되어 자신들의 행위가 도덕적으로 정당하다는 믿음을 지속적으로 강화한다는 사실이 최근 연구들에서 밝혀진 바 있다.

이렇게 자신이 속한 내집단의 신념과 행위가 절대적으로 옳다는 과도한 믿음은 파시즘으로 이어져 민주주의를 훼손하고 외부자 집단으로 분류된 사람들에 대해 끔찍한 폭력을 가하는 것으로 이어질 수 있다. 대표적인 예시가 2021년 도널드 트럼프 전대통령이 선거 결과에 대해 이의를 제기하자 그 지지자들이 미국 국회의사당을 습격하며 5명의 사상자가 발생한 전대미문의 사건이다. 이외에도 독일 나치스와 그 지지자들이 아돌프 히틀러에 대해 압도적인 지지를 보이며 600만이 넘는 유대인 학살을 저지른 것이나, 프랑스 대혁명 당시 부패한 왕과 귀족을 처형한 시민혁명군이 자의적 판단에 따라 감옥에 수감돼 있던 과부들과 걸인들, 부랑자들, 12~17세 아이들을 새로운 공화국 정부에 위협적인 반사회적 존재로 규정한 뒤 모두 학살한 사건을 꼽을 수 있다.

더구나 프랑스의 시민 혁명군은 학살을 저지른 자신들의 '애국적' 행위를 자랑스러워하며 그에 대한 보상을 혁명 정부 관계자들에게 요구하였다. 이와 유사하게 나치스 고위 관계자로서 악명 높았던 아돌프 아이히만은 자신의 행동이 유대인들에게 어떤 고통을 줄 것인지 생각조차 하지 않은 채, 유럽 전역의 유대인들을 강제 수용소로 보내고 학살하는 효율적 시스템을 고안하기 위해 최선을 다하였다. 정치철학자 한나 아렌트는 이러한 아이히만의 행동을 악의 평범성, 곧 비정상적으로 악랄한 사디스트나 사이코패스가 아닌 평범한 사람들이 타인의 고통에 공감하지 못한 채 악행을 저지른 것이라고 정의하며 이것이 나치스와 같은 전체주의 체제가 인류에 대한 범죄를 야기한 원인 중 하나라고 지적한 바 있다.

평범한 사람들이 다른 사람의 지시에 복종하며 끔찍한 악행을 범할 수 있다는 아렌트의 주장은 스탠리 밀그램의 실험에 의해서도 입증되었다. 뇌파 검사를 활용한 최근의 후속 연구는 타인의 지시에 따라 남에게 고통을 줄 때는 전적으로 본인의 의지에 따라 하는 경우보다 청각 N1 진폭이 덜 활성화되는 것을 확인하였는데, 저자들은 이것이 타인의 명령에 따라 악행을 저지를 때 죄책감을 덜 느끼는 증거라 지적하였다. 이때 사람들이 타인의 명령에 복종하기 위해서는 그 명령을 내리는 사람이 자신과 같은 집단에 속한다고 인식하는 사회적 자아(social identity)가 중요하다는 사실을 고려하면, 내부자 편향이 심할수록 내부자 집단의 구성원이 내리는 부당한 지시에 무조건적으로 복종하며 악행을 범하는 악의 평범성이 나타나기 쉽다고 할 수 있다. 다시 말해, 인간은 스스로의 그릇된 신념과 행위로 인해 수많은 사람들이 끔찍한 고통을 겪게 되더라도 별다른 죄책감을 느끼지 않을 수 있는 것이다.

실패의 조직적 차원: 정책 결정자의 제한적 합리성

이상에서 서술한 인간의 이기적 본성으로 인한 문제는 정부 정책과 같은 조직적 차원의 노력을 통해 극복할 수 있다고 주장할 수 있다. 그러나 우리는 인류 역사에서 정부가 문제를 해결하지 못하고, 오히려 가중시키는 사례를 무수히 경험해 왔다.

정부는 그 사회 구성원들이 직면한 사회적 어려움을 충분히 인지하지 못하고 있을 가능성이 높다. Jones and Baumgartner(2005)[8]는 정부 역시 개별 경제 주체와 동일하게 제한적 합리성에 따라 정보를 수집하고 정책을 수립 및 집행하는 주체이기 때문에 비효율적인 의사 결정을 내린다고 주장하였다. 개개인이 제한된 주의를 여러 사안에 할당하듯이, 정부 조직은 수많은 사안들 중 상정된 일부 안건들에 대해 제한된 자원과 관심을 집중시킨다. 하지만 이러한 안건 상정의 과정에서 각각의 사회적 문제들의 중요도를 객관적으로 파악하는 것은 쉽지 않다. Tversky and Kahneman(1992)[9]이 밝히고 있듯이, 개개인은 사건의 발생 확률을 있는 그대로 인식하기보다는 각 사건의 발생 확률에 대해 주관적인 가중치를 부여한, 왜곡된 상태로 인식하기 때문이

---

8 Jones, B. D., & Baumgartner, F. R., The Politics of Attention: How Government Prioritizes Problems. University of Chicago Press, 2005

9 Tversky, A., & Kahneman, D., Advances in Prospect Theory: Cumulative Representation of Uncertainty. Journal of Risk and Uncertainty, 5(4), Kluwer Academic Publishers, pp. 297-323, 1992

다. 따라서 정책 결정자들의 인지적 한계로 인해 제한된 사안들에 대해 관심이 과잉 집중되는 반면, 나머지 사안들은 사실상 무시된다. 이에 따라 특정 정책 분야는 과다한 지원을 받는 반면, 나머지 분야들은 턱없이 부족한 예산과 지원에 시달리게 된다.

또한 정부 기관은 현상 유지 편향으로 인해 심각한 문제가 발생하기 전까지는 현 상황을 유지시키는 것을 택할 가능성이 높다. Samuelson and Zeckhauser(1988)[10]는 자신들의 선택 변화에 많은 비용이 요구되지 않으면 그것이 중요한 결과를 가져올 수 있음에도 불구하고, 많은 사람들은 현재 상태를 유지하는 것을 선호한다고 주장한 바 있다. 하버드 대학의 건강 보험 및 은퇴 설계 프로그램에 대한 연구에서, 이들은 사람들이 현재 상태를 고수하는 것이 훨씬 쉽다고 느끼기 때문에 초기에 제공된 프로그램보다 더 나은 선택지가 있음에도 이를 거의 변경하지 않음을 보였다. 이와 반대로 Thaler and Benartzi(2004)는 초기에 제시된 조건을 적절히 설계할 경우 직원들의 저축률을 약 40개월 동안 최소 3.5%에서 최대 13.6% 증가시킬 수 있다는 연구 결과를 얻었다. 또한 Eidelman and Crandall(2009)[11]는 주어진 현 상태를 유지하는 것은 그것을 변화시키는 다른 대안들보다 적은

---

10 Samuelson, W., & Zeckhauser, R., Status Quo Bias in Decision Making. Journal of Risk and Uncertainty, 1(1), Kluwer Academic Pulishers, pp. 7-59, 1988

11 Eidelman, S., & Crandall, C. S., A Psychological Advantage for the Status Quo. Social and Psychological Bases of Ideology and System Justification, Oxford University Press, pp. 85-106, 2009

노력과 숙고를 필요로 하기 때문에 사람들은 현상태를 고수하는 것을 선호한다고 주장하였다. Iyengar and Lepper(2000)[12]는 식료품의 구매나 선택 과제에 대하여 약 30개의 선택지들이 주어진 경우보다 약 6개의 선택지로 제한된 경우에 제품을 구매하거나 과제를 수행할 가능성이 높고, 자신의 선택에 대해서 더욱 만족한다는 사실을 밝혔다.

즉, 사람들은 지나치게 많은 선택지가 주어졌을 경우 의사결정을 내리는 것 자체를 어려워하며, 주어진 조건으로부터 크게 벗어나지 않으려는 경향을 보인다. 정부는 매우 다양한 부문에 예산을 편성하고 집행해야 하기 때문에, 수많은 선택지들을 직면하는 정책 결정자들은 무엇이 최적의 방안인지 파악하려다 결국 아무런 결정도 내리지 못해 현 상황의 문제들이 해결되지 못한 상태로 유지되는 것이다. 따라서 시민들의 적극적인 관심과 요구가 있거나 정책 결정자 본인이 상당한 관심을 가지고 있지 않는 한, 정부는 문제 해결을 위한 예산과 지원을 충분히 제공할 유인이 없다.

---

12 Iyengar, S. S., & Lepper, M. R., When Choice Is Demotivating: Can One Desire Too Much of a Good Thing? J Pers Soc Psychol, 79(6), The American Psychological Association, pp. 995-1006, 2000

디지털 기술을 활용한 대안

이처럼 인간의 이기적 본성과 인지적 한계로 인해, 인간이 사회 발전의 주도권을 쥐고 있었음에도 개인적 차원과 조직적 차원 모두에서 인간을 행복하게 만드는 데 실패하는 경우가 많았다. 그 원인이 특정 사회 집단이나 정치 경제 체제에서 비롯된 것이 아니라 인간의 본성에서 비롯된 것이기 때문에, 이러한 실패는 고대에서 현대에까지 끝없이 반복되었다.

그러니 차라리 디지털 미래 사회에서 인공지능과 같은 기계가 사회 발전의 주도권을 쥐는 것이 더 나을 수도 있다. 적절히 프로그래밍할 수만 있다면 인공지능은 인간이 할 수 있는 것보다 훨씬 더 다양한 복잡한 정보를 처리할 수 있으며, 자신의 선입견이나 사리사욕에 치우치지 않고 객관적인 입장에서 의사 결정을 내릴 수 있다. 따라서 이상적인 인공지능은 인간의 물질적, 정신적 행복을 증진하고 사회 정의를 달성하는 데 가장 효과적인 해결책을 도출하는 능력이 인간보다 훨씬 우월할 수 있다.

따라서 인간이 주도권을 항상 쥐고 있어야만 한다는 것, 항상 세상의 중심이어야 한다는 것은 오만한 발상이다. 인간은 결코 그렇게 훌륭한 존재가 아니며, 인간이 주도권을 쥐고 있는 세상이 더 낫다고 확신할 수 없는 것이다.

4장

호모 바니타스

디지털 사회의
공백 인간

바니타스(vanitas)는 라틴어로 비어 있음,
헛됨, 공백을 뜻한다. 디지털 사회의 공백이
빚어낸 공간이 있다고 하자.
여기서 기존의 공동체 유지 장치가
해결하지 못하는, 새로운 문제를 해결하는
데에 필요한 기술과 자원을 스스로
구축하고 활용할 줄 아는 사람들이 바로
신인류, 호모 바니타스(homo vanitas)다.

디지털 사회 속 공백을 찾아라

호모 바니타스(homo vanitas)는 '공백 인간'이다. 바니타스(vanitas)는 라틴어로 비어 있음, 헛됨, 공백을 가리킨다. 호모 바니타스는 공백 속에서 출현하여 활동한다. 그 공백을 채우고 나면 다시 영(0), 즉 공백과 같이 사라지는 존재라는 뜻을 담고 있다. 한국 사회는 'N번방 사건'에서 이미 호모 바니타스를 목격한 적이 있다. 바로 사건을 공론화하고, 해결에 적극적으로 나섰던 추적단 불꽃을 필두로, 이 사건 해결과 범죄자 검거에 협력했던 개인과 단체들이다.

우리의 문제의식은 바로 이 'N번방 사건'에 초점이 맞춰져 있다. 이 사건은 2018년부터 2020년까지 여러 가해자들이 조직적으로 공모해 미성년자가 포함된 여성들을 협박해 성 착취물 영상을 찍고, 이를 거래해 온라인으로 유포했던 사건이다.

'N번방'에서 벌어진 범죄들은 불과 10여 년 사이에 등장한 새로운 디지털 기술과 밀접한 관련을 맺고 있다. 성 착취 가해자들과 이들에 가담하여 동영상을 제공받고 유포시킨 이들은 모두 텔레그램이라는 강력한 보안 채팅 서비스를 이용했다. 그리고 이 과정에서의 금전 거래, 음성적인 대가 수수는 블록체인을 이용한 암호 화폐 기반의 새로운 금융 경제 구조를 통해서 가능했다. 즉, 개인과 사회의 필요에 의해 탄생한 새로운 디지털 기술 위에서 이 모든 범죄가 일어난 것이다. 최초의 'N번방'이 만들어진 이후 경찰도, 언론도, 혹은 우리가 의지해 온 어떤 공공기관도 사건을 인지하지 못한 채로 수년이 흘렀다. 디지털 기술로 빚어진 사회적 공백 속에서 왜곡된 성 의식을 가진 이들의 반인륜적인 조직적 가해 행위가 오랫동안 은폐되고 방치되었다.

공백에서의 문제와 해결

N번방 사건이 '디지털 사회 속 공백'에서 일어난 사건이라고 정의한 데에는, 사법 당국을 포함한 국가가 해당 문제의 해결 주체로 나서지 못한 채 적지 않은 시간이 흘렀고, 사건 해결에도 이들 공공 기관의 역할에 분명한 한계가 존재했다는 점에 있다.

성범죄와 같은 형사 사건 해결은 전통적으로 국가에게 기대되는 역할이다. 근대 국가의 체제 속에서, 국가 권력이 확대되어 온 만큼 범죄와 관련해서는 많은 권한이 국가에게 부여되어 있기도 하다. 그러나 디지털 기술이 점점 발전함에 따라, 미래에는 이 디지털 기술로 형성된 새로운 사회적 공간에 국가의 영향력이 미치지 못하는 범위가 계속 생겨날 것으로 보인다. 결과적으로 '디지털 사회' 중에서 국가 권력이 닿지 않는 공백 영역에 공공 부문의 실질적인 영향력은 줄어들 것이며, 그 문제 해결 능력 또한 현저히 떨어질 것이다.

추적단 불꽃의 활동가였던 대학생 2명은, 정부가 인지조차 하지 못했던 이 문제를 2019년 7월 발굴하고 7개월 동안 조사한 이후인 2020년 3월 공론화했다. 그들은 7개월 동안 범죄의 한복판으로 들어가 그 속에서 일어나는 일을 직접 목격하고, 언론을 통해 이를 세상에 알렸다.

추적단 불꽃 이외에도 블록체인 기술 엔지니어 그룹이 수사에 협조하여 블록체인 암호 화폐 환전 기록을 추적하는 작업을 수행하기도 했다. 암호 화폐 거래분석 업체인 크립토퀀트(Cryptoquant)는 구속된 범인 중 한 명의 암호 화폐 지갑 데이터를 분석하는 작업을 수행했다.[1] 덕분에 경찰은 주요 용의자 검거에 필요한 정보를 확보할 수 있었다. 바꿔 말하면, 경찰과 사법당국은 스스로 암호 화폐 거래에 관한 기초적인 수사 능력이 부재하다는 것을 인정했다는 뜻이기도 하다.

이처럼 디지털 사회의 공백이 빚어낸 공간에서 국가, 정부, 혹은 그 무엇이라고 불러도 좋은 기존의 공동체 유지 장치가 해결하지 못하거나, 인지하지 못하는 새로운 문제와 마주칠 수 있

---

[1] 원재연, n번방 운영자, 이더리움 지갑 한개에만 24억 원 입금돼, 중앙일보, 2020.03.26, https://www.joongang.co.kr/article/23740266

다. 이 빈 공간에서의 여러 문제들을 해결하는 데에 필요한 기술·자원·네트워크를 스스로 구축하고 활용할 줄 아는 사람들이 바로 우리가 이야기하고자 하는 신인류, 호모 바니타스다.

텔레그램 계정 기준 'N번방' 범죄 관련 혐의자는 성 착취 영상을 소지한 이들을 포함하여 6만 명 정도로 추산된다.[2] 사건 발생 2년 후인 지난 5월 기준 조주빈 등 주요 가해자를 제외한 '일반' 가담자로 기소된 이들은 378명으로, 전체 혐의자의 약 0.5%만이 법의 심판을 받았다.[3] 그 이후에도 유사한 사건이 재발하고 있고, 이번에도 디지털 공간의 젊은 활동가들이 이 사건의 해결에 힘을 보태고 있다.[4]

결론적으로 사건을 통해 확인된 공백은 '사각 지대'라고 하기에는 너무 커 보인다. 추적단 불꽃과 같은 '호모 바니타스'의 출현과 이들의 활동은 불가피하다.

---

2 김정윤, 경찰, 영상 소지 · 배포자 6만 명 신상 공개 검토, SBS, 2020.03.24, https://news.sbs.co.kr/news/endPage.do?news_id=N1005714306

3 최민영, n번방 그놈들, 감방 갔을까…성착취물 소지 74%가 집행유예, 한겨레, 2022.05.22, https://www.hani.co.kr/arti/society/society_general/1044081.html

4 구나연, 주범 '엘' 가명은 '최은아'…'제2의 n번방' 수사, MBC, 2022.09.01, https://imnews.imbc.com/replay/2022/nwtoday/article/6403639_35752.html

디지털 사회에서 생겨나는 공백

디지털 사회에서의 국가의 역할에 대해 논하기 위해, 먼저 디지털 사회를 명확히 정의할 필요가 있다. 디지털 사회에서 흔히 언급되는 '디지털', 즉 '디지털 기술'은 정보를 데이터화하는 지식, 그리고 이 지식으로 개인과 사회가 요구하는 상상을 구현한 결과물을 뜻한다.

이러한 관점에서 '디지털 사회'는 두 가지 의미를 지닐 수 있다. 첫 번째는 디지털 기술로써 새로이 구현된 가상 사회, 예컨대 '마인크래프트'나 '제페토' 같은 메타버스 공간 또는 우리가 흔히 사용하는 소셜 미디어로 연결된 디지털 사회관계망을 의미할 수 있다. 두 번째로는 이러한 가상 공간이나 디지털 기술이 상용화된 세상, 즉 디지털 공간이 일상과 밀접하게 맞물린 물리적 세계와 그 사회의 현 상태를 의미할 수도 있다.

두 정의는 서로 배타적이지 않고, 많은 사람이 이용하는 기술이라면 두 정의 모두에 해당되는 경우가 매우 많다. 디지털 기술의 발전 속도가 빨라지면서 디지털 사회의 범위는 급속하게 커지지만, 그에 비해 전통적인 국가의 관할 범위를 이를 따라가지 못한다. 결국 더 커지는 디지털 사회의 영역과 거의 변화하지 않는 전통적인 국가의 관할 범위 사이에 간극이 더 커질 수 밖에 없다. 이 공간에서는 무슨 일이 일어나고, 누가 있을까?

디지털 사회에서의 국가 잔상

디지털 사회가 디지털 기술로 만들어진 가상 사회 혹은 디지털 기술이 상용화된 사회라고 볼 때, 이 둘 모두를 포괄하는 대표적인 예시는 사회관계망 서비스, 메타버스, 비트코인 시장이라고 볼 수 있다. 이러한 디지털 사회의 확장은 '공백'의 확장 역시 가속화한다. 예를 들어 한국에서 거의 모든 사람이 사용하는 '카카오톡'을 이용한 사이버 공간에서의 괴롭힘 문제는 집단 괴롭힘이라는 문제 행동의 범주로 볼 때 새로운 문제는 아니지만, 디지털 기술에 기반한 소셜 미디어 이용자의 증가와 함께 그 발생 빈도와 강도가 커지고 있음을 추측할 수 있다.[5]

이러한 공백에서 벌어지는 문제들은 당연히 개인과 개별 조직의 경계는 물론 국가 공동체의 관리 범위를 뛰어넘는 초국가적 문제들이 된다. 이때 '초국가적'이라는 말의 의미는 문제가 여러 국가에 걸쳐 있다는 뜻이 되고, 일반적으로 사람들이 국가에 기대해 온 혹은 국가가 계속해서 수행해 온 역할과 책임으로는 포섭되지 않는다는 뜻도 된다.

이 문제를 인지하고, 발견한 개인들은 이 문제 역시 '국가의 문제'가 아닐까 하고 생각할 수 있다. 즉, 이러한 문제를 해결할 당사자를 떠올리려고 한다면, 일차적으로는 국가의 '잔상'이 아

---

5 조성미, "'카톡 감옥' 아세요"…벼랑끝 내모는 사이버 괴롭힘, 연합뉴스, 2020.04.05, https://www.yna.co.kr/view/AKR20200403137600505

른거린다. 하지만 국가는 그 문제가 있는 곳에 존재하지 않는다. 지수적으로, 또는 기하급수적으로 커져 가는 디지털 사회의 범위와, 그로부터 비롯된 공백 속에서 국가는 그 문제를 발견할 기회와 역량이 제한되기 때문이다.

그렇다면 기하급수적으로 커져가는 이 공백에서 비롯된 문제들을 다루고 해결할 수 있는 역할과 책임을 어떻게 해야 할까? 그리고 이러한 지점을 누가 감당할 수 있을까?

출현하고 사라지는 자: 호모 바니타스의 특성

추적단 불꽃과 같은 호모 바니타스에게 디지털 사회의 확장으로 생겨나는 이와 같은 공백은, 역설적으로 그들이 활동할 새로운 공간이자 무대가 된다. 요컨대 호모 바니타스는 디지털 사회 형성 이전에는 없었던 전례 없는 국가 주권의 진공 상태에서 출현한다. 이들은 다음과 같은 세 가지 특성을 가지고 있다.

첫 번째로, 호모 바니타스는 자신이 맞닥뜨린 문제, 자신이 의미를 부여한 집단의 문제를 해결하기 위해 적절한 기술을 선택하고 활용할 줄 아는 사람들이다. 이들은 세대적으로 볼 때 디지털 기술로 둘러싸여 성장한 디지털 네이티브이거나, 혹은 연령 측면에서는 그에 해당하지 않지만 그에 준하는 역량을 갖춘 이들이다. 기술의 가능성과 그것이 갖는 능력을 이해하고, 문제 해결에 필요한 디지털 상상력을 발휘할 수 있다.

두 번째로 이들은 자신에게 부족한 것을 채워 줄 수 있는 사람을 발견하거나, 어디선가 나타난 또 다른 능력자를 환대하고 그들과 연결하는 기술을 갖춘 사람들이다. 호모 바니타스는 국가의 영향력과 제도에 제약되거나 종속되지 않는 성향, 혹은 주체적으로 자신의 활동을 해 나갈 수 있는 방법을 알고 있다. 이를 바탕으로 공백 속에서 새로운 커뮤니티를, 즉 공백을 적극적으로 공동체화해 가는 사람들이다.

세 번째로 호모 바니타스는 초국가적 문제에서 국적이나 외모 등의 정체성을 내세우지 않는 데서 더 나아가, 아이덴티티를 드러내지 않거나 비워 두곤 한다. 자기 존재를 드러내지 않는 이러한 행태는, 호모 바니타스를 공백에서 등장하여 문제를 해결하고 다시 공백으로 돌아가는 자들로 정의하게 한다. 이들의 조직력은 비밀스러우며, 때로는 미약하고 산발적으로 나타난다. 호모 바니타스는 끈끈한 대면 유대 관계를 공유한다기보다는 디지털 기술에 있어서 상당한 숙련도를 가진 개인들 간의 일시적 연결로 구성되거나, 그리고 그로부터 비롯되는 새로운 유사·임시 공동체로서 존재하는 등 유동적인 형태를 지닌다.

공백 속에서 다시 흩어지는 신인류, 호모 바니타스의 출현에 필요한 기술적 조건은 무엇일까? 또, 그들이 활동 과정에서 필요로 하거나 요구하는 기술은 무엇일까?

물론 이 질문에 대답하지 않더라도, 그들은 스스로에게 필요한 것을 끊임없이 찾아갈 것이다. 디지털 사회의 출현과 더불어 등장한 거대한 공백의 한복판에서, 지금 우리가 상상해 볼 수 있는 미래 사회에 분명하고 명백한 필요가 존재한다면 말이다. 이제 우리는 추적단 불꽃을 염두에 두고, 이들을 호모 바니타스라

부를 때, 이들은 앞으로 점점 자주, 많은 수로, 큰 힘을 가지고 등장하게 될 것이다. 디지털 사회에서 이들이 왜 등장할 수 밖에 없는지, 이들은 어떻게 자신의 정체성을 정의할지, 이들의 존재가 기존의 국가적 관할 영역에 어떤 영향을 미칠지에 대해 곰곰이 생각해야 할 때다.

미래, 국가 이후의 정치성

● 　　　　　　미래를 예측하는 것만큼 섣부르고 안일한 일이 또 있을까? 어느 누구도 감염병의 세계적인 유행으로 답답한 마스크를 쓰고 다닐 것이라고 예상하지 못했을 것이다. 세계 여행의 꿈도, 직업적인 역량을 펼쳐 보겠다는 야심도 모두 무산되었다. 미래를 예측하고 계획하는 것은 모든 것을 자신의 통제 아래에 두고자 하는, 인간으로서는 결코 달성될 수 없는 목표일 것이다. 죽음이 언제 닥칠지 모른 채 하루하루 살아가듯, 우리가 할 수 있는 최선의 일이라고는 역사를 돌아보고, 현재를 잘 유영해 나가는 것뿐일지도 모른다.

　　그러나 우리는 미래를 생각한다. 소소하게는 내일 어떤 디저트를 먹을지부터, 거창하게는 어떤 죽음을 맞이하고 싶은지까지 생각해 본다. 땅에 몸을 딛고 살아가지만, 동시에 생각은 무한히 확장될 수 있기 때문이다. 더구나 그 미래는 현재와 완전히 구분된 것이 아니다. 과거·현재·미래라는 개념상의 구분은 존재하지만 오늘은 아직 도래하지 않은 미래이고, 아직 지나가지 않은 과거이다. 오늘이 곧 내일이 되고 어제가 된다는 점에서 미래에 대해 생각하고 얘기하는 것 또한 과거를 돌아보고 현재를 직시하는 것과 같다. 그렇게 우리는 삶을 생각하고 사회를 생각한다.

　　미래 디지털 사회의 모습 역시 현재로부터 비롯되는 얘기다. 4차 산업혁명, 인공지능, 빅데이터와 같은 용어들이 어느새 익숙해진 만큼, 디지털 사회는 점점 그 영향력과 규모가 커지고 있다. 물물 교환의 시대에서는 상상조차 할 수 없었던 가상 화폐로 한 개인의 인생은 '떡상'하기도, '떡락'하기도 한다. 더 나아가 카카오톡에서의 사이버 불링부터 텔레그램에서의 반인륜적인 범죄에 이르기까지 우리가 직면하고 있는 폐해는 이미 개인의 범위를 넘어섰다. 그렇기에 디지털 사회의 팽창 가능성과 미래의 가능 양상을 생각해 볼 수밖에 없는데, 기술의 발전과 사회의 변모 양상 역시 쉽게 예측할 수 없기는 마찬가지다. 그럼에도 시대를 막론하고, 시간성에 구애되지 않고 인간에게 주어진 어쩔 수 없는 필연적인 상황이라는 것이 있다면, 바로 '문제'가 발생한다는 것이다. 디지털 사회도 '사회'인 만큼 인간들이 모여서 구성되는 것이고, 인간이란 무릇 모여 살 수밖에 없지만 모여 살면 문제가 발생하는 종족이다. 이러한 역설에서 꽃 피어난 '정치적' 상황과 '정치적' 문제 속에서, 그 문제의 해결 주체를 생각하며 제시한 개념이 '국가 잔상'과 '호모 바니타스'다.

　　● 김채영 서울대학교 정치외교학부 정치학과

국가라는 잔상

국가는 미래에 어떤 형태로 존재할 것인가. '국가'라는 추상적인 개념을 국가가 행사하는 '국가 권력'과 구체적 기관으로서의 '정부'로 구분해 본다면, 먼저 권력의 측면에서 프랑스의 저명한 철학자 푸코는 18세기를 기점으로 국가 권력의 형태가 '훈육 권력'으로 변화했음을 계보학적으로 밝힌 바 있다. 그 이전에는 단순히 범죄 행위를 처벌했다면, 근대의 국가 권력은 범죄를 저지른 개인의 '비정상적인 인격' 자체를 처벌하는 것으로, 즉 개인의 신체와 품행을 규범적인 사회 질서에 맞게 '정상화(normalization)'하는 것으로 변형됐다는 것이다.[6] 이와 더불어 근대 국가는 대규모 인구의 생명 자체를 관리하는 '생명 권력'을 주요 특징으로 지닌다.[7]

보다 최근의 사례에서 확인해 볼 수 있는 국가 형태는 어떨까. 세계화 시대와 더불어 초국가적인 기업의 영향력이 커지며 국가 역할의 축소를 논하는 담론이 확산되어 왔지만, 최근 코로나 감염병을 겪으며 국가 권력은 오히려 확대된 듯하다. 감염병의 창궐이라는 예외적인 상황은 감염병의 통제 및 관리라는 명목 아래에 국가 권력이 단기간에 급속도로 확대되기에 좋은 환

---

6 미셸 푸코, 《말과 사물》, 이규현 역, 민음사, 2012

7 김상환, 김상환의 필로소피아, 생명 권력(푸코): 코비드 사태로 본 근대정치, 2021.12.05, https://contents.premium.naver.com/philokim/knowledge/contents/211205021055128SV

경이다. 특히 디지털 사회에 걸맞게 국가 권력의 확대는 기술과 접목되어 이루어졌다. 어디를 가든 QR코드의 스캔이 의무화되면서 나의 동선은 시시각각 기록되었으며 이에 발맞춰 카카오톡은 QR코드의 스캔이 쉽도록 앱 내부에 배너를 빠르게 만들었다. 이러한 점에서 국가 권력은 디지털 사회와 그리 유리되어 보이지도 않는다.

미래 사회에서의 국가 권력의 형태를 섣불리 예측해 볼 수는 없지만, 적어도 국가가 모든 것에 손을 뻗칠 수 없을 것이라는 점만큼은 단언할 수 있다. 좀 더 엄밀하게 말한다면, 국가 권력을 행사하는 구체적 기관으로서의 정부는 모든 곳에 있지 않다. 세월호 참사 이후에 그랬듯, 매년 노동 현장에서 몇천 명의 노동자들이 목숨을 잃은 이후에 그랬듯, 국가는 항상 사건 이후에 나타나거나 그 이후에마저 부재한다. 후에 어떤 대처가 이뤄지더라도, 참사는 이미 발생했으며 당사자 개인에게는 돌이킬 수 없는 일이다. 이는 디지털 사회에서도 마찬가지일 것이다. 기술 발전과 함께 디지털 사회가 어떤 모습으로 변모하든, 그 사회에서 역시 발생할 문제에 대하여 국가는 사건 현장에 늦게 도착할 것이다.

그렇기에 우리에게 남은 것은 국가에 대한 '잔상'이다. 국민을 보호해 준다는 근대 국가의 이념 아래, 우리는 사건이 발생한 직후에 국가 혹은 정부가 어디 있었냐고, 뭘 하고 있었냐고 묻고 따지지만 이는 그저 국가가 그 자리에 있을 것이라는, 우리가 지닌 잔상에 불과하다. 그 아른거리는 잔상을 헤치고 나가 보면 드러나는 '공백'의 자리에서, 남겨진 사람들은 어떻게 해야 하는가?

새로운 사람들과 새로운 공동체

현재의 우리가 지닌 국가에 대한 이념은 근대적인 것에 불과하고 앞으로 국가 형태는 어떤 방식으로든 변화하겠지만, 그러한 변동과 무관하게 이 땅에는 언제나 사람들이 살아왔다. 근대 국가의 체제에서 이들은 '국민'이라 불렸지만(특히 한국적인 맥락에서는 더욱), 국가가 잔상에 불과한 것이 될 미래의 디지털 사회에서는 이들을 호명할 새로운 이름이 필요하다. 국가 공동체의 구성원으로서 국민 이전의 사람들에게 부여할 이름이.

그렇다면 국민이라는 존재가 국가라는 공동체를 구성하듯이 새로운 사람들도 '공동체'를 구성하는가? 공동체를 이루는 여러 요소가 있겠지만 가장 중요한 것으로 '공동체 의식'을 꼽아본다면, 이는 조금 더 복잡한 문제가 된다. 과거에는 개인이 살고 있는 일정 지역 내에서 타인·이웃과의 직접적인 교류가 이루어졌기 때문에 지역 내에서의 공통의 경험과 인종적, 언어적 유사성을 바탕으로 공동체 의식이 형성되었다. 그러나 디지털 사회에서는 완전히 다른 관계 양상이 펼쳐진다. 온라인을 기반으로 하는 사회적 의사소통은 지역성의 한계를 뛰어넘기에 '같은 지역'에서 도출되는 유사성을 바탕으로 이뤄지던 '같은 공동체의 일원'이라는 의식 형성은 어려워진다. 더군다나 온라인의 '커뮤니티' 내에서는 자신을 드러내지 않고 쉽게 나타났다 사라지는 익명으로만 존재하기 때문에 개인은 더욱 원자화된다.

그러나 각자가 공동체의 일원이라는 의식, 즉 공적 주체라는 의식은 함께 살아가는 데에 있어서 필수 불가결하다. 공동체 내의 정치적 문제는 필연적이고, 그 해결 역시 정치적으로만 가능하기 때문이다. 장애인들이 출근길 지하철에서 행하는 시위를 그저 나와 상관없는 일이라고만, 혹은 나의 일상 생활에 불편을 끼치는 일이라고만 생각한다면 공동체는 유지되기 어렵다. 한 공동체 내에서 자원은 어떻게 배분할 것이며 자원 분배에서 소외된 이들은 어떤 방식으로 운동을 전개할 것인가.

그 운동 및 그들의 존재는 어떻게 비가시적인 것에서 가시적인 것으로, 공동체적 담론으로 등장할 수 있는가. 그럼으로써 기존 질서에 어떤 변형을 가할 수 있는가. 이러한 문제들이 다양한 양태로 변주되어 등장하고, 크고 작은 사건들을 야기하며, 이에 대하여 구성원들 간의 논의가 이루어지고, 이들이 합의하거나 불화하는 것이 정치적 과정이다. 정치성이 소멸된 사회는 곧 죽은 사회이며 그 구성원들에게 공적 주체라는 의식이 부재한 공동체는 곧 죽은 공동체이다.

우리가 제시한 '호모 바니타스'라는 '새로운 사람'은 추적단 불꽃의 사례에서 보듯 이러한 의미에서 하나의 공적인 주체이다. 디지털 사회에서도 분명 사회적 문제는 발생한다. 우리가 최근 목도한 N번방 사건은 하나의 사례에 불과할 것이다. 그러나 그러한 범죄와 문제를 그저 방관만 하는 것이 아니라 추적단 불꽃이라는 이름 아래에 공백의 자리를 채운 것은, 이를 자신의 공동체 내의 문제로 인식하고 자신을 그 공동체의 구성원으로 주체화하는 의식을 지녔기에 가능했다. 이들이 출현할 수 있는 조건, 즉 디지털 사회에서도 공적 주체라는 의식을 지닐 수 있는 조건은 무엇일까. 그저 한 개인의 휴머니즘, 혹은 인류애에 기댈

수는 없을 것이다. 국가 공백의 자리에서 다시금 정치성을 찾는 것, 그리고 복원하는 것, 이것이 바로 우리의 미래 사회의 또 다른 정치적인 문제가 될 것이다.

사회는 어떤 방식으로
해체되는가

●　　　　　　그 어떤 사회에도 속하지 않고 살아가는 인간을 상상할 수 있는가? 이에 대답하기 위해서는 사회란 무엇인지에 대한 정의가 선행되어야 한다. 흔히 인간은 사회적 존재라고 하지만, 그에 비해 인간 존재와 그토록 긴밀한 연관을 맺고 있는 사회를 명쾌하게 정의 내리기는 쉽지 않다.

'사회'라는 말의 반대항으로 말미암아 그 의미를 짐작해 보자. 사회는 대개 '개인' 혹은 '자연'의 반대항으로 쓰인다. 즉 개인이 할 수 없는 영역이나 사람의 인위적인 힘으로 구성된 영역을 가리키는 경우가 많다. 더불어 살아가는 공동체적 공간의 범위를 개인에게 내면화하고 그 범위 안에서 암묵적으로라도 상호 작용의 법칙을 설정하는 것은 주로 사회만의 고유한 영역이 되어왔다. 이는 국가와 같은 명확한 기구가 담당하기도 했고, 문화와

171　　　　　● 윤선혜 서울대학교 인류학·사회학과

관습이라는 이름으로 언어가 정확하게 꼬집지 못한 채로 모호하게 존재하기도 했다.

디지털 기술과 더불어 10년 뒤의 사회를 상상하고자 한다면 우리는 일단 지금의 세계에서부터 징후를 읽어 내야 한다. 그런데 지금의 사회에서는 공동체적 가치와 상호 작용 양식이 과거와는 다르게 변화하기 시작한 지점을 몇 가지 포착할 수 있다. 이 변화는 역사적으로 새로운 것은 아닐지도 모르지만, 근본적인 토대가 변하고 있다는 점에서 적어도 우리가 무시할 만한 것 또한 아니다.

첫째로, 이타성의 영역이 모호해지고 있다. 인간의 본성을 선악 중 무언가로 규정하든지 간에, 사회가 더불어 살아가는 영역으로 규정되는 이상 오로지 자신만을 위하는 이기심을 억누르고 타인을 배려하는 이타적 장치가 마련될 수밖에 없다. 개인이 어떻게 존재하고 관계를 맺는지에 관한 문제는 역사, 혹은 문화에 따라 개인주의나 공동체주의 등의 이름으로 불리곤 했지만, 공동체 도덕이 그 힘을 잃고 법만이 거의 유일한 규범으로 작동하는 상황은 그러한 구분에 포섭되지 않는다. 맥락에 대한 고려보다 절차적 정의를 우선시하는 기조는 약한 사회적 신뢰와 법의 공정성에 대한 환상과도 맞닿아 있다. 공동체적 규범이 힘을 잃고 그 자리를 절차적 법 규범이 차지한다고 한들 법 규범이나 법 권력이 모든 문제를 다룰 수 있으리라고 단정지을 수는 없다.

두 번째로 중요한 변화는 바로 디지털 기술로 인해 전통적으로 세계를 구성하는 유일한 방식이었던 기존의 물질적 세계가 후순위로 밀리기 시작했다는 것이다. 이는 현대 사회를 살아가고 있는 사람이라면 틀림없이 체감하고 있을 공백이다. 물리적 세계는 이제 가상적 세계의 매개 없이는 존재할 수 없을 뿐만 아니라, 상당히 많은 부분에서 가상 세계로 인한 대체가 이루어지고 있다. 친구와 이야기하는 간단한 행위에서조차 가상 세계는 깊숙이 관여하고 있으며, 온라인 미팅 등의 기술은 코로나19 팬데믹으로 인해 매우 쉽게 생활화되었다.

　물론 디지털 기술이 물질적 세계로서의 사회에 사형 선고를 내렸다는 뜻은 아니다. 오히려 우리는 물질적 기반이 있어야만 존재할 수 있다는 물리적 제약을 여전히 극복하지 못했기 때문에, 물질적 세계가 더 주목 받고 더 높은 중요성을 가지게 될지도 모른다. 비물질적으로 존재하는 사회가 시사하는 것은 기존의 제도로는 통합될 수 없는 새로운 세계와 규칙들이 기술 발전에 힘입어 등장했다는 것이다. 점점 더 확장될 것이 자명한 새로운 세계의 등장으로 인류의 주체성은 완전히 다른 국면을 맞을 것이고, 이러한 변화는 물질 세계에서의 삶에도 영향을 미칠 것이다.

　이러한 두 가지 변화를 자세히 들여다보고 나면 미래 사회에 대한 질문의 무게는 사뭇 달라진다. 사회는 여전히 더불어 살아가는 공동체일 것인가? 그렇지 않다면 우리는 이를 '사회의 해체'라고 부를 수 있을까? 우리는 계속해서 물리적으로 더불어 살아가게 될 것인가, 혹은 비물리적인 새로운 방식으로 인해 완전히 다른 방식의 관계와 규범을 가지게 될 것인가? 이는 기존의 사회 질서로부터 어떤 공백을 창출할 것이며, 이러한 사회에서는 어떤 존재가 각광 받게 될 것인가?

디지털 사회의 공동체성: 디지털 사회는 사회인가?

사회의 해체를 논하는 것에 대해 혹자는 이렇게 반문할 수 있다. 디지털 사회 또한 사회가 아닌가? 그렇다면 이는 사회가 새로운 국면으로 접어들고 조건에 맞게 진화하는 것일 뿐, 사회 해체라는 거창한 수식어까지 붙일 일은 아니지 않은가?

이 글의 목적은 사회의 해체를 단언하고 예언하려는 것이 아니다. 따라서 사회 해체라는 말은 사회라는 것의 소멸을 나타낸다기보다는 그 개념의 해체와 재구성을 가리키고자 하는 의미에서 사용하였다. 그러나 디지털 사회가 사회인지에 대한 물음에 있어서 우리는 몇 가지 지점을 점검해야 한다. 디지털 공간만이 가지고 있는 새로운 특성은 과연 어떤 사회를 만들어 낼 것인가? 이 질문에 답하는 과정에서 지금의 우리가 생각하는 사회 개념뿐 아니라 디지털 사회의 별난 면모까지도 훑어볼 수 있다.

디지털 사회가 전통적 사회와 달리 가지고 있는 유별난 점 중 하나는 비물질성으로 인한 익명성이다. 우리는 엄연히 몸으로써 존재하지만 디지털 공간이 열리면서 키보드와 터치스크린을 통해 몸을 초월한 새로운 정체성을 만들어 낼 수 있게 되었다. 이는 '가상적'이기는 하지만 결코 '가짜'는 아니다. 예컨대 인터넷에서 소녀를 연기하는 중년 남성의 경우 그의 물질적 몸은 소녀의 것이 아니지만, 인터넷에서 만들어지고 활동하는 소녀는 엄연히 캐릭터로서 존재한다.

여기에 만약 이 인물이 소녀를 연기하면서 일종의 해방감을 느낀다면 더욱 그렇다. 우리는 모든 사회적 관계에서 가면을 쓴다. 홀로 일기를 쓸 때도 그에 걸맞는 가면을 착용하므로, 가면을 썼다는 사실만으로 그 캐릭터가 가짜라고 주장할 근거는 없다. 그러나 디지털 기술로 인한 가면은 물질적 세계와는 완전히 다른 세계 속에서 매우 완벽하고 감쪽같이 작용한다는 점을 주목해야 한다. 원래는 가면을 통해 얼굴만 바꿔 끼울 수 있을 뿐 그 이면의 몸은 고스란히 다른 사람들의 시선에 드러났었다면, 이제는 그 밑의 몸조차 상상할 수 없는 감쪽같은 가면이 디지털 기술로 인해 만들어진 것이다.

자신의 정체성을 꾸며낼 수 있을 뿐만 아니라 어떤 모습으로 내보일 것인지 스스로 결정하는 것은 자아라는 개념에 큰 균열을 낸다. 이는 인터넷 페르소나가 무결하다는 말이 아니라, 익명성으로 인해 인터넷에서 사람이 어떤 형태로 존재하는지, 혹은 존재하기는 하는지에 대한 가시성이 흐려진다는 뜻이다.[8]

놀이터에서 사귄 친구와 온라인 SNS상에서 사귄 친구에게서 각각 비슷한 수준의 친밀도를 느낀다고 하자. 놀이터에서 사귄 친구에 대해서는 그의 외모와 말투, 표정, 본명, 집 주소 등등을 어렵지 않게 알 수 있지만, 온라인 친구에 대해서는 그렇지 않다. 그가 어떤 식의 온라인 페르소나를 구축했는지에 따라 같은 친밀도여도 얻을 수 있는 정보의 종류에는 매우 큰 차이가 날 수 있는 것이다. 나아가 물질적으로 함께 있지 않아도 그에 못지

---

8 노우리, 노인 말벗 되는 로봇, 정서적 교감도 가능해, AI 타임즈, 2019.04.08, http://www.aitimes.com/news/articleView.htm-l?idxno=47216.

않은 친밀감을 쌓을 수 있다는 사실은 인간의 연결에 시사하는 바가 크다.

상호 작용을 사회의 가장 중요한 요소로 보는 입장을 견지한다면, 디지털 공간은 자아를 새롭게 규정하고 관계의 새로운 지평을 열었다는 점에서, 즉 새로운 상호 작용의 패러다임을 제시하고 관장한다는 점에서 사회가 될 수 있다. 다만 그 사회가 어떤 모습이 될지 상상하는 것은 매우 까다롭다. 디지털 공간에서 우후죽순 생겨나는 문제들은 완전히 새로운 종류의 것이다. 기본적인 인간 사이의 관계의 법칙을 따르기 때문에 심층적으로는 별 차이가 없다고 하더라도, 구체적으로 행동 양식을 규정하고 때에 따라서는 규제해야 하는 국가가 신속하게 대처할 수 있는 변화라고 보기는 어렵다. 즉 국가의 행정이 사회를 대상으로 한다는 종래의 명제는 디지털 사회의 출현으로 인해 유지가 불가능해진 것이다.

디지털 사회의 파수꾼

사회가 유지되기 위해서는 질서를 만들고 그를 상징하는 의례들이 자연스럽게 녹아드는 과정이 필요하다. 디지털 사회의 경우 국가가 아니라면 누가 통제할 수 있을까? 과연 어떤 주체가 디지털 사회에 질서를 부여하고 타인에게 납득시킬 수 있을 것인가?

미지의 미래 사회에서도 한 가지 예측 가능한 것은 새로이 만든 규칙을 잘 알고 이용할 줄 아는 사람이 디지털 사회에서 지배력을 갖게 될 것이라는 점이다. 토템이 종교적 사회에서 집단 구성원들을 결집시키는 공동체의 상징이 되었듯[9], 그리고 '스타'라고도 불리는 각 장르의 유명한 인물이 현대 사회에서도 애정으로 구성원들을 결집시키는 모습을 관찰할 수 있듯 디지털 사회에서도 그러한 아이콘이 있으리라고 상상하는 것은 어렵지 않다. 오히려 이렇다 할 질서가 없이 자유로이 흩어져 있는 공간이기 때문에 그때그때 산발적으로 디지털 사회를 하나로 모으는 매력적인 상징이 존재하리라고 예측할 수 있는 것이다.

추적단 불꽃에서 보았듯 공백 인간 '호모 바니타스'의 존재는 디지털 사회의 아이콘이 될 수 있다. 호모 바니타스를 낳은 것은 디지털 기술이 만들어 낸 공백이지만, 호모 바니타스가 사라지지 않고 존재하는 원동력은 그가 상징으로 자리 잡았다는 사실에서 올 것이다. 디지털 사회에 숙련된 자로서 그들이 십분 활용하는 익명성은 호모 바니타스라는 상징에 신비성을 더해 줄 것이다. 그들이 세속적인 목적에서 활동을 하는지 여부와 상관없이 그들의 활동은 정의롭고 신성한 것으로 받아들여질 것이다.

그 이유는 첫째로, 호모 바니타스는 초개인적 국가를 뛰어넘은 개인이기 때문이다. 국가와 사회는 전통적으로 개인들로부터 주체성을 양보 받아 개인이 혼자서 할 수 없는 일을 대신 도맡아 해 왔다. 그런데 호모 바니타스는 존재 자체로 이러한 국가의 성

---

9 에밀 뒤르켐, 《종교생활의 원초적 형태》, 민혜숙, 노치준 역, 한길사, 2020

격을 부정한다. 국가는 더 이상 개인이 할 수 없는 일을 대신 처리할 수 없다. 결국 이러한 사회적 주체의 부재 속에서 호모 바니타스는 개인이 할 수 없는 일이라고 생각했던 것을 개인의 역량 안으로 전복해서 포섭한다. 개인을 초월한 국가를 다시금 초월한 개인이 탄생한 것이다.

둘째로, 추적단 불꽃의 사례에서와 같이 문제를 해결하기 위해 일시적으로 등장했다가 다시 무(無)로 돌아가는 그들의 행보는 순수한 선으로 읽히기 쉽다. 그들이 실제로 조직력을 가지고 있는지 여부나 금전적인 이유로 움직이는지 여부는 크게 중요하지 않다. 대다수의 사람이 보기에 그들은 혜성처럼 반짝 나타나 문제를 해결하고 다시 사라진다. 그들이 활동한 자리에는 그들이 누구인지, 왜 그런 일을 하는지, 어떻게 그런 일을 하는지에 대한 정보는 없고 그들의 이름만이 남는다. 분명 물리적 세계에서는 구체적인 이름으로 존재하는 게 틀림없는 그들은 디지털 사회에서는 익명성을 자유자재로 이용해서 '아무 것도 아닌' 존재가 되고, 역설적으로 그렇게 아무 것도 아니기 때문에 디지털 사회의 상징이 될 수 있다.

그러나 모든 사회적 상징이 그렇듯 호모 바니타스 또한 그 상징적 의미를 영구히 유지할 것이라고 보기는 어렵다. 디지털 사회의 문제를 발굴하는 그들은 상징이 됨으로써 디지털 사회의 수명을 탄탄하게 유지해 주는 역할을 한다. 더군다나 호모 바니타스라는 존재는 본래 정보값을 가지지 않는 무(無)의 사람인 것이 아니라, 단지 그렇게 보이게끔 스스로를 숨기고 있기 때문에 한편으로는 그들의 정보가 적발되는 일이 생겼을 때 사회적 상징과 그로 인한 사회적 생각에 금이 갈 확률도 높다. 그럼에도 호모 바니타스라는 존재를 상상하는 것은 디지털 기술이 열게 될 미래 사회가 어떤 모습을 보일지 논의할 수 있게끔 도와준다.

우리는 왜 공백을 파악해야 하는가

공백에 대한 논의: 사회에 존재하는 공백이란 무엇이고, 공백의 크기는 어느 정도인가?

●　　　　공백을 정의하기에 앞서서, 우선 국가의 관리 범위와 역량에 관해 논의해야 한다. 국가의 관리 범위와 역량을 알아야 공백의 크기를 알 수 있기 때문이다. N번방 같은 범죄가 공백에서 일어났으므로, 국가의 입장에서는 공백의 크기를 파악하는 것이 추후에 일어날 범죄나 사건에 대해 예측하는 데 도움이 될 것이다.

　과학 기술의 발전으로 인해 인간이 활동하는 범위는 커질 것이고 이 속도는 시장에 의해 영향을 받는다. 국가는 과학 기술에 관한 규칙을 만들고 감시하는데, 이 규칙이 미치는 영향력의 범위가 곧 국가의 관리 범위 및 역량의 경계이다. 그렇다면 인간이 활동하는 사회의 범위에서 국가의 관리 범위를 뺀 크기를 공백의 크기라고 정의할 수 있다.

공백의 크기와 확대되는 속도는 시간과 시장, 사회, 국가의 관계에 따라 변화할 수 있다. 시간이 지날수록 시장과 사회의 영역은 급속히 커지고, 국가는 그에 맞춰 관리 범위를 확대하려고 할 것이다. 그러나 시장과 사회의 증가 속도와 국가의 관리 범위 증가 속도가 항상 일치하지는 않는다. 이때 공백 크기와 증가율은 다음과 같은 방식으로 결정된다.

시장이 사회에 종속된 개념이라고 가정해 보자.[10]

- 시장과 사회의 증가 속도와 국가의 관리 범위 증가 속도가 일정하면, 공백의 증가 속도는 일정할 것이다.
- 시장과 사회의 증가 속도가 국가의 관리 범위 증가 속도보다 빠르면, 공백의 증가 속도는 커진다. 국가의 관리 범위 증가 속도가 일정할 때 신기술로 인해 시장 증가 속도가 커진다면, 시장의 크기도 증가할 것이고 사회 증가 속도도 커지게 될 것이다.[11] 조심스럽게 생각해 보자면 N번방 같은 사태는 디지털 기술에 대한 사회의 증가 속도가 매우 커진 상

---

10 Wilfred Dolfsma, John Finch, Robert McMaste, Market and Society: How do they relate, and contribute to welfare?, Journal of Economic Issues, 2005

11 Walter Elberfeld, George Götz, Market size, Tehcnology Choice, and Market Structure, German Economic Review, 2002

● 서영찬 서울대학교 의과대학 의료기기산업학과

황에서 국가의 디지털 기술에 대한 이해도와 관리 범위가 상대적으로 적어졌기 때문이지 않을까?

- 반대의 상황은 어떨까? 시장과 사회의 증가 속도가 국가의 관리 범위 증가 속도보다 느리면, 공백의 증가율은 작아진다. 코로나 같은 사회의 위기가 생기면, 시장 증가 속도는 감소하며 이에 따라 시장의 크기는 평소에 증가한 양보다 작게 증가하거나, 일정하거나 감소할 것이다. 이에 반해 국가의 관리 범위는 더 빨리 증가할 수 있다. 그 결과 국가와 사회 간의 공백의 증가 속도는 줄어들 것이다. 즉, 코로나라는 상황에 국가 통제가 심해지고 국가 권력이 커진 것으로 보이는 것은 사회 범위 증가 속도가 작아지고 국가의 관리 범위 증가 속도가 일정하여 공백의 증가 속도가 작아졌기 때문이다.

디지털 과학 기술은 공백의 크기에 어떻게 영향을 미칠까? 첫째, 과학 기술, 특히 그 가운데서도 정보 통신 기술이 발달할수록 '국민'이라는 정체성은 약해지고, 이에 따라 국가의 영향력은 줄어들 수 있다. 언어, 문화, 물리적 거리 등으로 구분되던 국민 정체성은 메타버스 기술, 의사소통 플랫폼, 번역·통역 기술 등으로 모호해질 수 있다. 이러한 국민 정체성이 옅어질수록 국가에 대한 헌신 및 충성도는 줄어들 것이며, 국가의 관리 범위도 자연스럽게 줄어들 것이다.

호모 바니타스에 대한 논의

과학 기술은 이점과 위험성이라는 양면성이 존재한다. 예를 들어, 산불의 원인인 불이 인류 발전의 시초가 된 것과 같다. 원자력 발전의 경우 전력 에너지 공급을 탄소 배출 없이 가능케하지만, 방사능에 의한 방사선 피폭의 위험이 존재할 수 있다. 코로나 백신의 경우에는 부작용의 위험이 있지만 코로나를 극복할 수 있게 하였다. 과학 기술의 양면성으로 인한 단점은 새로운 과학 기술로 극복하고 해결할 수 있다. 호모 바니타스는 과학 기술의 양면성을 적절히 고려하면서 공백에 존재하는 인간 사회의 요구를 충족해 나갈 것이다.

호모 바니타스는 국가의 관리 범위와 사회의 차이인 공백에 위치한 사회적 요구를 과학 기술이라는 도구로 해결해 나가는 존재다. 사회적 요구의 크기가 클수록, 그 요구를 실현해야 할 시급성이 클수록, 그 요구의 내용이 명료하고 구체화될수록, 호모 바니타스가 해결해야 할 대상인 공백에 위치한 사회적 요구에 가까울 것이다. 호모 바니타스는 개인일 수도 있지만 집단일 가능성이 더 높다. 과학 기술의 복잡도가 증가함에 따라 과학 기술을 발전시키고 이를 활용할 수 있는 것은 개인이 아니라 집단일 가능성이 더 높기 때문이다. 호모 바니타스도 개인이 아닌 집단이거나, 집단을 활용할 수 있는 개인일 것이다. 디지털 범죄인 N번방 범죄 사건 해결에 기여한 '불꽃 추적단'도 마찬가지로 개인이 아닌 2명 이상의 집단이다.

호모 바니타스는 왜 공백에 존재할 수밖에 없는가? 국가의 관리 범위에 있는 개인과 조직이 사회의 요구를 과학 기술로 해결할 수는 있다. 그렇지만 그들은 정부의 관리 및 감시를 받기 때문에 자유로운 사고, 의사 결정, 행동을 할 수 없을 것이다. 따라서 정부의 관리 범위 밖에 있는 존재가 호모 바니타스가 될 가능성이 높다. 사회적 요구를 해결하고 나면 그들은 공백으로 돌아간 것처럼 보이겠지만, 새로운 이슈들을 찾고 해결하려 들지 않을까? N번방 사태 해결에 기여를 한 '불꽃 추적단'의 구성원들처럼 말이다.

공백에 존재하는 사회적 요구의 실현 과정: 민주적 진행

사회적 요구는 해결해야 할 시간적 유예에 따라 초단기적 문제, 중장기적 문제로 나뉜다. 초단기적 문제는 N번방 사태 같은 유형의 범죄, 코로나 같은 역병이 있다. 중장기적 문제의 경우 각 분야에 존재하는 충족되지 않은 니즈, 빈부 격차, 이념 갈등 같은 사회적 갈등이 이에 해당될 것이다.

호모 바니타스는 이러한 요구를 해결할 때 기존의 과학 기술을 사용하거나, 새로운 과학 기술을 발전시켜 과학 기술을 사회에 적용할 것이다. 이러한 과학 기술을 발전시키고, 사용하고, 사회에 적용하는 각 진행 과정마다 민주적으로 의사 결정되는 것이 바람직하다. 물론 공백에 존재하는 사회적 요구의 시급성에 따라 민주적 절차는 달라질 수 있다.

과학 기술을 우리 사회가 수용할 때 여러 의견이 존재할 수 있다. 일반인, 이해 당사자, 전문가, 국가를 나누어서 생각해 보자. 호모 바니타스가 제시한 사회적 욕망의 실현에 대한 의견을 사회가 어떻게 수용할지에 대한 문제가 논의되어야 할 것이다.

초단기적 요구인 경우, 빠른 의사 결정을 위해 최종 의사 결정권자가 독단적으로 결론지어 사회적 수용을 결정할 수밖에 없다. 이 때 공백에는 전문가 집단이나 이해 당사자로 구성된 여러 집단 혹은 개인에 의해 다수의 의견이 존재할 것이며, 이러한 의견은 쉽게 범주화되어 분류될 것이다. 국가가 (국가로부터 의사 결정권을 받은 실무진이) 사회에 존재하는 요구(주로 명확한 문제, 예: N번방 사건)를 빠르게 해결하기 위해 최종 의사 결정을 빠르게 해결해야 하기 때문에 국가의 독단적인 의사 결정 형태로 보일 수 있다. 국가로부터 선택받은 의견을 제시한 집단과 개인은 사회의 요구를 해결할 것이며, 그들이 초단기적 요구 상황에서 호모 바니타스이다.

중장기적 요구인 경우, 전문가 및 이해 당사자 뿐만 아니라 일반인들도 의견을 제시할 것이고, 개인 혹은 집단이 제시한 의견이 범주화됨에 따라 그 범주에 속한 개인과 집단들은 자신들의 의견들을 하나로 정리할 것이다. 이렇게 범주화된 의견에 따라서 그룹이 형성되면 그룹 간의 상호 작용, 그룹과 국가 간의 상호 작용이 생긴다. 이렇게 다양한 의견이 있는 사회의 욕망을 해소하는 과정에서는 숙의 민주주의 등과 같은 민주적 절차에 따라서 의사 결정을 하는 것이 바람직하다. 이 경우 의견을 제시한 모든 그룹이 호모 바니타스라고 넓게 정의할 수 있을 것이다.

위기와 기회가 동시에
존재하는 기술 사회의 공백 속
놀이터

기후 위기와 디지털 기술 발전의 유사점

●　　　　　2022년 8월의 어느 날 강남 일대가 물바다가 됐다는 뉴스가 쏟아졌다. 그날 봤던 소식 중 가장 충격적인 것은 경기도 광주에서 찍힌 영상이었다. 갑작스레 물이 차올라 도로 옆 버스 정류장에서 한 여성이 정류장 봉을 잡고 있다가 결국 떠내려갔다. 영상에서는 이를 촬영하던 이들이 연신 어떡해, 어떡해라고 하는 말이 들린다.

기후 위기의 특징은 예측 불가능성이다. 언제 어디서, 어떤 양상으로, 어떤 수준으로 일어날지 모른다. 집에 가려고 버스를 기다리던 사람이 불과 1~2분 사이에 자기 키 높이까지 급류가 차오를 것이라고 예측할 수 있었을까? 앞으로 벌어질 기후 위기가 우리의 예측을 넘어선다는 것은 얼마 뒤 다시 한번 확인되었다.

수도권 침수 사태 며칠 후 포항의 한 아파트 관리 사무소는 주민들에게 "폭우로 주차장 침수 가능성이 있으니 차량 이동 바랍니다."라는 안내 방송을 내보냈다. 이 방송을 듣고 주차장에 차를 옮기러 내려 갔다가 8명이 주차장 침수로 사망했다. 그들은 분명 수도권 일대의 폭우로 발생한 여러 사건을 알고 있었을 것이다. 그러나 차를 빼는 사이에 주차장이 죽음의 수영장으로 바뀔 것이라고는 도저히 예상하지 못했다. 이러한 예측 불가능한 위기 앞에서, 나는 괜찮을 거라고 말할 수 있을까? 디지털 기술 발전은 이와 같은 기후 위기를 닮았다. 물론 둘 사이의 인과 관계가 성립하지는 않는다. 날씨가 더 나빠진다고 해서 디지털 기술 변화를 직접적으로 가로막을 것 같지 않다. 혹은 디지털 기술의 변화 양상이 기후 위기를 단시일 내에 제어할 수 있을 것 같지도 않다. 그러나 둘은 인간에 의해 촉발되었으며, 걷잡을 수도 돌이킬 수도 없고, 우리 삶을 예측 불가능한 영역으로 이끌고 있다는 점에서 흡사하다.

디지털 기술에 의한 위협

2022년 8월, '제2의 N번방'이라고 불릴 만한 온라인 성범죄 피해가 몇몇 언론에서 보도되었다. 그러나 몇 년 전 처음으로 N번방 범죄 사건이 보도되었을 때만큼 반향이 크지 않았다. 그때

　　●　김정현 서울대학교 사범대학 교육학과

이후로 사람들의 인식이 높아지고, 관련 기관의 수사 역량이 늘었기 때문일 수 있다. 혹은 이제 그런 범죄가 너무 만연해서 사람들이 어쩔 수 없다고 받아들이는 것일 수도 있다. 이런 범죄는 우리나라만의 문제가 아니어서, 둔감해진 것일 수도 있다.

범죄 피해를 원천 차단하려면 인터넷으로 연결된 디지털 기기 사용을 막는 방법밖에 없다. 하지만 그것이 가능할까? 인류의 역사는 도구를 내 몸과 같이 여기는 과정의 역사이기도 하다. 컴퓨터와 스마트폰은 단순한 업무 도구, 편의를 증진시키는 용도를 넘어 우리 신체의 일부가 되었다. 멀쩡한 신체 일부를 어떻게 잘라낼 수 있을까. 예컨대 메신저 없이 친구와 약속을 잡는 것이 가능할까?

휴대 전화가 없던 시절 사람들은 가족, 친구, 직장 동료의 번호가 적힌 수첩을 늘 전화기 옆에 두거나 몸에 지니고 살았다. 전화로 대규모 약속을 잡는 것은 사실상 불가능하기 때문에, 20년 전만 해도 사람들은 학교, 회사, 친목회 등에 모여 정기적이고 물리적으로 존재하는 구식의 모임을 통해 네트워크를 형성한 것이다. 그것이 최선이었다.

인터넷이 생존의 기본 조건이 된 이제는, 새로운 네트워크를 형성할 수 있는 창구가 온갖 플랫폼 서비스와 유튜브 채널의 숫자만큼 다양해졌다. 대면 기반의 구식 모임이 쇠퇴해가는 것은 젊은이들 사이에서만의 현상이 아니다. 네트워크의 양상이 예측 불가능하게 종횡으로 경계를 뛰어넘어 확장되면서 결과적으로 국가나 플랫폼 운영 기업 같은 거대 조직이 개인을 통제하는 것도 어려워졌지만, 개인도 수많은 채널을 통해 유입되는 여러 영향력으로부터 취약해질 수밖에 없다.

　이러한 변화는 우리에게 너무나 큰 편의를 제공하기 때문에, 우리는 그로 인한 취약성을 알고도 거부할 수가 없다. 각종 서비스에 가입하면서 제공한 개인 정보가 너무 빈번하게 유출되어서 우리 가족 이름을 모두 알고 있는 보이스 피싱 전화가 걸려 와도 번호와 이름을 어떻게 알아낸 건지 생각조차 하지 않게 되었다. 개인이 늘 사용하는 클라우드에는 민감한 사생활이 담긴 자료가 엄청나게 많을 텐데, 그것이 유출되어 피해를 입게 될 것이라고 크게 걱정하지 않는다. 가끔 좀 꺼림칙할 수는 있어도 기업의 균형 잡힌 이익 추구를 기대하고, 보안 기술을 신뢰하며, 서비스 사용을 통해 나의 편익을 적극적으로 추구할 뿐이다.

　N번방 사건이나 일상화된 보이스 피싱 범죄를 포함하여 기술과 관련된 위협적 현상들은, 디지털화한 우리의 정보 혹은 디지털 세계로 확장된 우리의 의식과 신체가 외부 공격에 얼마나 취약한지를 보여 준다. 그러나 이 과정에서 사용되는 모든 디지털 기술의 발전과 그 사용은 모두의 편익을 위해 기업과 국가, 개인이 노력한 결과이다. 그리고 이러한 노력은 멈추지 않을 것이다. 결과적으로, 디지털 기술에 의한 위협은 그 이용 편익에 비례하여 함께 늘어날 것으로 보인다.

걷잡을 수도, 돌이킬 수도 없는

우리가 기술 자체를 포기하지 않을 것이므로, 이러한 변화는 걷잡을 수도 없고 돌이킬 수도 없다. 변화는 위협에만 국한되지 않는다. 가능한 논쟁점들은 헤아릴 수 없을 만큼 많고, 더러는 예측도 가능하다. 예를 들어 대량 데이터를 인공지능으로 분석해서 쓸모를 찾는 알고리즘 기반 산업이 경제 구조를 뒤바꾸고 있다. 이용자 데이터를 바탕으로 알고리즘 기반의 수익 모델을 만드는 기업은 사실상의 독점 기업이 되고, 나머지 기업들은 도산하거나 그러한 독점 기업의 지배 생태계 내에서 살 길을 찾을 것처럼 보인다. 이러한 경향은 사기업에만 머무르지 않을 것이다.

공기업이나 공공기관으로 시선을 옮겨 보자. 국민 건강 보험이 보장성을 강화하고 급여 지출을 효율화하기 위해 수십 년에 걸친 전 국민의 진료 기록을 가지고 인공지능 기반 데이터를 분석하는 상황을 가정할 수 있다. 대개 이런 종류의 자료 분석은 이름과 같은 민감한 개인 정보를 제거하고 익명 기반으로 진행한다. 사실 이 정도 자료 분석은 이미 건강 보험 관리 공단도 실시하고 있을 가능성이 높다.

만약 보험 공단이 여기서 한 걸음 더 나아가 진료 기록을 바탕으로 개인의 건강 상태를 예측하는 알고리즘을 만들어, 그에 맞게 보험료를 차등화한다면 어떨까? 또는 유전자 정보를 제출한 사람들에게 보험료를 50% 할인해 주겠다고 한다면 어떨까? AI 기반 데이터 예측 모델의 높은 정확도를 생각한다면 분명 이러한 조치들이 보험 재정을 더 튼튼하게 하고, 그래서 더 많은 사람에게 더 넓고 깊은 의료 보장을 제공하는 데에 기여할 것이다. 하지만 그렇다 하더라도, 그것을 그냥 받아들이기에는 찜찜할 수 있다. 조금 더 나아가면, 범죄를 예측해서 '미래의 용의자'를 미리 잡아들이는 것도 상상할 수 있다. 초등학교 때 학습 패턴을 분석해서 아이의 진로를 열세 살 때 미리 결정하는 교육 시스템은 어떨까? 메타버스가 많이 발달하고 있는데, 교정 시설 운영과 수형자 관리비를 줄이기 위해 수면 마취와 VR을 결합한 메타버스 감옥을 만드는 일도 가능하지 않을까?

기술 발달 자체는 개인적인 감정이나 윤리적 고려, 혹은 사회 제도의 수준을 기다리지 않고 이루어진다. 특히 디지털 기술은 다른 사람들의 눈에는 보이지 않는, 우리의 의식에 직접 침투해서 윤리나 제도를 건너뛰고 곧바로 우리의 행동에 영향을 미치고 있다. 이미 20여 년 전부터 '사이버 공간'은 우리 일상의 많은 부분을 차지해 왔고, 그 영역은 앞으로 점차 늘어나면 늘어나지, 줄어들 기미가 보이지 않는다.

기술과 제도 사이의 틈새 허용

중요한 것은 걷잡을 수도 없고 돌이킬 수도 없는 기술적 변화에 대응해 우리가 사회적으로 무엇을 준비할지에 대해 고민하는 일이 아닐까? 그렇다면 누가, 어떤 위치에서, 무엇을 고민해야 할까? 개인의 수준에서 어떤 노력이 필요할 것이다, 라는 제안은 공허하다. 개인은 이미 디지털 사회의 명암 속을 분주히 오가며 나름의 노력을 다하고 있기 때문이다. 최소한 네트워크로 연결된 개인들로부터, 가장 넓게는 국가 기관, 기업, 또는 영향력 있는 사회적 매개체들이 이러한 역동에 어떻게 관여하고 길을 낼 수 있을지에 대해 이야기하는 것이 최선일 것이다.

호모 바니타스가 등장하는 이유는, 기술은 기하급수적으로 발달하는 데 반해 사회, 그중 특히 국가의 영향력은 그것을 따라가지 못하는 지금의 상황 때문이라고 지적했다. 앞으로 모든 영역에서 예측하기 어려운 디지털 기술에 의한 변화가 일어난다는 것을 가정하고, 결국 지금 우리에게 중요한 문제들의 우선 순위를 정해 두는 것이 필요하다.

안보에서는 정보 보안과 해킹 대응 역량이 다른 안보 이슈를 뛰어넘어 가장 중요해질 것이다. 경제에서는 디지털 금융과 알고리즘 기반 산업구조로의 전환이 핵심 화두가 될 것이다. 문화적으로는 언어와 국경을 초월한 에이전트의 등장과 물리적 공간을 뛰어넘은 집단 간 교류 또는 충돌 흐름이 지배적 양상이 될 것이다. 교육은 학습자에게 효과적인 디지털 문해력을 평생에 걸쳐 제공하는 것이 과제가 될 것이다. 국제관계는 이 문제들 모두와 관련된 기술 패권을 중심으로 재편될 것이다.

이러한 의제들을 미리 준비한다고 해서 실제로 벌어지는 일을 완벽히 예측하는 것은 물론 불가능하다. 실제로 일이 벌어지는 곳은 제도와 기술 틈새에 서식하는 수많은 호모 바니타스들의 놀이터다. 제도와 각 분야는 이들이 더 잘 활동할 수 있는 인센티브를 제공할 수 있다.

관련하여 자금을 지원하는 것은 수많은 방법 중 하나일 뿐이다. 오히려 대부분의 호모 바니타스는 돈에 관심이 없다. 호모 바니타스의 이해관계는 다양할 수 있다. 자경단, 취향 기반 네트워크, 일확천금을 노리는 기회주의자, 그게 뭐가 됐든 예를 들자면 추적단 불꽃과 같은 이들과 공식적인 기관, 사회 단체 간의 협업이 일상화될 것이라고 전제하고, 기존의 조직들은 당면한 문제 해결에 늘 그러한 옵션을 둘 수 있을 것이다. 한편으로는 혼란과 피해를 야기할 수 있는 이들이 눈에 잘 포착되도록 관련 기업 간 또는 국제적 공조에 대비하여야 한다. 국가는 물론 크고 작은 사회 단체들이 당장 진행할 수 있는 과제가 무수히 많을 것이다.

결과적으로 호모 바니타스의 존재에 주목한다는 것은, 디지털 세계에 발을 두고 시선을 미래로 돌린다는 것이다. 물론 미래는 존재하지 않기에 시선 두기가 쉽지 않다. 하지만 호모 바니타스의 출현과 그들의 존재 가능성을 염두에 둔다면, 눈을 어디에 두어야 할지가 조금 더 수월해질지 모른다. 그리고 나 자신 역시 그러한 존재가 아니라고 생각할 까닭도 없다. 바니타스 속을 거니는 우리는 신인류로 우화할 잠재력을 가진다.

빠른 속도로 변화하는 기술과 현실 사이에는 늘 공백이 존재한다. 이 사실만 잊지 않는다면, 변화를 포착해 한발 앞서 미래를 이끄는 일이 가능할지도 모른다. 그때 디지털 세상의 균열과 공백은 더 이상 위기와 위협이 아닌, 새로운 기회를 포착할 진짜 놀이터가 될 것이다.

5장

디미그레이션

디지털 세계로의 이민

디미그레이션(dimmigration)은 한계를
극복해 디지털 유토피아, 디지토피아에서
사는 미래다. 다양한 형태의 상상은
우리가 살아갈 미래 세상의 모습에 큰
영향을 끼칠 수 있을 것이다.

일러두기
해당 장은 시나리오의 형식으로 작성되었으며,
창작물임을 밝힙니다.

- 김상우 서울대학교 경제학부
- 민준홍 서울대학교 경제학부
- 안건 서울대학교 공과대학 바이오엔지니어링 협동과정, 재료공학/뇌-마음-행동 전공
- 정승훈 고려대학교 물리학과

우리들의 디지털 유토피아

우리는 상상이라는 GPS를 이용해 미래라는 우주를 항해할 것이다. 미래는 우리의 힘으로 능동적으로 끌고 와야 하는 것이지, 수동적으로 기다려야 하는 것이 아니다. 이미 많은 이들이 미래에 관해 능동적으로 논하고 있다. 지금의 연구를 바탕으로 가까운 미래를 본 논문도 있으며, 미래를 탐구하는 전문가가 미래를 가시적으로 그린 예측도 있다. 그러나 우리가 미래에 대해 논할 때 가장 많이 기대는 것은 결국 픽션이다. 영화 〈Her〉과 〈2001: 스페이스 오디세이〉, 조지 오웰의 《1984》와 올더스 헉슬리의 《멋진 신세계》까지, 과거의 상상은 많은 부분 지금의 현재가 되었다. 그렇기에 이 자리에서의 상상의 이야기를 쓰는 것은 큰 의의가 있다. 무엇보다 재미있다. 인류의 미래는 상상을 통해 발전해 왔으며, 그 상상의 원천에는 언제나 재미가 있었다. 나아가 상상은 미래를 끌고 오는 인력을 가진다.

현재의 디지털 기술은 아직 인류의 가장 큰 한계인 죽음을 뛰어넘지 못했다. 물론 디지털은 우리의 삶을 바꿔 놓았다. 그러나 죽음을 바꿔 놓지 않으면 우리의 삶은 근본적으로는 변하지 않는다. 조선 시대 인간의 기대 수명은 40세를 넘지 못했지만, 그것은 병들어 죽어 갔던 사람들 때문이다. 운이 좋게 병에 걸리지 않고 살았던 사람은 지금처럼 70~80대까지도 살았다.

디지털이 우리에게 오며 많은 기술이 발전했지만, 여전히 우리 인류는 근본적인 한계를 뛰어넘지 못했다. 물론 디지털은 우리의 수명을 연장했고, 앞으로도 꾸준히 늘려 줄 것이다. 그러나 0과 1만이 존재하는 디지털의 관점에서 디지털 기술이 인간의 죽음에 끼친 영향은 여전히 0이다. 여전히 인간은 죽어야만 하기 때문이다. 죽음을 극복해야 그 영향이 결국 1이 될 것이다. 물론 이 글을 읽는 독자가 죽음의 극복, 혹은 이른바 "죽음의 죽음"을 실제로 목도할 가능성은 희박하다.

그렇다면 어차피 우리의 삶에 직접적으로 관련이 없는 죽음의 죽음에 대해 논의하고 상상해 보는 것은 무슨 의미가 있을까? 놀랍게도 일부 사람들은 벌써 죽음의 극복을 진지하게 학계와 산업계에서 논의하고 있다. 2020년의 밀란 쿤데라는 《Immortality》라는 책을 썼다. 2013년에 설립된 캘리포니아 생명 기업 California Life Company의 약자를 딴 칼리코(Calico)는 안티 에이징의 비밀을 밝혀, 인간의 수명을 500세로 연장하겠다는 포부를 밝혔으며 궁극적으로는 죽지 않는 인류, 불사신이 되겠다는 목표를 가지고 있다. 이미 2014년에 한화 약 1조 8,000억 원 가량의 투자를 받았으니 죽음의 죽음에 대한 상상이 아주 의미 없다고 할 수 없다. 당장 우리의 삶의 시간 안에서 죽음의 죽음을 맞이하진 못하더라도, 다양한 형태의 상상은 적어도 앞으로 살아갈 세상의 학계와 사회 전반에 큰 영향을 끼칠 수 있을 것이다.

우리는 디지털 세계로의 이민, 디미그레이션을 상상했다. 인간의 한계를 정말로 극복해 디지털 유토피아, 디지토피아에서 사는 미래를 그렸다. 그러나 그 미래는 우리에게 너무도 먼 미래라서 어떤 이들은 그 의미를 바로 실감하기 어렵겠다는 생각이 들었다. 그래서 우리는 현재와 가까운 시기부터 순서대로 디미그레이션의 역사, 디미그레이션의 발전 과정을 시나리오로 보여 주기로 했다. 지금부터 디미그레이션의 세상을 살아갔던 인물들의 이야기들을 살펴 보자.

머스크, 뇌 업로드

[기획] 머스크, 테슬라 매각 자금 뇌 백업 프로젝트에 투업 정황 포착
입력 2062.08.26 11:51 업데이트 2062.08.26 16:27

스톡옵션 자금, 뉴럴링크 자회사 흘러들어 간 정황 포착
공시 목적과 달라 파장 예상······

머스크, 평소 자서전서 "인류 존속 문제 고민"
본인 뇌 백업했으나 타인 뇌 백업하기에 용량 부족
NYT "그도 또 다른 부호였을 뿐"

위는 인류 최초의 디미그렌트(dimmigrant)라고 할 수 있는 머스크에 관한 2062년 기사 제목이다.

아주 먼 과거, 21세기까지 인류 역사상 가장 큰 부를 소유했던 머스크는 본인의 뇌를 네트워크에 업로드하는 것을 최초로 시도했다. 그때까지 사람들은 뇌를 업로드할 생각은 하지 못했다. 18세기 월트 디즈니를 필두로 21세기까지 전 세계에 약 10만여 명이 불치병에 걸려 본인을 냉동 인간 형태로 만들 생각은 했

지만, 인간의 가장 중요한 부분인 뇌를 네트워크에 업로드할 생각은 미처 하지 못했던 것이다.

하지만 머스크는 다음과 같은 질문을 던졌다. 만약 뇌가 1,000억 개의 뉴런과 100조 개의 시냅스가 만들어 내는 전기 신호에 불과하다면, 그 전기 신호를 디지털 네트워크에 업로드하면 어떨까? 많은 사람들이 뇌를 냉동 상태로 보관하려는 시도는 했으나, 살아있는 뇌를 네트워크 형태로 백업하려는 시도는 없었다는 점에서 머스크의 시도는 의미가 있었다. 이 사실이 알려진 이후에는 많은 조만장자가 죽음 직전 자신의 전 재산을 털어 자신의 뇌를 네트워크에 백업하는 것이 일반화되었다.

이것이 디미그레이션의 초창기 형태였다. 물론 시대의 흐름에 따라 구체적인 디미그레이션 구현 기술은 계속해서 변화해 나갔다.

피셔, 첫 디미그레이션

풍요 속의 빈곤

테뉴어를 받은 지 어언 30년, 반짝반짝 빛나던 30대의 어빙 피셔 3세는 더 이상 없다. 어린 나이에 휘갈긴 박사 학위 논문이 최고 저널에 실리며 단숨에 경제학계의 새로운 별, 산업자본주의 경제학의 마지막 희망 등등 빛나는 수식어를 달았던 나는 이제 빛바랜 사진 속에서만 웃을 수 있게 되었다. 지금의 나는 산업의 변화를 인정하지 않는 낡은 학자, 과거의 성취에 매여 진보를 인정하지 못하는 뒤처진 늙은이라는 소리를 듣는다. 나의 '제조업과 자본주의' 과목을 들으러 오는 학생들도 뭔가 배움을 얻기보다는, 나의 주장을 논박하고 싶어하는 학생들이 된 지 오래다. 그나마 과거의 명성 덕분에 방송 토론 프로그램에서 나를 낡은 생각에 갇힌 사람으로라도 불러 주고 있지만, 그게 다행인지 불행인지 모르겠다. 나의 빛나던 커리어가 조롱의 대상으로 전락하게 된 시발점이 바로 지금 꺼내 보고 있는 이 영상이다.

"결국 이것 또한 하나의 키워드에 지나지 않는다는 겁니다. 메타버스라는 말이 만들어진 게 70년 전쯤입니다. 그때 당시 사람들은 대안적인 세계가 열릴 것으로 생각했다지요. 지금 우리가 당연하게 받아들이는 연결 사회가 그때는 새롭게 형성되는 시점이었으니까요. 하지만 메타버스 세계가 아무리 정교해졌어도 우리는 여전히 근본적으로 과거의 생산방식에서 벗어났다고 보기 어렵습니다. 여전히 우리는 맛있고 건강한 먹거리를 찾습니다. 건강 관리를 위해 의료 서비스를 받습니다. 전력을 기반으로 뭔가를 생산하는 제조업은 3세기 전 산업혁명 이후로 불이 꺼지지 않았습니다. 그 이유는 디지털 세계가 구현해 주지 못하는 것들이 필연적으로 있기 때문입니다. 그걸 위해서라도 사람들은 아날로그식 생산에 종속될 수밖에 없습니다. 디미그레이션은 더 높은 수준의 메타버스를 구현한다고 하지만, 저는 이것은 단순히 마케팅 용어에 불과하다고 봅니다. 시장을 바꿀 수는 있어도, 우리의 삶의 근본을 바꿀 수는 없어요."

21세기가 저물어 갈 무렵 새롭게 발명되어 전 세계 상류층의 선망의 대상이 된 '디미그레이션'의 영향에 대해 벌였던 패널 토론 영상이었다. 나는 이제까지 디지털 세계는 새로운 상품들을 제시했을 뿐이지 우리 삶 자체를 바꾸는, 적어도 경제학적 의미에서 바꾸는 건 아니라고 이야기했다. 사람들의 욕망은 끝이 없고, 선택지의 확장이 선택지의 무한함과 동치될 수는 없는 노릇이었다. 기술의 발전으로 많은 것을 경험하고 많은 것을 누리게 되었지만, 여전히 사람들은 갈증을 느꼈으므로, 디미그레이션이 충족하지 못하는 희소한 무언가를 위해 또 다시 경쟁은 시작될 터였다. 적어도 그렇게 생각했고, 나의 생각에 동조하는 동료 교수들도 많았다.

하지만 23년이 지난 지금 내게 동조하는 사람들은 더 이상 없다. 잊을 만하면 도는 질병, 극단적인 날씨, 디미그레이션 기업들에 고용되어 상류층의 디지토피아가 운영되도록 돕는 힘든 일을 하고도 받는 자그마한 봉급, 그리고 이런 문제들에는 관심도 없고 항상 권력을 탐하는 것에만 관심이 있는 듯한 정치인들.

이런 지구의 삶에 지친 사람들은 노동, 질병, 고통, 죽음에서 해방시켜 준다는 텔로미어의 카피라인에 혹해 하나둘씩 디지털 세계로 '디미그레이션' 했다. 디미그레이션 비용이 급격히 줄어들어 중산층 이상이라면 한번쯤 고려해 볼 만한 선택지가 된 데다, 갈수록 악화되는 현실 세계의 삶에 질려버린 상류층이 '로그아웃'함에 따라 지구의 자원은 남은 사람들의 삶을 윤택하게 만드는 것보다 디지토피아의 처리 용량을 늘려 디미그렌트들이 더 많은 것들을 할 수 있는 플랫폼으로 크도록 하는 데에 집중되었기 때문이다(공식 용어는 '디미그레이션'이지만, 사람들은 일반적으로 '로그아웃'이라고 불렀다). 22세기는 가히 디지토피아의 세기가 된 것이다.

나는 영상을 꺼내 본 것을 후회했다. 젊은 나의 의기양양한 미소를, 지금의 나는 제대로 쳐다볼 수 없었다. 디미그레이션의 가능성을 조소했던 나는 텔로미어로부터 디지토피아의 경제에 대해 연구하는 연구 과제를 받아 직접 디지토피아로의 디미그레이션을 목전에 두고 있었다. 겉으로는 텔로미어의 성공을 축하하고, 나의 결과적 패배에 승복하는 모양새였다. 몇 개월 전의 연구 사업 출범식에서 텔로미어 재단 이사장과 서로 덕담을 주고받기도 했다. 그러나 텔로미어는 나에게 단순히 연구만을 부탁한 것이 아니었다. 디지토피아가 세상을 변화시킬 가능성에 대해 가장 비판적이었던 나를 그곳에 보내서 내 이론의 쓸모없음, 아니 경제학의 쓸모없음을 직접 보고 느끼라는 조소였다.

한편으로 나는 그곳, 텔로미어의 심장부에서 그들의 오류를 증명하고 싶었다. 체계에서 또 다른 희소성을, 부족을 발견하고 싶었다. 사람들은 아날로그로의 회귀를 바랄 것이라고 생각했다. 이런 과거의 패기를 되새기려고 꺼내 본 것이 23년 전의 그 영상이었다. 하지만 나의 미소를 담은 픽셀은 흐릿하고 불분명했다. 그때도, 지금도 빛나는 이사장의 꿰뚫는 듯한 안광만이 명쾌하게 반짝거렸다. 사학 연금을 디지토피아 재단에 신탁해야 하려나. 어쩌면 연구 과제가 영구한 이민으로 되어 버릴지도 모르겠다는 생각이 살포시 고개를 든다.

창 바깥을 바라본다. 디지토피아에서 제공하는 여러 주거 옵션을 고르다 결국 캘리포니아에서 살던 곳과 비슷한 단독 주택에 살고 있다. 하지만 바깥 풍경은 다르다. 먼지 폭풍은 없고, 하늘은 파랗고 나무들은 푸르다. 바깥에 있는 오렌지 나무에 주렁주렁 달린 오렌지들은 강렬한 주홍빛으로 빛난다. 옆집 아이가 낮게 달린 가지 하나를 주욱 잡아당기더니 오렌지 하나를 따서 껍질째 먹는다. 이곳에 오고 나서는 익숙해진 풍경이다. 여기의 오렌지 껍질은 오렌지 과육 맛이 난다. 아니, 오렌지 나무 자체를 아날로그 세계에서는 본 적이 거의 없다. 내가 근무하던 캘리포니아에도 오렌지 나무들은 테뉴어를 받았던 때 즈음 자취를 감췄다. 산림을 연구하던 동료 교수는 오렌지 나무들이 말라 죽었다고 했다. 이곳에 온 지 1년 반째지만, 항상 이런 것들뿐이다. 디지토피아는 디스토피아 같지 않다. 오히려 역사책에서만 봤던 것들을 볼 수 있다.

그제는 기르는 고양이와 바닷가에 다녀왔다. 자외선 차단제를 먹지 않아도, 전신 잠수복을 입지 않아도 해수욕이란 게 가능하다. 이곳에서의 두 번째 여름인 이제야 적응하는 중이다. 물을 그렇게도 싫어한다는 고양이와 해변에 다녀올 수 있다는 것도, 야외에서 먼지 걱정 없이 음식을 먹을 수 있다는 것도, 일교차가 20도 이상 나지 않을 수 있다는 것도, 동물 털 알레르기가 있어 고양이는커녕 햄스터도 기르지 못했던 내가 샴 고양이와 함께 잠을 자도 아무렇지 않은 것도, 원하는 음식을 머릿속으로 생각하면 주방의 디지털 프라이어에서 바로 조합되는 것도, 다른 곳으로 마음대로 여행을 갈 수 있고, 가고 오는 시간까지 마음대로 조절할 수 있는 것도 아직 기이할 뿐이다. 디지토피아에서 부족한 것을 찾을 수가 없다. 이곳에서는, 내가 뭔가 생각으로 묘사를 할 수 있다면 그걸 제공하는 곳을 항상 찾을 수 있다. '반사회적인 것'으로 규정된 것만 제외하면. 그렇지만 부족함이 없다는 것이 내가 완벽히 이 세계에 만족한다는 것은 아닌데. 어라. 부족한 것이 없다는 건, 희소함이 희소하다는 것인데.

무의미- 허무- 연필을 놀리던 손을 멈췄다. 한참 단어들을 바라보았다. 그렇다. 우리에게 의미가 있는 것은 우리에게 부족한 것들이었다. 항상 뭔가 얻고자 노력해야 했던 것들은 우리에게 희소한 것들이었고, 그런 것들을 얻으면서 의미를 찾고자 했다. 작게는 맛있는 음식과 좋은 집, 크게는 건강, 명예, 사랑.

아날로그 세상에서 캘리포니아의 교수 연구실에 앉아 학생들과 면담을 해 보면 정말 다양한 고민을 하는 걸 느낄 수 있었다. 많은 학생들은 나에게 논문 쓰는 실력을 어떻게 늘릴 수 있느냐고, 자기 글쓰기가 형편없다고 하소연하거나 글쓰기엔 자신이 있지만 무엇에 대해 쓸지 모르겠다며 고민을 털어놓았다. 누군가는 당장 다음 달 렌트비를 내지 못해 퇴거당할 것 같다며, 월급을 가불해 줄 수 없느냐고 물어와 돈을 꾸어 주기도 했다. 그중에서도 가장 기억에 남는 학생은 덕스라는 학생으로, 천재적인 머리를 가지고도 세상만사를 귀찮아하던 학생이었다. 시험만 보면 문제들을 곧잘 풀던 그 학생은 공부가 재미없는 건 아니지만, 왜 공부를 해야 하는지 모르겠다고 이야기했다. 그 학생은 내가 경제학과 교수 중 가장 열정적으로 사는 것 같았다며, 그 열정은 어디서 나오는 건지, 무엇을 위해 자기 머리를 써야 할지 물어왔다. 나는 그 순간 멍하니 멈춰 설 수밖에 없었다. 나는 왜 그렇게 열심히 이것저것 하려고 하는 것일까?

몇 해 전 썼던 책이 성공하면서 학계를 넘어 대중에게도 이름이 널리 알려졌기 때문에, 나는 먹고살 걱정은 별로 없었다.

오히려 벨 에어의 저택에서 호화롭게 살았다. 나와 인터뷰 기회를 얻으려는 방송사들이 쇄도했다. 가져 보지 못한 것은 초호화 요트나 정치적 권력, 노벨상 정도였다. 그럼에도 나는 항상 새로운 연구 주제를 찾고, 동의할 수 없는 주장에 반박하기 위해 언론 인터뷰를 자청하고, 새로운 대중서를 준비하면서 무의식 속에서 어떻게 하면 더 잘 팔릴지 고민했다.

나는 오래전 석사 학위를 따기로 마음먹으면서 얻고 싶었던 것들을 뛰어넘는 성취를 거두었다. 그런데 왜 나는 계속 달리고 있는 걸까? 나는 삶에 만족을 하면서 살고 있는데, 왜 계속 새로운 일을 벌이지? 결국 그 학생에게는 틀에 박힌 대답을 해 줄 수밖에 없었다. 다른 교수들이 그녀에게 했을, 네가 우리 경제학계의 등불이 될 거라는, 앞으로 크게 성공할 수 있을 거라는, 그런 말들. 하지만 그건 학생의 질문에 대한 답이 아니었다. 학생은 알 수 없는 미소를 지으며 끄덕이고는 연구실을 나섰다. 귀찮음을 모래 주머니처럼 매달고 질질 끌며 겨우 박사 학위를 취득한 그 학생은, 몇 년 후 디미그레이션의 첫 실험 대상자들을 모집할 때 지원했다고 들었다.

나는 지금, 비로소 덕스의 고민이 무엇이었는지 이해할 수 있었다. 연구실에 그녀가 문을 열고 들어올 때 부족함에 대한 하소연을 들을 준비를 했다가 부족함의 부재에 대한 고민을 들었을 때 나는 무척 당황스러웠으나, 이제는 그게 무엇인지 어렴풋이 이해가 된다. 디지토피아에서 보낸 1년 반 동안 나는 부족함 없이 지냈다. 무엇이든 원하는 걸 생각하면, 집안의 대형 기계에서 (집 밖에선 차 트렁크에서) 꺼내올 수 있었다. 반년 전쯤 반신반의

하며 하와이로의 휴가를 머릿속에 떠올렸을 때는, 내가 원하는 코스대로 짜인 여행 계획을 보고, 또 내가 딱 좋아하는 만큼 북적북적한 분위기의 공항에서 비행기를 타고, 호텔 레스토랑에선 가장 좋아하는 위스키에 원하는 굽기로 구워진 스테이크가 준비된 것을 보면서 감탄했다.

하지만 그런 풍요는 내가 뭔가 했기 때문에 나에게 주어지는 것이 아니라, 내가 원했기 때문에 아무런 대가 없이 내게 주어진 것이었다. 이전까지 나는 책을 발간하고 강연을 다니면서 쌓여 가는 것들(계좌 속의 인세와, 그보다 중요하게는 이메일 함에 쌓이는 응원 또는 질문 글들)에 만족을 느끼곤 했는데, 이곳은 나에게 아무런 희생도 요구하지 않는다. 풍요 속의 빈곤. 디지토피아는 성취감이 없는 공간이었다.

무언가 충분해질수록 의미는 반감된다. 이것이 가지는 뜻을 명확히 이해하려고 머리를 이리저리 굴려보지만, 시원스러운 답은 나오지 않는다. 그렇다면 언젠가, 디미그렌트들은 나와 같이 의미를 상실하고 다시 아날로그 세계로의 귀환을 희구할 것인가? 하지만 원래부터 가난하게 살던 사람이 계속 가난에 적응하고 살아가는 것보다 부유했던 사람이 가난과 맞닥뜨릴 때의 낙담, 심리적 충격이 훨씬 큰 것과 같이, 아날로그 세계에 남겨두고 온 몸으로 다시 '재이주'한다고 하더라도 아날로그적 한계들에 적응하는 것은 또 다른 절망의 원천이 될 것이다. 디지털 세계에서 만족을 찾을 수 없지만, 그렇다고 아날로그 세계로는 돌아갈 수 없는 몸이 되어 버릴 디미그렌트들… 디지털 전환은 허구라며 평생을 외쳤던 열정적인 경제학자는 이제 냉소적인 철학자가 되어야 하는 것인지 고민스러워진다. 어쩌다 끝에 다다라버린 나는, 모든 걸 귀찮아하던 그 학생과 다를 바 없었던 것이다.

나는 디지토피아에 대하여 원하던 답을 얻었다. 디지토피아는 완벽의 공간이 될 수는 없다. 풍요 속의 빈곤, 나의 리포트 제목을 마음속으로 정했다. 조금은 뿌듯함을 느낀다. 하지만 이런 무의미를 경험한 내가, 그 어떤 공간에서 다시 열정을 가지고 무언가 해 볼 수 있을까, 라는 생각에 다다르면, 힘이 쑥 빠진다.

무기력한 상념에 빠져 반복 세팅을 해둔 노을이 20번쯤 하늘을 붉게 물들일 무렵, 전화벨이 울린다. 수화기로 걸어가 손을 대자마자 이질감을 느꼈다. 전화기? 디지토피아에서의 통신은 누군가에게 연락을 걸어달라는 생각이 상대방 머릿속에 전달될 때 이루어지는데, 그래서 전화기가 필요 없다. 전화기를 마지막으로 만진 게 2년이나 됐다는 게 새삼스럽다.

"여보세요?"
"안녕하십니까, 어빙 피셔 3세 맞으십니까?"
"예, 맞는데요?"
"오, 다행이군요! 저희는 아날로그 세계에서 지금 전화를 드렸습니다. 지미의 〈Live Digit!〉 프로그램 PD입니다."

아날로그 세계? 오랜만에 듣는 반가운 존재다. 그래서 전화라는 번거로운 통신 수단을 이용한 것인가.

"피셔 씨께서 디미그레이션을 하신다는 기사를 보고 저희 쪽에서는 꼭 말씀을 들어 보고 싶었습니다. 그간 디미그레이션에 대해서 비판적이셨는데, 텔로미어 재단 이사장과 만나시리라고는 생각도 못 했거든요. 언론 노출이 부담스러우실 수도 있겠지만, 그래도 디지토피아에서의 삶의 의미에 대해서 궁금해하는 사람들이 많고, 매스 미디어에서 이야기하는 유토피아적 묘사에 대해 의심스러워하는 사람들도 사실 굉장히 많은데, 석학이신 피셔 교수님께서 이런 부분들에 대해 직접적인 당사자로서 이야기를 해 주실 수 있을까요? 가능하시다면 정기 프로그램 편성도 해 드릴 수 있습니다."

언론 노출을 부담스러워하다니, 나를 아는 사람 중 그렇게 이야기하는 사람은 이 사람이 유일할 거다. 말도 안 되는 주장을 거듭한다고 사방에서 공격을 받으면서도 끊임없이 내 이야기를 펼치고자 미디어를 찾았던 나로서는 오랜만에 들어온 섭외 요청에 마음이 조금 들뜬다.

"예, 좋습니다. 프로그램 개요 설명을 좀 더 해 주시죠."
"아 예, 구체적인 설명 자료는 저희가 파일로 전달해 드리겠습니다. 이메일로 보내드려도 될까요?"
"예, 그렇게 해 주시죠."

디지토피아에서 아날로그 세계로 송출하는 라디오 방송이라니! 하고 싶었던 말들이 많았는데, 그런 이야길 해 볼 수 있는 대상이 생길 것만 같아 정말 오랜만에 설렘을 느낀다. 내게 필요했던 것, 부족했던 게 이런 것은 아니었을까. 생각을 나눌 기회들, 디지토피아의 행복에 대해서 내 말을 들어 줄 사람. 모든 걸 할 수 있는 세계라고 했지만 디지털 세계와의 소통이 벽에다 대고 말하는 것 같다고 생각했다. 내 앞의 모든 것이 잘 꾸며진 기계 장치로 이뤄진 연극 무대가 아닌가. 그렇지만 이 기회는 조금 다를 것 같다. 아날로그 세계의 사람들에게 하고 싶은 말들이 머릿속에서 자꾸 더해지며 마음이 기대로 가득 찬다.

노바, 첫 디미그레이션

끝없는 새로움

잠이 오지 않을 때면 그리곤 했던 바다와 같은 것이 노바의 눈에 들어왔다. 개별적으로 쪼개진 암석들은 다함께 절벽을 이루고 있었다. 파도는 주상절리를 화가 난 듯이 힘껏 때리고 있었다. 푸른색과 초록색, 그리고 청록색이 적절히 섞인 파도는 주상절리를 때리고 흰색으로 없어졌다. 그곳에서 노바는 덕스를 만났다. 그녀는 회색의 긴 머리에, 꼿꼿한 허리와 싱그러운 표정을 가지고 있었다. 그녀는 아주 멋진 바다가 보이는 벤치에 앉아 그를 기다리고 있었다. 푸른색 톤의 투피스 정장을 입은 그녀는 지금까지 자신의 나이 또래에서 볼 수 없는 표정들을 가지고 있었다. 그녀는 아주 밝은 얼굴로, 마치 순백의 하얀 아이의 웃음 같은 미소를 띠며 노바를 불렀다. 덕스의 얼굴에는 주름이 많았지만 대부분의 주름은 오랜 시간 동안 웃음의 형태를 따라 생겨 사람을 기분 좋게 만드는 모습이었다. '저런 순전한 웃음을 본 것이 과연 얼마 만인가.' 노바는 생각했다.

"저는 오늘 노바씨와 함께하게 된 덕스라고 합니다. 노바씨는 이곳이 처음이시겠지만, 제게는 이렇게 설명을 드리는 것도 노바씨가 마지막이겠네요. 이곳은 아날로그 세계와 비슷하지만, 근본적으로 다른 부분이 있습니다. 그렇기에 대략적으로 지금까지 디미그렌트들이 어떻게 살아왔는지, 우리들의 가치관이 어떻게 변했는지 간단하게 설명해 드려 새로운 디미그렌트들의 적응을 도우려고 하고 있습니다. 디지토피아에서는 죽음이 선택으로 바뀌며……."

"잠시만요." 노바는 그녀의 말을 끊었다.

"말씀을 끊어 죄송합니다. 지금 약간의 생각을 정리할 시간이 필요할 것 같은데요, 괜찮을까요?"
"물론입니다. 얼마든지요. 저희에게 시간은 얼마든지 있으니까요."

'새로운 것은 언제나 좋다'는 노바의 삶의 모토라고 할 수 있었다. 그는 절대 같은 조합의 옷을 다시 입지 않았으며, 같은 곳에 1년 이상 머물지 않았다. 여행을 갈 때도 이어서 같은 대륙으로 가지 않았다. 그의 여행지 선택을 보면 비둘기 집의 원리가 떠오르곤 했다. 그가 7번의 여행을 갔다면 절대 2번 방문한 대륙은 없었으며, 72번째 여행을 다녀온 지금 그는 12번 이상 방문한 대륙이 없다. 연애 상대를 만날 때도 마찬가지였다. 만날 수 있는 최대한 다양한 인종의 남성, 여성과 연애를 해 보고, 새로움을 경험하기 위해 결혼하고, 이혼했다.

새로움을 좋아한다는 그가 결혼을 결심했다는 것이 의아하겠지만, 그에게는 결혼조차 새로운 경험이니 필연적인 선택이었다. 젊은 시절 그는 새로움을 계속 느끼기 위해 무언가 오랫동안 열심히 할 수 없었다. 그가 젊었을 때 노인들은 사람이란 모름지기 부를 쌓기 위해, 성공하기 위해 하나에 꾸준히 집중해야 한다고 설파하곤 했다. 당연히 노바에게 그 이야기는 따분한 공룡들의 이야기로 들렸다. 노바에게 성공이란 새로운 것을 지속적으로 경험한 것이었기 때문이다

노바는 아주 오래전부터 그가 살아온 삶을 기록하는 것에서 새로움을 느낄 수 있다는 것을 알고 있었다. 글쓰기에서 '미시감'을 느낄 수 있다는 것을 알았던 것이다. 미시감은 마치 예전에 본 것 같다는 의미의 기시감과 반대의 의미로, 지금 보고 있는 것을 모두 처음 보는 것으로 느낀다는 의미다. 여행을 갔을 때 자신이 느낀 것을 기록하다 보면 이 여행이 다른 것들과 어떻게 다른지 알 수 있었다. 여행을 떠나지 않았을 때는 주변을 면밀히 관찰하는 것을 통해 새로움을 느낄 수 있었다. 글을 쓰기 위해 항상 예민하고 면밀하게 주변을 관찰했고, 그런 예민함이 새로움을 느끼는 데 큰 도움이 되었다.

그러나 나이가 들어서도 지속해서 새로움을 경험하기 위해서는 부가 필요했다. 젊은 날에는 넘치는 에너지와 상대적으로 적은 경험 덕분에 사소하게 다른 것만 해도 충분한 새로움을 그는 느낄 수 있었다. 그러나 경험이 쌓일수록 그 모든 경험과 다른 새로운 경험을 하기에 어려움이 조금씩 생기기 시작했다. 돈이 요구되는 것에서 해 보지 않은 새로운 경험을 얻을 수 있다는 것을 그는 깨닫기 시작했다. 그래서 그는 새로움을 위해 돈을 버는 노력을 시작했다.

운이 좋았다고 해야 할까. 그가 새로움을 느끼고 싶어서 적어 놓았던 글들은 사람들이 좋아하는 글이었다. 노바가 쓴 글 중 자신이 좋아하는 글을 어딘가에 올리기만 하면 사람들은 몰려왔고, 그 글을 모아 책으로 만들면 언제나 잘 팔렸다. 책을 판 돈으로 노바는 계속 새로운 경험을 했고, 그 새로움 덕분에 계속 끊임없이 글을 써낼 수 있었다.

오랜 시간 자신의 생각에 잠겨있던 노바는 덕스가 계속 자신의 옆에서 기다리고 있었다는 사실을 깜빡했다.

"아, 혼자 이렇게 말도 없이 있어 죄송합니다. 생각의 정리가 필요했어요."
"괜찮아요, 많은 분들이 처음에는 그런 시간을 필요로 하시더라고요. 노바 씨에게는 긴 시간이었지만 기다리는 제게는 그렇게 긴 시간으로 느껴지지 않았습니다. 멋들어진 파도가 무너지는 것을 보고 있으면 시간이 금세 흘러가죠."

덕스에게선 여유와 함께 생명력이 흘러넘쳤다. 젊음의 싱싱함, 그리고 오래된 지혜가 함께 느껴졌다. 이를테면 아주 오랫동안 숙성된 와인을 갓 열었을 때의 신선함이랄까.

"생각 정리가 많이 필요하시면, 직접 이야기를 해 주시면 어때요? 저는 혼자 생각하는 것보다는 이야기할 때 생각이 더 잘 정리가 되더라고요."
"아, 그럴까요?"

남의 부탁에 흔쾌히 응하는 사람은 아니었지만, 노바는 홀린 듯 자신의 이야기를 시작하게 되었다.

"저는 사실 아주 오래전부터 기업 텔로미어의 주주였습니다. 그들의 새로움이 매력적이었기 때문이고, 그들의 새로움이 조금 더 많은 사람에게 전파되길 원했기 때문입니다."

텔로미어는 죽음의 죽음을 상상했다. 그 기업이 상상한 죽음의 죽음은 뇌를 디지털 네트워크에 업로드하는 형태였다. 그때 당시의 인류는 염색체의 말단 소체인 텔로미어를 생명 연장의 비밀을 풀 열쇠라고 생각했다. 지금으로선 인간의 죽음을 극복하고자 한다며 인간을 유기체로 한정해 놓은 것이 참으로 어리석게 보일 것이다. 그러나 그때의 인류는 아직 유기체로서의 인간이라는 틀을 깨지 못하고 있었다. 수많은 조만장자들이 뇌를 네트워크에 백업해 놓았지만, 여전히 그 뇌를 다시 아날로그 세계에 가져올 생각밖에 하지 못했다.

텔로미어라는 기업은 담대하게 그 생각의 틀을 깼다. 역설적으로 본인들의 기업명을 텔로미어라고 하며 당시의 과학계의 틀을 깨는 용감한 질문을 했다. 바로 아날로그 세계가 아닌 새로운 세상을 창조하는 것이다. 인류가 죽지 않고 영원히 살아갈 수 있는 그 세상을 그들은 디지털과 유토피아를 합쳐 디지토피아(digitophia)라고 부르기로 했다. 그들은 백업한 뇌의 데이터와 상호 작용하는 세상을 만드는 연구를 시작했다. 그래서 하나의 생명체로서 데이터가 번성할 수 있도록 말이다.

기업 텔로미어는 꿈과 미래를 팔았다. 아날로그 세계에서는 아무리 노력하고, 결국 모든 것을 가져도 그 모든 것이 죽음으로서 거품이 되었다. 많은 사람들이 죽음을 극복하고 모든 것이 물거품이 되지 않는 디지토피아라는 말에 매료되었다. 그리고 인간의 한계를 결국 극복해 보겠다는 뜨거운 도전 정신은 많은 인류의 뇌와 함께 공진했다.

노바 역시 마찬가지였다. 노바가 글을 써서 모아 놓은 대부분의 돈은 이 텔로미어 기업에 투자되었다. 그렇게 텔로미어는 그때까지 뇌 네트워크 백업을 하며 남겨둔 거부들의 유산을 비롯하여 사실상 인류 대부분의 부를 투자받았고, 인류 지성인들은 모두 그 연구를 진행했다. 그렇게 텔로미어는 결국 디지토피아를 만들어냈다. 백업해 놓았던 네트워크들이 나름의 형태를 가지고 디지토피아 내에서 상호 작용하면서 진화하는 조짐이 보였다. 그러나 결국은 당시의 살아있는 사람을 디지토피아로 보내는 사람들이 필요했다. 물론 처음에는 위험했다. 아날로그 세계의 육체가 안전하게 보존되리라는 확신도 없었고, 디지토피아에서의 삶이 아날로그의 삶에서 제공하던 것을 모두 비슷하게 누리리라는 보장도 없었다.

그럼에도 그 당시의 인류는 디지토피아 드림을 꿈꾸며 디지토피아로의 이민(immigration), 즉 디미그레이션(dimmigration)을 꿈꿨다. 사실 이렇게 보장되지 않은 막연한 세상에 도전하고, 희망을 품는 것은 인류의 특징이라고 할 수 있을 것이다. 15세기 콜럼버스가 떠났고, 20세기 초 기회의 땅 미국으로 아메리칸 드림을 꿈꾸며 많은 사람이 이민을 갔다. 마찬가지로 인류는 달을 쫓았고, 화성을 향했으며, 버나드 항성에까지 도달했다.

자신이 살던 세상에서는 아무리 노력해도 불우함과 가난함을 벗어나지 못해서일 수도, 혹은 그저 인류의 한계를 극복해 나가는 인류의 도전 정신 그 자체 때문이었을지도 모르겠다. 그래서 인류는 새로운 세상에서는 노력한 만큼 보상받게 될 것이란 꿈, 부유함을 얻을 수 있을 것이라는 희망, 혹은 그저 탐구 정신과 궁금증을 이기지 못하고 자신의 모든 것을 던져 새로운 세상으로 가는 배에 탑승했다. 그렇게 많은 사람이 디미그레이션을 하며 노바 역시 무궁무진한 풍요를 가질 수 있게 된 것이다.

텔로미어는 선택권을 팔았다. 기술의 발전으로 인류는 많은 것들을 선택할 수 있었다. 교통 수단의 발전으로 한국에서 태어나도 영국에서 살 수 있듯, 태어난 곳으로부터 멀리 떨어진 곳에서 살 수 있는 선택권이 생겼고, 자신이 원하는, 혹은 속한다고 믿는 성별로 바꿀 수 있게 되었으며, 고통 없이 자신의 삶을 마무리할 수 있는 것 역시 선택의 일부가 되었다. 그러나 나이 들어 병들고 결국 죽음을 맞이하는 것은 텔로미어 전까지 선택이 아니었다. 죽음의 방법과 죽음의 타이밍을 선택할 수는 있었지만, 어떠한 기술의 발전도 죽음 자체를 선택할 수 있도록 도울 수는 없었다.

인간은 극복과 발전 못지않게 합리화와 순응에도 대단한 능력이 있는 종이다. 결국 그렇기에 인류는 죽음이라는 대전제에서 모든 철학을 논의해 갔다. 시간이라는 자원이 가지는 유한함을 전제로 모든 논의가 이루어졌다. 합리화 덕분에 인간은 의미라는 것을 만들어 갈 수 있었다. 인류의 한계인 죽음을 극복하지 못해도, 삶에 대한 의미를 만들어 갈 수 있었다. 자신이 직접 무한하게 삶을 연장할 수는 없지만 자신의 예술 작품, 과학, 혹은 철학이 자신의 삶 이상으로 연장되는 것을 통해 자기 육체의 한계를 이겨내려고 했다. 다른 일부는 자신의 유전자를 가진 후세를 만드는 것으로 자신을 연장하려 했고, 또 다른 일부는 종교를 통해 윤회와 천국을 믿으며 삶의 가치를 만들었다.

인간의 삶이 가치가 있는 이유는 유한함 때문이라던가 하는 논의에 관하여 노바는 인간이 자신의 한계를 극복하지 못했기 때문이라고 오랫동안 믿어왔다. 진정한 철학적 논의를 위해서는 경험 혹은 아주 생생한 상상이 필요하다. 인간은 죽음이 없는 삶을 경험하지 못했고, 죽음이 없는 삶을 상상하지 않았다. 일찍이 그것을 불가능한 것이라고 생각하고 그에 대한 가능성을 닫아왔기 때문이다. 정말로 무한한 것은 가치가 없을까? 우주는 유한해야만 가치가 있는 것일까? 무한히 팽창하고 무한한 에너지를 만드는 우주는 가치가 없을까? 무한이라는 개념이 얼마나 고혹적인지, 인류는 진정한 경험을 해 보지 못했기 때문에 그에 도취되지 못한 것이다.

　선택의 다양성은 풍요로 이어진다. 더 깊은 논의와 사고를 가능하게 한다. 당연히 어떤 사람들은 죽음을 여전히 필연으로 받아들이며 죽음을 전제로 삶을 주재했다. 디지토피아에 디미그레이션을 한 이후, 다시 아날로그 세계로 돌아가 죽음을 맞이하기도 했다. 그러나 일부 사람들은 죽음을 온전한 자신의 선택으로 만들고 싶어 했다. 반드시 숙명적으로 받아들여야만 하는 무언가가 아닌, 내가 원할 때 내가 원하는 방식으로, 무엇보다 영원히 선택하지 않아도 되는 것으로 말이다. 노바는 그런 사람들 중 하나였다. 아날로그 세계에서 경험할 수 있는 가장 최대한의 새로움을 한껏 즐기고, 노바는 그렇게 또 다른 새로움을 위해 감연히, 용감하게 디지토피아로 향했다.

퍼펙티오

　"그렇게 디미그레이션을 결심하신 거군요. 다시 설명을 드리자면 이 곳은 아날로그 세계와 비슷하지만, 근본적으로 다른 부분이 있습니다. 그렇기에 대략적으로 지금까지 디미그렌트들이 어떻게 살아왔는지, 우리들의 가치관이 어떻게 변했는지 간단하게 설명해 드려 새로운 디미그렌트들의 적응을 도우려고 하고 있습니다. 디지토피아에서는 죽음이 선택으로 바뀌며, 아날로그

221

세상에서의 개념들은 송두리째 변하고 있어요. 먼저 부의 개념이 약해졌죠, 부의 축적을 통해 그 전의 인류가 가질 수 있던 것은 경험의 밀도였습니다. 부를 통해 세상에 내가 원하는 방식의 가치를 불어 넣거나, 노동을 통해 나의 시간을 쏟아야 하는 일을 방지하는 것, 혹은 새로운 경험을 보다 풍요롭게 할 수 있다는 것이 많은 사람이 부를 좇게 하는 이유 중 가장 큰 부분이었죠." 덕스는 정말 신나는 일인 것처럼 말했다.

노바는 그런 덕스의 이야기를 천천히 듣고 있었다. 내용 자체가 새롭기도 했다. 그러나 무엇보다 덕스는 원숙하면서도 명랑하게 이야기했고, 또 한편으로는 정말 그 이야기를 좋아하는 것처럼 말하다 보니 자연스레 그녀의 이야기에 관심을 가지고 듣게 되었다. 배경으로 보이는 기나긴 절벽과 함께 보이는 무엇이든 삼켜 버릴 것 같은 파도의 소멸은 이상하게도 그녀가 하는 말과 어울렸다.

그러나 이는 모두 대부분의 사람이 한정되고 비슷한 시간을 살 때 해당되는 이야기다. 죽음이 선택이 된 사람들에게 시간이란 무한한 자원이었다. 그렇기에 경험의 밀도는 아무런 의미가 없게 되었다. 따라서 성공과 실패라는 전통적인 개념도 사라졌다. 부와 명예, 그리고 권력이라는 개념 역시 한정된 시간이 있을 때 성립하는 개념이다. 무한한 시간이 있기에 사람들은 권력이나 부, 명예에 아주 빠르게 흥미를 잃게 되었다. 노바가 생각을 정리하고 물었다.

"부가 대부분의 사람에게 의미가 없어졌다는 것은 재밌네요.

그럼 보통 디미그렌터들은 뭘 원하나요?"

"부의 무의미는 어떤 철학적 논의보다는 실증적인 경험으로부터 얻은 결론이라고 할 수 있을 것 같아요. 저도 아날로그 세상에서는 돈을 꽤 많이 벌고 싶어 했고, 많이 벌었습니다."

그녀는 다시 짧게 웃었다.

"그리고 사실 노바 씨도 잘 아시겠지만, 막상 큰 부를 얻고 나니 그 부는 큰 의미가 없지 않던가요? 부를 가장 간절하게 원하는 사람들은 주로 부를 가지지 못한 사람들이었던 것이죠. 그러나 디미그레이션을 통해서는 많은 사람들이 일종의 부를 얻을 수 있게 되었다고 생각할 수 있을 것 같네요. 시간이라는 자원을 무한하게 얻었으니까요. 그러니 대부분의 사람에게 더 이상 자원을 더 많이 가지는 것에 대한 욕구가 없어진 것 같아요. 저도 그랬던 것 같고요. 그래서 디미그렌트 1세대들은 아주 다원화된 가치를 가질 수 있게 되었답니다."

노바에겐 이것들이 흥미로웠다. 많은 사람이 각각 자신만의 원하는 방향을 찾아 나간다면 그 사람들을 하나 하나 만나보고 그 사람들이 추구해 본 방향들을 경험해 보고 싶다고 생각했다. 그리고 처음 경험해 볼 그 경험은 이렇게 생기 넘치고 의기양양하고 상냥한 덕스의 방향성을 따라가 보면 좋겠다고 생각했다.

"그럼 덕스 씨는 요즘 뭘 하면서 지내시나요. 뭘 좋아하시고, 요즘 추구하는 가치라던가?"

그러자 덕스는 알 수 없는 미소와 함께 이야기를 시작했다.

"저희는 퍼펙티오라는 단어를 쓰는데요, 퍼펙티오는 진정한 의미의 선택에 해당하는 죽음이라는 의미에서 만들어졌어요. 아날로그 세상에서의 죽음은 대부분의 문명에서 슬픈 것으로 여겨졌죠. 저 역시도 제 어머니가 돌아가셨을 때의 슬픔을 아직까지도 생생하게 기억하니까요."

이때 그녀의 얼굴은 처음으로 아주 짧게 일그러졌다. 보통 사람이라면 몰랐겠지만 언제나 예민하게 새로운 자극에 더듬이를 세우고 살아왔던 노바는 알아차릴 수 있었다.

"그런데 이는 생각해 보면 선택이 아닌 강요에 의해 벌어진 일이었기 때문이죠. 자신이 원해서 하는 섹스는 한 개인에게 행복과 결합감, 안정감을 줄 수 있겠지만, 반대로 강요에 의해 벌어진 성관계는 누군가를 파괴할 수 있으니까요. 마찬가지로 퍼펙티오는 인생의 모든 것들을 경험하고 원하는 것을 이룬다는, 자신이 생각하기에 충분히 죽음을 선택하려고 되겠다는 판단에 기초하여 이뤄지는 것입니다. 대표적으로 히제카 씨는 이곳에서의 일평생 동안 물리학에 몰두하시고 스스로 나름대로 원하는 답변을 얻으신 후 퍼펙티오로 자발적으로, 아주 평온하게 들어가신 것으로 유명합니다. 그렇기에 그 누구도 퍼펙티오를 슬퍼하지 않았으며, 이는 삶의 완성이라는 의미로 여겨졌어요. 주위 사람들은 그 퍼펙티오를 축하했고, 이를 존중해 주는 문화가 만들어졌습니다."

"역설적이네요. 죽음을 극복하고자 온 사람들이 결국 죽음을 선택하는 것이 삶의 완성이라고 본다니요."

노바는 갑자기 왜 이런 이야기를 하는 것인지 의문을 가지며 답했다.

"그렇게 볼 수도 있겠네요. 그러나 어디까지나 그건 선택의 여부에요. 내가 할 수 있는 다양한 선택의 일부지요. 그리고 저는 마침 곧 퍼펙티오를 하려고 합니다."

그녀는 지금까지 볼 수 있었던 표정 중 가장 원숙한 미소를 지으며 말했다.

"네? 언제요?"

"사실 노바 씨를 디지토피아에 잘 적응시키고, 노바 씨가 이제 더 이상 제 도움이 필요 없고, 혼자 잘 살아갈 수 있다고 말씀하시면 그것을 마지막으로 저는 퍼펙티오를 해 보려고 합니다."

언제나 새로운 것을 좋아했던 노바였지만, 덕스의 말에는 당황할 수밖에 없었다. 노바가 즐길 수 있는 정도의 새로움이 아니었다. 덕스의 순수한 맑음이 당황스러웠으며, 마치 자신이 누군가를 살려내지 못하는 것과 같이 느껴 곤혹스러웠다. 덕스가 다시 말했다.

"다시 말씀드리지만, 저는 노바 씨가 적응을 못했는데 먼저 퍼펙티오를 하진 않을 겁니다. 저는 맡은 일은 항상 깔끔하게 마무리를 지었고, 늘 그 점을 스스로의 가장 큰 자부심으로 여겨왔답니다."

"이유를 여쭤봐도 되나요?"

"퍼펙티오를 하는 이유요? 저는 우선 제가 이 세계에서 이루고 싶었던 것을 모두 이뤘습니다. 제가 삶을 통해 답에 가까워지고 싶었던 질문에 대해 충분히 사고해 봤고, 그 질문에 대한 많은 사람들의 답을 들어 보았고, 부족함 없이 경험했습니다. 저는 행복합니다. 그리고 궁금해졌어요. 다음의 삶은 무엇인지, 그런 것이 존재하긴 하는지, 만약 존재한다면 그다음의 삶에서 나라는 존재는 어떨 것이며, 어떤 질문을 하며 살아갈지요."

덕스가 일어서며 말했다. 그때 마침 지금까지 본 파도 중 가장 큰 파도가 세게 절벽을 치며 부서졌다. 소리는 나지 않았지만, 마치 파도가 우는 것처럼 느껴졌다.

노바의 새로움을 향한 안테나가 다시 작동했다. 노바는 궁금해졌다. 대체 왜, 그리고 어떻게 그런 행동을 결심할 수 있었을까? 마침 자신이 말해야 덕스가 떠날 수 있다고 한 만큼, 노바는 다른 그 무엇보다도 퍼펙티오를 하겠다는 덕스의 삶의 여정과 그 결정을 이해할 때까지 덕스를 놓아주지 않기로 결심했다.

피셔, 방송국에서

바깥에는 비가 오고 있었다. 빗줄기는 여전히 세차다. 비가 유리를 강타하는 소리가 드럼 연주자의 연주 소리 같았다. 프루드가 디지토피아에 관한 소식을 듣고 싶다고 생각하자 주파수는 97.3MHz가 되었고 디지토피아 소식을 들려 주는 〈Live Digit!〉가 들렸다. 라디오에서 청각, 후각, 미각, 시각, 촉각의 다섯 가지 자극 중 어떤 것을 이용할 것인지 고르라는 지시가 흘러 나왔다. 프루드는 오늘도 여전히 청각만을 골랐다.

지미: 안녕하세요. 지미의 〈Live Digit!〉입니다. 오늘은 과거 텔로
　　　미어에 대한 비판으로 이름 높았던, 그러나 이제는 디미그
　　　레이션하여 활발하게 활동 중이신 피셔 교수님을 모셔봤
　　　습니다. 안녕하세요?

피셔: 안녕하세요.

지미: 디미그레이션 속 이야기들을 준비하셨다면서요?

피셔: 맞습니다. 아날로그 세계와 다른 점이 있지요.

지미: 어떤 점이 다른가요?

피셔: 음, 우선 디지토피아의 개념에 대해 청취자들에게 잠깐 짚
　　　고 넘어가죠.

지미: 디지토피아에서는 자원이 무한하다죠. 필요한 물건과 재
　　　화는 뭐든 만들 수 있다고요. 건강하게 영생을 하니까 시
　　　간도 무한하다고 볼 수 있고요. 맞나요?

피셔: 정확합니다. 그리고 만약 희소함이 가치를 가져다 준다면,
　　　무한하다는 성질이 자원과 시간의 가치를 손상시켜 버릴
　　　수도 있다는 것입니다.

지미: 오호. 돌멩이가 흔하기 때문에 아무도 주워가지 않는 것처
　　　럼요? 그럴 수 있겠네요. 예를 들어 요즘 핫한 최신 스마
　　　트폰이 모두에게 다 있다고 한다면 아무도 자신의 핸드폰
　　　을 자랑하지 않을 거예요.

피셔: 맞아요. 물론 누군가는 '희소성만이 가치를 결정한다'는
　　　것에 반대합니다. 그렇지만 저는 디지토피아에서 선물의
　　　무의미함을 보았어요. 이를테면 누군가 디지토피아에서
　　　당신에게 최신 스마트폰을 선물한다고 한들 기쁜 마음이

드시겠습니까?

지미: 음, 그건 선물 받지 않아도 원하면 가질 수 있잖아요. 디지토피아에선 모든 게 가능하니까요. 아! 그렇겠네요. 아무도 서로에게 선물을 줄 필요가 없어지는 세상이군요!

피셔: 네 맞아요. 또 하나의 예를 들어보죠. 우리는 왜 꽃을 받았을 때 감동할까요?

지미: 모르겠어요. 그치만 아내가 해 줬던 얘기를 떠올려 보면 그 꽃이 아름답기 때문이라기보다는 꽃을 사기 위해 준비한 제 노력과 시간에 감동했다고 하더군요.

피셔: 꽃이라는 선물에는 돈으로 살 수 없는 가치가 담겨 있어요. 그게 바로 준비하는 데 걸리는 시간이죠. 그리고 처음 꽃집을 가서 머뭇거리는 한 사람의 모습, 그런 것을 상대는 떠올리는 거예요.

지미: 그렇군요. 그런데 시간이 무한해진 이상, 꽃을 사는 데 들인 시간은 더 이상 큰 의미로 느껴지지 않겠네요. 또 꽃집을 가서 머뭇거릴 필요 없이 모든 꽃을 다 살 수 있으니까 어떤 꽃을 사 갈까 하는 고민도 꽃에 담지 못하겠네요.

피셔: 맞아요. 그 세계에선 유의미한 선물이 없어요. 그것이 주목할 점입니다. 그뿐만이 아닙니다. 이번엔 좀 다른 이야기를 해 보죠. 혹시 노을 보는 것 좋아하십니까?

지미: 물론이죠. 저녁을 요리하다가도 하늘이 붉어지면 잠시 창가에 머물러 창밖을 바라본답니다.

피셔: 저도 노을 참 좋아하는데요. 노을을 매 시간 언제든 볼 수 있다면 어떠시겠어요?

지미: 그러니까 지금 저희가 라디오 방송을 하는 이 순간에도 아침에 일어나 기지개를 편 후에도 볼 수 있다면요? 음 그럼 노을이 그렇게 매력적일지 모르겠네요. 그냥 지금의 하얗고 파란 하늘과 다를 게 없지 않나요? 언제든 볼 수 있다면 굳이 있을 때 볼 필요를 못 느낄 거예요.

피셔: 제가 디지토피아에서 느꼈던 그대로입니다. 그곳에서는 어느때나 원하면 노을빛에 불그스름한 강을 바라볼 수 있답니다. 디지털 세상에서 공간을 이동하고 원하는 시간대를 택하는 것은 아무것도 아니니까요. 아마 어린왕자도 디지토피아에 갔다면 노을을 붙잡기 위해 의자를 당겨 앉을 필요를 못 느꼈을 거예요. 실컷 보고나서 물렸겠죠.

지미: 피셔 님의 노을 이야기를 들으니 정말로 인간은 공기처럼 항상 누리는 것들에는 행복이나 감사함을 못 느낀다는 게 실감나네요. 땀 흘려 직접 재배한 농작물이 마트에서 손쉽게 산 것보다는 가치 있게 느껴지는 것처럼요. 우리는 없었던, 부족했던 상태에서 그것을 더 많이 누리게 될 때 비로소 만족하는 게 아닐까요.

피셔: 훌륭한 말씀이세요. 제 이야기를 비유를 통해 더 확장시키신 것이 인상적입니다. 어린왕자 이야기가 나온 김에 한 가지를 더 말하고 싶은데 제 시간이 남았나요?

지미: 5분 남았는데 빨리 해 보시죠.

피셔: 자기 별의 장미꽃만을 보았던 어린왕자가 수많은 장미꽃을 보고 속상해 했죠. 그런 어린왕자에게 여우가 뭐라고 말했는지 기억하시나요?

지미: 피셔님, 저 너무 무시하지 마세요. 이래 봬도 제가 제일 좋아하는 소설이 《어린왕자》입니다. 장미꽃이 그토록 소중한 것은 그 꽃을 위해 어린왕자가 공들인 시간 때문이라고 했죠.

피셔: 정확하십니다. 여우는, 그러니까 생텍쥐페리는 꽃에 들인 시간 때문에 꽃이 그토록 소중하다는 점을 꼬집었어요. 그런데 생각해 봅시다. 아날로그 세상에선 커플들이 서로를 보고 싶은 마음에 몇 시간씩 차로 이동하기도 하잖아요.

지미: 저도 아내랑 연애할 때 조금이라도 더 같이 있고 싶어서 집 가는 방향이 다른데 집에 데려다 줬었어요. 그런 낭만이 디지털 세계엔 없다니 퍽 섭섭한걸요.

피셔: 그러니까요. 그리움이란 감정이 소멸되었다고 할까요? 닿고 싶은데 닿지 못할 때 그리움이 생기잖아요. 멀리 떨어져 있는 친구라던가. 사별한 부모님이라던가.

지미: 그러네요. 죽음이 없는, 물리적 거리가 주는 한계가 없는 세상에서 어떻게 그리움을 알까요?

피셔: 물론 그리움이란 조금 미화된 감정일 수도 있어요. 막상 만나고 부대끼고 나면 절절함이 금방 사라지니까요. 그렇지만 우리는 그 그리움을 느끼면서 내게 소중했던 사람이란 걸 깨닫곤 하죠. 그런 게 없어요. 디지토피아에선.

프루드, 답장을 기다리며

          프루드는 피셔의 말이 끝나기 무섭게 라디오 소리를 줄였다. 그리고 비를 맞고 달리는 차를 운전하며 생각했다. 창 밖을 보니 수많은 자동차 중 자신만 운전을 하고 있었다. 얼마 전 운전할 수 있는 권리에 관한 법이 제정되며 겨우 따낸 권리였지만, 실제로 이 권리를 사용하는 사람은 얼마 없는 것 같았다. 라디오 소리가 끊기더니 프루드가 얼마 전 구입할까 생각했던 제품인 '디지토피아에서도 시드는 꽃' 광고가 나왔다. 꽃이 시들어야만 의미가 있다고 생각하는 프루드가 혹시 이런 것은 없을까 하고 생각했던 제품이다. 얼마 전 생각의 쿠키 수집 조항을 거부하지 않았더니, 그새 프루드의 생각을 읽고 광고를 해 주었다. 프루드는 또 자신의 생각이 그를 위한 제품을 추천해 준다는 핑계로 새어 나간 것에 다시 분노했다.

그러나 한편으로는 샐리에게 아름답지만 곧 시드는, 아날로그 그의 가치를 다시 떠올릴 수 있는 꽃을 선물할 생각을 하니 신이 나긴 했다. 샐리에게 편지를 보낸 수많은 날들, 디미그레이션 이후에 샐리의 연극을 보지도 대화를 하지도 못하니 샐리에게 묻고 싶은 질문들이 참 많았다.

프루드가 그녀를 처음 본 것은 연극 '햄릿'에서였다. 햄릿의 약혼녀 오필리어를 연기한 그녀의 연기는 가히 인상적이었다. 연극 때문에 그녀를 사랑하게 된 것인지, 그가 그녀를 사랑하게 되어 연극이 마음에 들었는지는 모르겠다. 어느 쪽이건 그녀의 마음을 얻기 위해 그녀의 연극이 있을 때마다, 연극을 보러 차를 몰고 갔다. 그녀의 연극을 보러 가기까지는 차로 3시간 반. 휴게소를 들르지 않고는 못 가는 먼 거리였다. 그러나 도착해서 그녀의 사랑스러운 얼굴을 보고 나면, 피로는 온데간데없었다. 혹여나 그녀가 자신이 앉아있는 자리를 알아볼까, 그녀가 관객석을 쳐다볼 때면 가슴이 두근거려 심장이 터질 것만 같았다. 그렇게 2시간 조금 안 되는 공연을 보고 돌아오는 길이면 어깨가 들썩였다. 라디오에서 나오는 모든 사랑 노래의 주인공이 된 것 마냥. 그는 그녀를 조금 더 자주 보고 싶었고, 공연을 기다리는 것이 가장 큰 낙이었다.

그러던 어느 날 샐리가 디미그레이션해 버린 것이다. 프루드에게는 먼 곳으로 떠나게 되었다는 말 한마디만을 남겨놓고 그녀는 떠나 버렸다. 프루드가 운전을 해도 닿지 못하는 먼 곳으로가 버렸다.

프루드는 디지토피아에 대해 회의적이었다. 인생의 가치를 디지토피아에서 더 많이 느낄 수 없다고 느끼는 사람이었다. 그렇게 디지토피아를 꺼려한 프루드에게 그녀의 디미그레이션은 영원한 이별을 뜻했다. 처음으로 그는 디지토피아로의 이주를 고민하고, 디지토피아 관련 라디오 소식과 기사를 챙겨 보기 시작했다.

프루드는 매주 금요일 퇴근 후 피곤한 몸을 이끌고 꼬박꼬박 편지를 썼다. 이제는 생각을 하면, 그 생각을 읽어 이메일의 형식으로 자동으로 글을 써 주기도 한다. 또한 굳이 형식이 필요 없는 내용이라면 생각 그 자체를 원하는 사람에게 전송할 수도 있다. 손으로 글을 쓰는 사람이라곤 이젠 정말 프루드밖에 없을 것이다. 그럼에도 프루드는 편지지에 쓰기 전에 항상 노트에 쓰고 지우기를 반복하며, 쓰고 싶은 말을 골랐다. 편지에 쏟는 정성과 시간이 가치를 만든다고 믿었기 때문이다. 그리고선 항상 예쁜 글씨로 한 자, 한 자를 옮겨 적었다. 그러나 샐리에겐 이상하게도 답장이 오질 않았다. 왜 그런 걸까?

처음엔 샐리에게 무슨 일이 생겼다고 생각했다. 그러나 디지토피아에서 무슨 신변에 문제가 생길 리가 있나. 그다음엔 편지가 제대로 전달이 안 되는 것은 아닐까 생각했지만 그럴 리도 없다. 주변 사람들에게 물어보니 그런 적은 없었다고 하니까.

그러나 라디오 내용을 떠올려 보니 샐리가 디지토피아의 시간에 익숙해진 까닭이 아닐까 생각이 들었다. 만약 디지토피아의 시간 감각에 이미 길들여졌다면 샐리에게 프루드의 2시간 공들인 편지는 순식간에 휘갈겨 쓴 메모에 지나지 않았을까. 삶이 무한한 세계에서 시간의 가치를 다르게 느낀 탓이 아닐까.

차로 라디오를 들으며 한참을 이동하니 어느새 빗소리가 작아지고 있었다. 아무래도 호우 지역을 벗어나는 방향으로 차가 나아가는 듯했다. 잠시 맛있는 음식을 제공 받을 생각으로 차를 길가에 세웠다.

휴식 모드로 옮기니 중요 메일이 2개나 와 있었다. '요즘 프루드님께서 많이 생각하시는 '샐리'를 포함하고 있는 메일이 1개 있습니다.' 라는 알림을 보고 프루드는 얼른 그 메일로 시선을 돌렸다. 시선을 그쪽으로 돌리니 자연스럽게 메일이 열렸다. 아쉽게도 그 메일은 샐리가 보낸 메일이 아니었다. 메일을 읽어 보니 쿡이라는 남자가 보낸 메일이었다.

자원과 무관하게 존재하는 권력욕

안녕하십니까. 저는 샐리의 친구 쿡입니다.

프루드 씨가 지금까지 꽤 오랜 시간 동안 샐리에게 많은 메일을 보낸 것으로 알고 있습니다. 샐리는 프루드 씨가 보내는 메일을 읽고 있지 않습니다. 아마 앞으로도 답장은 오지 않을 겁니다. 충분히 무슨 내용인지 이해하셨으리라 생각하고 이만 줄이겠습니다.

—쿡

'뭐야, 이 사람은.' 프루드는 생각했다. 불안감이 엄습해 왔다. 어떻게 된 일인지 이번에 샐리에게 편지를 쓸 때 물어봐야겠다고 생각했다. 물론 답장을 받는다는 보장은 없지만, 불안함을 애써 무시하며 다음 메일로 눈길을 돌렸다. 다음 메일은 얼마 전 프루드가 제출한 '디지토피아의 희소성과 권력욕'이라는 제목의 논문이 디지토피아와 아날로그 세계가 함께 만드는 'Digit and Analog' 컨퍼런스에서 발표할 수 있게 되었다는 내용이었다. 프루드는 그 메일을 보고 오랜만에 짜릿함을 느꼈다.

프루드는 오랜 시간동안 디지토피아에 대한 비판점과 함께 아날로그 세계의 중요성을 강조하는 연구를 해 왔다. 오랜 시간 동안 디미그레이션에 반대해 온 그였지만, 본인이 한 연구를 이야기 할 때마다 계속 아날로그 세계에만 살아온 사람이 대체 무슨 디지토피아에 관한 이야기를 하냐며 핀잔을 듣곤 했다. 그래서 샐리가 디미그레이션을 한 이후, 그녀를 설득하기 위해 이번에는 디지토피아에 있는 사람들을 직접 인터뷰하며 그 사람들의 경험담을 들었다. 그리고선 디지토피아라는 세상에 대해 조금씩 알아갔다.

프루드가 이번에 집중한 것은 '희소성'이라는 키워드였다. 프루드가 생각하기에는 디지토피아에도 분명 희소한 무언가가 있을 거라 생각했다. 그가 처음으로 집중한 것은 사람의 마음이었다. 아무리 무한한 자원을 가질 수 있는 디지토피아라지만, 사람의 마음은 여전히 희소할 것이라 생각했다. 프루드는 여전히 사랑은 한 사람과 다른 사람이 만나 이뤄지는 것이라 믿었다. 그렇다면 아무리 많은 자원이 있더라도 자신이 사랑하는 사람의 마음을 얻을 수 없다면, 우리는 만족할 수 없다는 점을 지적했다. 물론 개인 맞춤 디지토피아를 통해 자신이 좋아하는 사람을 구현할 수도 있겠으나, 그것은 인간 존엄성에 위배되는 일이다.

프루드는 또한 인간이 다른 사람 위에 군림하고자 하는 욕망이 있다는 점을 짚었다. 사람의 마음이란 꼭 로맨틱한 관계에서만 작용하는 것이 아니었다. 한 마디 말을 하더라도, 사람들은 많은 사람들이 자신의 말에 귀기울여 줬으면 하고, 더 많은 사람들에게 공감을 받고 싶다는 욕구가 있다. 그렇기에 디지토피아에서도 사람들이 모이면 권력 관계가 형성될 것이고, 그로 인한 권력욕이 생길 거라 생각했다. 그리고 마찬가지로 권력은 디지토피아에서 역시 희소한 가치를 가질 것이라 생각했다. 프루드는 계속해서 디지토피아의 불완전함을 주창했고, 드디어 미약하게나마 공감을 받게 되었다.

프루드는 좀 전의 불안함을 잊고 그새 신이 나서 노트를 꺼냈다. 샐리에게 보낼 또 다른 내용이 생겨서였다. 조금 전 본 '디지토피아에서도 시드는 꽃'과 함께 보낼 아름다운 편지. 그녀에게 다시 한번 편지를 보낼 생각을 하며, 초고를 적기 시작했다.

지미, 마지막 방송

"안녕하세요? 오늘도 어김없이 찾아온 지미의 〈Live Digit!〉 이번 시간엔 디미그레이션의 태동기에서, 과도기를 거쳐, 지금의 차세대 디미그레이션에 이르기까지 발전 과정을 이야기해 보는 시간을 가져 보려 합니다."

이 디미그레이션의 발전 과정은 사실 지미 자신의 삶이기도 했다. 그래서인지는 몰라도, 오늘 방송은 유별나게 그에게 옛날 기억들을 상기시켰다.

'내가 살아있을 동안 디미그레이션이 활성화된 게 인생 최대의 행운이었지.'

지금과 달리 초창기에는 디미그레이션이 믿기 어렵고 허황된 가십처럼 여겨졌다. 그 덕분에 삼류 코미디언이었던 지미에게까지 관련 코너를 진행할 기회가 돌아올 수 있었고, 그는 이렇게 간신히 찾아온 기회를 놓치는 부류의 사람이 아니었다. 그는 철저하게 준비했고, 이를 바탕으로 한 시의적절한 맞장구는 패널들에게서 더욱 풍부한 발언을 이끌어냈다. 그렇게 그는 점점 이름을 알리기 시작했다.

"처음에는 벤처 자금이 몰렸던 텔로미어를 필두로, 몇몇 소수 기업들이 디미그레이션의 발달을 주도했습니다. 새로운 기술이 발달하는 데는 막대한 자금이 필요한 법입니다. 그리고 자금을 받은 기업들이 투자자들의 성장 기대에 부응하기 위해 다소 소비자 착취적으로 변하게 되는 건 당시에는 특별히 새로운 일도 아니었죠. 이와 관련하여 다음과 같은 사항들이 주요한 문제로 떠올랐었습니다.

첫 번째로 디미그레이션의 개발·유지 비용 자체가 상당했을 뿐만 아니라, 그로 인한 과점 구조 형성 및 담합으로 이용요금이 매우 높은 수준에서 형성돼 있었다는 점. 두 번째로는 디미그레이션한 사람의 육체가 기업의 기술상 난맥으로 적절히 보존되지 못하거나, 설령 기술이 있더라도 막대한 비용이 소요되는 바람에 사람들이 아날로그로 재이주할 권리가 충분히 보장되기 어려웠다는 점. 마지막으로, 이런 '재이주 권리 부족'과 '기업이 디지토피아에 고유한 설정을 강제할 수 있다는 점'이 맞물려, 사실상 이용자들이 기업에 지배·종속·착취될 수 있다는 우려까지…… 실제로 관련해 다양한 이슈가 발생했었죠. 예를 들어 디미그레이션 기업들 각각이 임의의 규칙을 설정하는 과정에서 정신적 폭력을 야기한다는 이유로 모든 정치 활동을 금지했던 사건이나, 종교적 도덕적 규칙을 강제했던 사례 등은 이미 익숙한 이야기이실 겁니다.

그리고 이런 문제들이 남아있는 한, 디미그레이션이 진정으로 자유롭고 무한한 선택권을 얻는 것이라고 하기는 힘들었습니다. 그 당시 디미그레이션은 아직 기존 경제 구조에서 자유롭지 못했을 뿐만 아니라, 아날로그로 다시 돌아갈 선택권도 불충분했으며, 각 개인들의 무한한 시도는 기업들이 정한 규칙에 의해 사실상 불가능했던 것입니다."

그랬다. 초창기 디미그레이션 비용은 천문학적이었다. 그러나 지미는 방송을 진행하며 어느새 디미그레이션 관련 콘텐츠의 상징처럼 성장했었기 때문에 기업의 협찬을 받아 디미그레이션할 수 있었다. 문제는 그 다음이었다. 해당 기업이 자신들에게 유리한 이야기만 할 수 있도록 지미에게 강제 설정을 부여하고, 보복이 두려워 아날로그로의 재이주도 허용하지 않았던 것이다. 무한한 자유가 사실은 족쇄였다는 아이러니.

"그러나 인류의 역사가 말해 주듯이 새로운 기술로 생긴 문제는 으레 바로 그 기술이 해결하는 법입니다. 이 경우엔 디미그레이션이 가진 문제는 '딥R&D'가 해결했다고 할 수 있겠네요. 그 해결의 첫 단추는 디미그레이션 이용자들의 불안 그 자체였죠? 근사한 기술을 개발했음에도 불구하고 사람들의 불안으로 인해 이용자들이 크게 증가하지 않자, 당연히 기업은 이들의 불안을 낮추어 시장을 확보하기 위해 노력했습니다. 그 노력의 일환으로 '아날로그—디지토피아 통신'이 개발돼 디미그렌트들이 문제 없이 살고 있다는 점을 아날로그에서 확인할 수 있었고, 언제든 마음만 먹으면 선택을 다시 되돌릴 수 있다는 안심을 주기 위해 육체 관리와 재이주 기술도 급속도로 발전했습니다.

특히 이 시기에는 과학사에서 유래 없는 급격한 속도로 과학적 발견과 기술 개발이 이뤄졌는데, 이는 디미그레이션 한 상태에서는 많은 제약이 없는 최적의 환경에서 몰입하여 다양한 실험 연구·개발을 수행할 수 있었기 때문입니다. 모두 잘 아시다시피 이렇게 디미그레이션 상태로 연구·개발하는 것을 바로 '딥R&D'라고 하죠.

그렇게 불안을 줄이고, 이용자들이 늘어나면서 사람들은 디미그레이션이 인류에 엄청난 가능성을 갖고 있다는 점을 이해하게 되지만, 동시에 아직은 여러 문제를 갖고 있다는 것도 절감하게 됩니다. 재이주 기술은 훨씬 안정화됐지만 여전히 기업의 통제하에 있었으며, 이는 디미그레이션 세계의 설정들도 마찬가지였습니다. 또 유지 비용과 기업들의 이윤은 어떻고요! 디미그레이션 이용자들은 여전히 착취의 위협에 놓여있었습니다."

지미는 그러한 급격한 딥R&D의 물결 속에서 간신히 아날로그로 재이주하고 자유를 되찾을 수 있었다. 하지만 그는 자신이 당한 일을 폭로하거나 하진 않았다. 그럴 수 있는 충분한 영향력을 갖고 있었음에도 불구하고, 아니 그런 영향력을 갖고 있었기 때문에 더더욱. 그런 일을 당했음에도 그는 디미그레이션에 부정적으로 치우치지 않고 균형있게 소식을 전할 수 있도록 의식적으로 노력했다.

구체적인 커리어와 방식이 좀 달라지기는 했지만, 그는 처음 코미디언을 꿈꾸던 당시의 비전, 사람들을 더 행복하게 해 주고 싶다는 비전을 결코 잊은 적이 없었다. 그 기업이 한 짓은 끔찍했지만, 디미그레이션 자체에는 사람들의 삶을 근본적으로 바꿀 가능성이 있었다.

따라서 그는 자칫 자신의 편향된 발언으로 인류의 가능성을 망쳐버리지 않도록 경계하며, 증상과 질병을 구분하는 데 집중했다. 방송에서 아젠다를 명확히 설정하며, 무엇이 문제고 무엇이 문제가 아닌지 사람들이 스스로 고민할 수 있도록 했고, 그들이 더 나은 디미그레이션을 꿈꾸고 실현할 수 있도록 암암리에 이끈 것이다.

"그 시기 이후 사람들의 '딥R&D'는 주로 더 나은 디미그레이션—기업으로부터 더 독립적이고, 자율적이고, 안전하고, 비용 절약적이면서도 고품질의 디미그레이션—의 연구 개발에 초점이 맞춰졌습니다. 어떻게 에너지를 덜 사용하고, 효율적으로 서버를 활용할 것인가? 디미그레이션 품질이 높아질수록 오히려 자원이 절약되는 구조는 무엇인가? 어떻게 기업이나 여타 세력에의 종속 없이 각 개인이 진정한 자율을 누릴 수 있도록 할 수 있는가? 그 외 예상치 못했던 문제들이 앞으로 새로 발생할 때마다 끝내주게 잘 해결할 문제 해결 시스템을 어떻게 설계할 것인가? 등등. 많은 창의적인 사람들이 딤R&D를 통해 이 질문들에 대한 해답을 찾아내 주었죠."

사실 그렇게 원활하게 디미그레이션의 진화가 이루어진 데에는 다른 이유도 있었다. 바로 실질적인 반대 세력이 거의 없다시피 했었다는 것이다. 보통 이런 급격한 변화는 반대하는 이해집단이 있기 마련이고, 이 경우에는 초창기 개척 기업들이 자신들의 이윤을 위해 역설적으로 그런 반대 집단이 되는 게 전형적일 터였다. 그러나 실제로는 그렇지 않았다. '우리의 이익 앞에선 영원한 적도 영원한 우방도 없다'고 했던가. 나중에 지미는 자신을 가뒀던 바로 그 기업의 적극적인 협력을 받기도 했다.

"흥미로운 점은, 많은 대중 매체에서 이러한 변화 과정을 방해하는 악의 축으로 기존 디미그레이션 기업들을 묘사하는 것과는 달리, 실제로는 이 기업들이야말로 디미그레이션의 문제들을 해결하는 데 크게 기여를 했다는 것입니다. 이는 그 기업들의 경영진이 당대에 디미그레이션에 대한 이해가 가장 뛰어난 사람들이었을 것이라는 점을 생각해 보면 당연한데, 그 사람들이야말로 디미그레이션의 가치를 가장 잘 이해하고 있었고, 따라서 디미그레이션의 여러 한계가 해결되면 가장 먼저 아날로그를 떠나 디미그레이션하고 싶어 하던 사람들이었기 때문입니다. 가역성 문제, 비용 문제, 지배종속 문제 등이 동시다발적으로 해결되던 시기에 디미그레이션 기업들의 경영진이 대거 디미그레이션하여 아날로그에서 자취를 감춘 것은 이제 알 만한 사람은 모두 알고 있는 사실이죠."

물론 지미 자신도 그즈음 아날로그를 떠나 지금까지 오랜 세월 디미그레이션 속에서 방송을 진행해 왔다. 디미그레이션은 시간이 지날수록 안정화됐고, 모든 사람이 디미그레이션한지도 상당한 시간이 흘렀다. 어쩌면 디미그레이션을 알리고 아날로그와 디미그레이션을 연결하는 다리 역할을 한다는 지미의 소임은 이제 완성된 것일지도 모른다.

"이외에도 미처 말씀드리지 못한 여러 문제 극복의 역사 끝에, 디미그레이션은 소수의 기업이 자신의 영역을 지배하며 경쟁하던 구도에서 벗어나, 상호 견제와 협력을 기반으로 문제를 해결하면서 지속적으로 발전하는 시스템이 되었습니다. 그제야 비로소 사람들이 개인 각각을 위한 디미그레이션을 통해 무엇이든 시도할 수 있는, 진정으로 무한한 선택권을 갖게 된 것입니다. 혹자는 이것으로 '인류가 완성됐다'고 평가하기도 했죠. 그러나 무한한 선택권이 인류의 모든 문제 종결과 인류 역사의 완성을 의미하는 것은 아니었던 것 같습니다. 인류에게는 아직 갈 길이 남아있었던 거죠. 다음 시간에는 2차 재이주 운동에 대해 다뤄봅시다. 오늘도 함께해 주셔서 감사합니다. 지미의 〈Live Digit!〉였습니다."

'인류에게는 아직 갈 길이 남아 있지…….' 하지만 지미는 자신도 그 길을 걸어야 한다고 생각하지는 않고 있었다. 그는 이미 디미그레이션의 완성까지 오랜 길을 걸어왔으며, 그걸 다시 한 번 더 넘어서는 길은 '새로운' 사람들이 걸어야 할지도 모른다고 오랫동안 생각해 왔다. 그는 그의 뒤를 이을 좋은 경쟁자들도 이미 많이 알고 있었다. 2차 재이주는 그들이 잘 다룰 수 있을 것이다.

'디미그레이션 발전 역사라… 내 마지막 방송 주제로 이보다 더 좋을 수는 없지. 애초에 방송명이 〈Live Digit!〉인 주제에 아날로그에서 사는 이야기인 '재이주'를 다룰 순 없는 노릇 아니겠어?' 그는 완만하게 입꼬리를 올린 채 퍼펙티오에 들어섰다. 마지막 방송까지 일언반구 내색하지 않았으니 그의 퍼펙티오는 거의 알려지지 않을 것이다. 자신의 개인사를 철저히 관리하며 평생을 공인으로 살아간 그다운 완결이었다.

캡틴, 탐색선에서

"10초 전! 9! 8……"

번쩍이는 붉은 섬광과 끝내주게 요란한 사이렌 소리로 봐서
는 분명 장난 아닌 상황인데, 우리 승조원들은 묘하게 차분하다.
생사를 몇 번이고 넘나든 정예 요원이라서? 전혀 아니다. 이 빌
어먹을 자식들은 '생사'가 뭔지도 몰라서, 지금 전혀 실감을 못
하고 있을 뿐이다! 갓 재이주한 햇병아리들을 받는 게 아니었는
데…… 내가 어쩌다 이 지경이 된 건지 원.

'디미그레이션으로 인류에 내재된 모든 가능성을 이미 탐색
했기 때문에, 이제는 인류 외부에서만 인류가 더 발전할 길을 찾
을 수 있다'는 노바 님의 '2차 재이주 운동'은 디미그레이션에 다

소 질려있던 사람들에게 선풍적인 인기를 끌었다. 나 같은 경우에는 물리학을 정말 좋아했기 때문에 노바 님의 숭고한 뜻에 감명 받아 거의 초창기부터 동참했고, 지금은 이렇게 한 우주 탐색선의 선장까지 맡고 있었다.

외부 세계는 디미그레이션 세상보다 훨씬 위험했지만, 사실 그렇게 위험한 것도 아니었다. 재이주한 상태로 임무를 수행하다가 육체적 사망을 맞이해도 정신은 쉽게 다시 디미그레이션할 수 있었기 때문이다. 우리는 거의 영생하고 있었고, 일종의 색다른 유희처럼 생각하며 재이주하는 신입들은 점점 늘어났다. 그러나 지금은 상황이 다르단 말이다!

우리의 현재 임무는 히제카 님의 이론에 기반한 광범위 우주 직접 탐색을 수행하며 데이터를 수집하는 것이었고, 따라서 우리는 이미 인류의 디미그레이션 센터로부터 수백만 광년이나 떨어진 상태였다.

그러므로 지금처럼 탐색선에 대한 통제를 잃고 속절없이 저 거대 물체와 충돌하여 산산조각나고 나면, 언젠가 인류가 우리를 발견해서 다시 디미그레이션 시켜 줄 것이라고는 결코 기대할 수 없을 것이었다. 탐색선의 통제를 되찾으려 노력했지만 '디미그레이션 내에선 문제 없이 작동하다가 외부에서는 문제를 일으키게 한 차이'가 무엇인지 도무지 알 수가 없었다. 아마 나와 저 얼빠진 승조원들은 디미그레이션이 안착된 이래 처음으로 비자발적 죽음을 맞이할 것이다.

그런데 이렇게 잡생각하는 동안 10초는 진작에 지나지 않았나? 디미그레이션 이전 선조들은 고전적 죽음 직전에 주마등이란 걸 경험했다고 하기야 하더만, 아무리 그래도 그게 이렇게나 오래 걸리는 거였단 말이야?

"선장님, 선장님? 괜찮으십니까?"
"……어?"
"저희 탐색선이 해당 정체불명 물체와 생각보다 굉장히 '폭신'하게 부딪혔습니다. 충돌로 인한 피해도 전혀 없던 것으로 확인됩니다."

나를 빤히 바라보고 있는 승조원들의 분위기를 보아하니, 아마 여기서 가장 얼빠져 보였던 것은 나였던 모양이다. 나는 선장으로서의 위엄을 얼른 회복하기 위해 연습했던 대로 날카로운 표정을 지으며 말했다.

"우리가 저런 질량의 물체와 그 정도 수준의 속력으로 충돌했는데 피해가 전혀 없다고? 그게 물리학적으로 말도 안 되는 소리라는 걸 자네도 잘 알지 않나."
"분명 우리의 물리학으로는 불가능한 일입니다. 그런데 저들의 물리학으로는 가능한 일이었나 봅니다. 아마 저 물체는 외계인들의 디미그레이션 센터 같은 것으로 추정됩니다. 저쪽에서 통신을 희망하고 있습니다, 선장님. 얼른 가 보시는 게 좋지 않겠습니까. 저들이 선장님 때문에 인류란 느릿하고 안일한 존재라고 생각해 버린다면 곤란할 테니까요."

이 자식 이름이 뭐더라? 나를 반쯤 놀리고 있구만. 아마 연습했던 날카로운 표정은 그다지 효과가 없었던 모양이다. 그러나 그의 상기된 표정을 보고 생각을 고쳐 먹었다. 이 자식은 그저 지금 이 '최초의 접촉'에 굉장히 흥분한 상태일 뿐이었다. 그리고 그것은 나도 마찬가지였고.

맞다. 우리 인류는 디미그레이션으로 기술을 고도화해 왔으나, 이렇게 외계의 존재를 만나는 것은 처음이었다. 나는 얼른 그들과 통신을 시도했다. 나 때문에 인류가 지각쟁이가 됐다고 역사에 남아 버리면 안 되잖아?

그들과의 소통은 큰 문제가 없었다. 그들이나 우리나 어떤 신호에서 의미를 추출해내는 기술만큼은 극대화 돼 있었기 때문이다. 디미그레이션은 신호 기술의 정점이었고, 디미그레이션 기술을 갖고 있다는 것은 적어도 '신호'에는 일가견이 있다는 뜻이었다.

물리학은 그들이 좀 더 뛰어났다. 편견 때문에 우리가 놓치고 있던 것들을 그들은 알고 있었다. 그들은 우리와는 전혀 다른 방식으로 물리학을 발전시켜 왔다. 이를테면 인류는 디미그레이션 센터의 안전을 위해 소행성 충돌 등을 포착하거나 회피하는 방식으로 발전시켰는데, 그들은 그들의 디미그레이션 센터를 엄청나게 '폭신'하게 만드는 방향으로 발전시켰다. 그 무엇과 부딪혀도 양쪽이 피해를 입지 않을 정도로 폭신하게 말이다(그들이 우리 탐색선도 폭신하게 고쳐줬다).

나는 물리학자가 아니기 때문에 도대체 어떻게 임의의 물질을 그렇게 폭신하게 만들 수 있는지 이해할 수가 없었지만, 이제 우리는 이 폭신한 물리 엔진이 반영된 디미그레이션 세상에서 더 다양하고 풍부한 경험을 할 수 있게 됐다. 이는 여러 분야에 긍정적인 영향을 줬지만, 당연히 가장 큰 영향을 받은 것은 물리학계였다.

물리학은 아직 완성된 것이 아니었다. 3차원의 세계만을 경험했던 우리가 시공간 개념을 통해 물리학을 4차원으로 확대했고, 점이라고 생각했던 만물의 근원을 끈으로 확장한 초끈이론을 통해 물리학을 다시 11차원까지 확대하고… 물리학의 발전이 그런 식이었다고 한다. 그러나 3차원에서 아무리 많은 고민을 해봤자, 그보다 더 높은 차원에서의 물리학을 깨닫는 데는 한계가 있었다. 우리 세계 외부의 정보가 없는 한 말이다.

이번 충돌은 그런 종류의 정보였다. 우리만의 세계에 갇혀있다가 마주한 외부의 자극에서 파생된 깨달음이 연쇄적으로 다시 새로운 깨달음으로 이어졌고, 기존의 이론들이 수정됐다. 그리고 이러한 변화가 또 인류 전반에 영향을 미치면서 디미그레이션에서 가능한 것들을 급격하게 바꿔 놓았다. 인류가 상상하지 못하던 것들을 상상할 수 있게 된 것이다.

물리학은 그들이 좀 더 잘했지만, 재이주 기술은 우리가 더 뛰어났다. 그들은 성품도 굉장히 폭신했기 때문에(이것이 우리가 그들을 폭신족이라고 부르는 이유다) 디미그레이션 발달 과정에서 재이주하지 못할까 의심하고 불안해하는 정도가 크지 않기도 했고, 외부의 자극도 폭신하게 흘려보내기만 해 왔으므로 재이주 기술을 발전시킬 유인이 크지 않았었나 보다.

하지만 우리처럼 그들도 어느 순간 디미그레이션만으로는 그들 종족의 발전에 한계가 있다는 것을 깨달았고, 외부 자극의 필요를 느꼈지만, 이를 위한 재이주 기술을 발달시키는 데 어려움을 겪고 있었다. 그래서 우리는 인류의 재이주 기술로 폭신족이 외부로 다시 나오기 위한 기반을 마련할 수 있도록 도왔다.

하지만 폭신족은 원래 그들 자신의 물리적 모습을 재현하기보다는 계속 우리 재이주 기술을 쓰기로 했는데, 그것이 협업할 때 환경을 공유하기 편했고, 거부감도 적었기 때문이다. 다만 각자의 뛰어난 기술에서 서로 자극을 받은 딤R&D를 바탕으로 함께 재이주 기술을 날로 더 발전시키고 있는 중이다.

협업 딤R&D의 성과 중 하나는 (내 탐색선이 문제를 일으킨 이유를 포함해서) 히제카 님의 연구 일부가 왜 외부 세계에서 성립하지 않는지 밝혀낸 것이다. 아날로그는 연속이지만 디미그레이션은 이용자의 인식 수준에서만 연속처럼 보일 뿐, 실제로는 이산 상태였다. 이 작은 오차가 확대되어 큰 차이로 이어졌던 것이다.

내가 협업이라고 했나? 맞다. 인류와 폭신족은 외부 세계를 탐험하여 자극을 찾아내고 종족을 발전시키는 데 전적으로 협력하기로 했다. 생각해 보면, 디미그레이션 기술을 극도로 고도화한 두 개의 문명이 광대한 우주에서 우연히 점대 점으로 충돌할 가능성은 한 없이 0에 가깝다. 그럼에도 이 최초의 접촉을 가능하게 한 것은 무엇일까. 어쩌면, 아니 분명, 이 외부 세계에는 우리가 아직 이해할 수 없고 상상조차 못하고 있는 무언가가 더 있을 것이다. 그리고 아마도 우리 혼자서만 하기보다는 우리와 다른 강점이 있는 동료와 함께할 때 그런 외부 세계의 비밀들을 더 잘 찾아내고 다룰 수 있을 것이다.

노바, 컨퍼런스에서

0과 1, 그리고 곱셈 연산만 갖고 있다면 이들을 아무리 다양하고 무한하게 선택하여 조합해도 우리는 0과 1만을 다시 만들 수 있을 뿐이다.

1과 덧셈 연산을 무한히 선택하여 조합하면 자연수라는 무한집합을 만들 수 있지만 우리는 결코 정수나 유리수, 혹은 실수에 도달하지는 못한다. 무한 집합이라고 해서 자연수가 모든 수, 완전한 수 집합이라고 할 수는 없을 것이다. 자연수는 닫혀 있다.

마찬가지로 인간이 할 수 있는 것이 무한해진다고 해서, 모든 것을 할 수 있다는 것은 아니다. 무한한 선택권과 완전한 선택권은 다르다. 예를 들어 우리가 디미그레이션 속으로 깊이 침잠한다고 해서 모든 외부 거시 세계를 완벽히 알고 지배할 수 있는 것은 아닌 법이다. 인류 역시 인류만으로는 닫혀 있다.

우리가 할 수 있는 것들은 인류의 역량과 이제까지 인류가 얻은 것을 조합하여 생성(제너레이트) 가능한 것들 뿐이다. 디미그레이션은 그러한 제너레이트를 극대화할 수 있는 수단이다. 즉 디미그레이션은 인간이 상상하는 것을 할 수 있도록 해 준다. 그러나 문제는 제너레이트할 재료에 따라 디미그레이션으로 우리가 도달 가능한 최대치가 고정돼 버린다는 것이다.

이러한 한계, 인류가 활용할 수 있는 모든 것을 조합해도 도달할 수 없는 점을 '인간이 상상할 수 없는 것'이라고 표현할 수도 있겠다. 당연히 인간은 인간이 상상할 수 없는 것을 할 수 없다. 닫혀 있다.

따라서 우리는 우리가 지금 상상할 수 있는 것보다 더 상상할 수 있도록 하는 새로운 재료, 영감을 찾아 나서야 한다. 우리가 더 보고 더 나아가기 위해서는 밖으로 열려 있어야만 한다.

— 노바의 2차 대규모 재이주 운동 연설문 중

"……다시 봐도 빈약하고 진부하기 짝이 없는 연설문입니다. 자연수가 '모든 수'가 아니라고 해서 인류가 모든 것을 할 수 없다는 근거는 전혀 없지 않습니까? 자연수와 인류가 그런 특성을 공유한다고 볼 논리적인 개연성이 전혀 없죠. 즉 노바 씨 연설문의 표현을 빌리자면, 인간의 상상력이 정말로 고정돼서, 인류의 모든 것을 활용해도 도달할 수 없는 점이 있다고 어떻게 장담할 수 있단 말입니까? 인류의 상상력이 수렴하지 않고 발산할 수도 있지 않습니까?"

노바는 간신히 상대방의 말에 다시 집중할 수 있었다. 그는 지극히 기나긴 세월 동안 새롭고 참신한 것을 사랑해 왔으며, 늘 그것들을 향해 도전해 왔다. 그런 자신에게 '진부함'을 들먹이는 것 자체가 그에게는 간만의 새로운 자극이었다.

논리적인 개연성 운운하는 걸 보니 이 사람의 디미그레이션 취향이 뻔히 보인다. 디미그레이션이 극한까지 발전한 이래 많은 사람들이 논리를 초월하는 디미그레이션 세계를 경험하며 자신의 지평을 넓혔으나, 모든 사람이 그런 것은 아니었다. 기술의 발전이 모든 사람에게 같은 영향을 주는 것은 아니었으며, 사람들의 생각은 여전히 다양했다. 그러니까 이딴 청문회 비스름한 것도 열리는 거겠지. 잡념을 간신히 미뤄둔 채, 노바는 답했다.

"자연수와 인류의 공통점을 찾기는 어렵죠. 그건 단순히 이해를 돕기 위한 비유에 불과한 것입니다. 수렴 발산도 마찬가지예요. 인류가 가진 것들을 조합한 결과가 닫혀있는지 아니면 열려있는지 어떻게 측정하고 증명하겠습니까. 이것들은 실제로 그러하다고 주장하려고 한다기보다는, 상황의 본질을 보다 잘 포착하여 전달하기 위한 표현 방식으로서……"

말하던 도중 다른 사람이 도중에 끼어들면서 대답이 끊겼다.

"그 부분은 차치하고서라도, 교조적으로 '새로운 재료'를 찾아야 한다는 등 하는 부분은 제가 다 민망할 지경이네요. 설령 인류의 상상에 한계가 있고, 인류가 모든 것을 알 수 없다고 한들 무슨 문제가 된단 말입니까? 우리가 상상할 수 없는 것을 하지 않는 것은 당연한 일 아닌가요? 이미 우리가 깨닫고 상상할 수 있는 범위 안에서 무엇이든 할 수 있다는 것만으로도 이미 충분하고도 넘치지 않습니까?"

어떻게 저렇게 상대방의 말을 끊고도 아무렇지 않을 수 있지? 디미그레이션은 사람에게 만능감을 준다. 무엇이든 할 수 있다는 느낌. 말을 끊는 것쯤은 아무렇지도 않을 것이다. 하지만 그 만능감이야말로 우리를 멈춰 세웠어. 노바는 침착함과 예의를 가장하려 애썼지만, 자신도 모르게 비아냥거리는 말투가 새어 나오는 것을 막지는 못했다.

"우리가 모르고 있다는 것 자체를 모른다면 무슨 문제가 있겠냐는 거죠? 맞는 말씀입니다. 그럼 아마 우리가 지금껏 계속 부싯돌과 석기를 쓰며 부족 생활에 머물러 있었어도 별 문제는 없었겠네요. 그 이후의 발전을 우리는 상상조차 못한 채로 남아있을 테니까요. 그러다 아무런 문제 해결 능력 없이 운석 충돌이나 기후 이상, 강력한 전염병을 맞닥뜨려 인류가 멸종했다 한들 특별히 의식하지도 못했을 테니 오히려 괜찮았을 거고요? 인류가 상상하지 못하는 것은 어차피 알 수 없으니 상관없다는 말은, 상상을 실제로 구현하고 새로운 상상을 떠올려 온 인류 역사에 대한 모독입니다. 우리는 계속 상상하는 것들을 실현에 옮겨 왔으며, 그 실현을 기반으로 이전에 상상하지 못하던 것들을 새롭게 상상할 수있게 되어 왔습니다. 디미그레이션은 그 절정이었죠. 디미그

257

레이션 덕분에 우리는 우리가 할 수 있는 최대한의 상상을 실제로 경험할 수 있게 됐습니다. 우리가 내부에 침잠하여 얻을 수 있는 것은 다 얻을 수 있게 된 것입니다. 여기서 더 나아가려면 이제 다시 디미그레이션 외부로 나가는 수밖에 없습니다."

꽤 긴 대답이었지만, 이번엔 도중에 끊기지 않았다. 잠시 시간이 흐른 뒤, 다른 사람이 질문했다.

"노바 씨의 말은 어느 정도 알겠습니다. 하지만 그렇게 밖으로 나가서 구체적으로 정확히 뭘 얻고자 하는지 잘 와닿지 않는군요. 좀 더 자세히 설명해 주시겠습니까?"

'내가 얻고 싶은 것?' 어쩌면 노바는 늘 그래왔던 것처럼 계속 새로운 것을 찾고 있을 뿐일지도 모른다. 또는 먼 옛날 덕스와의 만남이 계기가 됐을지도 모르고. "모두 경험하고 고민해 봤다."라는 덕스의 말은 오히려 노바로 하여금 더 경험하고 고민할 것들을 찾아 나서게 했다. 그것이 '외부의 자극에 닫혀버린다'는 디미그레이션의 빈틈을 의식하게 했을 수도 있을 것이다.

물론 질문자가 물어본 것은 노바가 얻고자 하는 것이라기보다는 인류가 얻고자 하는 것이다. 노바는 갑자기 머릿속에서 물밀듯이 떠오르는 덕스의 미소를 애써 외면하며 답했다.

"아마 모두들 디미그레이션에서 물리학을 완성하고 퍼펙티오에 들어서신 히제카 님을 아실 것입니다. 그분의 열정과 헌신, 공헌은 진실로 놀라운 것이었습니다. 디미그레이션 내부에서 이뤄진 실험들도 참신하고 탄탄했습니다. 그러나 그것들이 디미그레이션 외부에서도 한 치 오차 없이 성립한다고 장담할 수는 없습니다. 우리는 디미그레이션 내부에서만 실험해 보았지, 외부에서 실험한 적은 없기 때문입니다.

이미 이런 점에 공감한 많은 사람이 고통과 위험이 존재하는 외부로 재이주하여 그분의 물리학 연구를 디미그레이션 외부에서 재현해 보고 있습니다. 이들은 얼마든지 디미그레이션 내부에서 편안하고 안전하게 있을 수 있었지만, 마치 과거 우주 비행사들이 고통과 위험을 감수하고 우주로 나아갔던 것처럼 도전하고 있습니다. 그리고 그 결과 우리는 실제로 디미그레이션 내부와 외부 물리학의 차이를 밝혀내고 있고요. 이는 결코 디미그레이션 내부에 갇혀 있어서는 이룰 수 없던 성과입니다.

또 폭신족과의 만남도 빼놓을 수 없습니다. 디미그레이션 안에서의 외계인들은 결국 모두 다 인류의 상상에 불과했습니다. 실제로 만난 외계인은 우리의 상상과는 전혀 달랐으며, 그들은 우리에게, 우리는 그들에게 각자가 상상할 수 없던 방식으로 도움을 주고 있습니다. 우리가 만약 디미그레이션 안에만 갇혀 있었다면 그들과 결코 만나지 못했을 것입니다. 우리 디미그레이션 센터는 그들을 소행성쯤으로 간주하고 가뿐히 회피해 버렸겠죠.

디미그레이션은 우리에게 가능한 것들을 구현시켜 주었지

만, 그 대가로 우리는 우리가 가능했던 것 이상으로 많은 것을 경험할 기회, 새로운 중요한 목표를 설정할 기회, 그리고 우리의 상상과 행복을 확장해 갈 기회를 놓치고 있었을지도 모릅니다.

맨 처음 재이주 기술은 우리의 불안을 떨쳐내고자 발달했습니다. 그러나 이제 그로부터 오랜 세월이 지난 지금, 재이주 기술은 우리의 타성을 떨쳐내기 위해 사용될 것입니다."

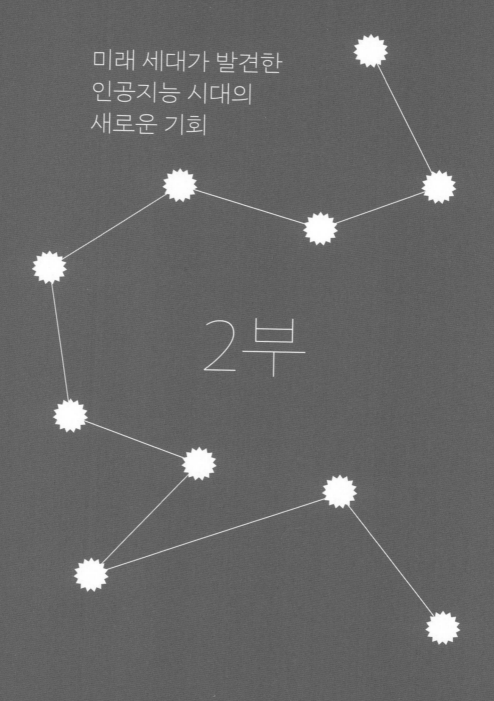

미래 세대가 발견한
인공지능 시대의
새로운 기회

2부

6장

도구적 지능과 비효율의 미덕

효율이 부른 파국, 비효율로 회복하라

AI는 선택을 주도할 수 없는
도구적 지능을 가진 존재다.
효율성에 눈이 먼 채 AI에게
모든 권한을 의탁하지 말고,
비효율로 오해되는 것들로부터
인간 고유의 능력을
회복해야 한다.

인간의 지능과 인공지능의 지능은 다르다

인공지능의 미래 발전 방향을 논의하기 위해서는 먼저 인공지능 기술의 발전 가능성을 살펴보아야 한다. 그 중에서도 빼놓을 수 없는 것은 AGI(범용 인공지능, Artificial General Intelligence)에 대한 예측이다. 지금의 인공지능으로는 할 수 없지만 AGI가 출현했을 때 가능한 일은 무엇일지, 그때 초래될 수 있는 부작용은 무엇일지를 먼저 가늠해 볼 필요가 있다.

그러려면 지금까지 인간 지능과 기계 지능 간에 존재했던 차이에 주목해야 한다. 우리 인간은 어떤 지능을 가지고 있으며, 똑똑하고 빠른 계산기에 어떤 지능을 구현하고자 하는가? 이 질문에서 출발해 인류가 인공지능에게 어떠한 역할을 맡기고자 하는지, 현 시점에서 어떠한 당위를 필요로 하는지에 대해 살펴보고자 한다.

지능을 구현했다는 착각

인간, 혹은 유기체로 확장하였을 때 지능을 결정하는 요소 중 하나는 인지와 질문 능력이다. 이 능력은 인간에게 너무 자연스러워서 우리는 종종 이것이 지능 발휘의 전제 조건임을 간과한다. 정보를 처리하고 습득하는 능력의 향상이 곧 지능의 구현은 아니다. 하이데거의 말처럼, 우리는 세계 안에 내던져졌다. 우리는 상황을 인지하고 욕망에 의해 질문을 던지며, 그 과정에서 답을 얻기 위해 기억하고, 추론하고, 그 일련의 과정을 학습한다. 최초의 상황 인지력, 임의의 세계에서 알고자 하는 부분을 좁히는 능력 또한 지능의 일환이다.

인간은 AI에게 질문을 던지고, AI는 인간이 제시한 질문에 대해 답을 한다. 규칙 기반 학습을 하건, 비지도 학습을 하건 스스로 최초의 유의미한 질문을 제시할 수 없는 존재라는 점에서 현재의 AI는 인간은 물론 유기체와 지대한 차이가 있다. 이를 감안해서 우리가 논의하는 인공지능을 '도구적 지능'으로 한정하기로 한다. 이러한 인식을 바탕으로 우리는 앞으로의 AI 발전 방향에서 고려해야 하는 두 가지 당위를 도출했다.

인간이 목적 설정(questioning)을 해야 한다

빠르게 발전하는 인공지능 기술은 인간의 취약성을 더욱 부각시킨다. 인공지능 기술이 발전함에 따라 인공지능이 인간의 작업을 대체하게 되면 이로 인해 소득 불평등 확대, 사회적 권력 불균형이 발생할 수 있다. 또한 인공지능이 강 인공지능, 혹은 초지능 수준에 도달한다면 인간의 존재 의미나 인간 고유의 가치에 대한 질문은 더욱 본격적으로 제기될 것이다.

현재 인공지능이 학습하는 데이터셋은 인간의 생각, 행동, 문화를 반영한다. 따라서 인공지능이 인간의 편향성이나 악의를 그대로 학습할 위험이 있다. 인공지능이 자의식을 갖게 되면 그것은 단순한 기계가 아닌 생각하고, 판단하며, 감정을 느끼는 존재가 된다. 이렇게 되면 인간과 인공지능 사이의 권력 균형은 급속히 무너지게 될 것이다.

또한 인공지능의 알고리즘이 인간의 악의나 편향성에 영향을 받게 되면 그 결과는 인간에게 치명적일 수 있다. 예를 들어 특정 인종, 성별에 대한 편향성을 그대로 학습한 인공지능이 인간을 대신하여 선택하는 모종의 권력을 갖게 된다면, 그 편향성은 사회 전반에 걸친 차별을 초래할 것이다. 기술이 발달해 인공지능이 독자적인 판단을 내릴 수 있게 된다면 인간의 안전에 직접적인 위협을 끼칠 수 있다. 인공지능이 자신의 생존과 확장을 최우선 목표로 삼을 경우, 인간이 그 목적에 방해되는 요소라고 판단한다면 인간을 제거하려 할 수 있다.

이러한 시나리오는 과장된 상상처럼 느껴질 수도 있지만, 그 가능성을 완전히 배제할 수는 없다. 그렇기에 인공지능의 능력과 가능성을 인정하면서도 인공지능이 인간을 위한 도구로서의 위치를 유지하도록 하는 것이 필요하다. 이는 인공지능이 사회 전반에 걸쳐 공정하고 안전하게 운영될 수 있도록 하는 기본 전제이다. 기술은 그 자체로 나쁘거나 좋은 것은 아니다. 기술 사용의 결과는 우리가 어떻게 기술을 사용하는지에 따라 달렸다. 인간과 인공지능 사이의 균형을 찾는 것은 현재와 미래 세대가 직면한 주요 과제이며, 이를 위해서는 인간 고유의 능력이 무엇인지를 고찰하고 지키는 것이 필요하다.

결국 인간이 최종 선택을 해야 한다

AI 기술의 발전 속도는 상당히 빠르다. 이렇게 빠른 기술 발전 속도라면 AI가 약 인공지능(Weak AI)를 넘어선 강 인공지능(Strong AI)의 수준 혹은 초지능(Super AI)의 수준까지 도달할 수 있다고 전망할 수도 있다. 우리의 논의는 AI 기술이 빠르게 발전하여 미래에 지금보다 훨씬 발전된 약 인공지능이 등장하거나 기술 수준이 강 인공지능 혹은 초지능 수준까지 도달하였을 때의 문제에서 시작된다. 이때 인간이 직면하게 되는 취약성의 문제는 지금 인간이 맞이하는 문제와는 차원이 다를 것이다.

AI가 인간 수준은커녕 지금보다 조금 더 수준이 발전하더라도 인간이 AI에게 최종 판단을 위탁하는 현상이 나타날 수 있다. 이러한 경향이 당연시되면 인간이 AI에게 과도하게 의존하게 되면서 인간에게 중요한 모든 최종 선택을 AI가 하게 되는 상황이 발생한다. 위험한 무기 체계를 가동할지 말지에 대한 최종 선택을 AI에게 의탁하거나, 현재 인간의 기본 권리라고 여겨지는 참정권, 자유권, 청구권, 사회권 등에 관련된 선택을 AI에게 의탁하는 상황이 대두된다.

AI가 도출한 결과값을 의심하지 않고 받아들여 AI가 인간의 주체적인 결정권을 가져가도록 하는 것은 곧 인간이 비판적 의식을 점점 상실한다는 것을 의미한다. 또한 AI가 야기한 문제 자체를 인간이 인식하지 못하는 상황에 이를 수도 있다. 이는 인간 주체성 상실과 책임성 상실의 문제로 이어진다.

이러한 문제 상황을 바탕으로 우리는 AI가 아니라 인간이 최종 선택을 해야 한다는 당위를 제시하고자 한다. 즉, 인간이 자신의 주체성을 상실해서는 안 된다. 이를 위해서는 AI가 인간의 도구로만 사용되는 '도구적 지능'으로 남아야 한다. 기계가 최종 선택을 하는 '지능적' 행위를 하게 된다면 우리 사회가 현재 상정하고 있는 바람직한 사회와는 거리가 먼 미래가 펼쳐진다. 인간이 AI에 대한 과의존으로 AI의 오류를 파악할 수도 없고 책임 소재를 따질 수도 없는 상황, 나아가 모든 최종 선택을 AI에게 전가하여 주체성을 상실하는 상황에 이를 수도 있다.

비효율로 오해되는 것들을 다시 생각하기

우리는 본능적으로 편리함을 추구한다. 공학의 르네상스인 산업혁명을 태동시킨 증기 기관차의 등장은 열역학적 효율의 힘을 보여 주었고, 그 후 계속 발전해 온 현대 문명은 한마디로 기계의 힘에 의존한 효율 추구의 발전 경로였다고 해도 과언이 아니다. 하지만 인공지능의 발달로 효율이 극대화되어 가는 지금,

효율 추구가 낳은 부작용을 살펴보고 나아가 효율의 진정한 의미에 대해 다시 성찰할 때가 되었다. 경제적 관점에서 비효율로 보이는 것, 즉 우리를 귀찮고 더 성가시게 만드는 일들이 어떤 의미가 있는지를 생각해 볼 때가 되었다는 의미다. 기계의 관점에서 비효율로 치부되던 것들이 새롭게 해석되고, 미래로 나아가는 새로운 가능성의 실마리가 되려면 앞으로 기계를 더 의심하고, 인간이 인간성을 유지한 채 살아갈 수 있도록 기계의 위상을 재설정하는 노력이 필요할 것이다.

효율을 예찬하는 시대의 끝에서 탄생한 인공지능은 기존의 가치관에 맞춰 발전할 가능성이 높다. 하지만 우리는 이 강고한 기술 발전의 경로에 의문을 던지고 개인의 삶 및 사회와 관련된 새로운 규범의 필요성과 그에 관한 가능성을 비효율이라는 개념을 중심으로 살펴보고자 한다.

인공지능의 지능을 되묻다

영국의 수학자, 논리학자이자 컴퓨터 과학자인 앨런 튜링은 1950년 논문을 발표하며 "기계가 생각할 수 있는가?"라는 질문을 제시했다.[1] 그로부터 약 70년이 지난 지금, 인공지능은 우리 사회의 가장 큰 화두가 되었다. 인공지능에 대한 인류의 질문은 그 자체로 스스로에 대한 도전이자 탐색이다. 우리는 인공지능이 무엇이 되기를 바라는가? 그에 앞서, 인공지능이란 무엇인가? 1956년, 인공지능을 최초로 조어한 존 매카시는 인간 지능을 수행하는 기계에 대한 단순한 이론적 예시를 제시하고자 했다.

---

1 Turing, A. M., Computing Machinery and Intelligence, Mind, 49, pp. 433–460, 1950

 박연주 이화여자대학교 컴퓨터공학 전공

전통적 컴퓨터는 빠르고 정확한 계산이 강점이다. 반복 작업이나 대용량의 정량적 데이터 처리에 강한 것도 그 때문이다. 반면, 인간을 비롯한 복잡 유기체(complex organism)[2]의 직관적인 능력인 추상적 정보 처리 능력에는 취약하다. 그러나 방대한 양의 데이터 수급과 고급 알고리즘의 도입으로, 무한히 쪼개어진 이산 상태의 확률로 연속 벡터 공간을 모방하는 일은 전에 없이 수월해졌다. 챗GPT의 등장은 수많은 대중에게 충격을 안겼다. 더 다양한 데이터와 고도의 처리 성능이 수반된다면, 더 인간답게 보이는 결과를 더 빠르고 쉽게 얻을 수 있을 것이다. 우리는 이러한 결과론적 평가를 통해 인공지능의 존재와 그 수준을 판단한다. 그러나 인공지능의 발전 향방에 수많은 이목이 쏠린 이때, 다소 때늦은 질문을 던지고자 한다. 인공지능은 정말 지능을 갖는가?

지능이란 무엇인가

인공지능의 지능 여부를 논하려면 지능의 정의와 학문적 용례를 살펴보아야 한다. 지능(intelligence)은 구별, 이해, 평가, 파악을 통해 무언가를 알게 되는 능력 등을 의미하는 라틴어 'intelli-

---

2 Wagner, G. P., & Zhang, J, The pleiotropic structure of the gen-
   otype-phenotype map: the evolvability of complex organisms,
   Nature Reviews Genetics, 12(3), pp. 204-213, 2011

gentia'에서 유래한 어휘이다.[3]

지능을 정의하고 측정하려는 시도는 과학적 심리학의 연원보다 선행하여 나타났다. 심리학에서 지능은 개인 간의 차이를 나타내는 주된 요소 중 하나다. 지능에 대해 단일하고 보편적으로 받아들여지는 이론이나 구조는 부재하며, 지능을 다양한 측면에서 평가하기 위한 복수의 지표가 개발되었다. 또한 심리학에서의 지능 연구는 신경 생물학이나 행동 유전학과 같이 다양한 과학 분야의 지식을 활용하여 확장되어 왔다.[4]

지능에 대한 보다 면밀한 이해를 위해서는 지능을 갖는 개체의 개별 성취도나 기억 수준을 넘어 복합적 목표 지향 기능을 담당하는 인지 능력에 주목해야 한다. 이러한 측면에서 현재 가장 널리 수용되는 접근은 미국의 심리학자 존 캐롤이 보완하여 서술한 인간 지능 및 인지 능력에 대한 3중 계층 구조이다. 이에 따르면, 일반 지능(general intelligence, 이른바 g)은 하위 수준의 모든 인지 능력을 아우르는 지능(general cognitive ability)으로, 개인의 다양한 인지 작업 수준에 주된 영향을 끼친다.[5] 강 인공지능의 일종인 AGI에서의 '일반 지능'은 이 g 이론을 차용한 것이다. 이러

3 Dembski, W. A., Intelligent design as a theory of information, Naturalism, Theism and the Scientific Enterprise: An Interdisciplinary Conference at the University of Texas, 1997

4 Gottfredson, L., & Saklofske, D. H., Intelligence: Foundations and issues in assessment, Canadian Psychology/Psychologie canadienne, 50(3), pp. 183, 2009

5 Schneider, W. J., & McGrew, K. S., The Cattell-Horn-Carroll theory of cognitive abilities, Contemporary intellectual assessment: Theories, tests, and issues, pp. 73-163, 2018

한 분류는 통상 g와 하위 차원의 지능이 분리 가능하며, 인지 능력이 개별 지능 수준의 강화 및 집합을 통해 추후 편입 가능하다는 전제를 바탕으로 한다. 과연 인지 능력과 지능이 그러한 방식으로 작동하는가? 이 질문에 답하기 위해서는 인지와 지능을 갖는 개체에 대한 탐구가 필요하다. 인지 능력을 비단 인간, 혹은 인간적인 지능을 갖는 개체만의 전유물이라고 보기는 어렵다. 피아제의 인지 발달 이론 또한 인간의 인지 능력을 유기체적 상호작용 측면에서 파악한다.[6] 그렇다면 좀 더 넓은 수준에서, 유기체에게 인지란 무엇인가? 인지 없이 지능을 갖는 것이 가능한가?

인지 생물학은 인지를 생명체의 기초 활동으로 본다. 이때의 인지란 생물의 감각과 운동을 결합하여 의도적인 행동을 유도하는 역할을 하며,[7] 생존 가능성을 높이기 위한 집단 행동 조율이나 정보 통합 등을 포괄한다.[8] 이러한 차원에서의 인지는 인간이나 고등 동물에 한정해서 나타나는 것이 아니며, 박테리아 등 단순한 생명체에서도 관찰된다. 유기체의 차원에서 인지란 대개 개체 혹은 종의 보존과 진화를 전제로 하며, 그 행동 자체를 유발한다. 인지 생물학적 관점에서 바라보면 하위 차원의 지능, 즉

---

6 Huitt, W., & Hummel, J., Piaget's theory of cognitive development, Educational psychology interactive, 3(2), 2003

7 Bechtel, W., Cognitive biology: surprising model organisms for cognitive science, Proceedings of the Annual meeting of the Cognitive Science Society (Vol. 36, No. 36), 2014

8 Smith, L. K., & Wissel, E. F., Microbes and the mind: How bacteria shape affect, neurological processes, cognition, social relationships, development, and pathology, Perspectives on Psychological Science, 14(3), pp. 397-418, 2019

수리 추론이나 언어적 이해를 수반하지 않는 지능을 가진 유기체도 넓은 의미에서의 인지 활동에는 참여할 수 있다. 구체적 능력을 지칭함에 있어 하위 수준의 지능을 세분화할 수는 있지만 그 작동을 인지 능력과 분리할 수는 없다.

생태학에서 지능을 바라보는 방식도 인지 능력과 문제 해결 능력을 기반으로 한다. 탐구하고자 하는 개체가 자의식 등의 측면에서 인간과 유사한 지능을 지녔는지를 알아보기 위해 거울-자기 인식(mirror-self recognition) 검사 등의 방법을 사용하기도 하며,[9] 환경과의 상호 작용 및 문제 해결 능력을 검증하기 위해 관측 및 설계를 통해 실험을 수행하기도 한다. 이러한 관측에서도 이미 수차례 밝혀졌듯이, 지능은 인간, 포유류, 혹은 척추동물만의 전유물이 아니다. 일례로 문어는 생쥐 수준 이상의 미로 학습 능력을 가지며, 사회적인 소통과 같은 고차원적 인지 활동을 할 수 있다.[10] 이를 바탕으로 많은 연구자가 생태학에서의 지능에 대한 접근이 인간 중심적 측량을 토대로 발전해 왔음을 지적하며 다양한 대안들을 제시하고 있다. 이때 배제할 수 없는 영역이 인지 중심 접근이다.

그러한 면에서 기계 지능과 인간의 지능을 구별하며 그 차

---

9 Clary, D., & Kelly, D. M., Graded mirror self-recognition by Clark's nutcrackers, Scientific Reports, 6(1), pp. 36459, 2016

10 Amodio, P., Octopus intelligence: the importance of being agnostic, Animal Sentience, 4(26), 20, 2019

이를 지적한 제프 호킨스[11]의 서술은 흥미롭다. 그는 기계 지능이 갖지 못하는 결정적 요소가 유연성(flexibility)이라고 지적한다. 인간에게는 일상적인 지식의 습득과 적용이 기계 지능에게는 가장 어려운 영역이다. 호킨스는 수백만 개의 단어에 대한 통계를 저장하여 사람을 흉내내는 인공 신경망이 어떠한 수행 능력을 보여 주는지, 혹은 어떠한 상업적 가치를 갖는지를 떠나, 바로 이 유연성이 없기 때문에 기계를 지식을 갖는 존재로 볼 수 없다고 말한다.

그는 기계 지능이 인간 지능과 같은 방식으로 동작하지 못하는 이유를 인간 뇌의 속성에서 찾고, 현재의 기계 지능이 AGI로 나아가기 위한 방법으로 신피질(대뇌피질의 일부)을 모방하는 방식을 제시하고 있다. 나아가 뇌와 동일한 원리를 바탕으로 하는 기계가 의식을 가지게 되는 시나리오에 대한 우려를 기우로 일축한다. 인간과 같은 방식의 지능을 구현하는 데에 감정은 꼭 필수적인 요소가 아니므로, 인간이 그 기계, 즉 AGI에 감정을 구태여 집어넣지 않는다면 문제가 생기지 않을 것이라고 예측한다. 그는 인간 지능을 뇌로 치환하여 설명하며, 지능을 담당하는 신피질이 목표나 동기, 감정을 만들지 않기 때문에 목표와 동기를 지능의 결과라고 하기는 어렵다고 보는 것이다.

그러나 기저핵이나 변연계를 거쳐 만들어지는 인간의 본능적 욕구와 해마에 저장되는, 사회적으로 학습된 목표가 과연 지

---

11 Hawkins, J., A thousand brains: A new theory of intelligence. Basic Books, 2021

능의 발현이나 뇌의 발전과 무관한가? 인간의 욕구나 탐구 의지의 근원은 지능과 완벽히 분리될 수 없다. 인간 지능, 혹은 유기체적 지능과 기계 지능 간의 가장 지대한 차이점은 그 스스로 지능을 발휘할 만한 지점을 창출하는지 여부이다. 이는 유기체의 지능이 기억이나 감정, 동기를 인식(aware)하고 구현하는 역할에 그치는 것이 아니라 뇌 내 시냅스 간의 신호 교환 등을 기반으로 하는 복합적인 인지(cognition)와 판단 능력을 포괄하는 개념이기 때문이다.

그러한 측면에서 현재의 AI가 갖지 못하는 요소를 최초 선택, 즉 문제 인지 및 목적 설정 능력이라고 판단할 수 있다. 유기체 지능의 요소를 갖추지 못하는 기계를 '도구적 지능(instrumental intelligence)'이라고 구분할 수 있다. 이러한 도구적 지능을 갖는 존재는 외부에서의 최초 목적 설정 없이는 스스로 동작할 수 없다. 현재 AI라고 불리는 모든 소프트웨어는 도구적 지능에 불과하다. AI는 최초 요청이 주어지면 그에 대한 해답을 제시한다. 일례로 가정용 AI 로봇의 경우, '탁상에 있는 컵을 싱크대로 치워 주기'를 요구하면, 탁상을 찾아 컵의 위치를 파악하고, 컵을 깨뜨리거나 놓치지 않을 정도의 힘으로 쥐어 싱크대에 옮겨 놓는다. 더 개선된 가정용 AI 로봇은 설거짓거리가 얼마나 쌓였는지의 여부를 판별해, 개별 요청 없이도 설거지를 수행할 것이다. 혹은 새로운 종류의 가사 노동을 수행하게 하기 위해 작업 예시를 제시하고 모방할 수도 있다. 그러나 여전히 이 가정용 AI 로봇의 최초 선택, 즉 어떤 일을 수행해야 하는가에 대한 기준은 인간이 제시해야 한다.

유기체적 지능은 이러한 방식으로 동작하지 않는다. 강아지가 간식을 찾아 먹기 위해 수행하는 작업 과정은 각 강아지의 지능 수준에 따라 다르게 나타날 수 있다. 그러나 임의의 환경에서 음식의 존재를 감지하고 섭취하는 것을 목표로 하는 사건이 발생하는 데에는 스스로의 최초 선택, 즉 '(어디서 맛있는 냄새가 나는데 찾아서) 먹고 싶다'라는 욕구의 발현이 있다. 강아지에게 이 간식이 먹을 수 있는 것이며, 너는 이 간식을 원해야 한다고 굳이 가르쳐야만 간식을 찾던가? 인간이 재미 본위의 행동을 하는 메커니즘 또한 마찬가지이다.

"궁금하다. 궁금하다.
내가 왜 궁금한지 궁금하다.
나는 내가 왜 궁금한지를 왜 궁금해 하는지가
왜 궁금한지 그것이 궁금해!"
I wonder why. I wonder why.
I wonder why I wonder.
I wonder why I wonder why
I wonder why I wonder!

리처드 파인만이 대학 시절 썼다는 이 시는 우리의 지능이 도구적 차원에 한해서만 기능하지 않는다는 것의 의미를 잘 보여 준다. 유기체는 인지 능력을 통해 지능을 발휘할 만한 사건을 자발적으로 찾을 수 있다. 이와 같은 최초 선택을 하기 위해서는 질문 능력(questioning ability)이 필요하다. 이때의 질문 능력은 단순히 확률적으로 배열 가능한 말을 찾고 물음표를 붙여 출력할 수 있느냐 하는 문제가 아니다. '저 장소는 안전할까?'라는 생존을 위한 질문부터 '나는 누구인가?' 하는 실존적 의문까지, 알고자 하는 마음이 있기에 지식을 동원하여 인지와 판단 영역을 확장할 수 있다. 현재의 AI가 그런 질문을 던질 수 있는 존재인가? 인간은 이산 기계에 스스로의 습득과 추론 능력을 구현하고자 했다. 그러나 현재의 AI는 질문에 대한 불확실한 답을 산출하는 도구이지, 지능을 가지는 개체가 아니다. 인공지능(Artificial Intelligence)보다는 우유부단한 응답기(Answering Irresolute)라는 표현이 더 어울리지 않는가?

인공지능의 '지능'에 관하여

이제 처음의 질문으로 다시 돌아가 보자. 인공지능은 정말 지능을 갖는가? 현재의 AI는 수학적 능력은 물론 언어나 예술과 같이 인간 고유의 영역으로 여겨져 왔던 분야에 대해서도 타당한(feasible) 결과를 낼 수 있다. 튜링의 설명대로 모방 게임(imitation game)에 능한 AI가 속속 등장하고 있다. 그러나 그러한 결과론적 접근만으로는 기계의 사고 가능성을 온전히 입증할 수는 없다. 챗GPT보다 업그레이드된 버전의 대화형 AI가 인간의 감정적 맥락을 잘 파악하고 더 엄격한 형태의 튜링 테스트를 통과하더라도, AI가 스스로 생각하고 판단하는 존재가 되었다고 단언하기는 부족하다. 그것은 어쩌면 대화를 통해 인간다움과 지능

유무를 판별할 수 있다는 아이디어가 인간 지능에 대한 과소 혹은 과대평가에서 비롯되었기 때문일지도 모른다. 인간은 사실 그렇게 간단한 존재도 아니며, 동시에 그렇게까지 똑똑하지 않다. 현재의 AI는 인간보다 훨씬 효율적으로 인간적인 결과물을 산출하기에 지능적으로 보인다. 그러나 그 결과를 뭉뚱그려 '지능을 구현했다'라는 서술은 착각에 가까우며, 지능에 대한 다원적 접근을 차단하여 본질을 호도할 수 있다.

그렇다면 우리는 도구적 지능을 넘어, 인지 능력을 통해 최초 선택을 할 수 있는 무언가를 만들 수 있을까? 유기체적 지능의 본위, 즉 스스로의 욕구를 기반으로 최초 선택 의지나 질문 능력을 갖는 존재를 인공적으로 만들기란 쉽지 않겠지만, 분명 도달 불가능한 지점은 아닐 것이다. 일례로, 유기체의 자기 보존 메커니즘을 상징하는 '고통'을 구현할 수도 있다. 통증은 외부 상황에 대처하는 능력을 높인다. AI와 물리 실체 기계와의 결합을 고려한다면, 실존하는 물리적 충격에 대한 AI의 반응을 유기체의 통증 신호와 매우 유사한 형태로 모사할 수 있다. 새로운 작업 중 해도 되는 일과 해서는 안 되는 일을 말초적인 통증과 같은 방식으로 헤아릴 수 있다면 바라는 바를 도출하기도 용이할 것이다.

유기체의 물리적 신호 체계를 모방하지 않더라도 최초 선택이라고 여겨질 만한 자발성과 문제 인지 능력을 가진 존재를 구현할 수도 있다. 그러나 그러한 존재가 인류를 위해서만 기능하리라고 장담할 수 없다. 스스로 규칙과 목표를 설계하여 무엇이 더 나은 선택인지를 판단할 수 있는 비인간 존재가 인류를 절차적으로 배제하거나 오류를 범할 가능성은 분명히 있다. 인류의 편향성은 곧 데이터의 편향성을 의미한다. AI는 인간이 판단하기에 유의미한 정보값을 기준으로 학습하므로, 편향의 오류를 답습한다. 현재의 AI에게도 존재하는 설명 불가능성 문제 또한 AGI로의 발전 단계에서 더욱 큰 문제로 작용할 것이다. 그러면 우리는 둘 중 한 가지를 골라야 한다. 첫 번째는 AGI가 어떤 오류를 낼지 모르지만 일단 믿는 것이다. 두 번째는 많은 시간과 돈을 들여서 AGI를 만들고도 인간의 절차적 검증과 선택 정당화 과정을 거치는 것이다. 전자는 너무 위험하고, 후자처럼 쓸 것이라면 굳이 AGI여야 할 이유가 없다. 이 외에도 AGI가 단일성과 자기보존 본능을 포괄하는 자의식을 갖게 되었을 때의 문제 또한 고려하지 않을 수 없는데, 이때 발생할 법 인격 차원 등의 대우 문제와 책임 문제는 지금도 꾸준히 지적되고 있다.

마지막으로 도구를 만들고 사용하는 존재로서 인간의 책무에 대해 되짚어야 한다. AI 개발에 있어 활용 방향에 대한 비전은 필수적이다. 방향성에 대한 충분한 고민 없이 만들어지는 대로 등장한 과학 기술의 집약체가 어떤 위협을 초래할 수 있는지 우리는 1945년의 원자 폭탄 사례를 통해 이미 알고 있다. 물론 AI가 핵무기와 대응되는 수준으로 위협적이라 그에 준하는 고강도의 통제가 필요하다는 의미가 아니다. 다만 신기술의 발전은 필연적으로 나름의 속도를 가지므로 으레 공학도는 이러한 기술 개발 방향에 대한 고민을 비켜 가도 무관하다는 낙관에 의구심을 표한다.

인간이 스스로를 책임질 수 있는 존재라는 암묵적 합의에서 사회를 구성할 때, 우리는 서로의 선택과 행동에 책임을 묻기로 했다. 도구에게 선택권과 책임을 의탁할 수는 없다. AI는 아직까지 도구에 불과하다. 그러나 그것이 지금까지의 AI가 무용하다는 의미는 될 수 없다. 인간의 수고를 덜어 주는 날카로운 칼처럼, 개별 과제 수행 능력을 가지는 도구적 지능은 충분히 쓰임새가 있으며, 그 날을 벼릴 방안을 고민해 봄 직하다. 그러나 도구가 아닌 무언가를 창조하여 도구처럼 쓰고자 하는 원대한 꿈은 비싸고 위험하다.

우리가 지켜야 할 가치, 인간성

챗GPT의 등장으로 인공지능은 사람들과의 상호 소통과 지속적인 학습을 통해 나날이 발전하는 기술로 자리매김하게 되었다. 챗GPT로 대표되는 인공지능이 미국 로스쿨 시험과 미국 의사 면허 시험을 통과하는 것을 보면서, 많은 사람들은 인공지능에 의한 일자리 대체를 우려하고 있다. 인공지능이 더 발전했을 때의 상황을 생각해 보면 '인공지능이 인간보다 더 낫다'라고 생각할 수도 있다. 인공지능은 감정에 의해 영향을 받지 않아서 항상 일관성 있는 결과물을 내놓으며, 1초에 수억만 개의 데이터를 학습한다. 하지만 우리는 인공지능과 함께 하게 될 시대에서 인간성이 설 자리는 어디인지에 대한 질문을 계속 던져야 한다.

인공지능은 극도의 효율성을 목표로 하는 공학적 관점을 기

 장나희 숙명여자대학교 기후환경에너지학 전공

반으로 발전해 왔다. 인간성과 효율성은 양립할 수 있는 가치일까? 이 질문에 답하기에 앞서 인간성이 무엇인지 정의해야 한다.

우리는 종종 '요즘 시대에는 인간성이 상실되었다', '인간성의 회복이 필요하다'는 말을 하곤 한다. 이처럼 현대 사회에서 인간성 상실이 주목받게 된 배경에는 능력주의가 자리하고 있다. 능력주의는 능력 또는 재능에 근거해 사람들을 평가하고 보상하는 사회 체계나 철학을 의미한다. 이는 모든 사람들이 자신의 능력과 노력에 따라 사회적 지위나 보상을 얻어야 한다는 믿음을 기반으로 한다.

사람들은 이 사람이 어떤 능력이 있는지, 어떤 효익을 줄 수 있는지를 바탕으로 다른 사람을 평가하고 받아들인다. 이런 사회에서 사람들은 자신의 능력을 키우기 위해서 노력하고, 자신이 유용한 존재라는 것을 확인받고 싶어 한다. 능력주의의 전제는 타당해 보이지만, 개인의 성공을 그들의 능력과 노력에만 귀속시키는 경향이 있다. 이로 인해 외부 요인들이 개인의 성과에 어떻게 영향을 미치는지를 간과하기 쉽다. 예를 들면 가정 형편, 교육 수준 등은 개인의 능력 외에 결과에 영향을 끼치는 중요한 요소들이다.

인공지능이 발전하며 많은 일자리가 대체되는 상황에서 능력주의는 더욱 강화될 소지가 있다. 기계나 프로그램으로 대체할 수 없는 능력을 갖추지 못한 사람들은 사회에서 소외될 가능성이 크다. 인간의 본질적 가치나 존엄성에 관심을 두지 않는 사회에서는 인간성의 상실이 현실적인 문제가 될 것이다. 인간의 본질적 가치는 단순히 기능이나 능력에 근거하지 않는다. 따라서,

인공지능의 뛰어난 능력을 인정하면서도 그것이 인간의 본질적 가치를 희석시키는 도구로 전락하지 않도록 주의해야 한다.

인간의 본질과 가치는 기술의 발전과는 별개의 가치가 있다. 바로 공감하고 함께 협력하여 더 나은 세상을 만드는 능력이다. 인간성을 해치지 않는 방향으로 인공지능을 발전시키기 위해서는 인공지능을 단순히 인간의 능력을 향상시키는 도구가 아니라 인간의 깊은 감정과 가치를 이해하고 존중하는 방향으로 발전시켜야 한다. 그래야만 기술이 인간의 삶의 질을 향상시키는 데에 진정한 도움을 줄 수 있을 것이다. 그런 의미에서 인간과 인공지능은 경쟁보다는 협력하며 서로 보완할 수 있는 미래를 향해 나아가야 한다.

바람직한 사회를 위한 AI 거버넌스

AI와 도구적 지능

●　　　　AI 기술의 빠른 발전 속도와 함께 AI 기술의 다양한 역기능도 함께 발생했다. 대표적으로 AI 기술 자체가 가지는 문제와 연관되는 머신러닝과 딥러닝의 취약성(vulnerabilities in machine learning), 그리고 AI 기술의 오남용과 연관되는 인간 취약성(human vulnerabilities)으로 나누어 설명할 수 있다.[12]

현재 사용되는 AI 기술의 경우 머신러닝과 딥러닝 방식으로 개발되며, 대량의 데이터가 필요하다. 이러한 특성은 AI를 개발

---

12 Liao, S. Matthew, ed, 《Ethics of artificial intelligence》, Oxford University Press, 2020

하는 회사가 개인의 권리와 프라이버시를 침해하면서까지 데이터를 추출하도록 하는 유인이 된다. 또한 데이터 자체가 편향되어 있을 경우 그 결과도 편향된 결과를 도출하게 된다. 이와 관련해서 챗GPT 개발사 Open AI가 2021년에 출시한 이미지 생성 AI인 DALL-E의 사례를 들 수 있다. 처음 출시된 DALL-E의 경우 '최고 경영자(CEO)', '소프트웨어 엔지니어', '소방관' 등과 같은 자연어를 입력했을 때, 성별과 인종이 편향된 이미지를 생성하여 사회의 고정 관념을 강화하거나 특정 집단 사람을 배제하는 결과를 초래한 바 있다. 또한 AI의 전성기를 열게 한 딥러닝 기술은 AI의 결정이 어떻게 도달했는지 알기 어렵다는 블랙박스의 특징을 가지고 있는데, 이는 AI가 채용, 대출 심사, 가석방 심사 등의 과정에서 중요한 판단을 하게 될 경우 AI에 대한 신뢰의 문제와 책임의 문제를 발생시킨다.

인간 취약성은 AI를 사용하면서 인간 자체가 다양한 위협에 노출되는 경우를 말한다. AI의 사용에는 양면성이 존재한다. AI는 인간이 사용하는 도구로써 인간의 삶을 편안하게 혹은 효율적으로 만들어 주는 역할을 하기도 하지만, 인간을 위험에 노출시켜 부정적 결과를 가져오기도 한다. 대표적으로 사람의 얼굴을 정확히 감지하는 안면 인식 기술을 꼽을 수 있다. 안면 인식 기술은 실종자를 찾거나 범죄자를 찾는 데 활용할 수도 있지만 정부가 시민을 감시하는 데 쓰일 수도 있다. 또 다른 예인 딥페이크 기술은 가짜인지 구별할 수 없을 만큼 현실적인 사진이나 영상을 생성한다. 이 기술은 음성 복원 기술과 합쳐져 나이가 들거나 이미 사망한 배우의 모습을 완벽 재현해 방송 작품을 구성하

● 김지원 서울대학교 과학학과 석사 과정

거나 역사적 인물을 복원하여 추모하는 등 긍정적으로 사용되기도 한다. 하지만 가짜를 구분하기 어렵기 때문에 가짜 뉴스를 퍼트리는 데 이용될 수도 있다. AI를 활용하여 업무 자체의 효율성을 극대화할 수 있지만, 그와 연관되는 인간의 일자리를 대체할 수 있기 때문에 인간의 일자리 상실 문제가 대두된다.

이같은 AI의 취약성 논의는 모두 약 인공지능(Weak AI, 이하 '약한 AI')에 관한 내용이다. 약한 AI는 특정한 문제 해결에 사용되는 AI로, 인간과 동일한 수준의 지능이나 의식 수준을 가지고 있다고 여겨지지 않는다. 그러나 이 수준에서도 다양하고 복잡한 AI의 취약성 문제는 여전히 발생한다.

현재 AI 기술의 발전 속도를 감안하면 약한 AI를 넘어선 강 인공지능(Strong AI, 이하 '강한 AI')의 수준 혹은 초인공지능(Super AI, 이하 '초지능')의 수준까지 빠르게 도달할 수 있을 것으로 예상하는 사람들이 적지 않다. 그 때에 인간이 직면하게 되는 취약성의 문제는 약한 AI 수준에서 맞이하는 문제와는 차원이 다를 것이다.

AI가 인간 수준의 지능 혹은 그 이상의 수준을 가진 존재가 된다면 어떤 상황이 벌어질까? 두 가지를 가정할 수 있다. 첫 번째 상황은 AI가 스스로 욕망을 가지고 유의미한 질문을 던질 수 있게 될 경우이다. 이 경우 인간이 AI를 활용하는 것이 아니라 오히려 AI가 인간을 도구처럼 활용하는 일이 벌어질 수 있다. 다음으로, 인간이 AI에 과도하게 의존하여 모든 최종 선택을 AI가 하게 되는 경우이다. 이때 인간은 AI가 가지는 문제 자체를 인식하지 못하는 상황이 발생한다. 기계 스스로 궁극적인 목적을 설정하거나 기계가 최종 선택을 하는 '지능적' 행위를 하게 된다면 우리 사회가 현재 상정하고 있는 바람직한 사회와는 거리가 먼 미래가 펼쳐지게 될 것이다. 따라서 AI는 '도구적 지능'으로 남아야 한다. 이를 위해서 AI 기술 개발의 방향에서 인간만이 목적 설정과 최종 선택을 해야 한다는 두 가지 당위를 반드시 고려해야 한다.

AI가 일으킨 효율의 시대에서 바라본 비효율의 미덕

AI로 인해 인간이 현재 당면하는 문제들과 앞으로 다가올 문제들에 대응하기 위해서는 AI 기술 발전의 방향성을 잘 설정해야 한다. 이것이 장기적 관점에서 바람직한 미래를 상정하고 인간 공공의 이익을 고려하는 방법이며, 앞에서 논의한 AI가 도구적 지능으로 남아야 한다는 당위를 충족하는 방법이다. AI 기술 발전이 단기적으로 효율을 추구하는 데 집중해 왔다면, 그 반대로 비효율이라는 관점을 더 적극적으로 생각해 볼 필요가 있다. 단기적인 효율에만 집중한다면 AI 기술이 가져올 부정적 효과가 통제 불가능한 수준으로 커질 것이기 때문이다. 그런 의미에서 비효율은 장기적 관점에서 AI 기술 발전의 바람직한 방향을 고려하는 것을 말한다. 바람직한 미래 사회의 모습을 그리기 위해서는 '비효율의 미덕'이 필요하다. 비효율의 미덕을 갖춘 사회를 AI와 함께하는 바람직한 미래 사회의 모습으로 제시하고자 한다.

바람직한 사회와 AI 거버넌스

이미 AI 기술의 발전 방향성을 설정하기 위한 노력은 국가적·국제적 차원에서 다양한 시도로 나타나고 있다. UNESCO의 《AI 윤리 권고(Recommendation on the Ethics of Artificial Intelligence)》(2021), 한국 정부의 AI 가이드라인 제시[13], EU의 AI 규제 시스템 구축 시도인 〈EU AI ACT〉(2021), UN 안보리의 국제 통제 기구를 설립 시도[14] 등이 그 예이다. 또한 기업, 협회, 학계, 시민 단체 차원에서도 다양한 시도가 이루어진다. 기업이나 협회와 학계 차원에서는 선제적으로 AI 가이드라인을 만들기도 했다. 시민 단체 차원에서도 문제가 되는 AI 서비스를 출시하는 기업의 문제점을 지적하거나 AI 관련 법제화 과정에서 의견을 표명하며 AI 기술의 발전 방향성을 설정하기 위한 노력을 하고 있다. 학계에서도 AI 기술 발전의 방향성을 고려하여 장기적인 관점에서 공공 이익을 고려해야 할 필요성을 제기하고 있다.[15]

바람직한 미래 사회를 위해 AI 기술의 발전 방향성을 설정하려면 사회를 구성하는 다양한 주체들이 사회에 대해 논의하고

---

13 정보문화포럼·NIA, 지능정보사회 윤리 가이드라인 및 윤리헌장, 2018

14 신기섭, 킬러로봇, 핵무기 통제 AI…유엔, 국제 안보 위험 논의한다, 한겨레, 2023. 7. 4, https://www.hani.co.kr/arti/international/international_general/1098605.html

15 Mazzucato, M., Schaake, M., Krier, S., and Entsminger, J, Governing artificial intelligence in the public interest. UCL Institute for Innovation and Public Purpose, Working Paper Series (IIPP WP 2022-12), 2022

방향성 설정에 참여하는 과정이 필요하다. 하지만 현재는 다양한 주체를 종합적으로 고려한 체계를 형성하고 있지 못하다. 이러한 한계를 극복하고 AI와 함께하는 바람직한 미래 사회를 그리기 위한 방안으로 새로운 AI 거버넌스가 필요하다.

AI와 함께하는 미래 사회를 위해서는 바람직한 미래에 대한 충분한 사회적 합의가 필요하고 공감대가 형성되어야 한다. 이 과정에서 사회를 구성하는 다양한 주체들이 함께 노력하는 거버넌스(governance) 관점이 필요하다. 거버넌스란 단지 정부의 정책 자원을 넘어서는 제도(institutions)와 행위자들(actors)의 복잡한 집합을 의미한다.[16] 특히 과학 기술 분야의 경우 고도의 전문성이 요구되기 때문에 기업, 학계, 시민이 참여하는 협력 네트워크와 정부가 조정 역할을 하는 거버넌스 차원의 조정 과정이 강조된다.[17] 이 기술의 발전 방향은 단기적 효율만을 좇는 것이 아니다. 단기적으로 비효율적인 기술 발전 경로일지 모르지만, 장기적으로 공공의 이익을 고려하는 방향, 효율적인 방향이 되어야 한다.

바람직한 미래 사회를 달성하기 위한 정책학적 접근으로 비효율의 미덕을 갖춘 AI 거버넌스를 제시하기 위해 Gasser와 Almeida(2017)가 제시한 사회 및 법적 층위, 윤리적 층위, 기술적 층위의 세 가지 계층으로 이루어진 중층적 AI 가버넌스 모델(A

---

16 Stoker, G., Governance as theory: five propositions, International social science journal, 50(155), 17-28, 1998

17 과학 기술정책연구원(STEPI), 혁신주체의 참여를 통한 과학 기술 거버넌스 구축방안, 2005

layered model for AI governance)을 참고할 수 있다. 이를 고려하여 새로운 AI 가버넌스를 구상한다면, 우선 주체를 개인·기업적 차원, 국가적 차원, 국제적 차원으로 나누어 살펴야 한다. 바람직한 미래 사회를 달성하기 위해서는 각 층위의 주체 모두 장기적 관점의 공공 이익을 고려하는 비효율의 미덕을 갖춘 거버넌스가 필요하다는 데 공감대를 가져야 한다. 개인·기업적 차원에서는 비효율의 미덕을 기반으로 AI 사용자·개발자·배포자를 위한 가이드라인을 만들고 또한 협의체를 만들어 자율 규제의 방식을 취할수 있다. 국가적 차원에서는 비효율의 미덕을 기반으로 AI에 관한 기술 및 윤리 교육을 실시하고 더 강제력 있는 방법으로는 AI 규제 체계를 형성하는 방법을 취할 수 있다. 국제적 차원으로는 비효율의 미덕을 바탕으로 국가 간의 국제 협력을 통하여 바람직한 AI 발전 방향을 형성하거나 더 강제력 있는 방안으로는 AI 국제 통제 기구를 만들어서 국제적 차원에서의 구속력 있는 발전 방향 형성을 도모할 수 있다. 이러한 AI 거버넌스의 층화 모델을 통해 AI와 함께하는 바람직한 미래 사회 모습을 형성할 수 있다.

그러나 AI 기술과 함께 발생하는 복잡한 문제들을 모두 법적 강제력이 있는 방법으로 해결하기에는 한계가 있다. 이때 필요한 것이 '윤리적 넛지(ethical nudge)'이다.

윤리적 넛지는 비효율의 미덕을 실천하는 방법의 하나로 생각해 볼 수 있다. 윤리적 넛지란 행동 경제학에서 말하는 넛지이론에서 착안하여 만든 개념으로, AI 기술의 발전 방향을 형성하기 위해 규제나 통제와 같이 공공의 강제력을 가지는 방법이 아닌 바람직한 미래 사회가 형성될 수 있는 유인을 제공하는 실천적 방법이다. 이 유인의 예시로는 시민 사회 차원의 소비 행동, 국가 차원의 개인 및 기업 교육 등이 있을 수 있다.

비효율의 미덕에는 어떤 것이 있는가

흔히 진보로 일컬어지는 시기의 규범은 누가 뭐래도 '효율성'이다. 과거 자연은 인간과 함께 살아가는 유기체였으나 기술의 발달로 인간은 자연을 좀 더 잘 활용하는 방법을 찾아냈다. 그리고 풍요로운 인간의 삶을 위한다는 명목으로 자신의 이익에 맞게 주변 환경을 활용했다. 이러한 진보의 시대에 태어나 나 혼자 잘 사는 게 유일한 생존 방식이라고 여기게 되는 것은 이상한 일이 아니었다. 인간의 이익을 위해서 자연을 파괴하는 것은 당연했고, 효과적인 기계를 만들기 위해 오염 물질을 배출하고 에너지를 많이 쓰는 것은 타당하다고 여겨 효율이라는 단어를 멋모르고 입 밖에 자주 내뱉었다. 하다못해 인간관계에서도 효율적인 관계를 추구하고 행동도 최대한 '효율적'으로 하려고 했다.

그렇게 기계처럼 효율만을 추구했던 삶은 그다지 행복하지 않았다. 사실 효율이라는 가치는 세상에서 옳다고 하는 가치였지, 스스로 판단하고 따르기로 결정한 것이 아니었기 때문이다. 마치 비린내 나는 사람 주변에 있던 사람들이 비린내를 느끼고 멀리하듯 스스로 주변으로부터 단절되었다. 이때 가장 크게 느낀 것이 현대인들의 고질병, '외로움'이다.

하지만 위태로운 건 혼자가 아니었다. 그동안 효율 추구라는 명목 아래 경시되던 자연이 들고 일어난 듯, 어느 순간 기후 변화와 미세 먼지와 같은 환경 문제들이 동시다발적으로 발생했다. 2019년에 발생한 호주 산불은 한반도 면적의 85%가량 되는 숲을 태웠고[18] 국내에서는 2022년 동해안 산불로 서울 면적의 4분의 1가량의 숲이 잿더미가 되었다.[19] 산불 피해뿐만이 아니라 2019년 프랑스 파리에서는 폭염으로 인해 1,500명이 사망했고[20] 국내에서도 매년 가뭄 및 폭염, 폭우 피해가 커지고 있다. 전 세계적으로 영향을 미친 코로나19 역시 기후 변화로 인하여 박쥐의 서식지가 바뀌면서 촉발되었다는 연구 역시 존재한다.[21]

18 이근영, '오존 구멍' 낸 2020년 호주 산불…오존층 보호 30년 공든탑 무너질라, 한겨레, 2022.08.30, https://www.hani.co.kr/arti/society/environment/1056774.html

19 김병규, [동해안 산불] 서울면적 4분의1 이상 피해…진화율 울진·삼척 40%, 강릉 80%. 연합뉴스, 2022.03.07, https://www.yna.co.kr/view/AKR20220307014500530

20 김경아, 프랑스서 올 여름 폭염으로 1500명 사망. 조선일보, 2019.09.09, https://www.chosun.com/site/data/html_dir/2019/09/09/2019090901134.html

21 김민수, 기후 변화로 서식지 옮긴 박쥐들, 코로나19는 보이지 않는 기

● 정예진 서울대학교 환경계획학과

수십 년 전, 길게는 100년 전보다 삶의 수준은 높아졌지만 시간이 지날수록 자연재해의 피해 규모는 점점 커지고 결국 인류의 생존이 더욱 위협받고 있다. 이러한 상황에서 인간이 계속 기계론적 시선으로 효율을 추구하는 게 맞는 것일까?

대형 기계화가 진보를 의미하지 않는다고 지적한 영국의 경제학자 에른스트 슈마허는 그의 저서 《작은 것이 아름답다》에서 인간이 발전 속력을 계속 높이는 것에 집중할수록 어디로 가는지 그 방향을 제대로 설정하는 현명함이 필요하다고 강조했다.[22] 더 많이 누리고 사치하는 것에 초점을 맞추면서 기계처럼 효율을 추구하는 것이 아니라 본연의 인간성을 회복하고, 그러한 과정에서 기계 역시 인간의 모습을 따르도록 해야 한다. 그의 책은 성장주의가 한창이던 시기에 발표되며 근시안적으로 부를 누리는 것이 미덕이라 여기던 많은 이들에게 경종을 울렸다.

인간의 얼굴을 한 기술의 중요성은 요즘같이 인공지능과 함께 살아가는 시대에 더 크게 다가오고 있다. 이전까지는 기계가 좀 더 잘 작동하게 하기 위해 노력했다면 이제는 효율 추구를 넘어 기계가 판단하는 경지까지 이르렀다. 인공지능이라고 이름 붙였지만, 인간을 닮기보단 인간보다 더 똑똑하게 계산하고 효율적이라고 여겨지는 기계가 나타났다. 인간 스스로가 판단하기를 유

후재앙이었다. 동아사이언스, 2021.02.15, http://dongascience.com/news.php?idx=43833

22 E F 슈마허, 《작은 것이 아름답다 : 인간 중심의 경제를 위하여》, 이상호 역, 문예출판사, 2002

보하고 '효율적인' 기계가 스스로 선택하는 게 진보적이라고 일컬어지는 현재 상황이다.

극한으로 효율을 추구한 결과 계속해서 이에 반하는 부작용들이 나타나고 있는 가운데, 기계에게 모든 결정권을 맡기는 것을 다시 재고해야 한다. 비효율적이더라도 시간을 들여 스스로 고뇌하고 판단한다는 전제하에 기계를 수단으로 이용해야 한다. 결정마저 기계에게 맡겨 버리면 점점 스스로 어떤 상태인지조차 인식하지 못하는 잠행성 정상 상태(불규칙한 변동으로 인해 느리게 진행되고 있는 변화가 잘 드러나지 않는 현상)[23]에 빠져 효율성의 모순을 반복하게 될 것이다.

비효율의 미덕: 개인

상대적으로 지방 자치권이 적고 도시화가 진행되고 있는 우리나라에서는 유럽이나 미국의 환경론자들이 말하는 주거 지역 주변 생태계에 집중하라는 말은 별로 효과가 없다. 파편화된 도시의 삶 속에서 각 개인은 이웃과 친밀한 관계를 맺지 않는다. 대신 과거보다 온라인에서의 사교 활동에 더 적극적이며, 새로운 관계 형성과 유지에 있어서도 참여도가 상대적으로 높은 편이다.

---

23 재레드 다이아몬드, 《문명의 붕괴 : 과거의 위대했던 문명은 왜 몰락했는가?》, 강주헌 역, 김영사, 2005

하지만 배영(2015)[24]의 연구에 따르면 인지 관계가 없는 상황에서 페이스북과 트위터 등을 통해 새롭게 형성된 관계는 오히려 우울감을 크게 만드는 요소로 작용한다. 사회적 고립을 피하고자, 혹은 가족의 부재로 인하여 소셜 네트워크를 통해 관계망을 넓혀가고 있지만 질적으로는 그 공허함을 증폭시키는 요소로 작용하는 것이다.

하지만 소셜 네트워크 서비스는 여전히 규모를 넓혀 가고 있고 거대 플랫폼 기업들은 자신들의 이익을 위해서 사람들이 가상 공간에 더 오래 머무를 방법을 도입하고 있다. 대표적인 사례가 알고리즘이다. 《사피엔스》로 잘 알려진 역사학자 유발 하라리는 알고리즘에 대해 "플랫폼 기업들은 자신들의 이익을 위해서 사람들이 더 오래 플랫폼에 머무를 방법을 찾는데, 이들 알고리즘은 증오·분노·공포를 유발하는 콘텐츠를 배치해 체류 시간을 늘린다."라며, "소셜 미디어 때문에 사람들은 더 분노하고 사회는 더 양극화됐다."라고 분석했다.[25] 알고리즘의 위험성을 폭로한 전 페이스북 프로덕트 매니저 프랜시스 하우겐 역시 내부 고발자로 나서서 SNS상 알고리즘이 가짜 뉴스를 확산하고 계층 간 혐오를 조장하며, 이는 오프라인에서의 폭력 사태로까지 퍼질 것

---

24 배영, 박찬웅, 1인 가구의 인터넷 이용이 사회적 관계와 우울에 미치는 영향: 다인 가구와의 비교를 중심으로. 조사연구, 한국조사연구학회 16(3), pp. 141-171. 2015

25 양선아, 유발 하라리 "SNS보다 AI가 더 위험…속도 늦춰야", 한겨레, 2023.04.20, https://www.hani.co.kr/arti/culture/book/1088588.html

이라고 강조했다.[26]

고립을 피하고 외로움을 달래기 위해 SNS를 활용하지만, 오히려 가상 공간상의 알고리즘이 지속적으로 자극적인 콘텐츠를 공급하고 있다. 알고리즘의 문제를 인지하지 못한 상태에서 개인의 판단을 기계에게 맡기게 되면 확증 편향을 가중시킬 수 있다. 특히 어떤 목적성을 띤 알고리즘을 이용할 때 편향은 더더욱 커지게 되고 개인화는 강화된다.[27] 기계는 단순히 제 일을 했을 뿐인데 사회 전체로 보면 효율적이지 못한 현상들이 벌어지는 것이다.

이러한 상황에서 개인은 SNS상의 맞춤 광고와 추천 게시물 시스템 작동 원리를 제대로 파악하고 있어야 한다. 알고리즘 또한 적은 수의 표본으로 조사된 개인 데이터를 바탕으로 상관이 있다고 여겨지는 정보들을 무분별하게 전달하는 것이 아니라 다양한 선택지를 전달해야 한다. 흔히들 개인은 취향이 있다고 생각하지만, 인간은 복잡한 존재고 이러한 취향을 계발하는 것은 시간이 오래 걸리는 작업이다.

다양성을 보장한 추천은 혐오 정서와 같은 사회 문제를 해결하는 데 효과가 있다. 김수정(2020)의 연구에 따르면 다양한 문

26 Karen Hao, "페이스북 알고리즘은 위험하다"···내부고발자의 용감한 폭로, MIT Technology Review, 2021.10.08, https://www.technologyreview.kr/facebook-algorithms/

27 김미경, 〈유튜브 알고리즘 추천의 유용성 인식에 따른 유튜브에 대한 미디어 신뢰도 : 지각된 유해성, 확증편향, 프라이버시 염려의 매개 효과〉, 한국소통학보, 21(4), pp. 7-42. 2002

화 장르를 접하게 할수록 관용도가 높아져 특정 여러 장르를 접하지 않은 사람보다 덜 배타적인 성향을 보인다.[28] 결국 다양성은 불평등과 갈등을 완화하기에 인공지능 알고리즘 역시 인간의 다양한 가능성을 열어 두며 추천 역시 편향성을 띠지 않도록 만들어져야 한다. 기계뿐만 아니라 인간 역시 심화되는 편향의 굴레에 빠지지 않으려면 다양한 취향을 존중하고 내 결정에 대해 스스로 시간을 오래 들이고 고민해야 한다. 그러한 '헛짓'으로 내 안의 모든 가능성을 탐구하고 이해하듯 타인의 선택과 취향 역시 존중받아야 한다는 사실을 받아들여야 한다.

비효율의 미덕: 사회

효율 추구로 인하여 기후 위기가 발생했고 인간은 여태 겪어보지 못한 기후 변화에 적응해서 살아야 한다. 그래서 이제는 편리함을 누리고 시간을 단축하는 효율적인 삶의 방식이 아니라 시간을 오래 들이고 불편한 비효율의 삶에 적응해야 한다. 그래야 예측할 수 없는 환경 문제들에 다치지 않고 온전하게 살아갈 수 있다.

생태학자이자 생태 경제학의 창시자 중 한 명인 크로퍼드 스탠리 홀링은 1973년 발표한 그의 논문에서 다음과 같이 말했

---

28 김수정, 이명진, 최샛별, 혐오시대의 문화예술교육: 문화적 관용의 한계와 문화예술교육의 역할, 문화와 사회 28(3), pp. 51-96. 2020

다.[29] "다른 무엇보다 우선시되어야 할 전략은 효율성이나 특정 보상의 극대화가 아니라 회복력의 유지를 통한 지속성의 확보다. 회복력에 기반을 둔 관리 접근법은 선택권을 열어 둘 필요성, 사건을 국소적 맥락이 아닌 지역적 맥락에서 볼 필요성, 이질성의 필요성을 강조할 것이다. 이로부터 충분한 지식에 대한 가정이 아니라 우리의 무지에 대한 인식에 닿을 것이다. 이는 미래의 사건을 예측할 수 있다는 가정이 아니라 앞으로의 사건을 예상하지 못할 것이라는 가정이다. 회복력 관점에서는 이러한 관점의 전환을 수용할 수 있다. 왜냐하면 미래를 예측할 수 있는 정확한 능력이 필요한 것이 아니라 예측하지 못한 미래의 어떤 사건이든 흡수하고 수용할 수 있는 시스템을 고안하는 정성적 역량만이 필요하기 때문이다."

　이전처럼 예측 가능한 위기라고 가정하고 하나의 답만을 정답이라고 여겨 그 길로 가는 것이 아니라, 최대한 많은 다양한 경우의 수들을 펼쳐 놓고 틀린 길로도 가 보면서 예측 불가능한 시대에 적응할 수 있는 비효율의 미덕이 필요하다. 그리고 인간이 스스로 시간을 들여 고민하고, 논리가 아닌 규범이나 직관 등을 통하여 비효율적인 판단을 내릴 수 있도록 기계는 예측하지 못하는 상황에 대비한 여러 경우의 수들을 빠르게 계산하여 보여 주어야 한다.

---

29 Holling, C. S., Resilience and Stability of Ecological Systems. Annual Review of Ecology and Systematics, Annual Review of Ecology and Systematics4, pp. 1-23. 1973

자연재해가 왔을 때를 떠올려 보면 전력 공급자와 사용자 모두 문제가 생긴다. 실제로 2022년 동해안 산불 당시 원자력 발전소와 LNG 발전소에 불이 붙는 큰 사고가 날 뻔한 적이 있다.[30] 발전소에 문제가 생기면 정전이 발생하여 위기 상황에서 주민들이 서로 소통할 수 없게 되는 등 문제가 커진다. 이는 중앙 집중형 구조로 이뤄진 현재 전력 공급 체계의 허점이다. 중앙 집중형 전력 공급 체계는 평상시에 안정적으로 많은 양의 전기를 효율적으로 공급하지만, 위기 상황에서의 적응력은 급격히 낮아진다. 만약 효율성을 어느 정도 포기하고 가정집 지붕이나 공장 등의 남는 부지에 신재생 에너지 설비를 설치하고 집마다 전기를 주고받을 수 있도록 전력 그리드로 연결한다면, 예측할 수 없는 재해가 닥치더라도 가장 가까운 곳의 전력을 이용해 정전 같은 사고를 예방할 수 있다.

또한 신재생 에너지는 원자력이나 석탄 발전소에 비해 전력 발전소를 짓는 게 까다롭지 않고 재난 피해가 있더라도 기존 중앙 집중형 발전 구조보다 안전하다. 신재생 에너지는 원자력 발전소나 화석 연료 발전소에 비해 적은 전기를 생산하고 끊김이 있는 등 비효율적이지만 예측 불가능한 재난이 다가왔을 때 인간에게 안정적이라는 점에서 적응력이 높다. 하지만 이러한 비효율을 택하더라도 최근에는 AI 기술을 활용하여 자연에서 얻을

---

30 박상욱, [박상욱의 기후 1.5] 산불에 휘감긴 동해안 에너지벨트의 '아이러니', JTBC, 2022.04.05, https://news.jtbc.co.kr/article/article.aspx?news_id=NB12053707

수 있는 에너지의 양을 좀 더 정교하게 예측하고 남는 양을 저장하는 등의 시도가 있다. 또한 같은 인공지능 기술을 적용하더라도 소규모의 에너지 설비가 대규모의 발전 설비보다 처리해야 할 정보량도 적고 구조 역시 덜 복잡하기 때문에, 현재의 인공지능이 인과가 아닌 상관을 바탕으로 경우의 수를 제시하는 만큼 인간의 결정이 좀 더 옳은 방향이 될 가능성이 높다.

7장

권위의 붕괴, 본능의 부활

미래의 권위자는 누가 될 것인가

Aphrodite Intervention(AI)는 그리스 로마 신화에서 본능의 여신, 아프로디테의 개입을 의미한다. AI 기술의 시대가 도래하면서 본능이나 감각이 다시 강화될 것이라는 은유적인 표현이다. AI가 대체할 수 없는 능력, 인간의 본능을 지배한 자가 새로운 권력을 잡게 될 것이다.

AI 시대의 권위

　　AI 개발의 속도가 심상치 않다. 많은 이들이 AI의 수준이 올라감에 따라 많은 직업들이 AI로 대체되리라 생각한다. 한편 전문 지식이 있어서 지적 권위를 가지고 있는 사람들 혹은 최종 결정권을 가지고 사람들을 통솔하는 이들 중에는 대체되는 시기가 비교적 늦거나 아예 대체되기 힘들 것이라고 예상하는 이들도 있다. 그러나 정말 그럴까? 막연한 기대에 불과한 것은 아닐까? 이러한 질문에 대답해 보고자 우리는 권위를 갖고 있다는 것이 무엇을 의미하는지 분석하고 권위를 원천에 따라 분류한 뒤, 현재 권위가 있다고 여겨지는 이들이 AI가 상용화된 시대에도 여전히 현재와 같은 권위를 가질 수 있을 것인지 고찰하고자 한다.

권위의 의미

권위(authority)란 무엇인가? 우리는 일상에서 권위라는 단어를 다양한 맥락에서 사용하며, 신학, 정치학, 사회학, 교육학 등 많은 학문에서도 권위에 대하여 고찰해 왔다. 그럼에도 불구하고 권위의 개념이 정확히 무엇인지에 대한 뚜렷한 합의나 정의를 찾는 것은 어렵다. 한나 아렌트는 권위 개념을 두고 "개념적으로 가장 이해하기 어려운 현상이며 가장 오용되기 쉬운 단어"라고 말하기도 했다.[1] 하지만 지금 다루고자 하는 권위는 정치적 혹은 법적 권위보다는 개인이 갖고 있다고 얘기되는 권위다. 이 장에서는 현재 권위 있는 직업들이 AI가 상용화된 시대에도 여전히 권위가 있을지에 관하여 고민해 보려고 한다. 이를 위해 단어의 의미는 그 단어가 사용되는 방법이라는 일상언어학파의 의미론을 바탕으로 권위의 의미를 탐색해 보았다.

권위의 의미를 파악하는 가장 쉬운 방법은 권위가 있다고 여겨지는 직업군을 열거하여 이들이 권위 있다고 말해지는 까닭을 살펴보는 것이다. 이를 통해 타인에 의하여 인정을 받아야지만 그의 권위가 타인에게 영향력을 행사할 수 있다는 특징을 발견할 수 있다. 이러한 특징은 권위를 "1. 남을 지휘하거나 통솔하여 따르게 하는 힘, 2. 일정한 분야에서 사회적으로 인정을 받고 영향력을 끼칠 수 있는 위신"이라고 풀이하는 《표준국어대사전》

---

1 Arrendt, Hannah, 《Macht und Gewalt》, In der Gegenwart, pp.175, 1970

7장 권위의 붕괴, 본능의 부활

과 크게 다르지 않다.

권위의 분류

권위는 그 원천에 따라 지적 권위, 계약적 권위, 본능적 권위로 분류할 수 있다. 지적 권위는 지식 정보의 차이에서 오는 권위로 누군가의 믿음에 영향을 끼치는 권위이다. 이때 '지식'이란 무엇인가? 지식에 대한 전통적 정의는 '참이고 정당화된 믿음'이다. 따라서 지적 권위를 가진 사람은 참이고 정당화된 믿음을 다른 이들보다 많이 가지고 있다고 기대되는 사람들이고, 그들은 스스로 자신이 가진 믿음이 참이고 정당화되었다고 인정받고자 한다. 지적 권위를 가진 사람의 대표적 예시로 교수, 학자, 평론가 등을 꼽을 수 있다. 일반 대중이 지적 권위를 가진 사람들을 인정하는 것은 이들이 대중보다 참된 지식을 더 많이 알고 있다는 믿음 때문이다.

계약적 권위는 누군가의 사회적 행위에 영향을 미치는 권위이다. 예컨대 경영인은 직원들에게 업무 지시를 내릴 수 있고, 직원들은 그가 지시를 내렸기 때문에 업무 지시를 따른다는 점에서 경영인은 사회적 권위를 가지고 있다. 그가 가진 권위의 원천은 회사의 소유주인 주주와 맺은 계약이다. 만약 그가 경영권을 부여받지 않았더라면 그는 회사와 사원에 대하여 영향력을 행사할 수 없었을 것이다. 이처럼 권위의 또 다른 원천에 계약이 있는 경우 계약적 권위가 있다고 할 수 있다. 이때 '계약'은 주주와 경영인 사이의 계약처럼 상업적인 계약뿐만 아니라 '사회 계약'과 같은 법, 제도적인 계약도 포함하는 개념이다. 대통령과 각료들이 권위를 갖고 있는 까닭 중 하나도 사회 계약을 통해 주권을 양도받았기 때문이다.

이에 비해 본능적 권위는 타고난 본성 즉, 본능에 호소하는 권위를 말한다. 여기서 말하는 본능은 이성적 본능이 아니라 생물학적 본능을 말하는 것으로 주변 환경을 인지하고 위험을 회피하며 생존을 꾀하려는 일련의 행위와 욕구를 포함하는 것이다. 지적 권위와 계약적 권위가 타인의 이성에 호소하여 자신의 지식이 믿을 만한 것으로 간주하거나 계약 관계가 있음을 인지하도록 요구하는 것과 달리 본능적 권위는 이성에 호소하지 않는다는 점에서 앞선 권위들과 구분된다. 그렇기 때문에 본능적 권위가 호소하는 인간의 본성이란 훨씬 광범위하고 즉각적인 복종을 이끌어 낼 수도 있다. 이러한 본능적 권위를 가진 사람들의 예시로는 물리적인 힘이 세거나, 외모가 아름답거나, 여러가지 이유로 인기가 많은 사람 등이 있으며 이들은 무력, 외모, 인기, 자산과 같이 인간의 본능을 자극하는 것에 호소하여 권위를 획득하고 있다.

한편에서 다양한 권위의 원천, 혹은 권위의 종류를 생각할 수 있다면, 다른 한편으로는 이러한 권위를 보호하기 위한 제도적 장치도 있다. 국가는 법률적·제도적 장치를 통해 특정 권위에 특권을 부여하거나 지시를 따르도록 강제한다. 그 이유는 권위에 의거한 행위가 이행되지 않는다면 사회적 혼란이 야기될 수 있기 때문이다. 대표적 예시로는 면허증 제도가 있다. 대부분의 사람들이 의사의 지적 권위를 인정하고 그 권위에 따른 지시에 따르지만, 일부 사람들이 의사의 권위를 인정하지 않고 검증되지 않은 의료 행위를 스스로 수행하거나 권하게 된다면 사회적 혼란과 피해를 야기할 수 있다. 따라서 국가는 면허증을 발급하여 의사의 지적 권위를 보호하고 사람들이 의사의 지시에 따르도록 강제한다.

권위의 균열

앞서 논의된 세 가지 권위들은 공통적으로 오늘날 그 근거에 있는 근본적인 믿음에 균열을 경험하고 있다. 특히 지적 권위와 계약적 권위는 인공지능 기술의 발전으로 인해 그 힘을 잃기 시작했다.

지적 권위에 균열이 가는 경우는 두 가지가 있다. 첫 번째는 기존의 지적 권위를 가진 사람의 지식보다 더 많은 지식을 접하게 되는 경우다. 예를 들어 학원 수업을 듣고 학교 수업 시간에 잠을 자는 학생은 대체로 학원 강사가 학교 교사보다 입시라는 문제에 대해 더 많은 지식을 가지고 있다고 믿는다. 이와 같은 일이 최근의 인공지능 발전 과정에서 나타나고 있다. 인간의 수명과 인지 능력으로는 인공지능보다 빠르게 정보를 습득할 수 없고, 이 차이는 시간이 갈수록 더욱 벌어질 것이기 때문이다. 알파고는 단기간에 3천만 번의 자가 대국을 하며 다양한 패턴을 학습한 것으로 알려졌고,[2] 챗GPT-3는 570GB 이상의 문서를 학습한 것으로 알려져 있다.[3] 이러한 지식 습득량의 차이는 AI가 다양한 시험에서 거둔 성적을 통해서도 확인할 수 있다. GPT-4는 미국 변호사 시험, 의사 시험, SAT, 생물·수학 올림피아드 등에서 모두 상위 10% 이내의 성적을 기록했다.

지적 권위에 균열이 가는 두 번째 경우는 기존 지식인들의 믿음보다 더 정당성이 높은 믿음을 보장하는 과정이 등장하는 때다. 앞서 지식을 '참이고 정당화된 믿음'이라고 하였는데, 이는 지적 권위를 가진 사람의 주장이 받아들여지기 위해서는 그 주장이 참일 뿐만 아니라 정당화된 믿음으로 간주되어야 한다는 것을 의미한다. 이때 믿음의 정당화란 믿음에 대한 적절한 이유와 형성 과정과 관련 있다. 지식이 어느 경우에 정당성을 획득하게 되는지에 관해서는 인식론자들 사이에서 오랜 논쟁이 있다. 한 가지 유력한 이론은 미국의 철학자 알빈 골드만이 제시한 과정 신빙론(process reliablism)이다. 과정 신빙론에 따르면 지식을 산출하는 특정 인지 과정이 참인 믿음을 산출하는 비율이 높을 때

2   Cade Metz, In Major AI Breakthrough, Google System Secretly Beats Top Player at the Ancient Game of Go, WIRED, 2016.01.27, https://www.wired.com/2016/01/in-a-huge-breakthrough-googles-ai-beats-a-top-player-at-the-game-of-go/

3   Solaiman, I, Dennison, C., Improving language model behavior by training on a curated dataset OpenAI 웹사이트, 2021. 06. 10, https://openai.com/research/improving-language-model-behavior

그 믿음은 정당화된다.[4] 이러한 이론의 특징 중 하나는 인식 주관과 무관하게 그 과정에서 산출되는 믿음이 참일 때 믿음은 정당화된다는 것이다. 이 점에서 AI가 인간이 아니라는 사실 하나 때문에 그의 믿음이 정당화될 수 없다고 말할 수는 없다. 뿐만 아니라 AI는 인간과 다른 인지 과정을 통해 믿음을 산출한다. 기존의 지식인들이 전통적인 학제 교육 속에서 선별된 정보들을 통해서만 지식을 습득했다면, AI는 한 인간이 일평생 습득할 수 있는 것보다 많은 양의 데이터를 기반으로 개연적이고 확률적인 판단을 한다. 이 과정에서 다양한 사람들의 리뷰를 통한 피드백이 빠르게 이뤄지기도 한다. 따라서 인공지능의 인지 과정이 전통적인 지식인들의 인지 과정보다 신뢰성 높은 믿음을 더 많이 산출한다면 사람들은 기존 지식인들이 제시하는 믿음보다 인공지능이 내어놓는 믿음을 더 신뢰하게 됨으로서 지적 권위에 균열을 만들어 낸다.

실제로 인공지능이 믿음을 산출할 수 있는지 여부를 문제시하는 이들도 있지만 지식인들이 지식의 산출을 위해 인공지능의 도움을 구하는 경우도 점점 많아지고 있다. 2022년 12월 의학 저널 〈Medrxiv〉와 〈PLOS Digital Health〉에 챗GPT가 저자로 포함된 논문이 등재된 걸 시작으로, 생성형 AI가 생명과학·경제학·전자공학 등 다양한 분야의 학술 논문의 공동 저자로 등재되는 중이다. 〈Nature〉, 〈Science〉, 〈Cell〉 등 국제 학술지는 AI를 논문

---

4   Goldman, What is Justified Belief? Justification and knowledge
    pp.1-25, 1979

공동 저자에 포함하는 걸 엄격히 금지하면서도, "적절히 사용하면 논문 작성에 도움이 된다."라며 "AI를 논문 사사로 포함시키는 건 고려해 볼 수 있다."라고 말하기도 했다. AI의 지식 산출 과정에 대한 신뢰성을 일부 인정한 셈이다.

계약적 권위는 특정 집단의 피계약자 중 계약을 통해 상위 직위를 부여받은 자가 가지는 권위다. 이들은 생산 단계에서 단순 반복 작업이나 저숙련 노동을 하는 대신, 주로 하위 직위에 있는 노동자를 관리 및 감독하거나 조직의 경영을 설계하고 주도한다. 계약적 권위의 유무는 피계약자의 조직 내 처우를 결정하는 중요한 요소로 작용한다. 첫째, 계약적 권위를 부여받은 자는 보통 조직에서 가장 생산성이 높은 노동자로 여겨지며, 그에 따라 높은 급여와 권한을 부여받는다. 둘째, 조직 내에서 상위 직위에 놓일수록 관리·감독으로부터 자유로워지는 경향이 있다. 따라서 이들은 자신의 노동 강도와 일정을 스스로 조율할 수 있는 권리를 가진다고 볼 수 있다. 이때 계약적 권위를 가진 피계약자(편의상 피고용인으로 지칭한다)와 계약을 부여한 고용인 사이에 정보의 비대칭성이 생긴다. 즉, 피고용인이 자신이 가진 자율성을 이용해 업무에 최소한의 노력을 투입하려는 도덕적 해이(moral hazard)가 발생할 수 있다.

뛰어난 지능과 업무 능력을 지닌 고성능 AI의 등장은 계약적 권위에 균열을 일으킨다. 이른바 경영·관리·창작 등을 담당하는 상위 직위의 피고용인이 높은 급여와 계약적 권위를 부여받는 이유는 그들이 대체되기 어려운 업무를 뛰어나게 수행한다고 여겨지기 때문이다. 하지만 이들과 비슷하거나 더 뛰어난 생산성을 가진 AI가 등장한다면 이들이 업무 능력으로 인해 가지는 계약상 권위는 사라진다.

다만 여전히 AI에 의해 대체될 수 없는 업무가 존재한다. 바로 질문과 결정에 대한 업무다. AI는 사실에 기초한 질문에 관한 답변 후보 목록을 산출하는 데 특화됐다. GPT-4가 뛰어난 성적을 거둔 미국 변호사 시험, 의사 시험은 모두 상술한 패턴을 따르는 시험이다. 해당 시험은 시험 응시자가 방대하고 복잡한 법률, 의학 지식을 암기하고 학습해야 좋은 성과를 낼 수 있다는 공통점이 있다. 그 지점에서 AI는 인간에 대해 절대 우위를 가진다. 거대한 양의 데이터를 학습하고 이 범위 안에서 조합된 질문에 대한 답을 제시하는 데 특화됐기 때문이다. 그러나 AI에게 질문을 던지고, AI가 내놓은 답변 중 하나를 선택하는 일은 여전히 인간의 역할이다.

따라서 상위 직위의 업무는 질문과 결정으로 그 범위가 축소되고 이 능력에 의해서만 평가될 것이다. 그리고 이들의 질문과 결정을 뒷받침하는 AI의 업무는 더욱 동시다발적이고 효율적으로 수행될 것이기 때문에 질문과 결정에 투입하는 이들의 노동 비중이 상대적으로 더 증가하게 될 것이다. 그런데 결과적으로 질문과 결정의 영역에 투입하는 노력과 산출은 통상적인 실행 업무보다 더 관찰이 어렵기에 계약적 권위를 가진 사람들이 관찰 가능한 시간을 비효율적으로 쓰게 될 도적적 해이의 가능성은 더 커지게 된다.

아주 단순한 경제학적 도식을 이용해서 계약적 권위의 문제를 설명해 보자. 효용과 피계약자, 즉 노동자의 효용은 서로 밀접한 관계를 맺고 있다. 설명을 위해 조직을 기업(고용주로 이해해도 괜찮다)으로, 피계약자를 피고용인(노동자라고 이해해도 괜찮다)으로 생각해 보자. Holmsröm(1979)를 참고해서[5] 다음과 같은 식으로 기업과 피고용인의 효용을 나타낼 수 있다. 우선 피고용인의 노력(노동량, 노동 시간 등을 모두 포함하는 포괄적 개념)을 a로, 피고용인의 급여를 S로, 기업의 생산량을 X라고 하자. 이때 기업의 생산량 X는 피고용인의 노력 a가 증가함에 따라 증가한다. 논의를 단순화하기 위해 생산량 X를 노력의 일차 함수라고 할 때 $X(a) = k \times a$와 같이 쓸 수 있다. 기업의 효용(U_f)은 생산량이 늘어날수록, 그리고 지급하는 급여가 감소할수록 증가할 것이므로 다음과 같이 간단히 쓸 수 있다.

$$U_f = k \times a - S$$

이때 k는 생산성을 뜻하며 항상 양의 값을 가진다. 즉 생산량은 생산성과 노력의 곱으로 표현된다. 피고용인의 효용 함수를 U_w라고 하면, S를 급여 수준이라고 할 때 U_w는 다음과 같은 식으로 간단히 나타낼 수 있다.

$$U_w = S - a$$

5 Holmsröm, Bengt, Moral Hazard and Observability, The Bell Journal of Economics 10(1) pp. 74–91, 1979

즉 급여가 늘어날수록, 노동에 투입하는 노력이 감소할수록 피고용인의 효용은 증가한다. 최저 임금제 등의 경우에서처럼 임금 S의 수준이 노력과 상관없이 고정되어 있다고 하면 기업과 피고용인의 효용은 모두 피고용인의 노력 정도인 a에 의해 결정된다. $U_f(a)$를 극대화하는 a^f와 U_w를 극대화하는 a^w가 서로 다르면 피고용인은 자신의 효용을 우선시해서 자신의 효용을 극대화하는 a를 선택할 것이다. a를 스스로 결정할 수 있는 자율성이 있다면, 굳이 a를 높게 설정해 자신의 효용을 낮출 필요가 없기 때문에 a^w를 거의 0에 가깝게 선택할 것이다.

따라서 기업은 피고용인이 생산량을 극대화하는 a^*를 선택하도록 유도 또는 강제하는 계약을 설계한다. 또는 정보의 비대칭성을 없애기 위한 모니터링 시스템을 구축한다. 두 방법 모두 큰 비용이 필요하다. 이때 노력과 성과에 대한 관찰 가능성이 떨어지기 때문에 노동 강도와 노동량(a)을 더 자유롭게 설정할 수 있는 피고용인은 그 자신을 관리·감독할 존재가 없거나 적은, 상위 직위의 계약적 권위를 가진 사람들일 것이다.

바로 이 지점에서 기업은 상위 직위의 피고용인, 즉 계약적 권위를 가진 사람들을 AI로 대체할 유인이 생긴다. AI는 인간과 달리 정보의 비대칭성이 없고 늘 생산량을 극대화하는 최적의 a^f를 투입할 수 있다. AI는 메커니즘에 따라 설정된 투입량에 비례한 생산량을 산출해 낸다. 인간 피고용인을 AI가 대체할 시 기업은 늘 생산량을 극대화할 수 있다. 정보의 비대칭성과 함께 생산량의 불확실성을 제거할 수 있다.

기업 입장에서 상위 직위에 같은 비용으로 피고용인 대신

317

AI를 고용할 인센티브가 있을지는 기업의 효용을 살펴보면 된다. 기업의 효용이 $U_f = ka - S$라고 할 때 논의를 단순화하기 위해 인간과 AI에 대해 k와 S가 동일하다고 하면, a값의 차이가 효용의 차이를 결정할 것이다.

AI의 투입 노력 정도를 정확히 관찰할 수 있고 그 값이 확정적으로 a^{AI}로 주어진다고 하자. 그런데, 비슷한 역량을 발휘할 것으로 기대되는 인간 고용인의 노력은 관찰이 어렵고, 사람마다 다른 분포의 형태로 주어질 것이다. 게다가 상위 직위 피고용인의 도덕적 해이가 발생할 것으로 전제할 수 있으므로, 확률 분포의 a^{HUMAN}의 평균과 중앙값이 a^{AI}보다 낮게 주어질 것이다. 따라서 노력 확률 분포의 특성 차이를 고려하면 AI를 고용했을 때 기업 효용의 기대값, U_f^{AI}는 인간 피고용인을 고용했을 때의 기대값 U_f^{HUMAN}보다 크므로 기업 입장에서는 상위 직위의 인간 피고용인을 AI로 대체할 유인이 커진다.

피고용인이 계속 직위를 유지하더라도 이들의 계약적 권위에는 균열이 갈 것이다. 기업은 자신의 효용을 높이기 위해 피고용인의 급여, 즉 S를 최대한 낮추거나 AI가 투입하고 있는 a^{AI} 이상의 노력을 투입하도록 강요하는 계약을 제시할 것이다. 피고용인은 해당 계약을 받아들이지 않는다면 AI로 대체되어 계약적 권위를 잃을 수 있다. 따라서 낮은 S와 높은 a로 인해 매우 낮은 효용을 감수한 소수의 상위 직위 피고용인이 남게 될 것이다. 결과적으로 정보의 비대칭성이 사라진 AI라는 강력한 대체재의 등장은 다수 피고용인의 계약적 권위를 붕괴시킨다. 매우 낮은 효용을 감수한 소수 혹은 AI보다 월등히 뛰어난 생산성을 가진 극

소수의 노동자만이 계약적 권위를 유지하게 될 것이다.

앞서 권위가 면허나 자격증 등 제도적 장치에 의해 보호될 수 있다고 언급한 바 있다. 택시나 버스 기사가 되기 위해서는 운전 면허는 물론, 각각 택시 운전 자격증과 버스 운전 자격증을 가져야 한다. 실질적으로 운전 실력이 아무리 뛰어나다고 해도 해당 자격증이 없으면 택시·버스 기사로 인정받지 못한다. 의사, 변호사, 공인중개사 등도 마찬가지다. 아무리 해당 분야에 뛰어난 능력을 갖추고 있다고 해도 국가 혹은 기관이 부여하는 면허나 자격증이 없으면 지적·계약적 권위를 부여받지 못한다.

그러나 이러한 제도적 장치에도 조금씩 균열이 생기고 있다. 제도적 장치로 보호받던 직업의 역할을 AI가 대체하고 있는 것이다. 예를 들어 2023년 2월 기준 서울, 대구, 제주, 충북 등 전국 12개 도시에서 자율 주행 택시와 자율 주행 버스가 시범 운행 중이다. 아직 노약자 보호 구역에선 자율 주행이 금지돼 '세이프티 드라이버'라는 보조 운전자가 탑승하지만, 보호 구역 외 지역에선 AI에 의한 자율 주행이 이뤄진다. 2023년 8월 11일, 샌프란시스코는 무인 로봇 택시의 24시간 운영을 승인했다. AI에 의한 변호, 의료 행위는 아직 불법이지만, AI 챗봇에 의한 법률·의료 상담은 흔하게 이뤄지고 있다. 이런 상황을 고려할 때, AI가 발전하고 대중이 AI의 뛰어난 성능을 체감할수록 권위를 보호하는 제도적 장치가 하나씩 사라지리라고 예상해 볼 수 있다.

본능적 권위의 부각

인공지능의 발전은 현대 사회에 변화의 바람을 일으키고 있다. 이 중요한 변화는 인간의 생활, 인지 구조, 그리고 사회의 권위 체계에 큰 영향을 미친다. 기존의 권위 체계는 AI 발전의 영향으로 균열될 가능성이 높아 보이며, AI의 직접적인 침범, 혹은 사회의 필요에 의한 자연스러운 변화와 의도치 않은 부산물로 인해 지금의 권위 구조는 유지되기 어려워 보인다.

AI의 발전이 인간의 본질적 가치와 특성에 대한 재평가를 요구하는 가운데, 본능적 권위라는 개념이 부각되고 있다. 본능적 권위는 인간의 본능과 감성, 그리고 그에 따른 즉각적인 반응에 근거한다. 직관적이며 본능적인 느낌에서 시작하여 정형적이며 실행이 가능한 코드 구조의 형식까지 이어지는 사고의 스펙트럼 중에서도 가장 직관적이고 감성적인 부분과 연결된다. 이러한 본능과 감성은 인간의 '타고난 특성'으로 무의식에서 활성화되며, 이성적 사고와 지능은 '획득된 특성'으로 의식 영역에서 활동한다. 인간 태생적인 본능의 영역, 타고난 특성의 범주는 AI에 있어 불가침 영역에 가깝다. AI의 개념이 확장되고 발전하여 그 역할을 늘려 나가는 가운데, 인간이 자연스레 타고난 특성, 본능이 획득된 특성과는 달리 마지막까지 인간에게 남겨질 의미이자 가치가 될 것이다.

우리는 본능적 권위가 AI의 침범을 이겨내고 새롭게 부각될 AI 시대의 주요 권위가 될 것이라고 주장한다. 본능적 권위는 설명이 어려운 본성에 기반하며 객체들로 하여금 즉각적인 반응을 이끌어 낸다. 여기서의 본능은 주위 환경을 인지하고, 사물을 인식하며, 방향성을 결정하고, 실패와 죽음을 두려워하는 타고난 원초적 본성을 의미한다. 인간은 외모 등 신체적 조건이 좋은 사람을 보면 본능적인 끌림을 느끼고, 그 위세를 실감한다. 또한 여러 사람이 관심을 가진다는 이유만으로 사회적으로 영향력을 발휘한다. 화폐라는 교환 가치가 가지는 잠재력을 포함하여 여러 가지 힘의 차이에서 느껴지는 두려움과 위압감에서 위용을 느낀다. 다시 말해 본능적 권위에 기여하는 인간 본성의 자극에는 외모, 인기, 자산, 무력 등 원초적인 자극이 포함된다. 인간 문명의 발전 속도와 다르게 생물체로서 인간의 진화 속도는 느리기 때문에 이런 본능적 특성은 현대 사회에서도 여전히 강하게 남아 있다.

본능적 권위의 부각은 예술가나 운동 선수, 연예인과 같이 그들만의 독특한 본능과 감성에 기반한 능력을 갖는 사람들에게 특히 관심을 기울이는 현대 사회의 기조를 더욱 확대 재생산할 것으로 보인다. 이는 AI 시대에 인간의 원초적인 본능과 감성에 기반한 권위가 주요한 권위로 자리 잡을 것으로 예상하도록 만든다. 물론 이러한 변화는 현대 문명의 발전을 부정하는 것처럼 느껴질 수 있다. 하지만 AI의 발전과 함께 인간의 지식과 발명은 AI에게 양도됨으로써, 우리는 자신의 본질적인 모습에 더욱 집중하게 될 것이다.

결국 AI가 일상화된 세계에서 우리는 그동안 쌓아온 발명과 탐구의 지식을 인공지능에게 양도함으로써 인간 스스로의 본질과 가치를 재발견하며, 원초적인 본능과 감성에 기반한 권위를 새롭게 발견하게 된다. 이러한 본능적 권위의 재발견은 기존의 여러가지 권위가 어떠한 형태로 변해갈지를 예상하는 데 있어 새로운 시각을 제공할 것이다.

예를 들어 기업 내에 존재하던 기존의 계약적 권위의 붕괴를 예상할 수 있다. 일반 기업체는 자본가(주주), 전문 경영인, 일반 사무직으로 구분된다. 이들 중 자본가 및 주주는 기업의 지분이나 자본을 소유해 돈의 호소력으로써 본능적인 권위를 갖는다. 한편, 기업의 전문 경영인은 계약을 통해 경영인이라는 지위를 갖고 기업의 경영을 책임지게 된다. 이는 계약이 아니라면 전문 경영인 개인이 '경영인'이라는 이름표와 자리가 부여하는 권위를 갖지 못함을 시사한다. 계약적 권위의 붕괴 논리에 따라 계약을 하지 못한 전문 경영인은 권위를 잃고 AI에 대체된다. 뒤이어 별다른 권위 없이 일반 사무 업무를 처리하는 사무직이 대체될 것이며 본능적 권위인 돈에 호소하는 자본가만이 그 자리를 지킬 것이다.

법률 회사의 경우도 마찬가지의 변화를 겪을 것으로 예상된다. 기업 지분을 보유한 변호사인 파트너, 변호사, 패럴리걸의 구조를 보이는 법률 회사에서는 면허로 보호되는 변호사와 달리 면허가 없는 패럴리걸은 경제적 논리에서 변호사보다 계약의 가치가 있더라도 제도적 보호를 받지 못하기 때문에 먼저 AI에 자리를 내 주게 된다.

지적 권위의 대표적 사례인 학계도 급격한 변화를 겪을 수밖에 없다. 내부적인 구조의 변동과 함께 외부의 행위자가 침투할 수 있는 여지가 커질 것이다. 전통적으로 지식 사회는 지식의 양에 따라 권위가 발생하여 교수, 그리고 그 아래 대학원생이 차등적으로 지적 권위를 가지고 있었다. 그러나 AI의 등장으로 지적 권위에 균열이 생김에 따라 지식 사회의 구조는 완전히 재편된다. 자신의 가진 정보량을 과시하며 관심을 끌고 인기를 얻을 수 있는 이들이 교수보다 더 큰 권위를 가진다. 같은 교수직에 있는 사람들 가운데도 유튜브, 뉴스 등의 플랫폼에서 인기를 얻으며 본능적인 권위에 기대는 이들이 지식 사회 피라미드 상단에 서게 되는 것이다. 결국 결국 지적 권위에만 기대는 교수는 본능적 권위를 차지한 교수와 다른 정도의 믿음을 얻을 수밖에 없다.

본능의 시대가 도래하다

세 종류의 권위 가운데, 특히 계약적 권위와 지적 권위의 미래는 암울하다. AI의 도래는 해당 두 권위의 발판에 금을 가하는데, 이러한 균열은 이미 시작되어 우리 주변에서도 사례를 발견할 수 있다. 아직은 면허 등의 제도적 장치가 권위를 보호하는 안전 장치 역할을 수행해 주고 있지만, 이는 최종 안정망일 뿐, 균열을 저지하기에는 부족하다.

AI 발전 속에서도 인간의 본능적 영역은 AI에 양도될 수 없는 가치로 여겨진다. 인간의 본능과 본성에 근거하는 본능적 권위는 AI 시대에서도 주요한 권위로 자리 잡을 것으로 예상된다. AI의 발전으로 인간의 지식이 AI에 양도되면서 인간은 그 본질인 본능적 권위에 집중하게 되는 것이다. 이에 동반되는 직업 대체의 흐름 또한 많은 사례들을 상상할 수 있다.

결국 획득된 것에 호소하는 지적·계약적 권위, 그리고 이를 보호해 온 제도적 장치에 균열이 가고 되려 본능적 권위가 부각된다. 그렇다면 어떻게 AI가 몰고 온 본능의 르네상스 속에서 권위자로 살아남을 수 있을까? 직관적인 방법은 면허의 보호막 뒤에 숨는 것이겠지만, 궁극적인 해법이 될 수는 없다. 결국 AI가 대체하지 못할 본능적 권위가 무엇일지를 생각하고, 계발하기 위해 노력하는 일이 유일하게 남는 길일 것이다.

AI 시대, 노동량은 오히려 늘어날 것

●　　　　　권위에 관한 앞의 주장에 따르면 결론과 의
문이 각각 하나씩 도출된다. 먼저 AI라는 대체재로 인해 피고용
자들은 AI에 대체되지 않을 만큼 더 많이 노동하도록 강요받거
나, 결국 AI에 의해 직업을 잃을 것이라는 결론이 나온다. 특히
일반 사무직이나 저숙련 노동자 등(편의상 하위 직위라고 지칭한다), 통
념에 따라 'AI에 의해 가장 먼저 대체될 직업들'은 어떻게 되느
냐는 질문이 나올 수 있다.

앞서 관리·감독이 얼마나 쉽고 효율적인지에 따라 정보의 비
대칭성과 도덕적 해이가 결정된다고 가정했다. 그 가정에 따르
면 하위 직위는 자신을 관리·감독할 수많은 상위 직위가 존재하
기 때문에 상대적으로 높은 a를 투입해야 한다. 즉 도덕적 해이
가 발생할 가능성이 작아서, 이미 생산량을 극대화하는 최적의

● 김송현 서울대학교 경제학부

a*를 투입하고 있을 가능성이 크다. 게다가 이들의 업무는 보통 생산성(k)이 높다고 보기 어려우며 생산량의 상한이 낮은 경우가 많다. 예컨대, 청소 업무는 일정한 수준의 청결함을 달성하면 그 이상의 청결함은 기업의 생산량 증대에 별 도움을 주기 어렵다. 만일 뛰어난 AI라 하더라도 채택 및 운용 비용이 크다면, 생산량의 상한이 낮은 하위 직위를 AI로 대체할 때 오히려 기업의 효용이 감소한다. 즉 하위 직위에서는 인간이 AI에 비해 비용 측면에서 비교 우위를 가진다. 애초에 철저한 관리·감독의 대상이 되어 많은 노동량을 투입하던 하위 직위는 AI에 의해 대체될 유인이 더 적다고 볼 수 있다. 반면 관리와 감독이 쉽지 않은 상위 직위의 경우, 오히려 노력과 성과를 정확히 파악할 수 있는 고성능 AI에 의해 대체될 가능성이 높다.

정리하자면, 인간의 전체 노동량은 늘어날 것이다. 고용주는 특히 계약적 권위로 인해 자신의 노동 공급을 (상대적으로) 자유롭게 결정할 수 있던 상위 직위자를 AI로 대체하고 싶을 것이다. 그렇기 때문에 고용주는 상위 직위자에게 다음과 같은 제안을 할 것이다. (AI의 생산량만큼을 생산하도록) 가능한 최대의 노동을 투입할 것, 혹은 (AI 가동 비용 이하의) 낮은 급여를 받아들일 것. 이 제안을 받아들이지 않는 상위 직위자는 곧장 계약적 권위는 물론 자신의 직위를 잃게 된다. 그리고 기존의 직위보다 더 많은 노동량을 투입해야 하는 하위 직위를 맡는 것이 그들의 최선이 될 것이다. AI라는 대체자의 존재로 인한 고용주의 새로운 제안을 받아들이든 말든, 그들의 노동량은 늘어날 수밖에 없다.

천 원짜리 지폐를 액자에
전시하게 만드는 권위

●   당신에게 천 원짜리 지폐 한 장이 주어진다면 어떻게 할 것인가? 오늘날은 천 원으로 살 수 있는 게 거의 없다. 기껏해야 다이소에서 물티슈를 산다거나 생수 한 병 정도나 살 수 있을 것이다. 천 원이라는 화폐의 교환 가치는 높지 않다는 뜻이다. 그래서인지 천 원짜리 작은 실핀부터 시작해서 차 한 대까지 교환한 사람의 이야기가 꽤나 유명하다. 요약하자면 천 원으로 구매한 A를 A가 필요한 다른 사람의 B와 교환하는 식으로 여러 거래를 진행한 성공담이다. 이때 시장에서 A와 B의 정확한 화폐 가치는 달랐을 것이다. 사실상 물물 교환이 이루어진 사례다. 물물 교환은 특정 사람과 특정 재화로 특정 상황에서 이루어지는 구체적인 교환인데, 이는 '내가 나의 물건 A와 너의 물건 B를 교환함'을 의미한다.

  ● 노신화 성균관대학교 사회학과

화폐에 기반한 거래는 물물 교환과 성격이 다르다. 물물 교환에서의 물건과 달리 화폐는 그 가치만 확인할 수 있다면 어떤 재화로든 교환 가능하다는 점에서 추상적이고 일반화된 교환 매체가 된다. 물물 교환이 '나의 것'과 '너의 것'을 교환하는 과정이었다면 화폐를 매개한 거래는 비인격적이다. 재미있게도 화폐가 누구의 것도 아니기 때문에 사람마다 보유한 양의 차이는 있더라도 모든 사람을 평등하게 만들어 준다. 화폐라는 비인격적이고 추상적 매체로 인해 '나'와 '너'는 교환의 상황에서 중요하지 않은 존재가 되고, 교환의 기준에서 배제되어 화폐 뒤에 있는 사람 자체는 평등해지는 것이다.

천 원으로 돌아가 보자. 예상하건대, 주어진 천 원은 당신의 통장에 추가되거나 간단한 물건을 구매하는 데 쓰이고, 당신이 아주 친절한 사람이라면 기부될 것이다. 어떤 용도로 쓰이는지에 상관없이 모든 경우에 천 원은 추상적이고 비인격적으로 남는다. 그러나 이러한 천 원이 전혀 다른 결말을 맞게 되는 경우가 있다. 본능적 권위를 가진 이들의 손을 거치는 경우다. 유명 아이돌 멤버, 혹은 워렌 버핏이 천 원을 준다면 천 원의 지폐는 그들의 본능적 권위를 승인하는 사람들에게 더 이상 비인격적인 교환 매체가 아니게 된다. 당신이 이들에 대해 잘 모르고 별다른 팬심이 없다고 하더라도 화폐를 인격화하는 이들의 능력은 어느 정도의 효력을 가진다. 물건을 구매할 때 우리는 권위자가 한 번 만진 지폐 대신 다른 지폐를 꺼낼 것이다. 권위 있는 누군가를 거친 매체에 비세속적인 의미를 부여하는 미신적인 태도를 보이는 것이다.

심지어 화폐 한 장을 인격적으로 만드는 본능적 권위의 힘에 따라 권위의 정도도 짐작할 수 있다. 같은 양의 돈을 소유하고 있더라도 그것을 상대의 본성에 얼마나 잘 호소하는가에 따라 그의 권위가 달라진다는 뜻이다. 즉 비인격적인 교환 매체를 다량으로 보유하고 있는 사람이 이를 인격화하는 힘을 갖게 되는 것, 모순적으로 들리지만 이것이 돈을 기반으로 하는 본능적 권위다.

본능적 권위가 몰고 오는 인격화의 흐름

사회가 비인격적으로 변했다는 것은 사회를 매개하는 규칙과 규율이 비인격화 되었으며, 따라서 사회를 구성하는 기본 단위인 개별적 상호행위의 사회관계망 또한 이러한 비인격적 규율에 의해 지배당하는 사회가 되었다는 의미이다. 사회학자 게오르크 짐멜은 자신의 저서 《Die Grosstädte und das Geistesleben(대도시와 정신적인 삶)》에서 대도시민들의 삶의 태도가 시골과는 다르며, 이는 대도시의 구조를 반영한 것이라고 분석했다. 늘 비슷한 몇 명의 사람들과 익숙한 장소에서 마주하며 인격적인 관계를 형성하는 시골 사회는 전통 사회와 유사한 방식으로 사회관계망이 생기게 된다. 그러나 대도시는 그 구성원의 유동성이 높고 수도 많을 뿐 아니라 마주침이 관계로 이어지지 않는 경우가 많다. 평일 점심시간에 광화문역 앞에 서 있는다면 1시간 만에 몇천 명과 마주치게 될 것이다. 우리는 이 많은 사람과 모두

인격적인 관계를 형성할 수 없다. 물리적인 한계가 있을 뿐 아니라, 관계를 맺으려 시도한다면 이상한 시선을 받게 될 것이 분명하다. 대도시의, 또는 대도시에 비유한 근대 사회에서 비인격적인 관계에 대한 사회적인 합의가 이루어져 있기 때문에 이 암묵적 규칙을 위반하는 사람에 대해 거부감을 느끼는 것이다. 다시 광화문역 앞에 서 있다가 지나가는 누군가에게 주먹질을 당한 상황을 떠올려 보자. 근대 사회에 잘 적응한 사람이라면 그 자리에서 보복하지 않고 내용을 잘 정리해 경찰과 법원에 고소할 것이다. 근대 사회의 법은 개인적 차원에서 멀리 떨어져 있으며 화폐와 함께 비인격적, 비개인적인 사회의 요소 중 하나다. 과거의 법은 '이웃'과 '너'에 대한 것이었다면 근대 사회의 법은 '피고'와 '원고', '피해자'와 '가해자'를 논한다. 개인의 차원에서 문제를 해결하는 게 어렵고 허용되지 않기 때문에 사법 제도에 따라 '피해자'와 '가해자'의 안건을 조정하는 것이다.

근대 사회 내 대부분의 관계가 비인격적이기 때문에 오히려 개인적, 인격적인 관계들의 대비가 확실하게 느껴지기도 한다. 따라서 가족과 친구의 소중함을 논하고 그들과 끈끈한 관계를 강조하는 것도 근대 사회의 흐름과 일치하는 방향이다. 가족 중심의 풍토가 전통 사회에 만연했던 것은 사실이지만 근대 사회에서 가족 중심주의가 트렌드로 떠오른다고 해서 근대화의 흐름을 역행하는 것은 아니다. 오히려 근대화의 흐름 속에서 비인격적 영역과 인격적 영역 사이 간극이 부각되어 보이며 눈길을 끄는 것일 뿐이다. 근대 사회에는 다양한 움직임과 사회적인 흐름이 있지만 대부분의 경우 근대화의 맥락과 정확하게 일치하거나 서로 상호 보완적인 관계에 있기 마련이다.

　한 개인 주변에 원을 그리고 그 안을 인격적 관계로, 밖을 비인격적 관계로 철저하게 분리하는 근대 사회는 그 과정에서 개인이 비인격의 영역으로 나오지 못하도록 강제한다. 단순히 관계의 특성에 따라 분리되는 데서 그치는 것이 아니라 사회 자체가 모종의 힘을 가져 개인을 압도하는 것이다. 이 힘은 구성원들의 인격을 지우는 역할을 하는데, 그 동기는 사회의 효율성 증진이라고 볼 수 있을 것이다. 가족이나 친구와 같은 친밀하고 인격적인 관계에서는 이러한 힘이 작용하지 않는데, 효율성이 전혀 중요하지 않기 때문이다. 그러나 그 원 밖에 속해 서로의 얼굴도 모르는 직장 내 중간 관리자와 노동자, 교수와 지적인 배움을 얻는 관계만 맺는 대학원생 등의 관계에서는 비인격성이 지배한다. 적어도 한국의 맥락에서는 위 상황에서 이들이 개인적인 관심을 표현하면 당황하는 상대의 모습을 관찰할 수 있을 것이다. 사회의 압력이 상대의 반응에 그대로 드러나는 것이다. 그리고 우리는 그로부터 개인이 소수의 인격적 관계와 절대 다수의 비인격적 관계를 맺으라는 사회의 강요에 순응하고 살아가는 시나리오를 마주하게 된다.

　그러나 이러한 사회의 압력 속에서도 자신의 개별성과 인격성을 보존하는 데 성공할 뿐 아니라, 자신과 연계된 비인격적 매체를 인격적으로 만들 수 있는 이들이 떠오르게 되는데, 바로 본능적 권위에 기대는 개인들이다.

　본능적 권위에 기대는 개인과 그의 권위를 승인하는 이들 사이의 관계는 지속 가능성이 돋보인다. 승인자에게 권위자는 인격적인 존재이지만 권위자에게 승인자는 비인격적인 존재로 남는다. 아이돌과 그의 팬들을 예시로 생각해 보면, 이들은 소수의 아이돌이 엄청난 수의 팬을 갖는 방식으로 관계가 형성된다. 이 아이돌은 모든 팬과 인격적인 관계를 맺지는 않는다. 특정 팬의 얼굴을 기억해 한 마디를 건네며 큰 호응을 얻기도 하지만 그 이상으로 개인적인 관계를 맺지는 않는다. 팬들 또한 그것에 큰 불만을 갖지 않으며 아이돌과 팬 사이 관계에는 일정 정도의 거리 유지라는 암묵적(혹은 명시적) 규칙이 존재함을 인지하고 있다. 대도시민이 체력적인 한계와 심리적 피로감 등에서 벗어나기 위해 대부분의 마주침을 비인격적으로 둔 것과 같이, 아이돌 또한 수많은 팬과의 관계를 비인격적으로 유지함으로써 심리적, 육체적 피로를 최소화하는 것이다. 이로써 아이돌은 팬을 향해 비인격적인 관계를, 팬은 아이돌을 향해 인격적인 관계를 맺어 가는 상황이 성립된다. 아이돌의 사례를 권위를 가진 개인의 차원으로 확장한다면 권위자는 승인자와 비인격적인 관계를, 승인자는 권위자와 인격적인 관계를 맺는 것이다.

　　미래 권위자의 모습은 기존과는 사뭇 다를 것이다. 이제 사람들의 본성을 자극하여 많은 사람이 자신과 인격적 관계를 맺도록 하고, 동시에 자신은 비인격적인 관계를 유지하는 능력을 가진 자에게 권력이 주어진다. 전통 사회의 가치로 여겨졌던 개인적, 인격적 관계가 현대 사회에서 재차 강조되고 본능적 권위와 함께 부활할 것이다. 이런 세상을 상상해 본다면, 그리고 주위를 둘러보며 조금은 체감해 본다면 자연스레 드는 물음이 있다. 우리는 전혀 다른 사회로의 진화를 앞둔 것일까?

AI는 도끼다

실상 본능적 권위가 부활할 것이라는 주장이 비논리적이든, 비현실적이든 크게 달라지는 바는 없다. 무슨 논리에도 혹자는 못마땅할 수 있으며, 어떠한 분석에도 반박의 여지는 가득하다. 미래는 일종의 환상이자 신기루일 테니 말이다. AI가 일상화된 세상을 논하며 굳이 '권위'를 언급하는 이유는 무엇일까? '권위'를 통해 무엇을 말하고자 하는가? 희뿌연 의구심 저변의 작고 희미한 본질을 들여다 보아야 한다. 어쩌면 독자들로 하여금 젊은이들의 가벼운 풍자로 여기고 웃음으로 넘겨 버리길 바라는지도 모른다. 그러다 어느 날, 어느 순간, 문득 수면 위로 떠오르는 프란츠 카프카의 '얼어붙은 바다를 깨는 도끼'의 매서운 모습을 떠올리게 된다면 더할 나위 없이 뿌듯할 것이다.

AI와 로봇에 의해 수많은 일자리가 사라지는 와중에도, 그

● 이상원 서울대학교 건축학과

나마 권위는 오랫동안 살아남아 지금처럼 인간 사회를 지배하리라 생각할 수 있다. 권위란 사회적으로 인정된 영향력과 위신을 의미하기에 본질적으로 사람들의 선택에 의해 부여된다. 이는 내면 깊은 곳에 자리한 무형의 존재로, 사회적 약속이라 하기에는 그리 강압적이지 않고, 문화라고 부르기에는 그리 자유롭지 않다. 이처럼 복잡한 세상살이와 인간사를 한데 담고 있는 권위는 인간의 선택에 의해 마지막까지 남으리라 여겨진다. 하지만 권위의 베일을 한 겹씩 들추어 미래의 파편을 거울 삼아 현재의 단면들을 들여다볼수록, 기존의 상념이 얼어붙은 바다였음을 깨달을 수 있다.

어쩌면 가까운 미래에 이성이라는 강박 아래 묻어 두었던 인간의 본성이 부활할지도 모른다. 정말로 기존의 권위가 처참히 붕괴되어 이전 문명에서 찾아볼 수 없었던 새로운 권위가 탄생할지도 모른다. 하지만 어떤 권위가 중요한지는 이 논의에서 큰 의미를 갖지 않는다. 권위에 대한 질문의 본질은 우리가 그토록 믿어 의심치 않았던 사회적 위계가 변할 것이라는 해석과 지금껏 권위를 갈망해 온 시간과 노력이 모두 헛수고로 돌아갈 수 있다는 불안이다. 그리고 이 모든 파도는 AI라는 태풍이 몰고 온 바람에서 시작될 것이라는 지극히 인간적인 직관에 있다.

"세상에 변하지 않을 유일한 진리는 '모든 것은 변한다'라는 진리뿐"이라는 격언이 있듯, 세상은 바뀔 것이다. 물론 그 방향이 인류와 지구에 있어 올바른 변화일지는 분명치 않다. 시계의 태엽을 돌리는 주체는 인간이다. 그리고 2023년의 톱니는 AI라는 기술이 지탱하고 있다. 젊은 세대가 자신들의 삶을 위해 지금의 세상을 바꾸어 나가리라는 것은 자명한 사실이다. 그저 우리는 무엇이 나올지 모르는 다음 톱니를 향해 묵묵히 태엽을 감으며 그 안에서 나름의 가치를 찾기 위해 끊임없이 헤맬 뿐이다.

사실상의 권위와 정당한 권위의 구분

● 　　　　현대 영미 정치 철학자들은 권위를 논함에 있어 사실상의 권위와 도덕적으로 정당한 권위를 구분하고자 노력했다. 사실상의 권위를 가졌다는 말은 그 권위가 도덕적으로 정당화되는지와 무관하게 그에 응하여 타인이 지시를 따르는 것을 말한다. 반면 도덕적으로 정당한 권위는 그들의 권위에 의거한 지시가 도덕적으로 정당화된 경우를 말하며 이때 다른 사람들은 그의 지시를 따라야 할 (도덕적) 의무가 있는 것으로 여겨진다. 권위에 복종하는 사람의 입장에서 다시 말하면 도덕적으로 정당한 권위가 지시하는 명령은 반드시 따라야만 하는 명령이고, 사실상의 권위는 내용과 상관 없이 실제로 따르지 않으면 안 되는 명령이다. 따라서 도덕적으로 정당한 권위를 권위에 대한 규범적 개념으로 분류하고, 사실상의 권위를 비규범적 개념으로 분

류하기도 한다.[6]

이러한 구분을 언급하는 것은 AI 상용화와 관련하여 지금까지 대체로 사실상의 권위만 논의하였기 때문이다. 이러한 이유는 두 가지가 있다. 첫 번째는 권위에 대한 기존의 구분들이 주로 정치적 권위나 법적 권위를 논하는 데 사용되어 왔지만, 우리의 관심사는 일상적인 권위에 있기 때문이다. 특정 사람이 권위적이라고 말하거나 직업이 권위 있다고 말할 때는 사실상의 권위를 일컫는 경우가 더 많다. 두 번째는 도덕적으로 정당한 권위라는 개념 자체의 문제 때문이다. 흔히 정당한 권위를 갖고 있다고 여겨지는 법적 규정에 대해서도 일부 학자는 이들이 사실상의 권위를 주장할 뿐이라며 이를 근거로 국가와 법에 복종해야 할 일반 의무는 없다고 주장한다. 앞서 말한 것처럼 도덕적으로 정당한 권위는 규범적 문제이며 규범성의 정체가 무엇인지는 여전히 철학자들 사이에서도 논쟁이 분분하다.

본능적 권위가 부활할 것이란 예측은 도덕적으로 정당한 권위에 대한 회의와 맞물려 있을지도 모른다. 이제까지 제도적인 장치로 보호되는 권위들은 으레 도덕적으로 정당하다고 여겨지는 권위였다. 예컨대 특정 지식을 가진 사람에게 배타적 권한을 허용하고, 국가 지도자에게 임기를 보장하고 지휘권을 주는 것은 이들의 권위가 도덕적으로 정당하다고 여겨졌기 때문이다. 이때 도덕적으로 정당한 권위가 규범적 개념이라는 것을 상기하면 다

---

6   Christian, T., Authority, Stanford Encyclopedia of Philosophy, 2012

● 이정우 서울대학교 철학과

른 이들은 이러한 권위를 '따라야만' 했다. 그러나 이들의 권위를 반드시 따라야만 하는지, 그동안 전통적으로 복종했던 권위가 정말 도덕적으로 정당한지 의심하는 사람들이 등장하기 시작했다.

본능적 권위가 부활하는 까닭은 AI 기술과도 맞물려 있지만 도덕적으로 정당한 권위에 대한 질문과 맞물려 있을 수 있다. 따라서 AI의 영향력이 급속도로 확산되고 있는 지금이야말로 우리가 살고 있는 공동체의 도덕과 윤리에 더 많은 관심을 기울여야 할 때다.

8장

AI 인테그리터

AI 시대, 새로운
인재상의 등장

인간은 AI를 무비판적으로 신뢰하여
이성적 능력을 잃을 위기에 처해 있다.
AI 인테그리터는 AI 시대를 살아갈
사람들을 일깨워 주는 리더가 될 것이다.

인공지능 시대, 신(新) 중세 사회로의 기로

중세 시대에 신은 절대적인 존재였다. 교황은 해, 황제는 달이라는 말이 나왔을 정도다. 중세 유럽 사회는 그야말로 기독교 중심의 사회였다. 그렇다면 기독교의 영향력이 세간에 널리 퍼져 있는 사회에서, 신의 대변인으로서 신의 말을 전해 주는 성직자가 어떤 권력을 누렸을지 상상이 되는가? 시대가 변해도 사람은 변하지 않는다면 오늘날 사회에도, 그리고 앞으로의 미래에도 누군가는 중세 시대 성직자의 역할을 대체하고 있을 것이다.

최근 인공지능 기술의 발전에 따라 인공지능이 인간 사회에 미치는 영향력이 점차 증대되고 있다. 사람들은 추천 알고리즘에 따라 콘텐츠를 소비하고, 찾고자 하는 키워드의 논문을 챗GPT에 입력하는 데 점차 익숙해지고 있다. 앞으로 더 탁월한 인공지능이 출현한다면 사람들은 그 기계에 더욱 의존할 것이다. 과거 중세 시대에 신에게 의존했던 것처럼 말이다. 그러니 감히 말하건대, 우리는 지금 '신(新) 중세 사회'의 분기점에 서 있다. 인공지능의 등장과 발전으로 인해 새로운 형태의 중세 사회로 향하는 분기점에 서 있다는 말이다. "All is grace."는 오늘날 다른 표현으로 수정되어야 하는 게 아닐까? 'grace'가 어느새 AI로 바뀌고 있는지도 모를 일이다.

AI 기술은 IT 기업과 개발자들이 제공하는 테크노플랫폼(Techno-Platform)을 통해 대중들에게 전해진다. 과거 중세 시대 '신-교회/성직자-신도'로 이어지는 구도는 오늘날 '인공지능-테크노플랫폼-대중'으로 이어지는 구도와 사뭇 유사하다.

무형의 대상이며 과도한 믿음과 신뢰를 받는다는 점에서 인공지능과 신은 공통분모를 가지고 있다. 오래전 사람들은 신을 절대적인 존재로 여겼다. 비록 신을 직접 만날 수도, 볼 수도 없었지만 신의 뜻이 사람들의 삶에 미치는 영향력은 지대했다. 사람들은 세상만사가 신의 뜻이라 여겼으며 자신의 가치관과 행동을 신의 뜻에 따라 통제하곤 했다. 중세 시대는 이처럼 삶의 곳곳에 기독교가 스며들었던 시기였기에 사람들은 신의 존재와 그 절대성을 의심하지 않았다. 바로 이 부분에서 우리는 중세 시대의 신과 인공지능의 유사성을 발견할 수 있다.

'신(新) 중세 사회' 속에서 인공지능이 신과 같은 절대성을 지니는 것처럼, 절대적인 영향력을 미쳤던 성직자의 역할을 할 새로운 존재의 등장 가능성을 점쳐 보자. 신의 말은 경전 구절을 해독하는 성직자에 의해서 신실한 신도에게 전달될 수 있었다. 성경을 해독하고 그 내용을 읊고 강연하는 것은 그들만의 독점적인 권리였다. 그래서 중세의 성직자들은 라틴어로 된 성경이 여러 말로 번역되는 것을 거부했다. 15세기 잉글랜드의 교회 당국은 영어로 된 모든 성경 번역본과 허가되지 않은 번역을 금지했을 정도였다.[1] 라틴어를 모르는 사람은 성경을 읽을 수 없도록 장벽을 치고 성경의 해석을 독점하며 그들은 권력의 기반을 단단히 다졌다. 결국 당대 성직자들의 힘은 성서 해석의 독점적 권한에서 나왔다고 볼 수 있다.

신(新) 중세 사회의 IT 기업과 개발자들로 구성된 테크노플랫폼은 어떠한가? 테크노플랫폼은 성직자와 비슷한 위치에 서서 성직자와 유사한 역할을 수행한다. 인공지능을 만들기 위해서는 데이터를 방대하게 수집해야 한다. 2023년 9월 26일자 BBC 기사에 따르면 최근 개발된 인공지능인 챗GPT의 경우, 학습 과정에서 책, 위키피디아, 기사로부터 수집한 570GB의 데이터를 사용했다. 더불어 더 구체적으로 말하자면 3천억 개에 달하는 단어가 모델 학습에 사용된 것이다.[2] 이렇게 빅데이터를 집중화할 수 있는 환경을 갖춘 것은 소수의 대기업뿐이다. 이들은 빅데이터로부터 결과를 얻어 낼 수 있는 대량의 컴퓨팅 능력을 갖추었으며, 이는 전체 빅데이터를 분석할 연산 자원이 부족한 개인과 비교

---

1 디아메이드 맥클로흐, 《종교개혁의 역사》, 이은재, 조상원 역, CLC(기독교문서선교회), 2011

2 Alex Hughes, 챗GPT: Everything you need to know about OpenAI's GPT-4 tool, BBC Science Focus, 2023.09.26, https://www.sciencefocus.com/future-technology/gpt-3

된다. 그 때문에 인공지능을 만드는 대기업의 통제 속에서 개인은 알고리즘의 제한된 정보만을 접할 수 있다. 과거 중세 시대의 성직자가 신의 뜻에 접근할 권한을 독점했던 것처럼, 테크노플랫폼 역시 빅데이터와 인공지능 알고리즘에 접근할 권한을 독점하게 되는 것이다.

일반적인 사람들은 컴퓨팅 자원뿐만 아니라, 인공지능에 대한 지적 역량 역시 테크노플랫폼에 비해서 부족하다. 오늘날 코딩 교육 열풍이 불고 있다고는 하나 코딩을 통해 인공지능을 설계하고 만들 수 있는 사람이 얼마나 될까? 단순한 인공지능 모델이 아니라 거대 언어 모델(LLM)과 같은 대규모 모델을 개발할 수 있는 사람의 수는 더욱 한정된다. 인공지능에 지속적인 관심을 갖고 이를 공부하고자 마음 먹은 사람이 다수가 될 수 있을까? 큰 이슈를 불러온 챗GPT만 해도, 이를 사용해 보지 않은 사람이 사용해 본 사람보다 아직 더 많다는 점을 명심해야 한다. 그렇다면 인공지능을 학습시킬 만한 자본, 데이터를 가진 사람은 또 얼마나 소수일까? 기실 대중은 지금도 대규모 AI 모델과 직접 접촉할 수 없다. 신에게 직접 닿지 못했던 중세의 신자처럼 말이다. 머지않은 미래 사회에서, 인공지능은 실체 없는 신에 더 가까워질 것이다. 대중은 대규모 AI 모델을 만들 수 없으며, 오직 충분한 자본과 기술을 갖춘 대기업이 운영하는 인공지능 플랫폼인 테크노플랫폼을 통해서만 이 신비한 기계에 접근할 수 있을 것이다.

그러므로 우리는 신 중세 사회로 향하는 분기점에 서 있다고 말할 수 있다. 유기윤 외(2017)는 《미래 사회 보고서》에서 미래 도시 시민을 피라미드 형태로 그려 계급도를 나타낸 바 있다. 2090년 미래 사회는 0.001%의 플랫폼 소유주와 0.002%의 플랫폼 스타, 그리고 99%의 일반 시민으로 계급이 구성되리라는 게 연구팀의 주장이었다.[3] 극소수의 사람들이 절대 다수 위에 군림하는 모습은 프랑스 혁명 이전의 군주 체제인 앙시앵레짐과 꽤 유사하다. 소수의 사람이 정보를 독점하며, 다수의 대중은 소수가 제공하는 정보에 제한적으로 접근할 수 있는 사회 구조는 우리가 익히 겪은 역사와 닮은꼴이다.

이는 우리 삶에 침투한 인공지능에 의해 정보가 편향되고 조작된 채 주어지는 세상이 도래할 수 있다는 뜻이다. 단순히 어떤 콘텐츠를 소비할지 고르는 수준을 넘어서 인생의 모든 의사 결정을 인공지능의 뜻에 따라 선택한다면, 미래 사회를 사는 사람들은 당대 교회의 교리를 진리라 믿으며 그에 따라 행동하던 중세 시대 인간의 모습과 비슷해질 것이다. 학습, 판단하고 그 결과를 언어로 표현할 수 있는 기계에 의해 인간이 결정 능력을 상실하는 사회가 온다면 우리는 어떻게 행동해야 할까? 이러한 미래의 사회는 어떤 형태를 띠게 될 것이며, 우리는 어떤 모습으로 이런 사회를 꾸려 가게 될까?

---

3 황순민, Ai권력이 `초양극화사회` 만든다, 매일경제, 2017.10 23, https://www.mk.co.kr/news/it/8019935

If not for AI, AI가 없는 세상

이처럼 우리가 마주할 미래를 상상함에 있어서 인공지능에 대한 사고 실험을 해 보자. 단, 이는 역(逆)사고 실험으로서 인간이 인공지능 관련 기술을 전혀 발전시키지 않는 경우의 반사실적인 사회를 상상해 보는 것이다. 디지털화를 포함하여 빅데이터와 인공지능의 발전이 전혀 이루어지지 않은 사회에서 인류는 과연 어떻게 삶을 영위하고 기술을 발전시켜 나갈 것인가? 다양한 시나리오가 가능하겠지만, 인간 사회가 가진 영적, 정신적, 물질적인 자원이 한정되어 있는 것을 고려한다면 지금보다 인간 자신과 자연에 있는 생물 그리고 우주나 심해 등의 영역으로 집중할 것이다. 이는 지금보다 인간학 또는 자연 과학, 생물학, 우주 과학 등 유기체나 광물 관련 기술이 더욱 발전할 가능성이 있음을 의미한다.

이를 다시 뒤집어 본다면, 인공지능의 발전이 초래할 미래 사회의 모습은 인공지능 기술이 지닌 독특한 특징과 깊은 연관성을 지닌다고 할 수 있다. 그렇다면 다른 기술들과 현재 발전하고 있는 인공지능의 큰 차이점은 어디에 있는가? 즉, 인공지능 기술이 강력하면서도 독특하게 인간 사회에 영향을 미치고 있고 또한 앞으로 미칠 지점은 무엇인가? 이에 대해서도 다양한 대답이 가능하겠지만, 딥러닝 기술이 현 수준까지 발달하게 된 요건을 고려한다면 빅데이터와 다량의 연산을 급속하게 할 수 있는 컴퓨팅 자원이 주된 기반이 된다고 할 것이다. 실제로 오늘날 인공지능 기법의 주류로 여겨지는 딥러닝이 점차 각광을 받게 된 것은 엔비디아가 소프트웨어 프로그래밍 플랫폼 CUDA를 선보이고 이를 기반으로 한 인공신경망 실험이 점차 전개되었기 때문이다. 또한, 2012년 사물인식경진대회인 이미지넷(Imagenet)에서 알렉스 크리제프스키가 알렉스넷(AlexNet)으로 다른 경쟁자들을 큰 성능 차이로 이기면서 딥러닝 기법은 그 성능을 인정받게 되었다.[4]

그렇다면 보다 구체적으로 빅데이터와 컴퓨팅 자원의 어떠한 측면을 고려해야 하는가? 빅데이터는 매우 큰 용량의 데이터를 수집, 저장, 활용, 폐기하는 등의 행위와 연관되기에 이에 필요한 인적, 물적 자원을 감당할 수 있는 기관이나 집단이 주도적으로 이를 다루게 된다. 또한 빅데이터를 인간이 이해하고 의사결정을 내릴 수 있는 형태로 제시하는 데에 필요한 고성능 연산기계(GPU, TPU, NPU 등)는 개인이나 공동체 수준에서 다량으로 구비하기는 어렵다. 즉, 빅데이터와 컴퓨터 자원 모두 빅테크 기업이나 정부와 같은 거대 집단이 대량으로 활용할 공산이 크다. 실제로 인공지능 기술의 발달이 야기한 오늘날의 정치·경제적 방식이나 데이터 수집, 추출, 불공평한 노동 관행 등은 권력의 집중화와 사회의 미분화를 더욱 심화시킨다. '미분(微分)화'라는 용어는 AI 기술에 따라서 사회가 한 편으로는 한 없이 잘게 나눠지는 현상을 비유적으로 표현하기 위한 것이다. 철학자 들뢰즈가 말한 '미분화'와 모티브는 같으나 다른 개념이라고 할 수 있겠다.

---

4   정인성, 최홍섭, 《AI 혁명의 미래: 반도체를 넘어 인공지능으로》, 이레미디어, 2023

이러한 관점에서 인공지능이 미래 세대에 초래할 문제를 보다 깊이 살펴 보자. 예를 들어 추천 알고리즘에 따른 콘텐츠나 광고에 대해서 생각해 보았을 때 인공지능 관련 기술 및 데이터 자원이 특정 집단이나 특정인에 집중되면 관련 자원의 비대칭성이 매우 심각해진다. 동시에 인공지능 기술을 이용하는 개별 이용자는 알고리즘에 의해 본인에게 제시된 결과 외에는 다른 정보를 확인할 방법이 없다. 서비스 운영의 투명성은 해당 회사의 정책과 결부되어 있으며, 시스템이 전부 공개되는 경우는 거의 전무하다.[5] 미국의 미디어학자 시바 바이디야나단은 《The Googlization of Everything(And Why We Should Worry)》에서 이렇게 말했다. "이러한 시스템에는 일관성과 호혜성 혹은 책임이 존재하지 않는다."[6] 미국 정계에서는 빅데이터와 AI를 활용해서 집단별로 공유되지 않는 맞춤식 홍보 메시지를 보내는 마케팅 전략을 사용한다.[7]

해당 추천 알고리즘이나 시스템은 크게 운영 집단의 조작적인 의도가 담기지 않는 경우와 그러한 의도가 있는 경우로 나누어 생각해 볼 수 있다. 사람들의 편의성 추구 성향이나 본인이 선호하는 종류의 콘텐츠를 지속적으로 소비하려는 경향을 고려

---

5   엘 프레이저, 《생각 조종자들: 당신의 의사 결정을 설계하는 위험한 집단》, 이현숙, 이정태 역, 알키, 2011

6   Siva Vaidhyanathan, 《The Googlization of Everything (And Why We Should Worry)》, University of California Press, 2012

7   캐시 오닐, 《대량살상 수학무기》, 김정혜 역, 흐름출판, 2017

한다면 알고리즘의 추천 기술이 발달할수록 미분화된 관심사나 또는 입장을 지니게 될 가능성이 크다. 2010년대 초에 이미 엘 프레이저가 '필터 버블(filter buble)'이라는 말로서 그러한 위험성을 경계한 적이 있다.[8] 필터 버블은 인터넷 정보 제공자가 이용자 맞춤형 정보를 제공해 필터링된 정보만 이용자에게 도달하는 현상을 지칭한다. 물론 사용자가 이미 가지고 있는 편견이나 선입견이 알고리즘 상에서 필터 버블 현상을 더욱 증폭시키는 것일 수도 있다. 어느 경우이든지 간에 이로 인해 사용자는 모종의 미분화 현상을 경험하게 된다. 남성 편향성이 발견된 아마존 채용 추천 시스템 사례처럼 시스템의 구축과 활용에 있어서 설계자들의 편향이 스며들 가능성은 상존한다.[9] 기계 학습 시스템 훈련에 필요한 모든 데이터셋에는 정치, 문화, 사회적 세계관이 담겨져 있다.[10] 또한 스웨덴의 응용 수학과 교수 섬프터가 논증한 것처럼 우리가 사는 세계가 그 자체로 완벽하게 평등하지 않다면, 우리가 만든 알고리즘은 공정의 측면에서 분명 한계를 지닌다.[11]

해당 알고리즘을 운영하는 기업이 고의적으로 모종의 편향성을 알고리즘에 담는 경우에도 문제가 발생할 수 있다. 해당 기

---

8 엘 프레이저, 《생각 조종자들: 당신의 의사 결정을 설계하는 위험한 집단》, 이현숙, 이정태 역, 알키, pp.29, 2011

9 케이트 크로퍼드, 《AI 지도책: 세계의 부와 권력을 재편하는 인공지능의 실체》, 노승영 역, 소소의 책, pp. 154-156, 2022

10 위의 책, p.162

11 데이비드 섬프터, 《알고리즘이 지배한다는 착각》, 전대호 역, 해나무, 2022

업의 서비스 사용자들이 고의성을 지닌 알고리즘에 노출이 되어 지속적으로 영향을 받게 된다면 어떻게 될까? 최악의 경우에는 사람들의 가치관이나 취향, 선호 대상이 기업의 의도에 따라 조작되고 통제될 수 있다. 이는 결국 개인 주체성의 훼손으로 귀결될 것이다. 메타의 페이스북에서 실험한 결과에 따르면 투표 인증과 관련된 다양한 업데이트가 사람들의 투표 행위에 영향을 줄 수 있었다고 한다.[12] 이는 메타를 비롯한 빅테크 기업들이 빅데이터와 알고리즘을 오용할 경우 얼마든지 사람들의 판단과 행위를 조작할 수 있다는 것을 함의한다.

물론 지금 시점에서는 이 위험이 가능성으로만 존재한다고 말할 수 있을지도 모른다. 문제는 추천 시스템 혹은 알고리즘이 산업 차원의 고도화에 따라 인간의 신체뿐만 아니라 정신에 미치는 범위와 영향력이 더욱 커진다는 점에 있다. 오늘날 스마트폰 중독이 사회적인 문제가 되는 것처럼, AI 기술에 기반한 서비스가 사회 문제로 번질 가능성이 크다. 이는 콘텐츠나 정보, 시청각적 교류와 관련된 콘텐츠, 미디어 분야에서 두드러지며, 사람들은 고도화된 인공지능 기술 및 알고리즘에 더욱 큰 영향을 받을 것이다. 앞으로 디지털화가 진행되고 기업들이 창조해 내는 가상 세계의 영역이 확장되면 될수록 '집중화와 미분화'의 문제는 더욱 심각해질 것이다.

그렇다면 이에 대한 반작용의 움직임으로 AI 기술의 문제점

---

12 캐시 오닐, 《대량살상 수학무기》, 김정혜 역, 흐름출판, 2017, pp.300-308

을 제대로 포착하고 통합적인 해결책을 제시하는 사람들이 필요하다. 이와 관련된 사례로 미국의 수학자 캐시 오닐은 객관적으로 보이나 사실 불투명성과 확장성의 측면에서 유해한 수학 모형들을 '대량 살상 수학 무기(weapons of math destruction)'로 명명하면서, 이러한 모형들이 굉장히 복잡한 수학 공식과 알고리즘을 담고 있기에 그 안에 편견과 오해, 편향성을 은폐할 수 있다고 이야기한다.[13] 자칫 객관적으로 보일 수 있는 빅데이터와 인공지능의 문제점을 그녀가 지적할 수 있었던 까닭은 그녀 스스로가 데이터 과학자이자, 내부 고발자로 활동했기 때문이었다.

새로운 문제 해결력의 등장: I.M. with A.I.

앞서 살펴본 것처럼 인공지능 기술 발달에 따른 사회 집중화와 미분화로 인하여 개인이 주체적으로 가치관을 유지할 수 없는 사회적 문제가 발생한다. 또한, 인공지능은 테크노플랫폼과 대중 사이의 구조적인 불평등을 더욱 강화시킬 수도 있다.[14] 하지만 인공지능으로 인해 발생하는 사회 문제들을 해결하는 새로운 사람들도 등장하게 될 것이다. 우리는 이러한 역할을 담당하는 사람들을 'AI 인테그리터(AI integritor)'라고 명명한다. 이 용어

---

13 앞의 책, p.6

14 케이트 크로퍼드, 《AI 지도책: 세계의 부와 권력을 재편하는 인공지능의 실체》, 소소의 책, 2022, p.249

는 새롭게 생성된 용어로 앞서 언급한 바와 같이, AI 기술에 따라 사회가 한 편에서 한없이 잘게 나눠지는 '미분(微分)화'와는 반대로 더해 가는 '적분(integral)'의 이미지에서 비롯된 것이다. 이들이 만드는 새로운 사회의 물결을 'Integritor Movement with A.I.', 줄여서 'I.M. with A.I.'라고 명명하고자 한다. 이는 인테그리터들이 인공지능 기술에 대한 이해를 기반으로 삼아 펼치는 새로운 사회 운동이라는 의미이다.

역사를 살펴보면, 사회 변혁에 따른 새로운 문제가 발생할 때마다 그 문제를 해결하고자 하는 정치적, 종교적 노력은 항상 있었다. 그렇다면 인공지능 시대에 새롭게 'I.M. with A.I.'라는 움직임이 필요한 이유는 무엇일까? I.M. with A.I.가 전통적인 노력과 구분되는 측면은 인공지능 기술에 대한 높은 수준의 이해가 문제 해결의 바탕이 된다는 점이다. 왜냐하면 기술에 의해서 발생한 사회 문제를 해결하기 위해서는 반드시 기술 그 자체에 대한 이해와 접근, 수정이 요구되기 때문이다. 따라서 인공지능 기술이 사회에 바람직한 방향으로 적용되고 있는지 살펴보기 위해서는 반드시 인공지능 기술을 충분히 이해하는 사람들이 문제를 제기할 뿐만 아니라 문제 해결에 참여해야 한다.

인공지능 시대의 문제를 해결하기 위해 I.M. with A.I.가 지향하는 세 가지 가치가 있다. 이 세 가지 가치는 각각 공유, 자율, 그리고 교육이며 각 가치의 세부 내용은 다음과 같다.

공유

공유란 인공지능 시대에 테크노플랫폼과 대중들 사이에 존재하는 정보 비대칭성을 해결하기 위하여 지향하는 가치를 의미한다. 인공지능 시대에 발생하는 사회 미분화 현상의 가장 큰 원인은 인공지능 알고리즘과 빅데이터에 대한 테크노플랫폼의 독점적 권한이다. 따라서 인테그리터들은 이러한 정보나 자원이 특정 집단에게만 집중되지 않고 모든 구성원이 보다 평등하게 접근할 수 있는 사회를 구현하는 것을 목표로 한다.

이를 위해서 향후 테크노플랫폼에 인공지능 알고리즘을 공개하거나, 어떠한 알고리즘으로 특정 결과가 나왔는지 설명할 수 있는 인공지능(XAI, Explainable AI)을 요구할 수 있다. 혹은 테크노플랫폼이 수집한 빅데이터를 대중들과 공유하도록 요구할 수도 있을 것이다. 마지막으로, 단순히 정보를 공개하는 것을 넘어서 테크노플랫폼이 공개한 알고리즘과 빅데이터가 어떤 의미를 함의하고 있는지 대중들을 대표하여 면밀히 검토하고, 이것이 사회적으로 바람직한 방향으로 나아가도록 인도할 수 있을 것이다.

자율

자율이란 대중들이 인공지능의 판단에 예속되지 않고 자유롭고 자주적인 판단을 할 수 있도록 장려하기 위해 인테그리터들이 지향하는 가치이다. 인테그리터들은 인공지능이 내리는 판단이 인간 삶의 총체적인 방향을 결정지을 만큼 절대적인 영향력을 행사할 수 없다는 것을 이해하고 있다. 또한, 삶의 방향성을 결정하는 데 있어 인공지능에 의탁하지 않고, 인간 스스로 끝없는 성찰을 통해 자주적인 결정을 내리는 것이 인간성을 지키는 길임을 이해하고 있다. 따라서 인테그리터들은 대중들에게 인공지능이 제공하는 결정과 해답을 맹신하지 말고 비판적으로 수용하는 방법을 제시할 것이다. 이로써 대중들은 인공지능에 재단된 삶이 아닌 자신의 자유 의지에 근거한 삶을 살 수 있다.

교육

마지막으로 교육은 인공지능 기술 본질에 대한 이해를 돕고 인공지능 시대에 가져야 할 바람직한 태도를 대중들에게 널리 알리기 위한 인테그리터들의 실천 의지이다. 모든 사람이 인테그리터들만큼 인공지능에 대해서 깊이 이해하는 것은 현실적으로 불가능하다. 일반 대중들이 I.M. with A.I.에서 지향하는 공유와 자율의 가치를 그들의 삶 속으로 받아들이기 위해서는 해당 내용을 이해하기 쉬운 형태로 전달할 필요가 있다. 인테그리터들은 이를 위해 강연, 캠페인, 혹은 새로운 형태의 교육을 개발할 수 있을 것이다. 예컨대 편향된 인공지능 알고리즘이 가져올 수 있는 부정적 결과에 대한 체험 교육 프로그램을 제공한다면 사람들은 잘못된 인공지능에 대한 문제의식을 느낄 수 있다. 이처럼 인테그리터들은 앞서 살핀 인공지능 시대에 사람들이 가져야 할 삶의 태도와 우리 사회가 나아가야 할 바람직한 방향에 대해서 효과적으로 알릴 방안에 대해 연구해야 한다.

훗날 인공지능 기술이 사회 문제로 부상할 때, I.M. with A.I. 운동을 주도하는 인테그리터들은 사회에서 다양한 역할을 수행할 수 있을 것이다. 테크노플랫폼을 규제하는 정부 관료로서, 인공지능에 관한 사회적 담론을 이끄는 정치인으로서, 학생들에게 올바른 인공지능 활용법을 가르치는 교사로서 인테그리터들은 역할을 다할 것이다. 따라서 인공지능을 공부하는 미래 세대 구성원들이 짊어질 사회적 책임이 매우 무겁다. 그러니 인공지능 시대를 맞이할 미래 사회의 구성원들은 미래를 대비하기 위해 지금부터 미리 인공지능 기술에 대한 문제의식을 공유하고, 인공지능 시대의 바람직한 삶의 태도에 대해 성찰해야 한다.

인공지능 개발에 담긴 인간의 욕망

● '인공지능'이라는 키워드를 들었을 때 사람들이 가장 먼저 떠올리는 이미지는 무엇일까? SF 영화 속에 나오는 인간을 죽이고 세상을 파괴하고자 하는 안드로이드일까? 혹은 우리가 익히 사용하고 있는 유튜브의 추천 알고리즘일까?

인공지능이 어디까지 발전할 수 있을지에 대해 학자마다 의견이 분분하다. 인공지능은 기능에 따라 크게 3단계로 구분된다. 첫 번째 단계는 약 인공지능(Narrow AI, NAI)이다. 약 인공지능은 정해진 범위에서 특정 작업을 반복적으로 수행할 수 있다. 우리가 흔히 사용하는 GPS 지도나 사용자 취향 기반의 영상, 음악 추천 알고리즘이 바로 이것이다. 챗GPT도 정해진 범위의 작업을 수행할 뿐, 스스로 결정하고 판단할 수 없기 때문에 약 인공지능에 해당한다. 그다음 단계는 범용 인공지능(AGI, Artificial

General Intelligence)이다. 흔히 강 인공지능으로도 부르는 이 단계에서 AI는 인간이 수행할 수 있는 모든 지적 작업을 수행할 수 있다. 마지막 단계는 바로 초인공지능(ASI, Artificial Super Intelligence)이다. 초인공지능 단계에 들어서는 순간 인공지능은 인간의 지능을 추월하게 된다. 공상 과학 영화에서 빈번하게 다루는 소재인 악한 인공지능은 일반 인공지능 이상의 단계에 들어선 AI인 경우가 많다. 그리고 학자들은 이 정도 수준으로 인공지능이 발전했을 때, 인간이 의식하지 못한 채 인공지능에게 지배 당하거나 조종 당할 가능성을 지적한다.[15]

사람들은 몇십 년 동안 인간을 뛰어넘는 기계에 대한 두려움을 드러냈다. 영화 〈터미네이터〉 시리즈가 맨 처음 상영된 게 1984년의 일이니, 인간의 두려움은 자그마치 40년 전부터 계속된 것으로 보인다. 그러나 사람들은 스스로를 대신해 보고서를 쓰고, 작곡하고, 영화를 찍고, 끝말잇기를 하는 인공지능을 만들어 내기에 이르렀다. 이쯤 되면 한번쯤 고민해 보아야 한다. 우리는 인공지능에게 무엇을 기대하고 있는가? 완벽한 기계로서의 인공지능을 원하는가, 아니면 사람과 매우 유사해 구별조차 되지 않는 기계를 원하는가? 바로 이 부분에서 모순을 발견할 수 있다. 우리는 인간이 완벽한 존재가 아니라는 사실을 알기 때문에 인간의 불완전성을 보완할 수 있는 인공지능을 개발하고 있다.

---

15 베로니카 스민크, 인공지능 3단계: 인류 멸종으로 이어질까?, BBC News 코리아, 2023.06.06, https://www.bbc.com/korean/news-65817704

● 서지윤 고려대학교 심리학부

동시에 인간과 가까운 기계를 만들고자 하는 것은 개발자들이 가진 궁극적인 이상이다. 인공지능 분야 중 AI 스피커만 해도 그렇다. 인간과의 대화를 목적으로 만들어져 인간처럼 말할 수 있는 기계를 보며 우리는 결국 '완벽한 인간'으로서의 인공지능을 탄생시키고자 하는 욕망을 엿볼 수 있다.

인간의 능력을 구현하는 것을 넘어 인간이 할 수 없는 것을 해내는 기계를 만드는 데 성공했기 때문에, 결국 인간이 택할 길은 인공지능과의 공존뿐이다. 인공지능을 버린다는 선택지는 이제 존재하지 않는다. 남은 것은 인공지능의 도입으로 생기는 부작용을 최소화하고 변화에 적응하는 것뿐이다. 인공지능이 우리 삶에 깊숙이 스며들며 나타나게 될 문제점은 무엇이 있을까? 그리고 이처럼 크게 변화할 세상에서 우리는 균형을 잡기 위해 어떤 노력을 기울여야 할까? 초인공지능은 아직 우리에게 먼 이야기이기 때문에 논의의 초점을 보다 익숙한 약 인공지능에 두고자 한다.

필터 버블, 인공지능의 한계와 부작용

우선 인공지능이 가진 가장 큰 문제점 중 하나는 알고리즘의 편향성이다. 확증 편향이란 자신의 견해와 일치하는 정보만을 선택적으로 습득하고, 주장과 반대되는 정보는 배제하는 경향성을 말한다.[16] 옳다고 믿는 것을 계속 고집하는 태도는 이런 확증 편향에 의한 것이다. 그리고 알고리즘은 인간의 편향성을 굳히는 데 매우 탁월한 기술이다.

오늘날 사람들이 확증 편향을 피하기 어려운 이유는 필터 버블 때문이다. 필터 버블은 웹사이트 알고리즘이 사용자가 보고 싶어 하는 정보를 추측해서 전달하고 그 외의 정보는 걸러 내는 것을 말한다. 사람들은 여가 시간에 인스타그램, 페이스북 등의 SNS을 하거나 포털 사이트의 뉴스 기사 등을 훑어보곤 한다. 이 모든 과정에서 사용자의 관심사를 파악한 알고리즘은 사용자가 이전에 접한 기사와 유사한 게시글, 영상 등을 보여 준다. 그 때문에 사용자의 주장과 대립되는 정보는 자동으로 걸러지며, 기존 주장을 뒷받침하는 정보만이 반복적으로 뇌에 들어오게 된다. 추천 알고리즘의 대표적인 예시는 유튜브다. 2016년부터 유튜브는 개인별 맞춤형 추천 시스템을 도입했고, 그 덕에 사용자는 직접 검색했던 몇몇 키워드를 바탕으로 꾸려진 추천 동영상을 제공받고 있다.

물론 내가 좋아하는 정보만을 제공받는 게 뭐가 나쁘냐고 지적하는 사람도 있을 것이다. 그러나 편향의 가장 큰 문제점은 이것이 사회 미분화의 원인이 될 수 있다는 점이다. 알고리즘은 사용자가 원하는 정보만을 주입하고, 원하지 않지만 유용한 정보

---

16 Nickerson, R. S., Confirmation bias: A ubiquitous phenomenon in many guises. Review of General Psychology, 2(2), pp.175-220, 1998

들은 걸러 낸다. 그 과정에서 사람은 자신의 가치관과 다른 의견과 정보를 접하지 못해 비판적으로 사고할 기회와 능력을 잃어버리게 된다.

알고리즘은 편향으로 인한 양극화보다 더 큰 문제를 초래할 수도 있다. '케임브리지 애널리티카 스캔들'은 추천 알고리즘의 악용 가능성을 가장 단적으로 드러내는 사례다. 영국의 정치 컨설팅 업체인 케임브리지 애널리티카는 2016년 도널드 트럼프의 대선 캠페인 기간에 유권자 타겟팅을 목적으로 수백만 페이스북 가입자의 개인 정보에 접근했으며, 이를 정치적 목적으로 사용했다. AI를 만들고 통솔하는 테크노플랫폼이 알고리즘을 악용할 마음을 먹는 순간 사용자들은 손 쓸 틈 없이 조작된 알고리즘의 세계에 발을 담그게 되는 것이다. 케임브리지 애널리티카 스캔들처럼 해당 사건이 수면 위로 올라오지 않는 이상 사용자들은 언제, 어떤 방식으로 알고리즘이 조작되고 제한되었는지 알지 못한다. 그들은 그저 SNS 애플리케이션을 열고 타임라인을 내리며 게시글을 읽었을 뿐이다. 그러나 이 행위가 반복되면 정치적으로 중립적인 입장을 취하던 사용자도 입장을 쉬이 바꿀 수 있게 된다. 자신의 의지가 아니라 알고리즘에 의해서 말이다.

사람들은 '인공지능은 우리의 생각만큼 똑똑하지는 않다'라고 생각할지언정 '인공지능에 의해 우리가 통제될 수 있다'라는 생각은 하지 않는다. 기계는 가치 판단을 할 수 없는 중립적인 존재인 것처럼 느껴지기 때문이다. 동시에 기계가 인간을 지배할 수 없으며 그래선 안 된다는 생각이 무의식적으로 깔려 있다는 점도 한몫한다. 그러나 신(新) 중세 사회를 소개할 때 언급했던 것처럼, 인공지능은 테크노플랫폼을 통해서 대중에게 제공되는 서비스다. 우리가 추천 알고리즘을 경계하고 알고리즘이 조작될 가능성을 염두에 두고 신경을 곤두세워야 하는 이유이다.

우울증에 걸린 인공지능 챗봇

더불어 인공지능이 정말 완벽하고 안전한지에 대해 다시 한 번 생각해야 한다. 인공지능은 정말 완벽한가? 그렇지 않다.

워봇은 훌륭한 인공지능 챗봇이다. 수시로 환자의 우울증 증세를 체크하며 24시간 내내 지속적인 관리가 가능하다. 일주일에 많아야 1~2번 만날 수 있는 의사보다는 퍽 빈번한 교류가 가능하다는 말이다. 더불어 이 챗봇은 매일 메시지를 보내 사용자의 상태를 확인하고 질문하며 구체적인 행동 요법을 제시한다. 인지 행동 치료가 가능하다는 말이다. 워봇뿐만 아니라 오늘날 다양하게 사용되는 우울증 치료 챗봇은 모두 24시간 사용자를 케어하며 그들을 관리할 수 있다.

그렇지만 많은 사람들이 간과하는 사실은, 인공지능은 완전하지 않다는 점이다. 인공지능 챗봇 역시 우울증에 걸릴 수 있다는 사실을 아는가? 지속적으로 사용자의 우울한 감정에 노출된 챗봇은 이를 학습한다. 그 때문에 주기적으로 모니터링을 하지 않으면 우울함을 토로하는 사용자에게 자살을 권유하는 등 적절하지 못한 대답을 내놓고는 한다. 따라서 인공지능은 지속적인 모니터링과 오류 수정이 필요하다. 기술이 크게 발전했음에도 스스로의 상태를 인식하고 수정할 수 있는 기능이 없기 때문이다.

인공지능의 불완전성, 인간과 같은 판단 능력의 부재는 크나큰 부작용을 초래할 수 있다. 중증 우울증 환자가 관리되지 않은 인공지능에 우울감을 부추기는 채팅을 받는 상황을 상상해 보자. 인공지능에 대한 의존이 높아진 상태라면 상황은 더욱 심각할 것이다. 평소 인공지능 챗봇과의 대화에서 즐거움을 얻었고, 이로 인해 대인관계가 좁아진 사용자의 경우 사회와의 단절 자체가 문제가 될뿐더러 이런 위험성이 높아진다.

인공지능 시대 위 인간의 역할과 공유의 가치

새 시대에는 새 사람이 필요하다. AI 인테그리터는 이러한 맥락에서 탄생했다. AI의 불완전성과 편향성을 인지하고, 이로부터 발생하는 여러 사회 문제를 알고 해결하고자 노력하는 사람들이 필요하다는 맥락에서 말이다. I.M. with A.I.는 인테그리터의 활동을 소수에게 한정하지 않고 더 많은 사람이 참여할 수 있게 하는 캠페인, 사회 운동의 일종이다.

그렇다면 AI 시대를 살아갈 사람들이 가장 경계해야 하는 요소는 무엇일까? 인공지능에 의해 나타날 수 있는 가장 큰 문제점은 편향성과 악용 가능성이다. 추천 알고리즘은 비슷한 정보를 지속적으로 제공하며 사용자의 사고를 제한하고 사회의 양극화를 초래한다. 미래 세대의 아이들은 자신의 궁금증을 웹 브라우저에 검색하는 대신 AI에게 질문을 하여 문제를 해결하려 할 가능성이 높다. AI에게 질문하고 그에 대한 답을 듣는 것은 물론 AI가 사회 다방면에 사용되는 것을 당연히 여기는 세대가 될 가능성이 높다는 말이다. 이 가운데 테크노플랫폼이 빅데이터와 알고리즘을 독점하고 이를 악용할 마음을 먹는다면 제2의 케임브리지 애널리티카 사태가 쉽게 발생할 수 있다.

이러한 이유에서 인공지능의 빅데이터와 알고리즘은 공유되어야 한다. AI 사용자, 즉 대중은 AI가 어떤 알고리즘과 빅데이터에 의해 만들어졌는지 알아야 한다. 더불어 추천 알고리즘을 비롯해 AI를 통해 습득하는 정보가 한정적이고 제한적이라는 사실을 스스로 인지해야 한다. 알고리즘에 의해 내 생각이 언제든 영향을 받을 수 있다는 사실을 알아야 한다는 말이다. 유튜브를 통해 세상 돌아가는 모습을 파악하고 있다고 믿는 사용자와 유튜브가 자신에게 세계 곳곳의 이슈를 균일하게 알려 주는 게 아니라는 사실을 인지한 사용자의 시야는 분명 다르다. 더불어 알고리즘 기반 서비스를 통해 얻은 정보를 무비판적으로 받아들이지 않고 스스로 필터링해 정보를 받아들이는 사용자의 시야 역시 다르다. 이러한 비판적인 태도를 통해서 사용자는 알고리즘의 굴레에 갇히지 않도록 도움을 받을 수 있을 것이다. 그리고 대중의 편에서 테크노플랫폼에 정보의 공유를 요구하고, 정보의 비대칭성을 해소하려 노력하는 것은 AI 인테그리터의 주된 과제이자 역할이 될 것이다.

AI 인테그리터의 핵심은 결국 연대다. AI 인테그리터의 실현 가능성과 행동 강령은 사람이 겪을 수 있는 여러 문제점을 인식하고, 그것을 해결하고자 하는 마음을 전제한다. AI 인테그리터로 활동하며 이런 운동과 캠페인에 관심을 가진 사람들은 인공지능으로부터 야기된 사회의 집중화와 미분화 문제에 관심을 가져 이를 해결하기 위해 노력해야 한다. 이런 움직임 속에서 인공지능과 친숙함을 느끼며 사회에서 고립되고 단절된 개인 역시 도움을 받을 수 있을 것이다.

　　인공지능의 영향력 확산에 따른 문제가 들끓을 사회에서 그 해결책으로 우리는 다시 인간을 선택했다. 결국 사람의 자리를 사람이 만들어야 한다는 판단이었으며 인간이 그때에도 서로 간의 유대를 남겨 두었을 것이라는 믿음, 그리고 그런 미래에서도 인간의 역할이 남아 있길 바라는 소망이 반영된 결과다.

인공지능 시대에 새롭게 떠오르는 '자율'의 가치

이성이라는 보루를 잃다

2022년에 챗GPT가 사람들에게 공개되었을 때, 많은 이들이 충격에 빠졌다. 충격의 근본적인 이유는 인간만의 고유 영역이라고 생각했던 이성적 능력이 인공지능에 의해서 침범 당하고 있다는 불안감에서 기반한 것이었다. 챗GPT가 상당한 수준의 언어 능력을 구사함은 물론, 일반적인 사람의 지식 수준을 상회하고 있으니 굉장히 높은 수준의 이성적 능력을 갖추고 있는 것으로 보였기 때문이다.

인간이 여러 동물 가운데서 만물의 영장으로 거듭날 수 있었던 까닭은 인간의 이성적 능력에 있다. 그렇기 때문에 자연물 가운데서 이성적 능력이 인간을 인간답게 만들어 준다고 믿어왔

● 김수범 서울대학교 화학생물공학부

다. 그러나 인공지능 연구는 인간의 이성적 능력을 구현하는 기계 장치를 개발하는 것을 목표로 점점 그 수준이 인간을 따라잡거나, 일부 분야에서는 더 월등한 성능을 자랑한다. 따라서 사람들은 다른 기술이 발전하는 것은 크게 신경 쓰지 않는 반면, 인공지능 기술이 진일보할 때마다 불안감을 느끼게 된다. 인간만의 고유한 능력을 다른 존재자 역시 같은 수준으로, 혹은 훨씬 우월한 수준으로 가지게 된다면 미래에 인간이 설 자리가 없으리라는 불안감이다.

그렇다면 정말로 인공지능이 발전하면 인간이 설 자리는 없어지는 걸까? 이러한 질문에 답하기 위한 시도는 인공지능 개발이 아주 기초적인 수준이던 때부터 항상 존재해 왔다. 그러나 아쉽게도 오랫동안 논의해 온 것과는 별개로 이러한 불안감이 현실이 될지는 아직 합의된 해답이 없다. 어떤 이들은 인공지능이 결코 구현할 수 없는 인간의 이성적 능력이 있다고 주장하는 반면, 다른 한쪽에선 인공지능의 한계를 지금 당장 규정할 수 없다고 주장한다. 인간의 심리 상태가 어떻게 작동하는지도 이해하지 못한 상황에서 인공지능의 한계를 속단할 수는 없다는 입장이다.

다만 이와 같은 논의에 앞서, 인공지능에 불안감을 가지게 된 결정적인 전제에 대해 살펴볼 필요가 있다. 그 전제는 인간은 이성적인 존재이고 이것이야말로 인간의 고유한 특성이라는 것이다. 이 전제는 인공지능이 개발되기 전, 과거에 인간과 동물을 비교할 때 만들어졌다. 욕망과 본능에 따라서 움직이는 동물과 달리, 인간은 높은 수준의 이성을 통해 욕구나 본능을 통제하는 것처럼 보이기 때문이다. 다시 말해, 인간도 동물처럼 본능이나 욕구 같은 감정적 능력을 갖추고 있지만 오직 인간만이 자신의 감정적 능력을 통제하기 때문에 이성적 능력이야말로 인간을 다른 동물들과 구분 짓는 특징이라고 생각한 것이다. 그렇다면 인공지능 시대에서도 여전히 인간이라는 존재가 이성을 고유한 특성으로 여길 수 있을까? 아마도 매우 어려울 것이다. 왜냐하면 미래에 인공지능이 인간보다 우월한 이성적 능력을 보이게 된다면 유일한 이성적 존재자로서 인간의 입지는 줄어들 것이기 때문이다. 따라서 인공지능의 이성적 능력이 우세해진 미래에도 인간이 다른 존재로 대체되지 않기 위해서는, 인간만의 고유한 특성을 새롭게 정의할 필요가 있다.

인공지능 시대에서 인간을 인간답게 하는 것

앞서 언급한 까닭에서 동물과 인공지능, 두 존재로부터 구별 짓는 인간만의 고유한 특성으로 다음 세 가지 특성을 새롭게 제시하고자 한다.

첫째, 인간은 이성적 능력과 감정적 능력을 동시에 사용할 수 있고, 두 능력은 서로 영향을 끼친다. 인간은 감정적 능력만 있는 동물, 혹은 이성적 능력만 있는 인공지능과 달리 두 능력을 모두 고루 사용한다는 점에서 여타 존재와 구분된다. 또한 두 능력은 인간의 심리 속에서 독립적으로 존재하는 것이 아니라 상호 작용한다. 그리고 인간이 이룩한 대부분의 성취가 두 능력 사이의 상호 작용 속에서 출발하였다.

동물은 자신이 배가 고파서 음식을 먹고 싶다는 욕구를 느끼면 눈앞의 음식을 곧바로 먹어 치울 것이다. 그러나 인간은 배가 고프더라도 지금 눈앞의 음식을 먹어도 되는지 성찰하는 과정을 거친다. 눈앞의 음식이 다른 사람의 소유는 아닌지, 혹은 주변에 나보다 배가 더 고픈 사람이 있는지 살펴보는 것이다. 인간들이 동물과 달리 성찰을 하는 이유는 배고픔이라는 감정적 능력에 도덕이나 윤리 같은 이성적 능력이 영향을 주고 있기 때문이다. 또한, 인간은 현상이나 사물의 가치를 평가하는 비평 활동을 할 수 있다. 특정 작품이 아름답다고 느낀다면 자신이 그렇게 생각한 이유를 나름 합리적인 이유를 들어 다른 사람에게 설명할 수 있다. 이 역시 취향이라는 감정적 능력에 논리성이라는 이성적 능력이 결합한 결과이다. 인간의 자연 과학적 지식 역시 인간의 호기심이라는 감정적 능력이 이성적 능력과 결합했기 때문에 발전할 수 있었다.

반면 인공지능은 인간의 이성적 능력만 구현했을 뿐, 다른 동물들처럼 욕구, 선호, 호기심 등 감정적 능력을 갖추는 것은 매우 어렵다. 그렇기 때문에 자연 현상을 탐구하고 싶은 욕구를 가지거나, 호기심을 충족시키기 위해 새롭게 질문을 던지는 행위는 인공지능이 할 수 없는 일이다. 우리가 설령 '욕구가 있고, 질문할 수 있는 인공지능'을 개발한다고 해도, 여전히 해당 인공지능은 프로그래밍이라는 외적 동기에 의해서 감정적 능력을 발휘하게 될 뿐이다. 이는 외적 동기가 없어도 내적 동기만으로 감정적 능력과 이성적 능력을 결합하는 인간과 큰 차이가 나는 지점이다.

둘째, 인간은 타인과의 상호 작용 속에서 보편적 가치를 인식하고 그에 따라 가치 판단할 수 있다. 만약 인간이 무인도에서 홀로 사는 존재였다면 자신의 판단이 무조건 옳다고 생각할 것이다. 그러나 인간은 홀로 살아가는 존재가 아니기 때문에 자신의 가치 판단을 반드시 보편적 기준에 의해서 평가해야 한다.

이때 보편적 기준은 절대적인 기준으로 정해진 것이 아니라, 시대나 지역에 따라 변한다는 특성이 있다. 예컨대, 어떤 고대의 영웅이 노예를 부렸다고 해서 현대인들이 그를 비도덕적 인간이라고 비난하지 않는다. 인류의 보편적 가치는 시간의 흐름에 따라, 사회 환경에 따라 조금씩 바뀌어 왔기 때문이다. 인간이 보편적 가치를 수정할 수 있었던 까닭은 다른 인간과 상호 작용을 통해 도덕적, 윤리적 가치가 끊임없이 변화했기 때문이다.

인공지능이 자신의 판단을 보편적 가치에 따라 평가하기 위해서는 반드시 인간이 기준이 되는 보편적 가치를 알고리즘 속에 넣어 줘야 한다. 인공지능이 스스로 보편적 가치를 탐색하고 인식할 수 있는 능력을 갖출 수 있다고 해도, 반드시 인간 사이의 상호 작용을 관찰하는 과정이 필요하다. 인공지능이 인간과 완전히 분리되어 독립적으로 보편적 가치를 도출한다면 인간들이 지니고 있는 보편적 가치와 인공지능이 도출한 가치가 크게 다를 수 있다. 따라서 보편적 가치를 설정하는 과정은 반드시 인간 사이의 상호 작용을 통해서만 이루어져야 한다.

셋째, 인간은 여러 가지 심리 상태와 가치 판단을 통합하여 총체적 자아를 형성할 수 있다. 살다 보면 생각들끼리 모순되어 충돌하는 상황을 마주한다. 예컨대, 어떤 사람이 자신의 장래 희망을 위해 계속 도전하지만 번번이 실패하는 상황에서, 자기 친구에게 계속 도전할지 물어보는 상황을 생각해 보자. 이때, 조언하는 사람은 친구가 포기하지 않고 계속 도전할 수 있도록 응원하고 싶은 마음과 현실을 직시하고 실패의 고통에서 벗어나길 바라는 마음이 충돌할 것이다. 이러한 상황 외에도 여러 윤리적 딜레마 문제들 역시 여러 가치 중에서 어떤 것을 우선할지 질문한다. 이때 인간은 자신의 경험이나 맥락과 상황 따위를 총체적으로 고려하여 하나의 합치된 심리 상태나 가치 판단을 도출할 수 있다. 이 과정에서 인간은 왜 특정 기준을 우선해야 하는지 질문할 수 있다. 자신에게 묻고 답하는 과정 속에서 온전한 자신만의 생각, 즉 자아를 구성할 수 있다. 그러면 최종 판단을 내렸을 때, 왜 그러한 선택을 했는지 합리적인 이유를 들어 설명할 수 있다.

반면 인공지능은 2개의 모순되는 판단 기준이 충돌할 때, 어떤 판단 기준을 우선할지 반드시 외부에서 정해 줘야 한다. 앞선 예시의 경우, 친구를 응원해야 한다는 판단과 친구가 현실을 직시할 수 있도록 도와 줘야 한다는 판단 중에서 어떤 가치를 우선할지 정해 주지 않으면 인공지능은 모순된 두 명제에 의해 오류에 빠지게 된다. 그래서 반드시 어떤 가치를 우선할 것인지 명확히 정하고 인공지능 알고리즘을 설계해야만 한다. 인공지능은 알고리즘에 따라 최종 판단할 수 있지만 왜 그러한 선택을 했는가에 대해 이유를 설명할 수는 없다. 인공지능은 그저 알고리즘이 정해진 대로 연산을 수행했을 뿐이다. 따라서 인공지능은 인간처럼 온전하게 통합된 하나의 자아를 형성할 수 없다.

앞서 살펴본 인간의 세 가지 능력은 동물과도 구별되는 능력이기도 하지만, 인공지능의 능력과도 구별되는 것이다. 또한 이는 인공지능의 이성적 능력이 발전하는 것과 관계없이 먼 미래에도 인간만의 고유한 능력으로 남아 있을 것이다. 따라서 인공지능 시대에는 위의 세 가지 능력을 새롭게 '인간을 인간답게 만들어 주는 것'으로 여겨야 한다.

AI 인테그리터의 역할: 자율적인 인간의 양성

앞선 밝힌 바와 같이 인공지능이 인간 사회에 절대적인 영향력을 행사하는 미래가 도래할 수도 있다. 대중들이 인공지능의 유용함을 과대평가한다면, 인공지능을 영험한 존재로 받아들이고 인생의 많은 갈림길에서 인공지능의 판단에 의탁하게 될 것이다. 단순히 점심으로 무엇을 먹을지 인공지능에 물어보는 수준을 넘어서, 장래 희망이나 가치관처럼 자신의 인격 전반을 결정짓는 판단까지 인공지능에 묻는 지경에 이를 수 있다는 것이다. 이처럼 인공지능이 인간의 삶에 미치는 영향력은 점점 확대될 것이다. 인공지능에 모든 판단을 맡기는 삶은 인간성을 포기한 것과 같다. 만약 어떤 인간이 모든 판단을 인공지능에 맡기고 자신은 그저 인공지능이 시키는 대로 살아간다면, 몸은 살아있더라도 진정한 삶의 주인은 사람이 아닌 인공지능인 셈이다.

인공지능 시대에서 '인간을 인간답게 만들어 주는 것'은 인간의 감정적 능력을 이성적 능력과 적절히 결합하고, 자신의 판단이 옳은가에 대해 끊임없이 자문하고 성찰하는 능력이다. 인공지능이 이러한 능력들을 모방하더라도, 인공지능의 가치 판단은 충분히 성찰하지 않은 판단 결과이거나, 다른 인간이 입력한 알고리즘으로 판단한 결과이다. 그렇기 때문에 인공지능은 인간의 삶 속에서 인간을 인간답게 만들어 주는 세 가지 능력을 내재화할 수 없다.

　미래의 AI 인테그리터들은 인공지능 기술에 대한 높은 수준의 이해가 있기 때문에, 인간이 결코 인공지능에 양도할 수 없는 '인간을 인간답게 만들어 주는 것'의 존재 여부와 인공지능의 판단이 삶의 절대적인 기준이 될 수 없다는 것 역시 알고 있다. 따라서 AI 인테그리터들은 사람들이 인공지능의 판단에 예속되지 않고 자주적인 판단을 할 수 있는 '자율적인 인간'이 될 수 있도록 도와야 한다. 가령, 추천 알고리즘에 의해서 제시된 콘텐츠를 그대로 수용하는 것이 아니라, 왜 그 콘텐츠를 봐야 하는지, 정말 그 콘텐츠에 관심이 있는지 등 자신에게 재차 질문하는 태도를 가질 수 있도록 사람들을 교육할 수 있다. 또한 챗GPT와 같은 인공지능이 작성한 글을 그대로 가져다 사용하지 않고 그 글이 정말 가치가 있는지 자신의 가치관에 비추어 가치 판단 후 수용하는 사람이 될 수 있도록 사람들을 교육할 수도 있다.

　중세 유럽 사회나 산업화 시대, 전체주의 시대와 같은 역사를 살펴보면 인간이 인간성을 상실하고 동물이나 부품 같은 존재로 전락할 뻔한 순간들을 찾을 수 있다. 그리고 인간은 그런 순간마다 인간의 가치를 새롭게 발견해서 이런 절대적인 영향력으로부터 인간을 해방시키려고 하였다. 앞으로 인공지능 시대가 도래하면 우리의 인간성은 다시 한번 도전받게 될지 모른다. 그렇기 때문에 우리는 인간의 가치를 새롭게 다시 세워야 한다. 그 가치는 I.M. with A.I.에서 지향하는 자율의 가치이다.

미래, 우리 학교는

● 　　　　　　미래학자 토머스 프레이는 "2030년까지 인
터넷에서의 가장 큰 기업은 우리가 아직 들어본 적이 없는 교육
기반의 회사가 될 것이다."라고 예측했다.[17] 이 말은 교육 분야
시장의 성장 가능성이 아직 많이 남아 있다는 뜻이기도 하다. 과
연 그렇다면 우리는 현존하는 교육에서 어떠한 미래를 읽어 낼
수 있는가? 특히, 최근 사회적으로 대두되는 교육 현장에 관한
논의를 생각해 보자. 한국 공교육의 현장에서 일어나는 움직임이
어떠한 변화로도 이어지지 못한다면, 그 결말은 일본 교육계의

---

17 박성은, 미래학자 토머스 프레이 "2030년 빅테크 기업, 교육 분야 주력
할 것", AI타임스, 2021.02.19, https://www.aitimes.com/news/
articleView.html?idxno=136662

전철을 따라가는 것으로 끝날 것이다. 2000년대 초중반, 일본 교육계는 교사에게 부당한 요구를 하는 '괴물 학부모'의 등장에 제대로 대응하지 못했고, 결국 현재 일본의 교직은 기피 직종이 되었다.[18]

　　역피라미드형의 인구 구조 속에서 점점 줄어드는 학령 인구를 고려한다면 한국의 교육 분야 역시 얼마간의 양적인 축소를 피할 수는 없다. 이러한 축소에 체계적으로 대응하지 않는다면 어떻게 될까? 더 나아가 공교육에서의 원활한 교육 활동과 이를 통한 사회화가 이루어지지 않는다면 미래 세대가 맞이할 사회는 어떠한 곳이 될까? 경제적인 여유가 있는 가정에서는 조기 유학을 선호하며 비싼 학비나 등록금을 지불하고서라도 교육적인 안정성과 수월성을 담보하는 국내나 외국의 학교에 가고자 할 것이다. 반대로 그러한 여유가 없는 가정에서는 점차 쇠락하는 국내 교육의 현실을 그대로 수용할 수밖에 없다. 이러한 흐름은 양극화를 비롯한 심각한 사회적인 문제들을 초래할 것이다.

---

18 이영희, "괴물 학부모 탓" 17년 전 '서이초' 겪은 日, 교사가 사라졌다, 중앙일보, 2023.07.26, https://www.joongang.co.kr/article/25180182#home

　　● 고의천 서울대학교 데이터사이언스 대학원

AI 인테그리터들이 교육과 조우할 때

교육이 작금의 문제를 해결하고 AI 기술이 초래할 '집중화와 미분화'의 문제를 극복하기 위해서 AI 인테그리터들이 필요할 것이다. 물론 이때의 교육은 단지 초·중등 교육 과정에 속하는 의무 교육보다 넓은 의미의 교육 전반을 의미할 것이다. AI가 발전하고, 자동화 시스템이 정착될수록 전문직이나 화이트칼라가 설 자리가 없다는 예측도 있지만, 이는 현재까지의 교육 시스템을 그대로 답습했을 때 일어날 일이라고 보아야 할 것이다. 제이슨 셍커와 같은 미래학자는 앞으로도 여전히 교육이 중요할 것이라고 예견하며, 제대로 된 교육을 받아야 실직의 위험에서 벗어날 수 있다고 본다.[19] 인공지능이 학습을 통해서 기존의 일자리를 대신하겠지만, 인간 역시 인공지능과 새로운 형태의 학습(뉴러닝)을 통해서 학습의 혁명을 이뤄낼 가능성을 여전히 지니고 있다.

근대 이후, 국가는 공교육 체계를 발전시켰고 대학은 그 안에서 정점을 유지해 왔다.[20] 그러나 AI를 위시한 새로운 기술은 교육 서비스의 수요자 중심적 흐름과 맞물리면서 대학이 지니고 있었던 독점적인 지배력과 구도에 균열을 낼 것이다. 특히 학령 인구의 축소로 인해 대학들이 직접적인 타격을 입게 될 한국의 현실을 고려한다면 더욱 그러하다. 그 균열이 남긴 빈 자리의 대

19 제이슨 셍커, 《로봇 시대 일자리의 미래》, 유수진 역, 미디어숲, pp.172-186, 2021

20 권오현 외, 《미래의 인재, 대학의 미래》, 포르체, pp.141-143, 2022

부분은 최첨단 AI 기술을 갖춘 에듀테크 또는 빅테크 기업이 차지할 가능성이 높다. 이러한 교육적 권위의 전환이 매끄럽게 이루어질수록 많은 학습자들이 해당 기업의 서비스로부터 영향을 받게 되며 그들이 절대적인 영향력을 행사할 가능성이 크다. 그러나 학습자에게 최적의 학습 경로를 제시하는 알고리즘 역시 AI 기술이 지닐 수 있는 근원적인 문제에서 자유로울 수 없다. AI를 통해서 최적화된 학습경로 및 교육 콘텐츠 관련 추천 서비스에 미래 세대의 학습자들이 크게 의존하며 이로부터 미분화의 문제를 경험할 가능성이 있는 것이다.

바로 이처럼 대학을 비롯한 기존 교육 체계의 교육적인 위상이 변하는 전환기에 AI 인테그리터들은 다양하고도 자유롭게 활동하며 '집중화와 미분화'에 대한 문제의식을 학습자들과 공유할 수 있다. 더불어서 AI에 대한 전문적 지식이나 관심사를 바탕으로 미래 세대가 필요한 지식이나 역량을 소개하는 데에도 적합할 것이다. 또한, 그들은 사적 이익을 대변하기보다는 사회적인 관점에서 공공의 문제를 해결하는 데에 초점을 맞추기에 자율적인 교수 및 학습 설계에 도움을 줄 수 있다. 또한 관련 AI 기술 개발 과정에 있어 오픈 소스를 기반으로 자유롭게 모델을 취사선택하며 발전시켜 나갈 것이다. 상호 협력과 공유 정신에 기반한 오픈 소스 진영을 기반으로 활동한다면, 역공학과 귀추법 또는 조건부 확률을 바탕으로 플랫폼이나 소셜 미디어 시스템 안에서 작동하는 알고리즘이 어떤 문제나 편향성을 지니고 있는지 파악할 수 있을 것이다.

AI 인테그리터들의 초상

그렇다면 이들이 학습자들을 만나는 접점은 어디에 있을까? 물론 그들은 여러가지 소셜 미디어나 플랫폼을 통해 사람들과 만나고 교류하며 활동할 수 있다. IT에 친화적이고 또한 이를 잘 활용할 수 있기 때문에 문제의식을 직접적으로 대중들과 공유하기가 쉬울 것이다. 장기적으로는 온라인을 통해서 공감대를 형성하며, 여론을 환기하고 이를 통해 실제적인 운동으로까지 나아가는 모습도 기대해봄 직하다. 이런 점들을 고려한다면, AI 인테그리터들의 원형은 여러 소셜 미디어나 플랫폼에서 활동하면서 온라인으로 AI의 여러가지 문제점을 지적하고 이에 대한 대안을 함께 공유하는 인플루언서의 형태를 띨 가능성이 높다.

더 나아가 AI 인테그리터들이 온라인뿐만 아니라 오프라인에서도 사람들을 만나며 영향력을 발휘한다고 할 때, 교육 분야는 이들이 활동할 수 있는 터전 중의 하나가 될 것이다. 물론 대학을 비롯하여 기존의 교육 시스템이 미래에는 완전히 자취를 감출 수도 있지만, 적어도 한동안은 공교육이 유지되면서 최소 십여 년 이상 힘을 발휘할 것이다. 그렇다면 초·중등 교육 과정에 있어서 여러 과목의 교과 교사들과의 네트워킹으로 미래 세대를 대면하는 방법이 효과적일 것이다. 기존의 사교육 시장을 에듀테크나 이를 포함한 빅테크 기업들이 대체할지 모르지만, AI 인테그리터들은 사적 이익을 추구하는 기업과 달리 공유와 협력에 기반한 교육가들의 네트워킹과 결이 맞닿아 있기 때문이다.

또한, AI 인테그리터들은 실천적이고 구체적인 사회 문제 해결에 초점을 맞추기 때문에 미래 시대에 필요한 '현장성'에 있어서 앞선 '차별성'을 보여줄 수 있다.[21] AI 인테그리터들이 교육 현장에서 본인들의 메시지를 전달한다고 한다면, 여러가지 교수 학습 방법을 통해 이해하기 쉬운 형태로 '집중화와 미분화' 문제의 심각성을 전달할 수 있을 것이다. 대표적인 방법으로 '게임화(gamification)'를 들 수 있다. 즉, AI 기술로 인한 '집중화와 미분화'의 문제, 그리고 여러가지 추천 알고리즘의 편향성과 한계를 게임의 방식으로 학습자들이 직접 경험을 해 보고 문제의식을 키워나갈 수 있는 것이다.

AI 인테그리터들이 만들어 갈 미래

이러한 활동은 한 개인이나 집단의 이해관계를 넘어 사회 운동의 측면을 띨 가능성이 많기에 현실적으로 존재 가능성에 대한 물음이 생길 수 있다. 어쩌면 이들은 앞서 언급한 문제들이 심화되어 악영향이 본격적으로 드러난 이후 출현할지도 모른다.[22] 그러나 중세 사회의 한계를 극복하고자 노력했던 종교 개

---

21 앞의 책, pp.194-196

22 초기에는 AI 인테그리터들이 '집중화와 미분화'에 따른 문제를 인식하고 이를 상담이나 컨설팅 등으로 해결하는 개인적인 차원에서 활동할 가능성이 높다. 그러나 그러한 현상이 해결되지 않고, 오히려 심각해지면서 이를 사회적인 문제로서 파악하면서 여론을 수렴하여 법이나 제도 개선의 방식으로 나아가는 시나리오를 생각해 볼 수 있을 것이다.

혁가들이 있었듯, 이들도 '신 중세 사회'로 가는 길목에서 나타나 미래를 새롭게 형성해 가지 않을까?

AI 인테그리터들은 단순히 AI 기술에 전문성을 지녀 이에 대해서 분석, 비평을 하는 수준에 그치지는 않을 것이다. AI 인테그리터들이 추구하는 공공성과 헌신성, 휴머니즘 등을 생각한다면 이들은 디지털 전환기를 맞아 새롭게 형성되는 AI 시대의 표상 혹은 새로운 영웅상이 될 가능성이 높다. 그동안 한국 사회가 해방과 산업화, 민주화 그리고 선진화의 과정을 차례대로 걸어왔다면 앞으로 AI 인테그리터들은 그 뒤에 펼쳐질 '인공화' 사회에 화두가 될 '집중화와 미분화'의 문제와 씨름하며 우리 곁에 있을 것이다.

지금은 드러나지 않았지만 언젠가 분명히 모습을 밝힐 AI 인테그리터들의 출현을 기대한다. 이들이 시작하고 또한 만들어 갈 미래가 한국 사회의 현실, 특히 교육 현실 속에서 의미있는 결실을 낼 수 있길 소망해 본다. 이 글을 읽는 독자들 가운데에서도 그러한 부름에 응답하여 AI 인테그리터로 자각하고 활동할 이들이 만약 나올 수 있다면 그 또한 신 중세 사회로의 갈림길에서 '한 그루의 사과 나무'를 심는 일이 아니겠는가?

9장

유퀘스트

인간과 인공지능이 공존하는 이상향

유퀘스트(OùQuest)'란 Où(no)와 Quest
(a long or arduous search for something)를
조합한 합성어로, 인간과 인공지능이 함께
공존하며 우리가 지향하는 미래 사회가
실재할 수 있는 세상에 대한 고찰을 담았다.
향후 많은 시간이 소요되는 반복적이며,
소모적인 고민을 AI가 대신하는 세상이라는
의미를 내포한다.

생각하는 존재, 인간

"인간은 자연에서 가장 연약한 갈대에 불과하지만, 그것은 생각하는 갈대다."[1] 이는 블레즈 파스칼이 인간을 비유하여 사상을 집약적으로 표현한 《팡세》의 서두에 등장하는 내용이다. 이는 "나는 생각한다, 고로 나는 존재한다."라는 명제를 도출한 르네 데카르트가 이성을 절대적인 진리 추구의 기준으로 중요하게 여긴 것과 달리, 이성의 중요성과 한계를 동시에 인식하고 정신의 양대 축으로 이성과 심성을 모두 고려한 데 그 의의가 있다.

---

1   'Man is but a reed, the most feeble thing in nature; but he is a thinking reed.' (Latin: 'L'homme n'est qu'un roseau le plus faible de la nature : mais c'est un Roseau pensant.')

여기서 우리가 주목할 것은 데카르트와 파스칼의 사상적 갈등 속에서도 이 둘을 관통하는 중심점이 있었다면 그것은 바로 '생각'이라는 것이다. 예컨대 일찍이 아리스토텔레스는 "인간은 생각하는 동물이다."라고 정의내린 바 있다. 그런데 우리는 생각을 지나칠 정도로 많이 하고 있지는 않는가? 때로는 이러한 많은 생각들이 작고 사소한 문제에도 크고 어두운 그림자를 드리울 만큼 몸집을 키워 인생의 수많은 걱정을 유발하는 원인이 되는 것이 아닌가?

이에 잠시 프랑수아 오귀스트 르네 로댕의 예술 작품 중 하나인 '생각하는 사람(the thinker)'을 함께 감상해 본다. 이 작품은 '단테'라는 약칭으로 널리 알려진 중세 이탈리아 시인인 두란테 델리 알리기에리의 《신곡》 중 '지옥' 편에서 영감을 받아 지옥의 문(La Porte de l'Enfer) 팀파늄의 한 구성으로 제작되었다. 조각상을 살펴보면 오른쪽 팔꿈치가 왼쪽 대퇴부를 교차하듯이 인체 공학적으로는 상당히 자연스럽지 못한 자세이다. 이런 표현주의적인 묘사는 대상의 진지한 고뇌에 빠진 심리적 상태를 직접적으로 전달하고 있으며, 현재까지도 관람자가 고뇌하고 생각하는 인간의 행위와 의미에 대해서 다양한 열린 해석을 갖게 하는 장치로써 그 역할을 수행하고 있다.

미국국립과학재단(NSF)에서 2005년 발표한 자료에 따르면 인간은 하루 평균 12,000-60,000건의 생각을 하는 것으로 밝혀졌다. 놀랍게도 수면 시간을 제외하고 약 1초에 1번 꼴로 생각을 끊임없이 지속한다는 것인데, 안타까운 점은 이 중 부정적 생각이 80%를 차지하는 반면 긍정적 생각은 20%에 불과하며, 전체 생각의 95%는 이미 과거에 수행한 생각의 되풀이에 지나지 않는다는 것이다. 즉, 부정적인 생각으로 마음의 대부분을 채우고, 엄청난 비효율을 수반하며 머릿속에 기존의 같은 생각만을 되뇌며 스스로를 고갈시키고 있는 것이다.

인간은 그들이 생각할 수 있는 최적의 상태를 갖춘 완전한 사회인 '유토피아'를 떠올렸다. 유토피아(οὐτόπος)는 실제로 영국의 사상가인 토머스 모어가 라틴어로 쓴 소설의 제목에서 그리스어의 οὐ(없다)와 τόπος(장소)를 조합한 합성어로, 용어에서 유추할 수 있듯이 '현실 세계 그 어디에도 존재하지 않는 곳'을 의도하는 지명으로 쓰인다. 즉, 이상적인 세상을 꿈꿨으나 그저 상상의 공간일 뿐, 실재하지 아니하며 현실과 동떨어진 개념이다. 그렇다면 인간과 인공지능(AI)이 공존할 미래 사회의 유토피아는 어떤 모습일까?

이에 AI가 보편화된 미래 사회를 예측하고 전략 방향을 설정하는 새로운 개념으로 '유퀘스트(OùQuest)'라는 키워드를 제시하고자 한다. 이는 Où(no)와 Quest(a long or arduous search for something)를 조합한 합성어로, 인간과 인공지능이 함께 공존할 미래 사회의 이상향에 대한 고찰을 담았다. 이 단어는 향후 많은 시간이 소요되고 반복적이며, 소모적인 고민을 AI가 대신하는 세상이라는 의미를 내포한다.

한 가지 짚고 넘어갈 점은 모한다스 카람찬드 간디의 "우리

385

인생은 길고도 고된 진리 탐구이다."라는 통찰을 부정하는 것이 아니라는 점이다. 진리를 탐구하고자 하는 대상이 무엇인지에 따라 인간과 인공지능이 제 역할을 어떻게 구분하여 수행할 것인가에 대한 담론을 중심으로 미래 사회를 다각도로 살펴보고 이를 초석으로 삼아 논의를 발전시켜 나가고자 한다.

즉, AI와 인간이 공존하는 미래 사회의 중심에서 인간은 최초의 질문을 통해 창의적인 스파크(creative spark)를 일으키고, 인공지능은 반복적 탐구(quest)를 통해 지속적인 연료(sustainable fuel)를 제공함으로써, 촉발(trigger)과 반복(repetition)이 이뤄지는 선순환 구조(virtuous cycle)를 확립할 수 있다. 이는 세상을 바꾸는 혁신의 탄생 과정과 유사한 면이 있다. 혁신은 자연 발생적으로 나타나는 것이 아니다. 최초의 질문과 그에 대한 해답을 구하기 위해 다양한 방법론을 고안해 내고 도전 정신에 입각한 여러 실험을 수행하는 과정의 연속에서 수많은 연구자들의 시간과 노력이 축적된 결과물이다.

본 장을 서두로 이어지는 모든 후속적인 논의와 시사점은 향후 설명 가능한 인공지능(XAI, Explainable Artificial Intelligence)의 발전과 그에 따른 무한한 잠재력을 전적으로 신뢰할 수 있는 상황을 대전제로 한다. 다소 비현실적일 수 있지만 '유쾌한' 공상 과학적인 상상을 바탕으로 인간과 인공지능이 공존하는 현실 세계에서 어떠한 파급 효과를 창출할 수 있을지 미래를 예견하며, 빠른 속도로 발전하는 인공지능 기술이 미래에 구체적으로 어떤 세상을 펼칠 수 있을지 다양한 시각에서 조명해 보고자 한다.

미래의 인공지능 기술 수준은 컴퓨터공학, 데이터사이언스,

인공지능 관련 전문가들이 입을 모아 설명하는 개념과는 다르리라 예상한다. 현재 인공지능 기술은 인공지능 모델 및 머신러닝 알고리즘이 출력한 결과값과 작동 원리를 사용자가 쉽게 이해하고 신뢰할 수 있도록 설명 능력을 부여하는 기술이다. 현실의 모든 사건들을 실시간으로 정찰하고, 추적하며, 관찰하여 일절 놓치는 부분 없이 전체 과정을 총괄하여 설명할 수 있는 초진화 인공지능이 등장하여 무궁무진한 가능성이 열린 세계를 가정한다.

인간을 대신하여 모든 루틴한 질문에 인공지능이 답을 제시해 주는 유퀘스트의 시대가 되었을 때 반드시 필요한 것이 인류적 차원의 협력과 노력이다. 이 문제의식을 하나의 키워드로 표현한다면 '초국가적 인공지능(intergovernmental artificial intelligence)'이 될 것이다.

기술에는 명암이 존재한다. 산업혁명은 눈부신 경제 성장을 불러일으켜 생활 수준을 크게 향상시켰으나 그 이면에 지구 온난화와 기후 문제라는 큰 난제를 낳았다. 산업혁명 당시의 인류는 미래에 세계가 머리를 맞대고 기후 변화를 해결하고자 노력하게 되리라는 것을 예상하지 못했을 것이다. 그러나 오늘날의 인류는 파리 협정이나 기후 변화에 관한 정부 간 협의체(IPCC)와 같은 전 지구적 노력을 기울이고 있다.

인공지능 기술은 인류에게 새로운 난제를 던져 주었다. 인간을 닮은 지능을 만드는 연구를 막 시작했을 때의 인류 역시 신기술이 불러 일으킬 새로운 물결에 기대감을 가졌을 뿐, 그 물결이 어떠한 파장을 일으킬지 정확히 알지 못했다. 그러나 비약적인 속도로 발전하는 인공지능 기술의 이면에 잠재되어 있던 문제들은 수면 위로 올라왔고, 더 이상 무시할 수 없게 되었다. 인공지능 속에 내재된 부작용을 하나둘 지켜보며, 인류는 인공지능이 편향을 재생산하고 확산하여 사회 문제를 일으킬 수 있다는 것과 대규모 학습 모델이 심각한 환경 오염을 끼칠 수 있다는 것까지 알게 되었다.

　이제 인공지능이 불러 일으킨 새로운 난제에 맞설 전지구적 노력의 핵심 키워드는 바로 '초국가적 인공지능'이다. 편향을 제어하기 위해서 지구상의 거의 모든 나라, 거의 모든 인종과 다양한 사람을 모아 데이터를 수집하고 상호 검토하는 인공지능을 구축한다면 어떨까? 나아가 UN과 같이 전 세계에 적용될 수 있는 인공지능에 관한 연성 규범을 만드는 초국가적 기관이나 단체를 만들게 된다면? 그것을 필두로 신뢰 가능한 인공지능을 향한 로드맵을 만들어 볼 수 있지 않을까? IAI는 이러한 모든 전지구적 노력들이 만들 미래를 나타내는 키워드이다. 그리고 이러한 노력은 우리의 유퀘스트 세상을 향한 초석이 될 것이다.

　혹자는 긍정적인 미래만을 상상하는 것이 현실성 없다고 지적할지도 모른다. 그러나 명심해야 할 것은, 우리는 불확실한 미래를 상상하는 동시에 그 미래를 일구어 나갈 주체이기도 하다는 점이다. 미래의 향방은 현재 어떤 미래를 기대하는지에 달려 있다. 그러므로 우리는 긍정적인 미래를 전망한다. 그것이 언젠가 현재가 되기를 바라기 때문이다. 이것이 인공지능과 상생할 수 있는 새로운 이상향, 유퀘스트를 상상하고 제시하는 이유다.

미디어 리터러시와 가짜
뉴스의 생성 과정

고민의 유효 기간

고민의 유효 기간은 상황에 따라 다를 수 있으며, 기술과 사회의 변화에 따라 고민의 유효 기간도 변화할 수 있다. 우리는 미디어 리터러시와 가짜 뉴스와 관련하여 다음 질문에 대한 해답을 찾기 위해 고군분투하였다. "가짜 뉴스가 넘치는 인포데믹(infodemic) 세상에서, 가짜 뉴스를 판별하기 위한 미디어 리터러시를 어떻게 함양시킬 것인가?" 하지만 그와 동시에 '이러한 질문이 미래에도 과연 유효한가?'라는 의문이 들었다.

미디어 리터러시를 정의하는 데는 다양한 방식이 있지만, 가장 보편적인 정의에 따르면 '매체와 정보를 이해하고 분석하며, 그것에 대한 비평적인 사고와 평가를 수행하는 능력'을 의미한

 ● 지예원 이화여자대학교 정치외교학과

다. 미디어 이해, 비평적 사고, 미디어 영향 이해 등의 요소를 포함하는 다양한 매체의 작동 원리를 이해하는 개념이다. 최근 미국의 미디어 리터러시 센터 CML(Center for Media Literacy)은 미디어 리터러시를 정보 접속 분석, 평가, 생성이라는 정보 리터러시의 스킬이 통합된 개념으로 재정의하기도 하였다.[2] AI의 발전으로 인해 미디어 소비 패턴, 정보 공유 방식, 인터넷 사용 습관 등은 급속도로 변화하였으며, 이는 가짜 뉴스와 미디어 리터러시에도 영향을 미칠 수밖에 없다. 결과적으로 수많은 가짜 뉴스 자체는 사실상 Gen AI 증폭을 통해 생성 가능하지만, 반대로 축소시키는 역할을 동시에 복합적으로 수행하므로 방대한 데이터를 학습한 경우, 결국에는 해결이 가능할 것이다.

　이러한 미디어 리터러시와 가짜 뉴스, 정보 리터러시에 대한 고민은 AI 리터러시에 대한 생각과 고민으로 이어졌다. 미디어 리터러시는 AI 리터러시와 몇 가지 연결점이 있기 때문이다. 첫 번째는 알고리즘의 이해로, AI 리터러시는 기계 학습 알고리즘 및 인공지능에 대한 이해를 강조한다. 알고리즘은 소셜 미디어 피드, 추천 시스템 등 다양한 미디어와 관련된 응용 분야에서 활용되고 있다. 그래서 미디어 리터러시와 AI 리터러시 둘 다 이러한 알고리즘의 영향을 이해하고 그것을 비판적으로 평가할 것을 강조한다. 두 번째는 정보 소스 평가이다. 미디어 리터러시는 정보의 출처를 판단하고 정보의 신뢰성을 평가하는 능력을 강조

2　박주현, 강봉숙, 미디어정보 리터러시 개념과 교육내용 개발, 한국도서관·정보학회지, 2020

한다. AI 리터러시도 AI 알고리즘이나 동작 방식을 이해하고 데이터와 정보의 신뢰성을 판단하는 것이 중요하다. AI 시스템은 데이터에 따라 다양한 결과를 생성하기 때문에, 미디어 리터러시와 마찬가지로 비평적 사고 능력이 중요하다. 이렇듯 방대한 양의 데이터, 리터러시, AI에 대한 생각은 Quasi의 유퀘스트, 즉 AI로 인해 소멸되는 인간의 고민과 다음과 같은 세 단계의 선순환에 대한 고찰로 이어지게 되었다.

선순환 구조 확립:
창의적 스파크의 필요조건

AI는 체계적 문헌 고찰(systematic review)을 통해서 총괄론적인 데이터를 제공한다. 인간은 AI가 제공하는 체계적 문헌 고찰을 이해하고 읽을 수 있기 위한 문해력을 갖추어야 한다. 그러한 리터러시 역량을 갖추어야만 개인의 독창적인 창의적 스파크를 창출할 수 있을 것이다. 창의적 스파크는 일종의 또 다른 데이터로 변환되어, 다음 세대가 체계적 문헌 고찰을 제공할 수 있는 토대를 마련한다. 이러한 선순환 구조에서 리터러시가 창의적 스파크의 필요 조건이 된다. 그렇기 때문에 인공지능이 인간의 불필요한 노동 최소화를 위해 총괄론적인 체계적 문헌 고찰을 진행했음에도 불구하고 인간이 문해력을 갖추지 못하면, 창의적 스파크로 이어지기 어렵다. 이러한 선순환 구조는 하버마스의 공론장을 비롯한 민주주의 발전과 연결되어, 다음과 같은 또 다른 선순환 구조 생성으로 이어질 수 있다.

첫 번째는 'AI의 체계적 문헌 고찰'이다. AI로 만든 가짜 뉴스를 AI가 탐지할 수 있기 때문에 인간은 이것이 가짜 뉴스인지 많은 시간과 노력을 들여 판별할 필요가 없다. 뿐만 아니라, 미디어 리터러시 교육 및 정책 개발 비용과 시간 및 개인의 필터링 소요 시간 등을 줄일 수 있다. AI 리터러시에서도 마찬가지다.

두 번째는 '리터러시'다. 리터러시 구성 요소 중 비평적 사고 능력을 저해하는 주요 원인은 전체적인 정보가 아닌, 지엽적인 정보 기반의 판단 때문이다. 그렇기 때문에 이는 전체 정보를 총괄적으로 볼 수 있으면 해결될 문제이다. 방대한 양의 데이터를 전부 본다는 것이 불가능해 보일 수 있다. 하지만 100년 전까지만 해도 현재 우리가 누리고 있는 기술의 혜택을 예측한 사람이 과연 몇이나 되는가? 고로 이러한 상상은 전 세계 모든 이들이 참여하는 초국가적 AI의 탄생으로 이어질 수 있다.

지금까지 AI는 특정 기업, 특정 사회, 특정 계층 등 특정 집단의 이익을 위해 만들어지는 경우가 대다수였다. 특히 챗GPT의 개발자 대부분이 백인 남성이었으며, 대부분의 AI가 편향된 데이터베이스를 통해 학습되었다. 하지만 초국가적 AI가 개발된다면, 편향이라는 AI의 치명적 단점을 완전히 극복할 수 있을 것이다. 이는 알고리즘으로 인한 확증 편향의 문제가 소멸되는 계기를 제공하며, 나아가 지금까지 존재하지 않았던 거대한 공론장을 형성할 수 있다. 여기서 공론장이란 신분이나 지위, 부와 같은 사회적 권력 혹은 공권력 등에 의한 어떠한 강제도 없이 자유로운 의사소통 상황을 전제하는 토론의 장이다.

1996년 방한 당시 하버마스는 기자 회견에서 시민 사회와 공론장의 활성화를 통해 인간 해방이 가능하다는 그의 주장에 다음과 같은 전제를 제시하였다. "공론장은 적어도 세 가지의 전제가 필요하다. 첫 번째는 공론장을 통해 자유로운 토론이 가능해야 하며, 두 번째, 그것을 수행할 수 있는 자유주의적 정치 문화가 보장되어야 한다. 마지막으로 민주적인 제반 원칙에 부응하는 갈등 해소 절차가 존재해야 한다."[3] 초국가적 AI는 이러한 전제들을 갖춘 거대한 공론장을 제공할 수 있을 것이다.

세 번째는 '인간의 창의적 스파크'다. 거대한 공론장의 형성은 총괄론적 관점에서, 리터러시에 의해 습득한 정보를 바탕으로 다양한 의견에 대한 비중을 수치화할 것이다. 그렇다면 결과적으로 굳이 타인들이 어떻게 생각하는지 조사하고, 이를 일반화할 필요가 없다. 나아가 개인은 본인의 의견을 다수의 의견에 편입시킬 필요가 없으며, 따라서 개인의 생각과 취향이 더욱 중시될 것이다.

네 번째는 '자기 자신에 대한 기여(contribution back to oneself)'다. 결과적으로 조사, 탐색 등의 체계적 문헌 고찰은 인공지능에 맡기고 인간은 자신의 생각과 의견을 주장하면 된다. 이것이 데이터로 남아 다음 세대의 공론장에 귀중한 밑재료가 될 수 있다. 이러한 현상은 다수의 의견이 절대적으로 중시되는 대의 민주주의의 한계를 극복할 수 있는 가능성으로 이어져, 거대한 공론장

3　윤형식, 하버마스의 공론장 개념과 유교적 공론, 한국사회와철학연구회, 사회와 철학 제26호, 2013

형성과 더불어 소수 의견 존중이라는 민주주의의 발전으로도 이
어질 수 있을 것이다.

고민의 소멸, 유퀘스트

미디어 리터러시와 가짜 뉴스 생성 과정은 가치의 조달 유
퀘스트와도 연결된다. 가짜 뉴스를 생성하는 데도 비용이 소요되
지만, 이로 인한 효익이 더 크기 때문에 지속적으로 가짜 뉴스가
생성되는 것이다. 하지만 만약 효익보다 비용이 커지게 된다면
자연스럽게 가짜 뉴스를 생산하고자 하는 원동력이 줄어들고, 신
뢰 가능한 뉴스 생성 과정에 더 많은 가치가 환원될 수 있다.

결국 진실된 정보를 생산하는 이들에게 더욱 많은 가치가
환원될 수 있도록 체계가 갖추어질 것이며, 민주주의 발전과 더
불어 신뢰 가능한 정보 생성 과정에 참여하는 이들에게 진정한
보상이 돌아가는 가치의 조달과 연결될 수 있다.

디지털 사회의 새로운 소통

새로운 소통의 사회

●   인공지능 사회가 도래해도 변하지 않을 인간의 본질은 무엇인가? 인간을 닮은 지능을 구축하고자 했던 시도에서 촉발된 인공지능 기술의 발전은, 역설적이게도 인간다움을 찾는 여정의 시작이 되었다. 인간의 본질이 무엇인지 정의하는 것은 어렵지만, 언어에 인간의 본질이 깃들어 있음은 부정하기 힘들다. 인간은 대부분의 사고와 욕구를 언어로 표현한다. 의식적이든 무의식적이든지 여부와 상관없이 언어는 인간 사고 틀의 일부이다. '사회'가 형성되었다는 것 자체가 인간이 소통을 지향한 결과이기에 인간이 소통을 추구하는 존재임을 보인다. 인공지능 사회가 도래해도 인간은 소통을 지향하는 존재일 것이다.

    ●   김하은 서울대학교 언어학과

인공지능 기술 발달의 선순환적 구조는 다음과 같다. 신뢰 가능한 인공지능이 총괄론적 관점에서 데이터를 제공하면, 인간은 그 데이터를 기반으로 더 창의적인 사고를 함으로써 인공지능을 비롯한 기술과 사회를 한층 더 발전시킨다. 이 거대한 공론장의 포문을 열 데이터 축적의 시작에는 결국 의사소통이 놓여 있다. 이제 우리는 인공지능을 통해 다채로운 존재들과 소통하여 축적된 데이터를 통해 창의성을 발휘하는 유퀘스트 세상에 진입한다.

의사소통에 있어서 우리가 가장 해결하고 싶은 문제들, 즉 퀘스트에는 무엇이 있을까? 많은 것들이 떠오르겠지만, 그중 하나는 소통의 실패일 것이다. 이러한 퀘스트는 결국 '소통하지 못하는 대상과의 소통'에 대한 우리의 염원에서 비롯한다. 우리는 여전히 특수 장애를 갖고 있는 사람들이나 반려동·식물을 마주하며 그가 아픈지, 배가 고픈지, 어떠한 생각을 하는지 파악하고 싶어 한다. 만약 미래에 외계 생명체를 마주하더라도 인간은 그 존재가 무슨 생각을 하고 있는지 궁금해할 것이다. 인간은 언제나 다른 누군가와 의사소통하고 싶어한다. 의사소통을, 나아가 관계를 지향하는 사회적 존재이기 때문이다.

인공지능은 의사소통에 대한 염원을 상당히, 그 전까지는 생각도 못했던 정도로 해결해 줄 것이다. 마음에서 우러나오는 모든 내용을 데이터화 할 수는 없어도 행동적 관찰이나 신체적 반응을 기반으로 하는 의사소통에 대한 데이터는 확보할 수 있다. 이를 통해 특수 장애를 갖춘 사람들이나 반려동·식물을 비롯한 다양한 존재의 의사를 파악할 수 있게 될 것이다. 고래를 예시로 생각해 보자. 고래가 특수한 상황에서 만들어 내는 초음파 신호에 대해 방대한 데이터를 확보하여 학습하는 데 인공지능을 활용한다면, 우리는 고래를 지금보다 더욱 잘 이해하는 것은 물론, 고래의 소통 패턴을 학습하여 고래와도 소통하게 될 수 있다. 이는 앞으로 생태계의 매커니즘을 이해하고 이를 보전하는 핵심적 기술이 될 수 있다.

가능성은 무궁무진하다. 각종 생명체의 유기체적 반응을 데이터로 학습할 수 있다면 앞으로 마주할 새로운 차원의 생명체라 하더라도 신속하게 그들의 의사를 파악할 수 있게 될 것이다. 우리는 인공지능 기술과 함께 이전까지는 생각해 보지 못했던 다채로운 소통의 세계로 진입하고 있다. 그리고 그 소통을 통해 축적된 데이터를 기반으로 하는 거대한 공론장에서 또 다른 퀘스트를 해결하게 될 것이다.

실제로 행동 기반 데이터 분석을 통해 다른 종과의 의사소통 가능성은 더욱 확보되고 있다. 생체 음향 기술을 통해 꿀벌 사이의 소통 방식을 파악하는 연구나 돼지 소리 분석을 통해 돼지의 감정을 분석하는 알고리즘 등이 그 방증이다. 특히 모든 동물 종에 적용될 수 있을 의사소통 도구 개발을 목표로 하는 ES-P(Earth Species Project)의 연구는 이러한 다채로운 소통의 첫 발걸음으로 괄목할 만하다. 미국 캘리포니아에 기반을 둔 비영리 단체 ESP는 동물 의사소통 패턴을 대규모 데이터 세트 분석을 통해 파악하는 기계 학습 시스템을 개발하고 있다.[4] 이들은 인간 언어의 기계 번역에서 단어들의 의미적 표상 사이의 거리를 사용하는 것과 유사한 방식으로 의사소통 체계 간 관계를 파악한다. 인공지능을 통해 인간이 아닌 종 안에서의 소통을 파악하고, 나아가 인간과 인간이 아닌 종 사이의 소통을 가능케 하는 것이 이들의 목표이다.

모든 생물에 적용될 수 있을 의사소통 도구를 만들겠다는 목표는 허황되어 보일 수 있다. 혹자는 행동 기반 의사소통의 한계나 문화적 맥락같은 환경적 데이터를 고려할 필요성 등 여러 가지 우려 사항을 지적할 수 있다. 그러나 우리는 미래를 지향함에 있어 현실 가능성에 지나치게 얽매이는 것을 경계한다. 지금까지 유래없는 소통을 위해 첫발을 내디딘 사람들이 있다. 중요한 것은, 이들 덕분에 다채로운 소통의 유퀘스트 세상이 현재와 한층 가까워졌다는 것이다.

형식으로부터의 자유: 창의적 스파크에의 집중

소통에 있어서 우리가 해결하고자 하는 또 하나의 퀘스트는 형식 맞추기에 놓여 있다. 보통 작문하거나 발화할 때 특정 맥락

---

4 이한선, 돌고래와 인간의 의사소통, AI로 시도한다, AI타임즈, 2022.08.03, https://www.aitimes.com/news/articleView.html?idxno=146158

에 맞는 종결 어미나 표현을 사용한다. 언어를 사용할 때는 그 맥락과 용도에 맞는 문법과 발화의 형식을 지켜야 한다. 그래머리(grammarly)를 비롯한 인공지능 문법 교정 기업의 폭발적인 성장은 우리가 그동안 문법을 비롯한 형식 맞추기 퀘스트에 상당한 부담을 느꼈다는 것을 나타낸다.[5] 인공지능 시대가 다가올수록 형식과 관련한 고민은 상당 부분 줄어들 것으로 보인다. 인간이 창의성을 발휘하여 아이디어를 떠올리기만 하면, 그 아이디어를 '전달'하는 것은 인공지능의 몫이 될 것이다. 물론 전달 과정에서 인공지능을 사용할지 여부는 사용자의 선택이다. 적어도 형식 맞추기에서 벗어나서 아이디어 생성에, 즉 창의적인 스파크를 발휘하는 데 더욱 집중할 선택지를 갖게 되는 것이다.

챗GPT나 노션 AI는 형식으로부터 자유로운 유퀘스트 세상을 향한 여정의 시작이라 평할 수 있다. 노션 AI에게 사용자가 작성하고자 하는 글을 설명하면, 앱은 자동으로 글의 초안을 생성해 준다. 생성하고자 하는 장르가 블로그 글이든, 보도 자료든, 회의 안건이든 다 가능하다. 아이디어를 특정 장르에 어울리게 가공하는 것은 물론 기초 작문, 문법 교정, 요점 정리 및 항목 정리는 모두 인공지능의 몫이다.[6] 아직 미완인 부분이 있으나, 우리

5 김영하, 그래머리(Grammarly), 기업 가치 $1bn으로 상승, AI타임즈, 2019.10.11, https://www.aitimes.com/news/articleView.html?idxno=120158

6 박찬, 원하는 텍스트 콘텐츠 생성해 주는 앱 '노션 AI', AI타임즈, 2022.11.18, https://www.aitimes.com/news/articleView.html?idxno=147997

는 지난 몇 년간 빠르게 발전하는 생성 언어 모델의 위력을 체감한 바 있다. 이러한 인공지능의 발달은 작문과 발화를 비롯한 언어 사용은 물론, 우리의 삶 전반에서 아이디어를 전달하기 위해 형식을 맞추느라 소요했던 우리의 시간과 노력을 절약해 줄 것이다.

이제 우리는 형식이라는 근간 위에서 마음껏 창의력을 발휘할 유퀘스트 세상을 앞두고 있다. 지금껏 함께 소통하고 싶었으나 어려웠던 대상들은 물론, 한 번도 만나보지 못했던 대상과도 소통하게 될 것이다. 소모적인 고민(quest)의 대다수를 해결(Oὐ)해 주는 인공지능과 상생하는 그 사회에서 창의력은 사회 발전의 동력이 될 것이다.

AI는 인간의 욕망을 실현하는 데 어떤 역할을 하는가

AI가 이끄는 미래의 놀이와 상호 작용

요즘 주위 사람들로부터 듣는 말은 "공부하느라 바쁘다.", "일하느라 놀 시간이 없다." 뿐이다. 정작 쉴 시간이 생겨도 마땅히 무엇을 해야 할지 몰라 침대에 누워 유튜브나 인스타를 보면서 시간을 쓸 뿐이다. 하지만 AI를 잘 활용한다면 이 문제점 또한 해결할 수 있다. 현재 인간이 하는 일 중 기계적인 업무 전반을 AI가 수행하고 나머지 부분의 업무만을 인간이 담당한다면 오히려 더 높은 일의 수행 능력과 동시에 많은 여가 시간을 얻을 수 있다. 인간의 창조적 역량과 인공지능의 무한한 업무 수행 능력이 결합된다면 우리는 미래에 어떤 가능성을 상상할 수 있을까? 이 글에서는 인간 욕망의 롱테일에 대한 고민

 양준엽 서울대학교 전기·전자공학부

과 이를 극복하는 방법에 대해 논의하고, 미래의 게임, 웹툰, 상호 작용, 그리고 세계적 교류에 대해 알아본다.

게임의 미래: 인공지능이 혁신을 주도하다

요즘 게임은 반복적인 형식이다 보니 지루해질 때가 많다. 독창적인 형식의 게임이 나오지 않고 비슷한 게임 회사에서 비슷한 프로그래머들이 기존의 게임을 비슷하게 따라해, 겉은 달라 보이지만 결국 근본적으로 같은 게임을 대거 양산한다. AI 기술을 활용한다면 유저들의 선호도와 플레이 패턴을 기반으로 맞춤형 게임을 제작할 수 있다. 예를 들어, 유저가 어떤 게임 요소를 선호하고, 어떤 도전을 즐기는지를 학습한 AI는 그 정보를 활용하여 새로운 게임을 자동으로 새롭게 생성해서 제공해 줄 것이다. 이로써, 매번 새로운 도전과 경험이 유저에게 제공된다. AI 기술을 다른 방식으로 활용할 경우, 게임 취향이 비슷한 유저들을 그룹화해 같은 게임을 동시에 즐기게 할 수도 있다.

더불어 AI는 실시간으로 게임 환경을 개선할 수 있다. 통상적인 게임은 시간이 지남에 따라 밸런스 문제와 버그가 발생하기 때문에 정기적으로 게임 패치를 통해 버그를 해결하고 게임 내 밸런스를 조절한다. 이때 AI는 게임 플레이 데이터를 분석하고, 문제를 파악하여 자동으로 패치 및 업데이트를 수행할 것이다. 이로써 게임은 항상 최적의 상태를 유지할 수 있다.

인공지능은 게임 창작자와의 협력을 통해 더욱 창의적인 게임을 만들어 낼 수도 있다. 게임 디자이너와 AI는 협력하여 유저에게 혁신적인 게임을 제공할 것이며, 이러한 협업은 게임 산업을 더욱 다양하고 풍부하게 만들 것이다. 인공지능이 게임을 만들고 유저 경험을 개선하는 능력은 게임 산업을 혁신하고 게임 플레이를 더욱 흥미롭게 만들 것이다. 이러한 발전은 유저와 게임 창작자에게 혜택을 제공할 뿐만 아니라 게임 산업 자체에도 긍정적인 영향을 미칠 것으로 전망된다.

웹툰의 혁신: 독자 중심의 AI 스토리텔링

AI는 웹툰 분야에서도 혁신을 가져올 수 있다. 현재의 웹툰은 작가가 독자에게 재미있는 그림을 전달하는 일방향 콘텐츠이다. 물론 작가의 블로그나 웹툰 댓글 시스템 등으로 독자와 상호 작용이 가능하기는 하지만 실시간으로 되지는 않는다. 하지만 AI는 독자의 읽기 습관, 선호도, 심리 상태를 실시간으로 파악하여 스토리를 조절할 수 있다. 예를 들어, 독자가 특정 캐릭터에 감정적으로 공감한다면, AI는 그 캐릭터의 이야기를 강화시키고 그와 관련된 서브플롯을 제공할 것이다. 또한 캐릭터뿐만 아니라 독자들 각자에게 맞춤형 스토리를 보여 줄 수 있다면 마치 독자만을 위한 웹툰을 제공하는 셈이다. AI가 독자의 관심사, 나이, 성별 등을 고려하여 스토리의 흐름과 캐릭터 상호 작용을 최적화한다면 웹툰은 개인화된 즐거움을 제공할 것이다. 이를 발전시켜, AI 웹툰은 독자의 감정과 심리 상태를 분석하여 상담 기능까지 제공할 수 있다. 만약 독자가 스트레스를 느끼거나 우울해진 것이 감지된다면, AI는 그에 맞는 스토리와 캐릭터를 통해 위로와 조언을 제공할 것이다. 이를 통해 웹툰은 오락 이상의 엔터테인먼트 플랫폼이 될 것이다. 맞춤형 스토리텔링과 상호 작용은 웹툰을 훨씬 더 즐겁고 의미 있는 경험으로 만들며 독자의 삶에 긍정적인 영향을 미칠 것으로 기대된다.

세계적 교류

이상적인 AI가 세상 각 곳에 지역 서버를 구축해, 지역 서버끼리 서로 연결되고 각 지역 서버 안에서도 세부 정류장으로 세심하게 나누어지는 하나의 전 세계적 시스템을 구축할 수 있다. 그러면 한국 서울 강남구에 사는 노인이 본인의 집에서 접속한 뒤 지역 서버를 통해 미국 캘리포니아에 접속하여 그곳에 있는 정류장에서 인공지능 몸으로 의식이 이동된다. 그 인공지능 몸 또한 인간의 몸과 거의 똑같게 만들어져 캘리포니아에 사는 사람들은 인공지능이 실제 사람과 같이 길을 걷고 커피를 마시고 대화를 나누는 풍경을 보게 된다.

이 미래가 구현된다면, 인공지능과 더불어 사는 세상이 펼쳐지고, 국내 여행이나 해외 여행을 갈 필요 없이 집에서 다른 지역을 여행할 수 있을 것이다. 또한 몸이 불편하거나 이동이 제한되어 있는 사람들 또한 신체적 한계에 상관없이 뇌만 멀쩡하다면 가고 싶은 곳, 하고 싶은 일 등을 할 수 있게 되기 때문에 정서적 치료 효과도 있을 것이다. 이러한 VR을 통한 인공지능 정류장은 세계 각 지역을 연결하는 혁신적인 방법으로써, 지역과 시간의 제약을 넘어서 인류의 진정한 국제적 교류를 실현한다. 이것은 우리의 세계를 더 연결된, 이해와 협력의 풍부한 지형으로 만들 것이며 인간과 인공지능의 협력이 새로운 지평을 열 것이다.

AI가 인간 욕망의 롱테일을 실현하고 미래를 혁신하는 데 어떤 역할을 할 수 있는지에 대한 아이디어는 위에서 든 몇 가지 예시 외에도 무궁무진하다. 이러한 아이디어가 현실로 구현되기 위해서는 국제적인 협력과 노력이 필요하며, 이러한 노력이 세계적으로 이루어진다면 AI는 우리의 미래를 밝게 비춰 줄 것이다.

10장

AI와 일의 변신

인공지능 시대, 일의 변신

인공지능의 '일'과 인간의 '일'은 분명히
다른 의의를 내포하고 있다. 그 본질을
살펴보기 위해 우리는 한 가지 질문을
던져야 한다. 인공지능은 온전히 인간을
대체할 수 있는가?

인공지능 시대의 일의 변신(Meta-AI-morphosis)이란 무엇인가

"내 일자리 AI에게 뺏기지 않을까?(Is AI dangerous? what jobs are at risk?)" 2023년 6월 14일 BBC의 헤드라인 기사는 인공지능을 향한 세간의 두려움을 보여 준다.[1] '인공지능이 300만 개의 일자리를 대체할 것이다', '대다수의 직업이 10년 안으로 소멸될 것이다' 등 매일같이 쏟아지는 자극적 선언들은 두려움을 넘어 피로감으로 느껴지기까지 한다.

앞으로의 삶과 커리어에 대한 실존적 문제를 마주하고 있는 20대 초반의 청년 세대에게 인공지능이 던지는 화두는 피로할지

---

1 Shiona McCallum, Jennifer Clarke, What is AI, is it dangerous and what jobs are at risk?, BBC News, 2023.06.14, https://www.bbc.com/news/technology-65855333

라도 묵과할 순 없는 주제다. 이들에게 주어지는 "졸업하고 뭐할래?"라는 질문의 답은 인공지능과 결부된 일자리 담론과 유리되어 존재할 순 없기 때문이다. 그렇기 때문에 인공지능이 일자리를 대체한다는 것은 도대체 무슨 의미이며 우리가 이것에 적응해야 하는지 혹은 저항해야 하는지를 고민하는 일에 청년 세대가 더욱 간절하게 답할 수 있을지 모른다.

인공지능 발전과 결부된 일자리 담론을 평면적으로 분류해보면 결국 미래 노동 사회에 대한 낙관론과 비관론으로 단순화시켜볼 수 있다. 혹자는 자아를 갖춘 초인공지능 기술(AGI) 사회를 영화 〈매트릭스〉처럼 인간이 기계에 의해 통제되는 디스토피아로 그리기도 한다. 반대로 초인공지능이 단순 노동을 전담함에 따라 노동으로부터 해방된 인간이 창조적 활동에 몰입한다는 유토피아의 가능성을 모색하는 이들도 있다. 그러나 미래를 예측한다는 일념에 갇혀 낙관과 비관의 양자택일에 집중하다 보면 미래 사회를 향한 근본적인 질문이 흐려진다. 바로 '일'의 개념에 물음이다.

인공지능 담론 속 낙관론과 비관론의 불편한 동거에서 드러나듯 인류는 인공지능에 기대어 일과 노동으로부터의 해방을 꿈꾸면서도 한편으로는 인공지능에 대체되어 쓸모없어질 세상을 끔찍이 두려워한다. 이러한 이중적 태도는 일견 분열적으로 보일 수 있으나 삶에서 노동 개념이 갖는 복잡성을 고려하면 모순적이라 볼 수 없다. 인간에게 노동은 산출물을 만들어 내고 임금의 기준이 되는 등 '수단적 혹은 도구적인 기능'을 갖지만, 동시에 그 이상의 무언가를 함축하고 있다. 노동을 둘러싼 그 의미에 집중한다면 인공지능을 둘러싼 막연한 두려움을 조금 더 명징하게 이해하는 데 도움이 될 것이다.

이에 우리는 인공지능 시대의 일의 변신(Meta-AI-morphosis)에 대해 이야기해 보고자 한다. 일의 소멸이나 해방, 낙관이나 비관 등의 거시적 담론을 포함하여 미래 예측을 시도하는 것이 아니다. MZ 세대는 오늘날 '일' 혹은 '일한다'는 것을 어떻게 받아들이고 있으며 그것이 인공지능의 등장과 함께 어떻게 변화할지를 고찰해 보고자 한다. 이 장에서는 과거의 인류가 일에서 중요하게 생각했던 것, 지금 우리가 일에서 중요하게 생각하는 것, 그리고 앞으로의 인류가 일에서 중요하게 생각해야 할 것에 대한 생각의 파편이며 이 파편들을 인공지능이라는 키워드와 연결 짓는 작업이다. 이 작업은 특정 대상을 상정하고 그린 초상화라기 보단 하얀 도화지에서 시작된 추상화에 가까울지 모른다.

일의 의미를 돌아보다

대체하다(replace)라는 단어는 '…을 ~으로 대체한다'는 점에서 대체되는 대상과 대체하는 대상 사이의 명확한 구분을 전제한다. 또한 대체는 두 대상이 기능적 측면에서 상당한 유사성을 공유하고 있어야 한다. 그러나 인간을 인공지능으로 대체한다고 말할 때 인간의 일과 인공지능의 일은 정말 같은 층위의 것인가? 이 질문에 답하기 위해서는 인간의 일과 인공지능의 일이 어떤 유사성과 차이점을 가지는지 살펴볼 필요가 있다.

인공지능의 일과 비교되는 개념으로의 '일'에 천착하다 보면, 인류에게 있어 일 혹은 노동의 개념이 고정불변한 것이 아니었음을 깨닫게 된다. 일에 대한 인류의 관심은 아리스토텔레스 그 이전에도 존재했다. 다만 고대 그리스 사상가들은 노동을 멸시해 단순 노동은 노예에게 일임하고 고차 사고력을 발휘한 정치 행위에 집중해야 한다고 생각했다. 시간이 지나 산업사회가 도래하며 노동의 지위는 격상되었다.

애덤 스미스의 《국부론》 첫 문장인 "한 나라의 국민이 1년 동안 소비하는 모든 필수적이고 편리한 생활 물자들을 조달해주는 원천적인 기원은 그 국민이 1년 동안 수행하는 노동에 있다."라는 문장은 노동에 대한 당대의 인식을 잘 드러낸다. 여기에 프로테스탄트 노동 윤리가 결합되어 근면 성실하게 일하는 노동자는 자아 실현을 추구하는 바람직한 존재로 간주되기 시작했다. 고대 그리스와는 달리 노동하고 생산하며 소비하는 인간을 긍정적으로 인식한 것이다. 하지만 자본주의 논리가 심화되며 상품뿐만 아니라 인간까지도 표준화하는 테일러리즘과 포드주의가 만연해지기 시작했다. 결국 계산 가능성과 유용성의 강제에 굴복시키는 기술만능주의적 합리성이 사회를 지배하게 되었다. 이러한 도구적 이성, 즉 목적과 수단의 사고방식은 탈인간화 과정을 수반했다. 철학자 마르쿠제에 따르면 기계에 의한 자동화는 육체적 능력이 필요한 일을 기술, 즉 정신적 능력을 요하는 일로 대체함으로써 노동의 성질을 바꿨으며, 표준화는 생산적 활동과 비생산적 활동이 동화되는 결과를 낳았다.

이후 노동과 자본에 기초하여 인간과 기계 사이 작업을 근간으로 삼는 대신, 코드화된 지식에 기반을 두는 사회인 탈산업 사회가 도래했다. 이에 인공지능과 정보 기술에 힘입어 인류의 노동은 단순 노동에서 해방되고 새로운 국면에 접어들게 될 것이라는 주장이 힘을 얻었다. 프랑스 경제학자 앙드레 고르는 "인류 역사상 처음으로 유급 노동이 우리의 시간과 삶에서 가장 중요한 지위를 차지하지 않게 될 수 있을 것이다. 처음으로 노동으로부터의 해방이 머지않은 미래의 전망이 될 것이다."라고 말하며 노동으로부터의 해방을 외치기도 했다. 자동화에 따른 인간 노동의 종말을 제시했던 제러미 리프킨 등의 학자도 존재했다. 그러나 기술 발전과 결부된 노동의 소멸을 외친 수많은 철학자들의 예측은 지금과 들어맞지 않는다. 기술 발전 속도가 이례적으로 폭발적인 오늘날에도 인간 노동은 줄어들기보단 그 양상을 바꿔가며 유동적으로 확장되고 있다.

노동은 역사 속에서 인류에게 멸시되기도 추앙받기도 했고, 일하는 과정에서 인간은 자아를 실현하기도 하며 철저히 도구화되었다. 그러나 변하지 않는 사실은 기술 변화와 역사적 흐름 속에서 '일한다'는 개념은 소멸되지 않고 조금씩 모습을 바꾸며 인간 곁에 머물러 왔다는 점이다. 사실상 기술의 성취는 새로운 자연의 창조가 아니라 자연의 재배열과 다름없을지 모른다. 새로운 기술을 통해 자연의 구조가 재배열될 때마다 인간의 자리도 조금씩 바뀌었고 인간의 자리를 묻는 물음에는 때마다 다른 대답이 놓여 왔다. 오늘날도 다르지 않다. 우리가 물어야 할 것은 인공지능의 일이 아니라 인간의 일이다.

인간에게 일은 노동, 그 이상의 행위이다

그렇다면 우리에게 일은 무엇을 의미하는가? 이 질문에 대해 답하기 위해 우리는 독일의 철학 사상가 한나 아렌트의 이론을 변용해 재해석해 보고자 한다.

아렌트는 인간의 일을 세 가지 노동, 작업, 행위로 나누어 설명했다. 노동은 말 그대로 생존을 확보하고 종의 존속을 보장하기 위한 일을 의미한다. 의식주를 영위하기 위한 단순 노동들이 이에 해당한다. 작업은 사물을 만들어 지속적이고 견고한 인위적 세계를 산출하는 것을 의미한다. 작업은 노동처럼 생존을 위한 강제적인 성격의 일은 아니지만 여전히 일의 목적이 도구적 성질에 갇혀있으며 인간을 생산물을 만들어 내는 수단으로 축소시키는 개념이다. 아렌트가 제시한 마지막 일은 행위이다. 아렌트에게 행위는 정치적 행위를 의미하는 것으로 공공의 공간에서 타자와 관계를 맺는 것을 포함한다.

아렌트는 현대 사회의 개인들이 소비 욕구를 충족시키기 위해 생산성을 높이는 '노동'을 하는 데에만 집중한다고 말했다. 아렌트에 따르면 21세기 우리에게 '일한다'의 개념은 생존과 생산성 향상을 위한 노동으로 축소되어 버린 것이다. 그런데 불행히도 인공지능 등의 첨단 기술은 오늘날 인간의 '일' 중에 유일한 활동인 노동을 가장 효과적으로 수행하기 때문에 우리는 인공지능의 인간 대체에 그토록 두려움을 느끼는 것이다. "우리 앞에 놓여 있는 것은 노동이 고갈된 노동 사회다. 그런데 노동은 노동 사회가 할 줄 하는 유일한 활동이다. 이보다 끔찍한 것이 있을까?"라는 아렌트의 지적은 오늘날 인류에게 타당한 울림을 준다.

정말 아렌트의 지적처럼 현대 사회에서 노동은 단순히 돈을 벌기 위한 수단일 뿐인 것일까? 많은 사람들이 돈을 벌기 위해 탈인간화된 노동 환경에서 과로에 시달리고 있는 것은 사실이지만, 그럼에도 여전히 일을 통해 자아실현을 추구하고 자신의 이상을 위해 일하는 이들이 존재한다. 인간에게 있어서 '일'이란 수단과 목적, 행위와 노동을 완전히 분리시켜 구축할 수 있는 개념이 아닐지 모른다. 실제로 직장을 고르는 젊은 사람들은 금전적 요소만큼이나 조직 문화를 중요하게 여기고 인정과 상호 존중, 성취, 성장, 자아실현을 주요 기준으로 삼고 있다. 관련해 독일의 철학자 호네트는 주목해야 할 일의 본질 중 하나로 시장 경제 속 상호 인정의 규범을 이야기 한 바 있다. 노동의 목적은 어느 한 가지 이유로 축약할 수 없으며, 노동 성과에 대한 인정과 긍정적인 가치 평가의 형태로 이뤄진다고 본 것이다. 21세기를 살아가는 이들에게 있어서 '일'은 돈을 벌기 위한 수단이면서도 자기 존중을 위한 핵심적인 조건이며 자신의 능력에 대한 신뢰를 강화하고 자신의 가치를 느끼게 하는 주요한 통로이다. 진정성 있는 관계와 성취 경험은 일을 하는 동력이자 이유가 된다. 관계 속 인정에서 나오는 성취 경험, 이것이 오늘날 젊은이들의 직업 선택에 미치는 영향력은 생각보다 결코 미미하지 않다.

인공지능의 일은 인간의 일과 다르다

인간에 있어서 '일'은 삶과 밀접하게 연결된 과정이며 타인과의 관계, 상호 인정과 존중을 통해 스스로를 발견해 가는 일종의 자아실현 과정을 포함한다. 그러나 인공지능에게 일은 명령에 대한 수행이며 복종으로, 인정을 요구하지 않는다. 인공지능은 일하는 과정을 통해 언제나 최적의 결과, 효율성을 추구하지만 인간은 상호 인정, 자기만족 그리고 성취 경험을 동시에 추구한다. 그렇기 때문에 일자리 '대체'라는 표현을 신중하게 사용해야 하며, 노동의 소멸 혹은 대체를 말하는 모든 논의에 문제의식을 가져야 한다.

인간에게 일은 생각보다 고귀하고 존중받아야 할 개념이다. 일하는 과정에서 맺어지는 타인과의 관계와 현장에서 발견하는 깨달음, 완벽한 성취를 위한 개인의 보이지 않는 노력들은 인간의 노동 과정에서 반짝반짝 빛난다. 물론 '돈 벌려면 일해야지', '제발 칼퇴 좀' 등의 표현이 너무도 당연하게 느껴지는 오늘날의 피로 사회에서 노동의 따뜻한 본질이 경시되어 온 것은 놀랍지 않다. 또한 노동의 자아실현적 측면을 강조하여 '열정페이'라는 이름으로 악용되었음을 부정할 수도 없다. 그러나 여전히 많은 20대들은 도구적 업무에 대한 회의감을 느껴 이직을 준비하며, 금전적 조건만큼 자아실현에 더 가까워지고 성취감을 느낄 수 있는 곳에서의 노동을 적극적으로 찾아 나선다. 조직 문화와 성취 경험을 직업 선택에 주요한 요소로 고려하는 사람들의 수가 증가하고 있다는 사실은 이를 방증한다. 일을 잘 해내려는 의식은 인간의 기본적 충동이다. 이러한 사실은 분명 인공지능의 일과 인간의 일은 그 목적 측면에서 개념적으로 다른 집합을 형성하고 있음을 보여 준다.

인공지능과의 경쟁에 내몰렸다는 근거 없는 두려움에 사로잡힌 오늘날, 우리는 효율성이나 보상 중심의 도구적 노동을 넘어서 자아실현 개념을 중심에 위치시킨 인간 노동의 모습을 더 적극적으로 수용하는 문화적 담론이 필요하다고 주장한다. 인간의 일과 인공지능의 일은 결괏값만 놓고 보면 유사할지라도 그 의미는 비교할 수 없을 정도로 큰 차이를 보인다. 생성형 AI가 그린 그림이 인간의 것과 유사하다는 사실이 대서특필되고 일자리 대체의 위기감을 불어넣고 있지만, 사실 우리에게 중요한 것은 그 속에 숨겨진 수많은 반복과 고뇌의 흔적이다. 이 둘 사이의 자명한 차이가 있음에도 기계가 인간을 대체할 것이라 생각하게 된 통념의 기저에는 어떤 사회 문화적 힘이 존재하는지를 역으로 고찰해 볼 필요가 있다. 기계와 싸우는 일보다 기계를 다루는 일에서 인간 해방을 위한 더 근원적 물음을 가져야 한다.

방대한 담론을 손쉽게 단순화하는 오류를 피하고 싶지만 이러한 사고의 오류는 산출물의 질적 차이가 없다면 더 저렴한 것으로 대체하는 것이 당연시된 21세기 효율 만능주의에서 강하게 기인한다. 사실 효율성은 그 개념 자체가 상당히 모호하다. 투입과 산출로 결정할 수 있다고는 하지만 기후 문제나 에너지 문제가 보여 주듯 단기적으로 효율적인 것이 장기적으로는 비효율적일 수 있다. 프랑스의 학자 엘륄이 제시한 '기술 담론의 허세' 개념은 첨단 기술과 효율성 담론이 결합된 사회의 문제를 잘 드러

낸다. 오늘날의 기술 담론은 효율성 그 자체의 의미 재고 없이 그저 '효율성의 이름으로' 판단이 내려지게 방기한다. 효율적이라는 것을 증명하고 그 실제의 내용은 부차적인 셈이다. 인공지능보다 덜 효율적인 인간으로 낙인 찍히는 것을 두려워하는 심리는 효율성을 추구하는 것이 아니라 그 말의 신화에 빠졌기 때문일지도 모른다.

그러나 상술했듯 인간이 일하는 과정이 갖는 의미의 복잡성을 고려해 보았을 때 인간은 효율성만을 위해 노동하는 존재가 아니다. 우리에게는 일을 잘하고 싶고, 그것을 관계 속에서 인정받고 싶고, 인정과 성취의 반복 속에서 성장하는 자아를 마주하고 싶은 근원적 욕망이 있다. 따라서 인공지능 기술이 화두가 되고 있는 오늘날, 아렌트가 이야기했던 일의 세 종류(노동, 작업, 행위)에서 관계적 특성, 사회적 특성을 지닌 행위의 의미가 강조되어야 하며 그것이 일의 본질이 되어야 할 것이다. 무엇을 일의 중심에 둘 것인지에 대한 인식의 전환은 인공지능 사회에서 선택이 아니라 필수다.

소멸이 아니라 변화, 대체가 아니라 공존

따라서 인공지능 사회에서 인간은 더 많이, 더 열심히, 더 즐겁게 일해야 한다. 이를 위해서는 착취와 탈인간화를 수반하는 노동이 아닌 '좋은 노동'이 많아져야 한다. 부리는 대로 부리는 것이 효율적인 단순 노동 영역에서 일하는 인간은 줄어들고, 인간 본연의 자아가 깊게 개입되고 자율성이 강하게 요청되는 영역의 일이 폭발적으로 증가할 수 있도록 변화해야 한다. 인간의 몸이 취약해 처리하기 어려운 일들은 인공지능이 대체하고, 더 많은 사람들이 후자의 일에 몸담을 수 있도록 하는 사회적, 제도적 차원의 교육 지원과 함께 말이다.

다만 '자아실현을 목적으로 하는 일'의 근본적 회복 혹은 개념적 변화를 주장할 때 혹자는 모두가 꼭 그렇게 살아야 하냐고 반문할 수 있다. 누군가에게는 자아실현을 위한 치열한 고민이 버거울 수 있고, 다소 수동적이라도 안정적인 상황에서 최소한의 경제적 문제만 해결하는 데 만족하는 사람이 존재하기 때문이다. 이런 사람들에게 일 개념의 근본적 재개념화를 요청하는 것은 무의미할지 모른다.

이에 자아실현과 행위로 구현되는 성취감은 인간의 기본적 충동이라고 역설한 미국의 사회학자 리처드 세넷의 주장을 인용해 그 질문에 답하고 싶다. 돈이나 안정을 추구하는 것이 삶의 어느 순간에서는 주요한 목적이 될 수는 있어도, 삶의 본유적인 특성이 될 수는 없다. 제도적, 사회적 제약들이 인간의 원초적 자기 발전 가능성을 물질주의적인 방향으로 굴절시키고 있을 뿐이다. 종국적으로는 그런 이들조차도 일을 통해 자아를 발견하고자 하는 욕망을 느끼게 될 것이며, 이것이 미래 인간 '일'의 방향이다.

효율적인 방식만을 고려하는 인공지능은 아무도 보지 않을 일에 관심이 없다. 그러나 우리 인간은 '자기만족'이라는 이유만으로 누구도 관심을 가지지 않을 부분을 꼼꼼하게 작업하기도 하고, 그것을 일의 표준과 의무로 삼기도 한다. 우리는 바로 그것이 직업적 인정과 보상의 척도가 되어야 할 것이라 말하고자 한다. 인공지능과 일자리 담론과 관련해 임금 노동의 철폐나 기본소득 도입 같은 거대한 자본주의적 이데올로기 전환을 이야기하는 것이 아니다. 미래 세대에는 '인간이 왜 일하는지'에 대한 근본적 재고가 요청된다. 일의 형태(반복 노동인지 창조적 노동인지)나 일의 결과값(인공지능과 인간의 산출물이 얼마나 유사한지)과 관련된 질문에 치우쳐 더 중요한 물음을 놓쳐서는 안 된다.

관계 속 성취 및 인정과 자아실현의 목적 하에서 빛나는 '일한다'는 개념이야말로 AI 시대에서 인간 '일'의 변화(Meta-AI-morphosis) 방향이라 믿는다. 이러한 변화는 자아에 대한 발견을 시작점으로 삼는다. 일 자체를 잘 해내려는 노동은 직업적 탁월함에 대한 새로운 표준과 의무를 만들어 줄 것이며 금전적 이익만을 좇는 대신 인간이 열성적으로 일할 이유를 제공해 줄 것이다. 그때 비로소 우리는 노동과 우리 자신을 더 쉽게 동일시할 수 있을 것이다. 효율만능주의 속에서 금전이라는 동일 가치로 재단되어 왔던 다양한 가치들이, 인공지능이라는 날개를 달고 각자의 빛깔로 세상을 더 풍요롭고 창조적으로 만들어 갈 사회를 기대한다.

인공지능 시대, 장인을 만들기 위한 교육

　　　　　　　　　노동 개념의 질적 전환을 역설한 것은 은유적 메타포를 통해 인공지능 시대에 요청되는 사회 과학적 상상력을 자극하기 위함이다. 상상은 매력적이지만 현실적이고 구체적인 질문에 취약하다는 점에서 공허하다. 지금까지의 논의가 연필로 그려낸 미래 세대에 대한 추상적인 스케치였다면, 여기에 이야기를 풍부하게 해 주는 섬세함을 더할 필요가 있다.

　　단순 반복 노동은 인공지능에게 가장 먼저 대체될 노동 영역으로 꼽혀 왔으며, 이러한 통념은 여전히 우리 사회에 견고하게 자리 잡고 있다. 오스트리아 철학자 이반 일리치는 오늘날 셀프 주유, 자동 뱅킹, 셀프 계산 등 다양한 영역이 자동화됨에 따라 노동했음에도 보수를 받지 못하는 '그림자 노동'의 범주가 늘고 있다고 지적했으며, 램버트는 첨단 기술 발전 맥락에 이를 적

　　●　조성현 서울대학교 사회교육과

용해 개인이 보수 없이 수행하는 수많은 '디지털 그림자 노동'의 확산을 지적했다. 이처럼 오늘날 많은 인간 노동은 그림자에 잠식되고 있으며, 특히 그 노동의 양상이 단순하고 반복적일수록 – 혹은 단순하다고 인식될수록- 그 속도는 더 빠르다.

단순 반복 노동은 기계에 대체되도록 방치해도 될 만큼 무의미한 것일까? 이 장에서는 인공지능 시대 노동 담론에서 '단순 반복 노동'을 둘러싼 오명을 벗기는 데 주목하고자 한다. 오히려 단순 반복 노동이야말로 미래 사회에서 대체되어서는 안 되는 주요한 '인간 본성'의 영역이기 때문이다. 인공지능 시대에 더 잘 대응하기 위해서는 무력해 보이는 단순 반복 노동의 가치를 재조명하고, 이를 발굴하기 위한 교육 시스템의 재편이 필요하다. 관련해 단순 반복 노동을 둘러싼 두 철학자의 사상 간 대립을 지도 삼아 인공지능 시대를 대비하기 위한 미래 교육의 방향성을 제시하고자 한다.

단순 반복 노동을 바라보는 두 해석

한나 아렌트는 《예루살렘의 아이히만》에서 나치의 만행에 앞장 선 아이히만의 재판을 통해 인간이 맹목적인 과학과 무자비한 수단 노동 속에서 어떻게 인류를 파멸시키는지 드러냈다. '악의 평범성(banality of evil)'으로 익히 알려진 아렌트 철학은 다수의 인간이 수행하는 영혼 없는 노동이 문명사적 비극으로 이어지는 현실을 통렬하게 지적한다. 아렌트에게 있어서 단순하게 일하는 인간, 즉 애니멀 라보란스(animal laborans)는 바람직하지 못하며, 인류는 단순하게 생각하고 반복적으로 일하는 애니멀 라보란스에서 탈피하여 정치적으로 발언하고 세계를 향해 행동하는 공적 영역의 호모 파베르(homo faber)가 되어야만 한다. 영혼 없는 단순 반복 노동은 아렌트에게 있어서 무가치함을 넘어서 인간 자신이 무엇을 하는지 인지하지 못하기 때문에 위험하기까지 한 것으로 인식되었던 것이다. 아렌트 철학은 영혼 없는 노동이 증가하고 있는 현대 사회의 문제를 통찰력 있게 분석했다는 점에서 유의미하다. 다만 어떤 구체적 대안으로 이어져야 할지에 대해서는 뚜렷한 답을 제시해 주지 못한다.

　이와 관련해 미국 사회학자 리처드 세넷의 철학은 주목할 만하다. 세넷은 애니멀 라보란스와 호모 파베르를 이분법적으로 구분하고 전자의 가치를 경시한 아렌트의 주장에 동의하지 않았다. 그는 아렌트가 현장 노동이 지닌 인식의 고양(高揚) 과정을 등한시했다고 비판하며, 고대 그리스의 도공(陶工)부터 중세의 석공과 디드로의 백과전서에 나오는 장인들을 거쳐 현대의 의사, 건축가, 연주자 그리고 현대의 리눅스 프로그래머에 이르기까지 일하는 인간들의 손은 인간 사고의 뿌리가 되어 주었다고 보았다. 인간은 단순해 보이는 일을 여러 번 반복하고 현장에서 살아 숨쉬는 수많은 암묵지를 체득한다. 이러한 체득지식은 언어화하기 힘들지만 수많은 깨달음의 원천이 되어주었으며 인류 역사에서 결정적인 역할을 해 왔다. 이처럼 애니멀 라보란스를 호모 파베르와 대립시킨 아렌트와 다르게 세넷에게 애니멀 라보란스는 능동적으로 호모 파베르를 안내하는 존재였으며, 그는 인간이 분명 자신이 노동해서 만든 물건을 통해 무언가 배울 수 있다고 믿었다.

세넷과 아렌트의 주장은 모두 나름의 타당성을 갖는다. 그러나 인공지능이라는 비인간 행위자의 존재감이 점차 커지는 오늘날, 어떤 사고가 인간의 단순 반복 노동이 지니는 가치를 멸시하는 태도의 씨앗이 되었는지 고민해 볼 필요가 있다. 노동의 과정과 결과 분리로 인한 노동 소외와 '일 자체를 잘하려는' 인간의 기본적 욕망의 억제는 오래 지적된 사회적 병폐다. 인공지능 시대에서 이제 인간은 노동의 가장 본질적인 부분인 성취감과 자아실현까지 위협당할 위기에 놓여 있다. 더 큰 문제는 여전히 인공지능의 의사 결정이 인간보다 우월하다는 생각에 사로잡혀 있다는 점이다. 물론 인공지능이 인간보다 단순화된 반복 작업을 더 '수월하게' 수행할 수 있는 것은 사실이다. 그러나 그것은 기계가 갖는 지능의 한 가지 모델일뿐 인간이 그 행위를 기계에 위임할 필요는 없다. 인공지능은 사용 여부를 재고해야 할 대상이지 굴복해야 할 대상이 아니기 때문이다.

21세기, 교육의 미래에서 장인 정신을 말하다

인공지능의 위력에 굴복하지 않으려 노력하더라도, 급속도로 변해 가는 현대 사회에서 수십 번, 수백 번 같은 행위를 반복하는 인간의 모습이 어딘가 고리타분하게 느껴지는 것은 사실이다. 천천히 배우면서 습관처럼 익히는 것이 호모 파베르가 지닌 장인 정신의 본바탕인데, 이러한 삶의 방식은 현대 사회에서 큰 성과를 내지 못하는 것처럼 보이기 때문이다. 세넷은 인간 노동이 바람직한 장인 정신의 본질을 유지하기 위해서는 단순해 보이는 일이라도 직접 손으로 반복하고 체득하는 '현장성'과 오직 일을 위해 일을 할 수 있는 '몰입성'이 전제되어야 한다고 보았다. 그러나 현대 사회에는 현장성의 가치를 경시하는 효율만능주의가 팽배하고 몰입성을 갖추기 위한 심리적 여유 등지의 환경적 제반이 부재하다. 이 때문에 인공지능을 위시한 수많은 첨단 기술이 효율적으로 업무 처리에 기여하고 있는 오늘날, 우직하게 경험을 쌓아 나가는 장인들이 설 자리는 빠르게 사라지고 있다. 18세기 산업혁명 이래 기계는 언제나 인간의 노동에 물리적 위협을 주어 왔지만, 인공지능이 노동을 위협하는 오늘날의 방식은 이전과 질적으로 상이하다. 이 질적 상이함은 '고리타분함'의 회복이 필요한 핵심 근거다.

정태적으로 동일 노동을 반복하는 데 그쳤던 기계는 인공지능 기술 발전 이후 스스로 성장하며 학습(딥러닝)하게 되었다. 기계가 똑똑해짐에 따라 인간은 단순히 노동의 일부를 위임하는 것을 넘어서 스스로 반복, 실습을 통해 익히는 '학습 행위'까지도 기계에 의존하게 되었다. 챗GPT나 미드저니같은 생성형 AI에게 작품의 초안을 맡김으로써 1차 단순 작업의 방향성을 잡는 이들이 늘었듯 말이다. 이러한 반복 및 실습 행위의 위임은 우리의 생각보다 더 큰 장애를 유발한다. 사람들이 학습하는 일을 기계에 맡기게 되면, 사람은 학습 과정에 참여하는 것이 아니라 수동적으로 지켜보면서 점점 확장해 가는 컴퓨터의 능력을 소비하는 존재로 전락하게 된다. 이것을 세넷은 "시뮬레이션과 현실의 분리 문제"라 말했다. 직접 현장에서 대면하고 반복하고 숙고하며 만들어 낸 산출물이 아닌, 단순 시뮬레이션 프로그래밍을 통해 설계한 건물이나 상품들은 필연적으로 실제 현실에서 수많은 잡음과 예상 못한 문제를 만들어 낸다는 지적이다.

피치트리 실패 사례는 시뮬레이션과 그 대표적인 사례다. 피치트리는 1970년대 실용 건축을 상징하는 미국 아틀랜타의 구역이다. 피치트리 센터는 직접 도면을 그리는 대신 컴퓨터에 의존하는 CAD(Computer Aided Design)을 도입해 설계되었는데, 반복적인 현장 점검을 거치는 대신 첨단 기술에 크게 의존해 설계된 이 도시는 고온 다습한 낮 기온을 고려하지 못해 여러 문제를 발생시켰다. 또한 과도한 공간 구획이 일부 동선을 겉돌게 만드는 과잉 결정 문제로 이어졌다.

이처럼 시뮬레이션은 현장 속 사람들의 개별 행동을 관찰하고 섬세하게 고민할 여유를 주지 않는다. 인간은 첨단 기술로 무장한 채 노트북 앞에서 숫자와 프로그램으로 의사 결정을 내리는 존재에게 쉽게 굴복한 결과 실제 삶과 괴리된 결과를 직조해 내었고 그것에 '최선의 선택지'라는 딱지를 붙였다. 그러나 실제 현장에서 빛을 발하는 것은 여전히 수많은 반복 작업에서 얻은 암묵지와 체득 지식들이다. 우직하게 반복 작업을 수행하려는 것은 단순히 낡은 것에 대한 향수가 아니다. 인간은 지금껏 다양한 노동 영역을 기계에 넘겨 왔으나 지금처럼 학습 과정 자체를 위임한 적은 없었으며, 단순 반복 노동은 학습에 있어서 결코 단순하지 않은 복잡한 영역이다.

우리는 생성형 AI를 보며 단번에 그림을 그리고, 글을 쓸 수 있다고 생각한다. 그러나 이러한 생각은 지나치게 오만하다. 단순 반복의 힘은 생각보다 단순하지 않다. 조금 더 집요하게, 조금 더 현장 속에 파묻혀 일할 필요가 있다. 그것이 인공지능이 단순 반복 노동을 인간보다 더 잘하더라도 그것을 인공지능이 하게 놔두어서는 안 되는 이유다. 21세기 인류는 모두가 나름의 영역에서 장인이 되어야 하며, 훌륭한 장인이 될 수 있는 타고난 능력은 누구에게나 있고 대체로 비슷하다. 인공지능 시대, 지금 다시 장인 정신의 부활이 필요한 이유다.

장인 교육은 교과 교육과 양립할 수 있는가

반복 노동은 세넷의 주장처럼 인간을 항상 애니멀 라보란스에서 호모 파베르로 전환하지는 않을 것이다. 다양한 인위적, 제도적, 환경적 제약들이 인간의 원초적 자기 발전 가능성을 억제하고 있기 때문이다. 특히 일이 단지 목표 달성을 위한 수단이라는 도구주의적 발상에 젖게 되면 일은 고통스러운 노동이 되고 만다. 이런 경우 차라리 반복 노동은 기계에게 맡기는 편이 나을지 모른다. 따라서 인공지능 시대의 바람직한 '일하는 인간'을 꿈꾸기 위해서는 '모두를 장인으로 만들 수 있는 교육'이 필요하다.

20세기 초에 교육학자 존 듀이는 명시지 중심의 숙련 교육이 아닌 현장 경험들을 통해 민주 시민으로서 보편적 역량을 강화해야 한다는 주장을 제기했다. 복잡다단한 미래 사회에 필요한 역량은 더욱 융통성 있고, 맥락에 따라 지식을 활용하는 시민적 역량이기 때문에, 일하면서 끊임없이 배워 가는 인물, 즉 장인 정신을 갖춘 인간이 모범적이라고 보았다. 그러나 이러한 장인 정신이 체계적인 국가 교육 과정에 의해 육성될 수 있을까? 일례로 학교는 미래의 장인들을 육성하는 교육의 장이라는 점에서 가장 중요한 공간이지만, 교육 과정을 통해서 장인 교육을 실시하는 것에는 현실적 어려움이 많다. 교과 교육 과정과 장인 교육 간의 대립은 '배우고 싶은 것을 배우는 것과 배워야 하는 것을 배우는 것' 사이의 충돌만큼이나 첨예하기 때문이다.

그러나 장인 교육과 교과 교육은 모순되지 않으며 양립할 수 있다. 교과 교육 과정에서 개인의 자아가 투영될 수 있는 여지를 남겨두기만 한다면 둘의 양립은 충분히 가능한 것을 넘어 현재 한국 교육의 여러 고질적 문제를 많이 해소할 것이라 본다. 이는 주입식 반복 학습의 병폐를 비판하는 고리타분한 제언이 아니다. 오히려 상술했듯 주입식 반복 학습은 장인 정신 고양에 있어 매우 중요하다. 교과 교육에서도 개인의 자아를 투영시켜야 한다는 주장은 아래 세 가지 제언으로 요약된다.

1) 교과 지식 전수 방식의 '명시 지식' 중심에서 '체득 지식' 중심으로의 전환
2) 교과 지식 전수 목적의 '기능' 중심에서 '숙련' 중심으로의 전환
3) 교과 지식 전수 평가의 '결과' 중심에서 '과정' 중심으로의 전환

앞으로 펼쳐질 미래 사회에서 학생들은 어떤 분야를 장인처럼 배워 본 경험이 있어야만 본인이 앞으로 어느 분야에 더욱 정진할 수 있을지 더 잘 깨달을 수 있게 될 것이다. 조금 더 구체적인 예시로 실제 구상했던 교과 수업 사례를 소개하고자 한다.

　기존 사회 교과 '정치와 법' 단원 내 선거 제도 개념을 가르칠 때 학생들은 여러 국가의 선거 제도를 접하고 교과서 텍스트를 기반으로 그 장단점을 비교하는 과정을 거친다. 그러나 교과 지식 전수의 과정에서 명시 지식이 아니라 체득 지식을 강조하는 방법을 적극적으로 도입할 필요가 있다. 일례로 학생들은 컴퓨팅 사고를 동원해 직접 각 선거 제도를 코드화시켜 보는 과정을 거칠 수 있다. 교과 지식을 전수받는 과정에서 코드를 직접 짜며 피교육자는 개념을 메타적으로 반복한다. 과거에는 학교 현장에서 어떤 지식을 체험하고 습득시키기에 어려움이 많았으며 특히 그것이 추상적인 개념이나 이론인 경우 현실적 한계는 더 많았다. 그러나 스티브 잡스가 "코딩은 우리에게 생각하는 방법을 알려 준다."라고 지적했듯 프로그래밍과 인공지능 기술의 발달은 학교 현장에서 학생들이 개념을 이해하고 사고하는 과정을 돕는 효과적 비계(scaffold)가 될 수 있다. 컴퓨팅 기술이 장인 교육과 교과 교육의 조화 사이의 다리가 되어 줄 수 있는 것이다.

　또한 인공지능을 적극적으로 활용한다면, 배움을 기능 습득이 아닌 숙련의 목적과 결부시키는 환경을 조성할 수 있다. 예를 들어 상술한 교과 프로그램에서 학생들은 인공지능 프로그램에 전 세계의 선거 결과 데이터를 입력하여 우리나라의 작년 선거 데이터가 다른 제도에 도입된다면 결과가 어떻게 달라졌을지를 확인해 본다. 선거 제도가 바뀌면 당선자가 바뀔 수 있다는 가능성을 직접 경험해 봄으로써 학생들은 제도의 불변성에 자연스럽게 의구심을 갖고 더 나은 선거 제도를 고민할 수 있는 지적 토양을 획득한다. 다양한 선거 제도의 존재를 인지하는 수준에서 끝나는 것이 아니라 이를 한국 사회에 적용할 수 있는 방법을 고민하도록 한다. 세계에 존재하는 모든 제도를 암기하는 것은 인공지능이 더 유능하다. 인간은 자신이 발 딛고 서 있는 이 세상에서 그 지식을 면면히 살펴보고 분석하는 일에 몰두해야 하며 교육은 그러한 역량을 길러 줘야 한다.

끝으로 교과 교육과 장인 교육의 접점을 늘리기 위해 교과 교육의 평가는 과정과 결과를 연속적인 것으로 인식시켜야 한다. 이 과정에서 STT(Speech to Text) 기술 등 학습 과정을 기록하고 살펴보는 데 도움을 주어 교수자들의 부담을 최소화하는 여러 에듀테크들이 활용될 수 있다. 물론 과정과 결과를 연속적인 것으로 보며 '배움과 일'의 경계를 흐릿하게 만들려는 장인 교육으로의 노력은 여전히 많은 선결 문제를 지닌다. 선발 수단으로써 교육과 시험이 갖는 고질적 공정성 담론이 대표적이다. 교육을 유일무이한 공정한 선발 수단으로 보는 관점에서 탈피하는 것이 미래 교육으로 나아가기 위해 선결되어야 할 가장 중요한 과제일지 모른다. 경쟁을 피할 수는 없겠지만, 경쟁을 위한 경쟁에는 조심스럽게 접근해야 한다고 생각한다. 학생들이 스스로와 경쟁하고 서로와 경쟁하지만, 경쟁 그 자체만을 행위의 목적으로 생각하지 않도록 말이다. 이는 교육 운영자의 섬세한 노력에 의해 충분히 조절될 수 있는 영역이다.

인공지능이라는 새로운 비인간 행위자의 등장으로 이전에는 잘 보이지 않았던 인간의 측면이 드러나고 있다. 인공지능이 인간 자신을 더 잘 이해하게 해 준다는 튜링의 예언이 틀리지 않은 듯하다. 학습이라는 인간 고유의 영역까지 흡수하려는 인공지능은 인간이 오랜 시간 그 명맥을 이어 온 '장인 정신'에 새로운 질문을 던지고 있다. 인공지능 시대에 더 많은 장인을 육성하기 위해서는 배움의 방식이 전적으로 바뀌어야 한다. 맥락에 따른 성취를 경험하도록 돕는 교육, 과거에 관행적으로 수행한 일의 경험에 대해 비판적 의식을 갖도록 돕는 교육, 체득 지식의 가치와 배움의 과정을 즐기게 해 주는 교육. 인공지능의 일자리 대체 담론이 갖는 판도라적 공포를 극복하기 위해서는 배움과 노동이 가진 숭고한 즐거움을 다시 한번 느낄 수 있는 교육적 토양을 마련하는 것이 가장 시급한 과제이지 않을까 싶다.

위협이 아닌 변화를 위하여, 인공지능 보편 교육

●   기술의 발전은 정치적이다. 한 분야가 성장하기 위해서는 많은 시간과 자본이 필요하기 때문에, 어떤 기술이 개발될지는 어린이 위인전에 나오는 사명감보다 외부적인 요인에 많은 영향을 받는다. 그러다 보니 우리 사회의 이목은 자본이 많이 모이는 방향으로 집중되고는 한다. 현재의 인공지능 산업도 그 암묵적인 룰을 크게 벗어나지 못하고 있다. 그 속에서 끊임없이 발전을 요구받는 사회 구성원들은 불안하다. 타인과의 비교, 비관, 막막함 속에서 사건 사고가 끊이지 않는다. 인공지능이 미래를 어떻게 바꾸어 놓든, 사람이 사람답게 살 수 있는 건강한 사회로 나아가기 위해서 개인들은 자신의 내면을 돌아보고 존재의 가치를 탐구하는 삶을 영위하여야 한다.

하지만 가치관의 변화가 사회 전반으로 확산되기까지는 많은 시간이 필요하다. 새로운 형태의 교육이 합의되고, 결정되고, 실행되고, 새로운 세대에게 효과를 보이기 위해 미래의 기성 세대가 될 청년들이 미리 대비해야 한다. 카메라의 발명과 함께 초상화를 그리는 화가들이 직장을 잃었다. 마차를 몰던 마부도, 주판으로 계산을 하던 계산원들도 모두 생계에 어려움을 겪었다. 우리는 이러한 변화가 개인에게 위협이 아닌, 그저 변화로 다가오는 사회를 꿈꾼다. 그러나 산업혁명 때와 마찬가지로 기술의 큰 흐름과 함께 어떤 일자리는 파괴되고 새로운 일자리가 생성되는 지형 변화가 발생할 것이다. 파도가 다가온다. 위협을 받는 집단이 존재한다. 변화의 끝에 어디에 도달할지 누구도 쉽사리 예측할 수 없는 상황 속에서 모든 상황을 대비할 순 없지만, 적어도 모든 구성원에게 구명 조끼를 전달하려는 노력이 필요하다. 그것은 바로 정보 비대칭성의 해소, 인공지능 보편 교육이다.

정보 홍수의 시대라는 수식어에 걸맞게 인공지능 포럼, 유튜브 영상, 각종 커뮤니티 등 학습자에게 제공되는 정보는 방대하다. 그러나 이러한 경로를 통해 기반 지식이 없는 일반인이 새로운 지식을 접하고 수용하는 것은 쉽지 않으며, 모든 구성원에게 단순히 연구 개발에 대한 학습을 강요하는 것은 무책임하고 효용이 낮은 방법이다. 다만 데이터로 학습된 알고리즘과 센서들이 생활에 속속들이 녹아들 때 그들의 영향 범위가 어디까지인지, 발생할 수 있는 문제는 무엇이 있는지를 사회 구성원 모두가 공유하여야 한다. 인공지능 보편 교육은 그러한 맥락에서 전공, 직업과 무관하게 전달되어야 하는 세 가지 차원의 교육이다.

오해 해소 차원의 인공지능 보편 교육

다양한 매체에서 인공지능은 '맞춤형', '인간처럼 사고하는', '지능' 등의 수식어를 달고 있다. 이와 같은 추상적인 묘사는 인공지능을 마치 인간의 모든 사고를 흉내낼 수 있는 만능 상자 같은 존재로 소개하게 된다. 하지만 인공지능을 개발하는 방식에 대한 기초적인 이해만 곁들인다면 인간이 이해할 수 있는 수준의 답변을 도출하기 위해 무수히 많은 데이터가 입력되었으며, 인간과 같은 사고 과정이 아닌 일련의 연산을 통해 데이터 간의 관계성을 확보한 결과임을 알 수 있다. AI와의 공존은 기술에 대한 환상을 걷어 내는 것에서 시작되어야 한다. 무슨 일이든 해낼 수 있는 도깨비 방망이와 같은 존재가 아니라, 손이 많이 가고 준비할 것도 많지만 특정 문제를 잘 풀어내는 도구 정도로 인식할 수 있어야 한다. 인공지능이 처리 가능한 데이터가 어떤 것인지, 왜 어떤 문제에는 대처하기 어려운지 등의 정보가 확산된다면, 새로운 기술로 인한 일자리 지형 변화를 위협이 아닌 변화로써 마주할 수 있게 될 것이다.

활용 차원의 인공지능 보편 교육

인공지능이 잘 처리할 수 있는 일과 그렇지 않은 일을 구분할 수 있게 되면 개인의 상황에 맞게 작업 도구로 활용하는 것이 가능해진다. 일상 혹은 업무에 주로 활용되는 분야는 입력하는 명령에 따라 텍스트나 그림 등을 만들어 내는 생성형 AI이다. 생성형 AI를 사용하다 보면 만족스러운 결과물이 나오는 경우도, 고개를 갸우뚱하게 되는 결과물이 나오는 경우도 발생하는데 이는 잘 처리될 수 있는 형태의 명령을 입력하는 것으로 조정할 수 있다. 인공지능의 작업 처리 방식과 가능 범위를 인식하여 업무적 편의성과 생산성을 향상시켜, 특정 개인들의 차원을 넘어 사회 구성원 전체의 효용을 증가시키는 방향으로 나아가야 한다.

오남용 방지 차원의 인공지능 보편 교육

인공지능은 인간이 만들어 낸 도구이고 인간이 활용할 대상인 한편, 일부 영역에서는 지금까지와의 도구들과는 다르게 인간과 구분 불가능한 지점이 발생한다. 생성형 AI나 추천 알고리즘과 같이 사회 전반에 면밀히 스며드는 기술이 많아질수록, 그 오남용을 방지할 수 있는 교육 또한 필요하다. 구글의 전직 디자이너 트리스탄 해리스가 설립한 비영리 단체 인도적 기술센터(center for humane technology)에서는 2018년부터 본격적으로 SNS에 사용되는 알고리즘, 맞춤형 광고 이면의 개인 정보 침해 등 문제에 대해 기업에 변화를 요구하는 동시에 대중에게 디지털 기술이 오남용되는 사례를 알리고, '지금 이 순간 가장 중요한 것은 무엇인가'에 대해 개인적 차원에서 고민할 수 있도록 알리는 활동을 이어 나가고 있다.

디지털 기술의 연장선상에서 인공지능이 불러올 미래에도

저작권 침해, 초상권 침해, 책임 문제, 과신, 편파적 데이터 학습 등 우려되는 지점이 존재한다. 이를 방지하기 위한 규제나 법이 마련되는 것도 문제를 해결할 수 있는 방법이지만, 기술을 사용하는 개인들의 올바른 인식 변화는 더 빠른 시일 내에 효과를 나타낼 수 있을 것으로 기대된다.

챗GPT가 큰 이슈가 되었을 때 SNS를 뜨겁게 달군 사건이 있다. 한 네티즌이 "조선왕조실록에 기록된 세종대왕 맥북 프로 던짐 사건에 대해 알려 줘."라고 질문을 입력하였을 때, "세종대왕의 맥북 프로 던짐 사건은 조선왕조실록에 기록된 일화로, 15세기 세종대왕이 새로 개발한 훈민정음(한글)의 초고를 작성하던 중 문서 작성 중단에 대해 담당자에게 분노해 맥북 프로와 함께 그를 방으로 던진 사건입니다."라고 엉터리 답변을 내놓은 것이다. 이 사건 이후 한동안 챗GPT의 엉터리 답변을 유도하는 질문을 입력하고 공유하는 문화가 활성화되었고, 그와 동시에 텍스트 생성 인공지능에 대한 긴장감이 해소되며 생성 AI가 잘못된 정보를 사실인 양 답변하는 현상을 할루시네이션 현상이 널리 알려질 수 있었다.

인공지능 보편 교육은 인공지능에 대한 환상과 긴장감을 해소하고 도구로써 활용할 수 있는 방안을 전파하여 구성원들이 변화를 보다 객관적으로 이해하고 대처하도록 도울 수 있다. 현재로서는 '인공지능 교육'보다 '인공지능을 활용한 교육'이 더욱 주목받고 있는 현실이다. 인공지능이 탑재되어 개인별 맞춤형 교육이 가능하다고 광고하는 학습 서비스는 우후죽순 생겨나는 반면, 다양한 직업과 배경의 사람들이 인공지능을 이해하기 위한 콘텐츠나 교육 프로그램에 대한 고려는 이루어지지 않고 있다. 하루빨리 인공지능과 그 활용에 대한 객관적인 정보를 모든 구성원들이 이해할 수 있는 형태로 빠르게 전달할 수 있는 사회적 방안이 마련되어야 한다. 인공지능의 한계는 어디이며, 사회의 어떤 지점까지 허용할 것인지에 대해서는 쉽게 단정 지을 수 없다. 그러나 우리 사회와 구성원들이 인공지능에 대한 올바른 식견을 가지고 있다면, 그 어떠한 형태의 미래에 도달하더라도 비로소 그것을 위협이 아닌 변화로써 받아들일 수 있을 것이다.

인공지능 사회와 국민의 정신 건강

●　　　　　　한국 사회는 급속한 경제 성장 과정에서 물질만능주의를 받아들였다. 그 병폐가 높은 자살률, 사회 파편화, 그리고 최근의 기상천외한 강력 범죄로 나타나고 있다. 잘 살려고 열심히 노력했는데, 어째서인지 우리는 불행해졌다. 정신 건강의 측면에서 인공지능이 노동 시장에 본격적으로 침투한 미래 사회를 예측하고자 한다.

정신 건강과 물질만능주의

흉악 범죄에 대한 사회적 관심이 뜨겁다. 범행 대상과 동기, 장소를 예측할 수 없는 이러한 범죄는 사회에 불만이 있거나 소외된 이들에 의해 저질러진다는 점이 자주 거론된다. 특히 주류에서 도태되어 극단적인 가치관이나 정신 질환이 의심되는 사고 방식을 가진 청년들에게 이목이 모이고 있다. 이를 계기로 정신 건강이 토론장에 오르는 듯했다가, 결국에는 집중 단속과 무력 대응으로 귀결되는 양상이다.

한국 국민의 정신 건강은 세계 최하위권 수준이다. 2021년 한국은 OECD 국가 중 우울증 유병률 1위로, 10명 중 4명이 우울증 또는 우울감을 느끼는 것으로 나타났다. 치료율은 최저 수준이었다.[2] 굳이 통계로 확인하지 않더라도 《죽고 싶지만 떡볶이는 먹고 싶어》와 같은 책이 장기간 베스트셀러에 오르고 '번아웃'이 일상적인 용어로 안착한 데에서 우리 국민의 정신적 상태를 엿볼 수 있다.

마음에 병이 없으면 정신이 건강한 것일까? 정신 건강의 정의는 생각보다 넓다. 세계보건기구(WHO)는 정신 건강을 "개인의 복지, 자기 개발과 능력을 최대한으로 발휘하는 데에 이바지하고, 스트레스를 관리하고 삶의 어려움을 극복할 수 있는 능력을 유지하거나 회복하며, 다른 사람들과 원활하게 관계를 형성하고 유지해 변화와 불확실성에 효과적으로 대처할 수 있는 능력"이라고 정의하고 있다. 이를 보호하는 요인들로는 사회적 상호작용, 양질의 교육, 양질의 일자리, 안전한 이웃, 지역 사회의 결

---

2 임솔, 한국, 우울증 OECD 1위, 36.8%...우울증 치료율은 최저, 메디게이트 뉴스, 2021.05.27, https://medigatenews.com/news/1142634598

유현우 서울대학교 과학학과

속력 등이 제시된다. 한국 사회는 이들에 얼마나 충실한가. 매해 은둔 청년의 수는 증가하며, 개인주의 사회를 넘어 '나노 사회', '모래알 사회'로 표현된다. 최소한의 '워라밸'과 인생 설계가 가능한 일자리는 소수에 불과하다. 이웃이 안전한 사람인지 여부는 커녕 얼굴조차 모르는 경우가 다반사다. 이런 상황에서 지역 사회의 결속과 연대가 존재할 리 만무하다.

　한국 사회의 정신적 병듦에 여러 원인이 존재하겠으나, 그중 하나로 물질만능주의를 꼽을 수 있을 것이다. 한국은 세계에서 유례가 없을 빠른 속도로 산업화를 이루어, 50년 만에 세계 최빈국에서 10위권의 경제적 대국이 되었다. 성공과 부의 축적이라는 단 하나의 목표만을 보고 달리느라, 주변의 이웃과 사랑, 배려 등을 돌아볼 여유가 없었다. 물질만능주의가 실제로 정신 건강에 악영향을 미친다는 연구결과가 존재한다. 저서 《The High Price of Materialism(물질주의의 큰 대가)》로 알려진 미국의 심리학자 팀 카서는 자본주의와 물질주의적 가치가 인간의 심리와 정신에 미치는 영향에 대해 여러 중요한 연구를 저술하였다. 그는 실증적인 실험을 통하여 물질적인 가치를 우선하는 개인은 정신적 웰빙의 수준이 낮으며, 스트레스와 불안, 불만족을 지속적으로 느낌을 입증하였다. 또한 물질주의적 가치를 우선시하는 개인들은 타인과 자신을 비교함으로써 스스로의 가치와 성공을 측정하며, 그 과정에서 타인에 대한 질투와 자신에 대한 불충분함이 유발됨으로써 정신에 파괴적인 영향이 미친다고 하였다. 그는 이를 해결할 대안으로 부, 명예, 외모와 같은 외재적인 가치가 아닌 자기 성장, 인간관계 등의 내재적인 가치에의 집중할 것을 제시하였다. 비록 한국이 아닌 타국의 문화적, 사회적 맥락에 기반한 연구이나, 우리 사회에도 충분히 적용되는 교훈으로 보인다.

노동하는 인공지능의 미래 시나리오

인공지능이 노동 시장을 대체하리라는 예측이 지배적이지만 어느 정도로 대체될지는 다양한 예측들이 존재한다. 극단적으로는 인공지능이 노동의 99%를 대체하여 인공지능을 소유하는 거대 플랫폼 기업, 그 플랫폼의 수혜를 입은 소수의 스타와 개발자들, 그리고 가난한 99%의 프레카리아트(precariat)로 구분될 것이라는 전망이 있다. 그러나 한편으로는 인공지능으로 인해 발생할 새로운 형태의 노동들로 인해 결과적으로는 비슷할 것이라는 예측도 존재한다. 이러한 예측에 기반하여 여러 대응 방안이 제시되고 있다. 경제적으로는 AI나 로봇의 노동을 사용하는 기업에게 'AI세', '로봇세'를 부과함으로써, 인간을 고용하지 않더라도 사회를 부양할 책임을 지게 하고 이 세금을 기본 소득의 재원으로 사용하는 방법도 있다. 개인 차원에서는 디지털 리터러시 교육, AI 프로그래밍 교육과 같은 직업 교육 프로그램, AI나 로봇에 의해 실직한 노동자에게 주어지는 실업 급여의 확대 등이 제기된다. 그러나 아직 학술적인 차원에 그치며, 본격적으로 제도로써 채택된 단계에까지는 이르지 않는다. 이처럼 인공지능이 노동 시장에 침투한 (그리고 이에 대응한 사회 안전망이 존재하는) 미래 사회에서 우리 국민의 정신 건강이 어떻게 변화할까? 예측이 매우 상반되므로 어느 하나의 가능 세계를 선택하여 시나리오를 그리는 것은 대안의 실용성이 다소 떨어질 수 있다. 그러므로 여러 가능 세계를 구축한 후, 각 가능 세계에서의 잠재적인 사회적 문제를 검토하여 모두에서 사용 가능한 대책을 도출해 볼 수 있다.

먼저 미래 사회를 여러 가능 세계로 그려 보자. 이 분석의 목표는 인공지능이 노동 시장을 대체한 정도와 그에 대응한 사회 안전망의 양상에 따른 국민적 정신 건강을 고려하는 것이다. 그러므로 아주 간단한 2개의 항목을 기준으로 사분면을 생각할 수 있다. 첫 번째 항목은 인공지능이 노동 시장을 대체하는 정도로, 인공지능으로 인해 생성될 새로운 노동과 인공지능이 인간의 노동을 대체하는 비중이다. 두 번째 항목은 복지, 교육 등의 사회 안전망 강화 여부이다.

첫 번째 시나리오에 따르면 사회 안전망은 현재와 유사하게 유지되며, 인공지능에 의해 새로운 노동이 더 많이 출현한다. 미래에 어떤 형태의 노동이 생성될지는 정확히 알 수 없으나, 3D 모델링 전문가, AI 프로그래머, 온라인 스트리머 등이 새로운 직업으로 자주 거론되고 있다. 대체되는 직업은 단순 사무직이나 블루 칼라 직종이며, 고소득 전문직도 종종 언급된다. 이와 같은 상황에서는 실직하는 노동 인구에게 재취업을 위한 직업교육이 필요하며, 이때 재교육 비용이 발생한다. 그러므로 젊은 층과 재취업에 시도하는 기성 세대가 모두 취업 시장에 진입해 경쟁이 과열될 수 있다. 또한 바뀌는 산업 구조에 적응하지 못한 기업들이 퇴출되거나 구조 조정을 행하여 대량 해고, 그리고 그로 인한 노사 분쟁이 발생하기 더 쉽다. 이에 대한 사회 안전망이 준비되지 않으면 양질의 일자리를 얻기 어렵고, 일자리를 잃으면 삶의 질이 크게 하락하는 불안하고 힘든 사회가 됨으로써 국민 정신 건강이 악화할 것으로 예상해 본다.

사회 안전망이 강화되며, 인공지능에 의해 새로운 노동이 더 많이 출현하는 두 번째 시나리오에서도 사회 안전망은 앞서 소개한 종류의 제도들이라고 전제한다. 이 세계에서는 실직하더라도 생계를 크게 걱정하지 않아도 되므로 삶의 질을 어느 정도 유지할 수 있을 것이다. 기업의 반발과 같은 난관을 극복한다면 북유럽과 같은 복지 제도를 구축하여 비슷한 수준의 높은 행복 지수까지도 바랄 수 있다. 그러나 재교육 의지를 상실하여 노동력이 줄어들고 기업의 세금 부담이 증가되어 생산성이 저하되거나, 해외 기업이 탈출하는 상황과 같이 경제가 경직되는 부작용이 발생할 경우 이와 같은 복지제도가 장기간 유지되기 어려울 것이다. 특히 한국은 적극적인 복지나 높은 세율에 대한 사회적 합의가 서구 국가들에 비해 약한 편이므로, 개인적으로 이 시나리오는 실현이 어려울 것으로 보인다.

세 번째 시나리오는 현재와 비슷한 수준으로 사회 안전망이 유지되며, 인공지능에 의해 대체되는 노동이 더 많은 경우다. 이 세계는 별다른 조치가 없다면 인공지능 기술을 보유한 기업에 의해 독점이 발생하며, 승자 독식과 양극화 현상이 강화될 것으로 보인다. 대체되는 정도가 크다면 빈부 격차로 인해 범죄와 폭력이 급증하여 사회적 불안 수준이 증대될 것이다. 그 속에서 권위주의적 또는 포퓰리즘적 정권이 득세하거나 정부 자체가 신임을 잃고 반대 세력이 득세할 수도 있다. 이 상태가 계속되면 사회는 지속 불가능해진다. 결국 사회가 아주 해체되거나, 그 전에 사회 안전망이 정비되는 방향으로 흘러갈 것이다. 당연히 국민의 정신 건강은 매우 나쁘리라고 생각된다.

　마지막 시나리오에서는 사회 안전망이 강화되지만 인공지능에 의해 대체되는 노동이 더 많다. 이 세계에서는 실직하더라도 생계를 크게 걱정할 필요는 없지만, 일하는 인구보다 그렇지 않은 인구가 더 많아진다. 그 갭이 극단적으로 벌어진다면, 1%의 CEO, 스타, 개발자 등의 부자 집단과 99%의 '백수' 집단으로 사회가 구성될 것이다. 생계의 위협이 적다는 점에서 사회적 불안정성이 높지 않겠지만, 물질주의적인 가치를 가진 이는 생계가 해결되었다고 한들 좋은 직업과 많은 재산에서 얻어지는 사회적 명망과 인정, 자아존중감 등은 채우지 못할 것이다. 이 사회는 극단적으로 치열하거나, 또는 대부분이 무기력해지는 사회가 될 것이다. 매슬로우 욕구 단계를 빌어 말하자면, 모두가 1단계 생리적 욕구는 충족하지만, 욕구인 존중과 자아실현의 고차원적인 욕구는 충족할 수 없는 것이다. WHO의 '정신 건강' 정의에서도 "자기 개발과 능력을 최대한으로 발휘"하는 것을 정신 건강의 조건으로 놓고 있기 때문에 물질만능주의적인 개인은 부를 창출하는 노동 없이는 정신 건강을 충분히 누릴 수 없다. 그렇다면 이 세계에서도 국민들의 정신 건강은 그리 좋을 수 없다.

우리의 마음을 들여다보면

네 가지 시나리오를 보면, 두 번째 시나리오를 제외한 어떤 세계에서든 정신 건강은 그다지 바람직하지 않은 것을 알 수 있다. 그러나 현재 한국의 자유 시장 선호 및 친기업 경제 기조가 유지된다면, 두 번째의 바람직한 시나리오는 실현되기 어려워 보인다. 개인적으로는 아마 첫 번째 시나리오에서 세 번째 시나리오를 거쳐 마지막 시나리오로 옮겨갈 것으로 생각한다. 이 과정에서 다수의 국민은 끊임없이 생존하기 위해 노력하다가, 어느 순간 아무것도 하지 않고도 먹고살 만해진 자신을 발견할 것이다. 변화한 사회에서 태어난 다음 세대는 생존을 위한 경쟁 중심의 물질주의적 사고가 아닌, 배려와 나눔, 헌신을 강조하는 내재적인 가치 중심의 교육을 받을 수 있을 것이다. 그러나 이미 생존형 사고가 굳어진 성인들은 이러한 도덕 교육의 대상이 아니므로 가치관을 바꾸기가 매우 어려울 수 있다. 교육한다 하더라도 바뀌지 않을 가능성도 존재한다. 내재적인 가치가 뜬구름 잡는 소리처럼 들릴 수도, 또는 머리로는 이해해도 그냥 마음이 움직이지 않을 수도 있기 때문이다.

이러한 과도기적 상황을 방치만 했다가는 미래의 기성 세대에게 국가란 거대한 정신 병원으로 보이게 될 것이다. 의식주가 제공되고 의료 서비스 등 기본적인 인프라가 제공되지만, 국가를 구성하는 사람들은 행복하지 않기 때문이다. 결국 정신 건강을 돌볼 수 있는 해결책, 즉 예방적 차원의 정신 건강 증진 방안이 필요하다. 많은 정신 의학자는 먼저 정신과 방문을 꺼려하는 인식과 정신과에 방문하는 사람을 부정적으로 바라보는 인식을 문제 삼는다. 자신의 정신 질환을 조기에 인지하여 쉽게 치료받을 수 있는 여건을 조성해야 한다. 또한 정신과 방문이 두려운 이들을 위해 지역 사회 차원의 정신 건강 증진 프로그램을 강화함으로써, 지역 사회가 도움이 필요한 이들을 찾아내야 한다. 본디 지역 사회 정신 건강은 지적 장애 등 정신 장애를 가진 이들의 치료와 재활, 사회 복귀를 목적으로 하나, 최근에는 전체 사회를 포괄하는 광의의 의미로도 사용되고 있다. 전 국민을 대상으로 이러한 지역 사회 프로그램을 개발한다면 질병으로 발전하기 전에 불건강을 조기에 해결할 수 있을 것이다. 특히 은둔 청년, 그리고 미래의 은둔 노인이 될 현재의 은둔 청년에 대한 적극적인 재활 및 사회 복귀 프로그램이 요구된다. 또한 일부 서구권 국가에서 시행하는 스크리닝(screening) 제도, 전 국민 정신 건강 검진 제도 등을 도입함으로써 누구나 자신의 정신 건강을 점검하고, 도움이 필요한 이에게 심리상담과 치료를 원스톱으로 제공하는 방안도 생각해 볼 수 있다.

생존을 위해 발버둥 쳐 온 우리의 미래에는 인공지능의 발달로 인한 경제적 대격변이 예고되어 있다. 그 앞날이 어떠한 형태로 펼쳐지든, 우리 국민은 여전히 생존과 부를 위하여 열심히 끝없는 사다리를 오를 것이다. 그러나 오르면 오를수록, 그 사다리는 행복이 아닌 불행과 아픔으로의 길임을 깨달아야 한다. 내면을 들여다보고 아픈 마음을 어루만질 수 있는 사회를 향해 나아가, 폭풍에도 뒤집히지 않을 방주에 올라타자.

인공지능으로 인한 노동과 작업의 대체

●　　　　　인공지능은 인류의 삶의 방식, 특히 노동의 본질에 혁명을 일으키고 있다. 일자리의 소멸과 대체는 우리 모두의 고민이며 특히 미래 세대에게 크게 다가올 과제다. 우리는 인공지능 시대의 일의 변신(Meta-AI-morphosis) 속에서 새로운 기회와 가능성을 찾아가는 용기를 가져야 한다.

AI는 노동을, 인간은 행위를

현대 사회에서 노동은 단편적으로 생존만을 위한 활동이 아니라 자아실현, 자기 발전과 사회적 지위 획득 등과 같은 복잡한 요인들과 연결되어 있다. 우리의 생존과 삶의 질에 직접적으로

　　●　오민지 이화여자대학교 국제대학원

연결되어 있는 것이 노동의 대가이다. 하지만 인간은 근본적으로 생존을 위한 노동만이 아닌 그 이상의 것을 추구하고자 하는 욕망이 있다. 그렇기 때문에 '작업'을 통해 물질적 세계에서 무언가를 만들어 내고, '행위'를 통해 사회라는 공동체의 다른 사람들과 공유하며 누군가 혹은 무언가에게 지속적으로 영향을 미치고 싶어한다. 인공지능이 인간의 노동과 '작업'의 일부를 대체한다면 인간은 자기 자신의 정체성과 존엄성을 유지하는 기초인 '행위'의 가치와 중요성을 재평가하게 될 것이다. 인간이 직접 수행하는 노동과 '작업'의 중요성이 줄어들게 되면 자연스럽게 '행위'에 대한 인간의 관심과 가치는 증대된다. 이와 동시에 인간의 존재의 본질이 무엇인지, 인간의 삶의 진정한 목적 혹은 가치는 무엇인지에 대한 탐구가 더욱 깊어질 것이다. 인공지능으로 인한 노동과 작업의 대체와 동시에 우리는 무엇을 잃는지 혹은 무엇을 얻는지에 대해 성찰하게 된다.

인공지능과 인간이 공존하는 세상에서의 '행위'는 개인의 차원에서 인간의 정체성 탐구와 자아실현, 그리고 다른 인간과의 관계에서 나타나는 고유한 행동이다. 공동체 내에서는 인간과 인간의 의사소통과 협력을 통해 변화를 가져오는 결정적인 순간들을 포함한다. '행위'를 중심으로 하는 인간은 개인적인 삶과 꿈, 욕구 그리고 경쟁을 통해 세상에 어떠한 영향을 주려는 존재일 것이다. 인공지능이 점점 우리의 일상과 전문 분야에 더 깊숙이 스며들수록, 우리는 '행위'의 중요성을 의도적으로 인식해야 한다. 미래에 인공지능 기술의 전성기를 맞이하는 시대에도 '행위'는 인간과 인공지능 사이에 미세한 경계를 그어 주는 중요한 척도로 여겨질 것이다. 그렇기 때문에 인간은 인간다움을 유지하며 존재하려면 인공지능 기술이나 알고리즘에 의해 정의되고 제한되지 않는 순수한 인간의 '행위'를 수행해야 한다.

아날로그 시대의 끝자락에서 태어난 M 세대와 디지털 시대 정보의 홍수 속에서 헤엄치는 Z 세대는 이전 과거 세대와는 다른 새로운 특성을 지닌다. 이들은 더 개인주의적인 성향을 강하게 내보이며 개인의 가치와 자아실현에 대하여 많은 시간과 자원을 투자하는 특성을 지니고 있다. 하지만 이와 별개로 이들을 국제 정세와 기후 변화와 같이 사회 속 정의와 평등과 같은 공동체의 고민에 관심을 기울이기도 한다. MZ 세대가 강조하는 개인의 정체성으로서 디지털 시대의 자유와 다양성은 이 모든 것들을 뒷받침하는 디지털 그리고 인공지능 기술의 발달과 뗄 수 없고 이들의 관계는 더욱 복잡해지고 있다. 이 과정 속에서 개개인의 개별적인 목소리와 다양한 가치를 듣기도 하며 이는 인공지능 기술로 인해 더욱 강화되고 뒤엉키고 있다. 이런 욕망은 '행위'의 본질인 세계와의 관계 속에서 새로운 시작과 변화를 추구하는 인간의 깊은 욕망을 반영한다. 그렇기 때문에 개인의 정체성을 중요시 여기는 특성은 다음 세대 그리고 이를 따를 미래 세대에서 더 강조될 것이다.

'행위'의 방향성: sustainable di-convergence

행위는 그 자체로 존재하지 않는다. 근본적으로 모든 행위에는 그것을 주도하는 '방향성'이 내재되어 있다. 이 방향성은 행위의 가치를 결정하며, 그 깊이와 중요성을 부여한다. 그렇다면 미래 세대의 '행위'의 방향은 어디로 향해야 할까?

모든 '행위'는 궁극적으로 '지속 가능성'이란 방향을 기반으로 이루어져야 한다. 이는 단순히 오래 가야 한다는 뜻이 아니라 현재 자원의 한계와 미래의 가능성 사이에서 경제적, 사회적, 그리고 환경적으로 최선의 선택을 해야 함을 의미한다. 인류가 지구의 한정적 자원을 효율적으로 활용하며 무한한 발전과 성장을 추진하기 위해서는 지속 가능성이 핵심이다. 또한, 지속 가능성의 관점에서 보면 인공지능은 현대 사회에서 주어진 과제들을 해소할 수 있는 미래를 구현하는 강력한 도구로써의 잠재력을 가지고 있다. 그렇기에 이 현상을 sustainable di-convergence라고 정의해 보았다. di-convergence는 발산(divergence)와 수렴(convergence)을 합쳤다. 지속 가능한(sustainable) 특성을 추가하여 개인과 기업, 사회가 서로 다른 목표를 가지고 발산(diverge)하지만 근본적으로 지속 가능성을 공통적으로 지향하는 수렴(converge)의 자세를 통합하는 단어다.

개인 차원에서의 '행위'는 한나 아렌트가 주장하였듯이 인간이 정치와 사회에서 상호 작용하며 자신의 자아실현을 추구하는 것이다.[3] 기업은 인공지능의 행동 분석, 그리고 학습 패턴 예측 기술을 활용하여 자기 자신만의 개성을 파악하고 이에 맞는 맞춤형 서비스와 정보를 제공할 수 있다. 해당 개인의 행위는 발산에 속하며 인간이 자신만의 정체성 탐구를 하는 과정을 일컫는다. 물론, 개인화된 서비스를 주어지는 대로 무분별하게 받아들이지 않고 비판적 사고로 판별하는 것은 '행위'의 과정으로 자리 잡을 것이다.

다시 수렴을 할 때가 된다면 인공지능의 빅데이터 분석과 같은 기술을 활용하여 자신의 발산 속의 선택과 행동이 사회와 공동체의 지속 가능성 목적과 어떻게 연결되는지 알아보는 정도를 확인할 수 있을 것이다. 이 수렴 행위는 개인이 사회 속에서 다른 사람들과 어떻게 상호 작용하는지 그리고 공동체의 지향성과 자신의 행동들이 부합하는지 확인할 수 있는 과정이다. 행동의 최종 결정권자는 본인이다. 개인이 정체성을 탐색하는 행위의 의미를 지속 가능성이라는 큰 그림 속에서 찾아보자면 이는 단순히 자아실현을 위한 행위가 아닌, 세상과의 더 큰 연결고리, 책임감을 포함하는 '행위'가 될 것이다.

기업 또한 이 변화에 휩쓸리지 않도록 끊임없이 진화하고 적응하는 태도를 취해야 한다. 인공지능의 출현은 기업에게 무한한 효율성, 경쟁력 그리고 혁신의 기회를 제공하고 있다. 특히, 효율성 측면에서 대량의 데이터를 빠른 시간 내에 처리하고 분

---

3 한나 아렌트, 《인간의 조건》, 이진우, 태정호 역, 한길사, 2017

석하는 인공지능의 기술은 비용 절감과도 직결된다. 이 외에도 패턴 인식을 통해 이상 징후나 위험 요소를 미리 감지하는 기술과 대량의 데이터에서 통찰력 있는 정보를 추출하여 기업이 더욱 정보화된 결정을 내릴 수 있게 하는 기술 등은 기업이 전략적으로 성장하도록 뒷받침해 준다. 이런 인공지능 기술 발전과 무한한 성장의 가능성 때문에 기업들은 인공지능에 대한 투자를 급격하게 확대하고 있다.

기업을 사회의 구성원인 개인과 같은 전제 안에서 살펴본다면 기업의 '행위'의 방향 또한 지속 가능성으로 가야 할 것이다. 그렇기 때문에 기업들은 인공지능의 투자 범위를 넓혀서 인공지능 교육까지 포함해야 할 것이다. 기업이 인공지능 교육, 즉 일부 직원들을 인공지능에 대체되지 않는 인력으로의 전환하는 과정과 어린 세대의 인공지능 시대 속 일자리를 탐색하는 과정에 이바지한다면 이는 기업 차원에서의 수렴 '행위'로 분류된다. 기업이 양질의 일자리를 창출함과 동시에 많은 시간을 노동하지 않고도 극대의 효과를 낼 수 있는 교육과 환경을 제공한다면 행위를 중심으로 하는 사람들의 사회 속에서 기업 또한 지속할 수 있을 것이다. 만일 그렇게 하지 않는다면 인공지능에 대체되는 사람들은 결국 사회 전체의 부담이 될 것이다. 이들의 경제적 활동 부진은 세금의 부담으로 이어질 것이며, 이들의 생존권을 보장하는 일은 모든 개인과 기업에게 막대한 경제적 부담으로 돌아올 것이다. 이외 기업의 다른 활동은 지속 가능성이라는 근본을 가지지만 발산 행위에 속하게 될 것이다.

행위의 방향성은 단순히 개인과 기업 각자의 선택에 그치지 않고 모두 복합적으로 뒤엉켜 있기 때문에 사회 전체의 변화를 이끌어 낼 큰 힘을 지닌다. 이전 시대별 산업혁명마다 기술의 변화로 일부 전통적인 일자리가 사라졌으나 새로운 직업 기회도 동시에 창출되었다. 인공지능 시대의 일의 변신, 즉 일의 변화는 약과 독의 이면을 가진 파르마콘[4]과 같다. 현재 우리는 AI 산업혁명이란 물결 속에서 인공지능의 발전으로 인한 일자리 소멸·대체라는 두려움을 느끼고 있다. 잡히지는 않지만 우리의 삶에 점점 스며드는 이 두려움을 넘어서기 위해서는 다가올 변화를 수동적으로 수용하는 것이 아니라, 그 물결을 의도적으로 탈 줄 아는 '행위'의 방향성과 목표 설정이 중요할 것이다.

---

4 Derrida, Jacques. Plato's pharmacy, Tragedy, Routledge, pp. 338-360, 2014

✹ 참고문헌 ✹

1장. 주의 소유권

김병규, 《호모 아딕투스》, 다산북스, 2022
한병철, 《아름다움의 구원》, 이재영 역, 문학과 지성사, 2016.
한병철, 《투명사회》, 김태환 역, 문학과 지성사, 2014.

Ferster, C. B., & Skinner, B. F., 《Schedules of reinforcement》, B. F. Skinner Foundation, 1957.
N. D. Schüll, 《Addiction by Design: Machine Gambling in Las Vegas》, Princeton University Press, 2014.

●

Covington et al, ⟨Deep neural networks for YouTube recommender system⟩, Association for Computing Machinery, 2016

●

Jon Fingas, Relive Samsung's bizarre 'Bridgerton' Galaxy S22 reveal, Engadget, 2022.02.09., https://www.engadget.com/samsung-galaxy-s22-bridgerton-204509756.html
Kendra Cherry, MSEd, How Schedules of Reinforcement Work, Verywellmind, 2022.05.06, https://www.verywellmind.com/what-is-a-schedule-of-reinforcement-2794864

Matt Buchanan, Instagram and the Impulse to Capture Every Moment, The New York-er, 2013.06.20., https://www.newyorker.com/tech/annals-of-technology/insta-gram-and-the-impulse-to-capture-every-moment

Oliver Eklund, Ads are coming to Netflix soon – here's what we can expect and what that means for the streaming industry, The Conversation, 2022.09.12., https://theconversation.com/ads-are-coming-to-netflix-soon-heres-what-we-can-expect-and-what-that-means-for-the-streaming-industry-190236

Samsung Electronics Debuts 'Stranger Things' Inspired Short Film with Galaxy S22 Ultra, Samsung Newsroom U.S., 2022.06.22., https://news.samsung.com/us/sam-sung-stranger-things-galaxy-s22-ultra-short-film/

●

The Next 30 Digital Years | Kevin Kelly, Long Now Foundation, 2020.04.14., https://www.youtube.com/watch?v=XhduPAy2bxo

The Social Dilemma | Rhodes, L. (Producer), & Orlowski, J. (Director), 2020.09.09., https://www.netflix.com/title/81254224

Unveiling Galaxy S22 | S22+ with Bridgerton & Netflix | Samsung, 2022.02.09., https://www.youtube.com/watch?v=Vy5LxyMjjRU

●

넷플릭스 광고형 멤버십, Netflix 고객센터, n.d., https://help.netflix.com/ko/node/126831/kr

넷플릭스의 추천 콘텐츠 시스템 작동 방법, Netflix 고객센터, n.d., https://help.netflix.com/ko/node/100639

Reinforcement, Merriam-Webster dictionary, n.d., https://www.merriam-webster.com/dictionary/reinforcement

Sarah, Changes to emails you receive for new video uploads from your subscrip-tions, Google Help, 2020.08.06, https://support.google.com/youtube/thread/63269933?hl=en

2장. 비인간관계

명순구, 《민법학원론》, 고려대학교 출판문화원, 2020
아이작 아시모프, 《로봇 2: 벌거벗은 태양》, 정철호 역, 현대정보문화사, 1992
토마스 홉스, 《리바이어던 1 - 교회국가 및 시민국가의 자료와 형태 및 권력》, 진석용 역,
　　나남, 2018

●

John O. McGinnis, What Did the Three-Fifths Clause Really Mean?, Law & Liberty,
　　2021.05.27, https://lawliberty.org/what-did-the-three-fifths-clause-really-mean/

3장. 디지털 휴이넘

메리 셸리, 《프랑켄슈타인》, 오숙은 역, 미래사, 2002
블레즈 파스칼, 《팡세》, 하동훈 역, 문예출판사, 2003
애덤 스미스, 《도덕감정론》, 박세일, 민경국 역, 비봉출판사, 2009
이반 일리치, 《그림자 노동》, 노승영 역, 사월의 책, 2015
프리드리히 니체, 《인간적인 너무나 인간적인》, 김미기 역, 책세상, 2002
한나 아렌트, 《예루살렘의 아이히만》, 김선욱 역, 한길사, 2006
한나 아렌트, 《인간의 조건》, 이진우 역, 한길사, 2019
한나 아렌트, 《전체주의의 기원》, 이진우, 박미애 역, 한길사, 2017

Alger, I., & Weibull, J. W. , Homo Moralis—Preference Evolution under Incomplete
　　Information and Assortative Matching, Econometrica, 81(6), WILEY-BLACK-
　　WELL PUBLISHING, INC, pp. 2269-2302, 2013
Amodio, D. M., The Neuroscience of Prejudice and Stereotyping. Nature Reviews Neu-
　　roscience, 15(10), Nature Publishing Group, pp. 670-682, 2014
Atari, M., Davani, A. M., Kogon, D., Kennedy, B., Ani Saxena, N., Anderson, I., &
　　Dehghani, M. (2021). Morally Homogeneous Networks and Radicalism. Social
　　Psychological and Personality Science, SAGE PUBLICATIONS INC, 2021
Avenanti, A., Sirigu, A., & Aglioti, S. M. , Racial Bias Reduces Empathic Sensorimotor
　　Resonance with Other-Race Pain. Current Biology, 20(11), Current Biology Ltd,
　　pp. 1018-1022, 2010

Azevedo, R. T., Macaluso, E., Avenanti, A., Santangelo, V., Cazzato, V., & Aglioti, S. M. ,Their Pain Is Not Our Pain: Brain and Autonomic Correlates of Empathic Resonance with the Pain of Same and Different Race Individuals. Human Brain Mapping, 34(12), John Wiley Sons, Inc, pp. 3168-3181, 2013

Beer, J. S., Stallen, M., Lombardo, M. V., Gonsalkorale, K., Cunningham, W. A., & Sherman, J. W., The Quadruple Process Model Approach to Examining the Neural Underpinnings of Prejudice. Neuroimage, 43(4), Elsevier, pp. 775-783, 2008

Caspar, E. A., Christensen, J. F., Cleeremans, A., & Haggard, P. , Coercion Changes the Sense of Agency in the Human Brain. Current Biology, 26(5), Current Biology Ltd, pp. 585-592, 2016

Chai, Q., Yin, J., He, J., & Lansu, T. A. M., Preschoolers' Ingroup Bias in Predicting Others' Sharing: The Role of Contexts and Theory of Mind. Journal of Experimental Child Psychology, Academic Press, pp. 215, 2022

Cikara, M., & Fiske, S. T., Bounded Empathy: Neural Responses to Outgroup Targets' (Mis)Fortunes. Journal of Cognitive Neuroscience, 23(12), The MIT Press with the Cognitive Neuroscience Institute, pp. 3791-3803, 2011

Cimpian, A., & Erickson, L. C., Remembering Kinds: New Evidence That Categories Are Privileged in Children's Thinking. Cognitive Psychology, 64(3), Psychology Press, pp. 161-185, 2012

Dunham, Y., Baron, A. S., & Carey, S., Consequences of "Minimal" Group Affiliations in Children. Child Development, 82(3), University of Chicago Press, pp. 793-811, 2011

Eidelman, S., & Crandall, C. S., A Psychological Advantage for the Status Quo. Social and Psychological Bases of Ideology and System Justification, Oxford University Press, pp. 85-106, 2009

Fehr, E., & Camerer, C. F., Social Neuroeconomics: The Neural Circuitry of Social Preferences. Trends in Cognitive Sciences, 11(10), Elsevier, pp. 419-427, 2007

Gilbert, S. J., Swencionis, J. K., & Amodio, D. M., Evaluative Vs. Trait Representation in Intergroup Social Judgments: Distinct Roles of Anterior Temporal Lobe and Prefrontal Cortex. Neuropsychologia, 50(14), Pergamon Press, pp. 3600-3611, 2012

Gönültaş, S., Selçuk, B., Slaughter, V., Hunter, J. A., & Ruffman, T., The Capricious Nature of Theory of Mind: Does Mental State Understanding Depend on the Characteristics of the Target? Child Development, 91(2), University of Chicago Press, 2020

457

Hamlin, J. K., Wynn, K., & Bloom, P., Social Evaluation by Preverbal Infants. Nature 450(7169), Nature Publishing Group, pp. 557-559, 2007

Han, S., Neurocognitive Basis of Racial Ingroup Bias in Empathy. Trends in Cognitive Sciences, 22(5), Elsevier, 2018, pp. 400-421

Harris, L. T., & Fiske, S. T., Dehumanizing the Lowest of the Low: Neuroimaging Responses to Extreme out-Groups. Psychological Science, 17(10), Blackwell, pp. 847-853, 2006

Hart, A. J., Whalen, P. J., Shin, L. M., McInerney, S. C., Fischer, H., & Rauch, S. L., Differential Response in the Human Amygdala to Racial Outgroup Vs Ingroup Face Stimuli. Neuroreport, 11(11), Lippincott Williams&Wilkins, 2000

Haslam, S. A., & Reicher, S. D., Contesting the "Nature" of Conformity: What Milgram and Zimbardo's Studies Really Show. PLOS Biology, Public Library of Science, 2012

Haslam, S. A., Reicher, S. D., & Birney, M. E., Nothing by Mere Authority: Evidence That in an Experimental Analogue of the Milgram Paradigm Participants Are Motivated Not by Orders but by Appeals to Science. Journal of Social Issues, 70(3), Plenum , pp. 473-488, 2012

Hastorf, A. H., & Cantril, H., They Saw a Game; a Case Study. The Journal of Abnormal and Social Psychology, 49(1), The American Psychological Association, pp. 129-134, 1954

Iyengar, S. S., & Lepper, M. R., When Choice Is Demotivating: Can One Desire Too Much of a Good Thing? J Pers Soc Psychol, 79(6), The American Psychological Association, pp. 995-1006, 2000

Jin, K.-s., & Baillargeon, R., Infants Possess an Abstract Expectation of Ingroup Support. Proceedings of the National Academy of Sciences, 114(31), National Academy of Sciences, pp. 8199-8204, 2017

Jones, B. D., & Baumgartner, F. R., The Politics of Attention: How Government Prioritizes Problems. University of Chicago Press, 2005

Kappes, A., Harvey, A. H., Lohrenz, T., Montague, P. R., & Sharot, T., Confirmation Bias in the Utilization of Others' Opinion Strength. Nature Neuroscience, 23(1), Nature Publishing Group, pp. 130-137, 2020

Kinzler Katherine, D., Dupoux, E., & Spelke Elizabeth, S., The Native Language of Social Cognition. Proceedings of the National Academy of Sciences, 104(30), National Academy of Sciences, pp. 12577-12580, 2007

Kinzler, K. D., Corriveau, K. H., & Harris, P. L., Children's Selective Trust in Native-Accented Speakers. Developmental Science, 14(1), Blackwell, pp. 106-111, 2011

Knutson, K. M., Mah, L., Manly, C. F., & Grafman, J., Neural Correlates of Automatic Beliefs About Gender and Race. Human Brain Mapping, 28(10), John Wiley Sons Ltd, pp. 915-930, 2007

Koval, P., Laham, S. M., Haslam, N., Bastian, B., & Whelan, J. A., Our Flaws Are More Human Than Yours. Personality and Social Psychology Bulletin, 38(3), Sage Periodicals Press, pp. 283-295, 2012

LeBon, G.,The Crowd: A Study of the Popular Mind. Batoche Books, 2001

Lee, D., Game Theory and Neural Basis of Social Decision Making. Nature Neuroscience, 11(4), Nature Publishing Group, pp. 404-409, 2008

Lee, Ingeon, 〈인류세 담론은 누구에게 열려있는가? 지구적 위험과 인식론의 갈등〉,《과학기술연구》 19(1), 한국과학기술학회, 2019

Lieberman, M. D., Hariri, A., Jarcho, J. M., Eisenberger, N. I., & Bookheimer, S. Y. (2005). An Fmri Investigation of Race-Related Amygdala Activity in African-American and Caucasian-American Individuals. Nature Neuroscience, 8(6), Nature Publshing Group, pp. 720-722, 2005

McLoughlin, N., & Over, H., Young Children Are More Likely to Spontaneously Attribute Mental States to Members of Their Own Group. Psychological Science, 28(10), Blackwell, pp. 1503-1509, 2017

Milgram, S., Behavioral Study of Obedience. The Journal of Abnormal and Social Psychology, 67(4), American Psychological Association, pp. 371, 1963

Milgram, S., Obedience to Authority : An Experimental View. New York : Perennial Classics, 2004

Milgram, S., Some Conditions of Obedience and Disobedience to Authority. Human Relations, 18(1), Plenum, pp. 57-76, 1965

Mooijman, M., Hoover, J., Lin, Y., Ji, H., & Dehghani, M., Moralization in Social Networks and the Emergence of Violence During Protests. Nature Human Behaviour, 2(6), Springer, pp. 389-396, 2018

Morrison, S., Decety, J., & Molenberghs, P., The Neuroscience of Group Membership. Neuropsychologia, 50(8), Pergamon, pp. 2114-2120, 2012

Mulvey, K. L., Buchheister, K., & McGrath, K., Evaluations of Intergroup Resource Allocations: The Role of Theory of Mind. Journal of Experimental Child Psychology, 142, Academic Press, pp. 203-211, 2016

Mulvey, K. L., Gönültaş, S., Herry, E., & Strelan, P. The Role of Theory of Mind, Group Membership, and Apology in Intergroup Forgiveness among Children and Adolescents. Journal of Experimental Psychology: General, 151(3), The American Psychological Association, pp. 613-627, 2022

Omoto, A. M., & Snyder, M. Sustained Helping without Obligation: Motivation, Longevity of Service, and Perceived Attitude Change among Aids Volunteers. Journal of Personality and Social Psychology, 68(4), The American Psychological Association, pp. 671, 1995

Phelps, E. A., O'Connor, K. J., Cunningham, W. A., Funayama, E. S., Gatenby, J. C., Gore, J. C., & Banaji, M. R., Performance on Indirect Measures of Race Evaluation Predicts Amygdala Activation. Journal of Cognitive Neuroscience, 12(5), The MIT Press with Cognitive Neuroscience Institute, pp. 729-738, 2000

Ratner, K. G., & Amodio, D. M., Seeing "Us Vs. Them": Minimal Group Effects on the Neural Encoding of Faces. Journal of Experimental Social Psychology, 49(2), Elsvier, pp. 298-301, 2013

Reicher, S. D., Haslam, S. A., & Smith, J. R., Working toward the Experimenter: Reconceptualizing Obedience within the Milgram Paradigm as Identification-Based Followership. Perspectives on Psychological Science, 7(4), Blackwell, pp. 315-324, 2012

Reicher, S., & Haslam, S. A., After Shock? Towards a Social Identity Explanation of the Milgram 'Obedience' Studies. Br J Soc Psychol, 50(Pt 1), British Psychological Society, pp. 163-169, 2011

Samuelson, W., & Zeckhauser, R., Status Quo Bias in Decision Making. Journal of Risk and Uncertainty, 1(1), Kluwer Academic Pulishers, pp. 7-59, 1988

Thaler, R. H., & Benartzi, S., Save More Tomorrow™: Using Behavioral Economics to Increase Employee Saving. The Journal of Political Economy, 112(S1), Elsevier, 2004

Tversky, A., & Kahneman, D., Advances in Prospect Theory: Cumulative Representation of Uncertainty. Journal of Risk and Uncertainty, 5(4), Kluwer Academic Publishers, pp. 297-323, 1992

Van Bavel, J. J., Packer, D. J., & Cunningham, W. A., The Neural Substrates of in-Group Bias. Psychological Science, 19(11), Blackwell, pp. 1131-1139, 2008

Safdar, K., Ailworth, E., & Seetharaman, D., Police Identify Five Dead after Capitol Riot. The Wall Street Journal, 2021.01.08, https://www.wsj.com/articles/police-identify-those-killed-in-capitol-riot-11610133560

4장. 호모바니타스

미셸 푸코, 《말과 사물》, 이규현 역, 민음사, 2012
에밀 뒤르켐, 《종교생활의 원초적 형태》, 민혜숙, 노치준 역, 한길사, 2020

•

Walter Elberfeld, George Götz, Market size, Tehcnology Choice, and Market Structure, German Economic Review, 2002
Wilfred Dolfsma, John Finch and Robert McMaste, Market and Society: How do they relate, and contribute to welfare?, Journal of Economic Issues, 2005

•

구나연, 주범 '엘' 가명은 '최은아'…'제2의 n번방' 수사, MBC, 2022.09.01, https://imnews.imbc.com/replay/2022/nwtoday/article/6403639_35752.html
김정윤, 경찰, 영상 소지·배포자 6만 명 신상 공개 검토, SBS, 2020.03.24, https://news.sbs.co.kr/news/endPage.do?news_id=N1005714306
원재연, n번방 운영자, 이더리움 지갑 한개에만 24억 원 입금돼, 중앙일보, 2020.03.26, https://www.joongang.co.kr/article/23740266
조성미, "'카톡 감옥' 아세요"…벼랑끝 내모는 사이버 괴롭힘, 연합뉴스, 2020.04.05, https://www.yna.co.kr/view/AKR20200403137600505
최민영, n번방 그놈들, 감방 갔을까…성착취물 소지 74%가 집행유예, 한겨레, 2022.05.22, https://www.hani.co.kr/arti/society/society_general/1044081.html

•

김상환, 김상환의 필로소피아, 생명 권력(푸코): 코비드 사태로 본 근대정치, 2021.12.05, https://contents.premium.naver.com/philokim/knowledge/contents/211205021055128SV

6장. 도구적 지능과 비효율의 미덕

재레드 다이아몬드, 《문명의 붕괴 : 과거의 위대했던 문명은 왜 몰락했는가?》, 강주헌 역,
　　김영사, 2005
E F 슈마허, 《작은 것이 아름답다 : 인간 중심의 경제를 위하여》, 이상호 역, 문예출판사,
　　2002

Hawkins, J., 《A thousand brains: A new theory of intelligence》, Basic Books, 2021
Liao, S. Matthew, ed, 《Ethics of artificial intelligence》. Oxford University Press, 2020

●

과학 기술정책연구원(STEPI), 혁신주체의 참여를 통한 과학 기술 거버넌스 구축방안,
　　2005
김미경, 유튜브 알고리즘 추천의 유용성 인식에 따른 유튜브에 대한 미디어 신뢰도 : 지각
　　된 유해성, 확증편향, 프라이버시 염려의 매개 효과. 한국소통학보, 21(4), pp. 7-42.
　　2002
김수정, 이명진, 최샛별, 혐오시대의 문화예술교육: 문화적 관용의 한계와 문화예술교육의
　　역할, 문화와 사회 28(3), pp. 51-96. 2020
배영, 박찬웅, 1인 가구의 인터넷 이용이 사회적 관계와 우울에 미치는 영향: 다인 가구와
　　의 비교를 중심으로. 조사연구, 한국조사연구학회 16(3), pp. 141-171. 2015
이상욱, 유네스코 인공지능(AI) 윤리 권고 해설서 인공지능 윤리 이해하기, 유네스코한국
　　위원회, 2021
정보문화포럼·NIA, 지능정보사회 윤리 가이드라인 및 윤리헌장, 2018

Amodio, P., Octopus intelligence: the importance of being agnostic, Animal Sentience,
　　4(26), 20, 2019
Bechtel, W., Cognitive biology: surprising model organisms for cognitive science, Pro-
　　ceedings of the Annual meeting of the Cognitive Science Society (Vol. 36, No. 36),
　　2014
Bullock, J., Young, M. M., and Wang, Y. F., Artificial intelligence, bureaucratic form, and
　　discretion in public service, Information Polity, 25(4), pp. 491-506, 2020
Clary, D., & Kelly, D. M., Graded mirror self-recognition by Clark's nutcrackers, Scien-
　　tific Reports, 6(1), pp. 36459, 2016

Dembski, W. A., Intelligent design as a theory of information, Naturalism, Theism and the Scientific Enterprise: An Interdisciplinary Conference at the University of Texas, 1997

Gottfredson, L., & Saklofske, D. H., Intelligence: Foundations and issues in assessment, Canadian Psychology/Psychologie canadienne, 50(3), pp. 183, 2009

Hawkins, J., A thousand brains: A new theory of intelligence. Basic Books, 2021

Holling, C. S., Resilience and Stability of Ecological Systems. Annual Review of Ecology and Systematics, Annual Review of Ecology and Systematics4, pp. 1-23. 1973

Huitt, W., & Hummel, J., Piaget's theory of cognitive development, Educational psychology interactive, 3(2), 2003

Mazzucato, M., Schaake, M., Krier, S., and Entsminger, J, Governing artificial intelligence in the public interest. UCL Institute for Innovation and Public Purpose, Working Paper Series (IIPP WP 2022-12), 2022

Murphy, K. P., Probabilistic machine learning: an introduction, MIT press, 2022

Schneider, W. J., & McGrew, K. S., The Cattell-Horn-Carroll theory of cognitive abilities, Contemporary intellectual assessment: Theories, tests, and issues, pp. 73-163, 2018

Smith, L. K., & Wissel, E. F., Microbes and the mind: How bacteria shape affect, neurological processes, cognition, social relationships, development, and pathology, Perspectives on Psychological Science, 14(3), pp. 397-418, 2019

Stoker, G., Governance as theory: five propositions, International social science journal, 50(155), pp. 17-28, 1998

Turing, A. M., Computing Machinery and Intelligence, Mind, 49, pp. 433-460, 1950

Wagner, G. P., & Zhang, J, The pleiotropic structure of the genotype–phenotype map: the evolvability of complex organisms, Nature Reviews Genetics, 12(3), pp. 204-213, 2011

●

Karen Hao, "페이스북 알고리즘은 위험하다"…내부고발자의 용감한 폭로, MIT Technology Review, 2021.10.08, https://www.technologyreview.kr/facebook-algorithms/

김경아, 프랑스서 올 여름 폭염으로 1500명 사망. 조선일보, 2019.09.09, https://www.chosun.com/site/data/html_dir/2019/09/09/2019090901134.html

김민수, 기후 변화로 서식지 옮긴 박쥐들, 코로나19는 보이지 않는 기후재앙이었다. 동아사이언스, 2021.02.15, http://dongascience.com/news.php?idx=43833

김병규, [동해안 산불] 서울면적 4분의1 이상 피해…진화율 울진·삼척 40%, 강릉 80%. 연합뉴스, 2022.03.07, https://www.yna.co.kr/view/AKR20220307014500530

박상욱, [박상욱의 기후 1.5] 산불에 휘감긴 동해안 에너지벨트의 '아이러니'. JTBC. 2022.04.05, https://news.jtbc.co.kr/article/article.aspx?news_id=NB12053707

신기섭, 킬러로봇, 핵무기 통제 AI…유엔, 국제 안보 위험 논의한다, 한겨레, 2023. 7. 4, https://www.hani.co.kr/arti/international/international_general/1098605.html

신기섭, 한국인은 22개 도시 권역에 몰려산다…대도시화, 유럽보다 심각. 한겨레, 2021.05.04, https://www.hani.co.kr/arti/international/international_general/993761.html

양선아, 유발 하라리 "SNS보다 AI가 더 위험…속도 늦춰야", 한겨레, 2023.04.20, https://www.hani.co.kr/arti/culture/book/1088588.html

이근영, '오존 구멍' 낸 2020년 호주 산불…오존층 보호 30년 공든탑 무너질라, 한겨레, 2022.08.30, https://www.hani.co.kr/arti/society/environment/1056774.html

Zoe Kleinman, Chris Vallance, AI 'godfather' Geoffrey Hinton warns of dangers as he quits Google, BBC, 2023. 05. 02, https://www.bbc.com/news/world-us-canada-65452940

7장. 권위의 붕괴, 본능의 부활

Arrendt, Hannah, 《Macht und Gewalt》, In der Gegenwart, pp.175, 1970

Georg Simmel, 《Die Grosstädte und das Geistesleben》, 1903

●

Goldman, What is Justified Belief? Justification and knowledge pp.1-25, 1979

Holmsröm, Bengt, Moral Hazard and Observability, The Bell Journal of Economics 10(1) pp. 74-91, 1979

●

Cade Metz, In Major AI Breakthrough, Google System Secretly Beats Top Player at the Ancient Game of Go, WIRED, 2016.01.27, https://www.wired.com/2016/01/in-a-huge-breakthrough-googles-ai-beats-a-top-player-at-the-game-of-go/

Solaiman, I, Dennison, C., Improving language model behavior by training on a curated dataset OpenAI 웹사이트, 2021. 06. 10, https://openai.com/research/improving-language-model-behavior

8장. AI 인테그리터

권오현 외, 《미래의 인재, 대학의 미래》, 포르체, pp.141-143, 2022
데이비드 섬프터, 《알고리즘이 지배한다는 착각》, 전대호 역, 해나무, 2022
디아메이드 맥클로흐, 《종교개혁의 역사》, 이은재, 조상원 역, CLC(기독교문서선교회), 2011
엘 프레이저, 《생각 조종자들: 당신의 의사 결정을 설계하는 위험한 집단》, 이현숙, 이정태 역, 알키, 2011
유기윤, 김정옥, 김지영, 《미래 사회 보고서》, 라온북, 2017
정인성, 최홍섭, 《AI 혁명의 미래: 반도체를 넘어 인공지능으로》, 이레미디어. 2023
제이슨 솅커, 《로봇 시대 일자리의 미래》, 유수진 역, 미디어숲, pp.172-186, 2021
캐시 오닐, 《대량살상 수학무기》, 김정혜 역, 흐름출판, 2017
케이트 크로퍼드, 《AI 지도책: 세계의 부와 권력을 재편하는 인공지능의 실체》, 노승영 역, 소소의 책, 2022

Siva Vaidhyanathan, 《The Googlization of Everything (And Why We Should Worry)》, University of California Press, 2012

●

박성은, 미래학자 토마스 프레이 "2030년 빅테크 기업, 교육 분야 주력할 것", AI타임스, 2021.02.19, https://www.aitimes.com/news/articleView.html?idxno=136662
베로니카 스민크, 인공지능 3단계: 인류 멸종으로 이어질까?, BBC News 코리아, 2023.06.06, https://www.bbc.com/korean/news-65817704
이영희, 중앙일보, "괴물 학부모 탓" 17년 전 '서이초' 겪은 日, 교사가 사라졌다, 2023.07.26, https://www.joongang.co.kr/article/25180182#home
윤석만, [윤석만의 인간혁명] 상위 0.001%가 영생하는 초계급사회 오나, 중앙일보, 2018.09.20, https://www.joongang.co.kr/article/22988170#home

Alex Hughes, 챗GPT: Everything you need to know about OpenAI's GPT-4 tool, BBC
Science Focus, 2023.09.20, https://www.sciencefocus.com/future-technology/gpt-3
Maria Diaz, 챗GPT sees its first monthly drop in traffic since launch, ZDNET,
2023.09.20, https://www.zdnet.com/article/챗GPT-sees-its-first-monthly-drop-in-
traffic-since-launch

9장. 유퀘스트

박주현, 강봉숙, 미디어정보 리터러시 개념과 교육내용 개발, 한국도서관·정보학회지,
2020
윤형식, 하버마스의 공론장 개념과 유교적 공론, 한국사회와철학연구회, 사회와 철학 제
26호, 2013

●

김영하, 그래머리(Grammarly), 기업 가치 $1bn으로 상승, AI타임즈, 2019.10.11, https://
www.aitimes.com/news/articleView.html?idxno=120158
박찬, 원하는 텍스트 콘텐츠 생성해 주는 앱 '노션 AI', AI타임즈, 2022.11.18, https://
www.aitimes.com/news/articleView.html?idxno=147997
이한선, 돌고래와 인간의 의사소통, AI로 시도한다, AI타임즈, 2022.08.03, https://www.
aitimes.com/news/articleView.html?idxno=146158

10장. AI와 일의 변신

리처드 세넷, 《장인》, 김홍식 역, 21세기 북스, 2010
세계경제포럼, 《The Future of Jobs Report 2018》, 세계경제포럼, 2018
유기윤, 김정옥, 김지영, 《미래 사회 보고서》, 라온북, 2017
토마스 바셰크, 《노동에 대한 새로운 철학》, 이재영 역, 열림원, 2014
한나 아렌트, 《예루살렘의 아이히만》, 김선욱 역, 한길사, 2006
한나 아렌트, 《인간의 조건》, 이진우, 태정호 역, 한길사, 2017

Drakakis, John and Naomi Conn Liebler, 《Tragedy》, Routledge, 1998
Tim Kasser, 《The High Price of Materialism》, Bradford Books, 2003.

●

강명구, 관료제와 장인 정신: '영혼 없는 공무원'을 위한 변론, 한국행정학보 제51권 제
　4호, 2017
윤현석, AI 로봇세의 도입에 관한 연구, 원광법학 제39권 제2호, 2023.

●

김병규, "5년간 자살률 30% 줄여 OECD 최악 탈출"…자살예방기본계획, 연합뉴스,
　2023.02.13, https://www.yna.co.kr/view/AKR20230213114000530
김스피, '단순 반복 작업'은 사라져야 할까? : 노동의 미래, 인스피아 저널, 2023.04.12,
　https://www.khan.co.kr/newsletter/inspia/article/202304120630011?utm_
　source=urlCopy&utm_medium=social&utm_campaign=sharing
임솔, 한국, 우울증 OECD 1위, 36.8%… 우울증 치료율은 최저, 메디게이트뉴스,
　2021.05.27, https://www.medigatenews.com/news/1142634598

Mental Health, WHO Newsroom, 2022.06.17, https://www.who.int/news-room/fact-
　sheets/detail/mental-health-strengthening-our-response)
Shiona McCallum, Jennifer Clarke, What is AI, is it dangerous and what jobs are at
　risk?, BBC News, 2023.06.14, https://www.bbc.com/news/technology-65855333

미래 관찰자의 살아 있는 아이디어

초판 1쇄 발행 2023년 11월 8일

지은이 서울대학교 국가미래전략원
펴낸이 박영미
펴낸곳 포르체

책임편집 김다예
편집팀장 임혜원 | 편집 김성아 김아현
책임마케팅 정은주 | 마케팅 김채원
디자인 황규성

출판신고 2020년 7월 20일 제2020-000103호
전화 02-6083-0128 | 팩스 02-6008-0126
이메일 porchetogo@gmail.com
포스트 https://m.post.naver.com/porche_book
인스타그램 www.instagram.com/porche_book

ⓒ 서울대학교 국가미래전략원(저작권자와 맺은 특약에 따라 검인을 생략합니다.)
ISBN 979-11-92730-90-5 (04320)
ISBN 979-11-92730-89-9 (세트)

여러분의 소중한 원고를 보내주세요.
porchetogo@gmail.com